财政部规划教材
全国财政职业教育教学指导委员会推荐教材
全国高职高专院校财经类教材

金融概论

主　编　肖　妍　赵　蕊
副主编　邓晓娜　邓巧玲

中国财经出版传媒集团
经济科学出版社
Economic Science Press

图书在版编目（CIP）数据

金融概论／肖妍，赵蕊主编. -- 北京：经济科学
出版社，2023.6
财政部规划教材　全国财政职业教育教学指导委员会
推荐教材　全国高职高专院校财经类教材
ISBN 978 - 7 - 5218 - 4876 - 2

Ⅰ. ①金… Ⅱ. ①肖… ②赵… Ⅲ. ①金融学 - 高等
职业教育 - 教材 Ⅳ. ①F830

中国国家版本馆 CIP 数据核字（2023）第 112898 号

责任编辑：白留杰　杨晓莹
责任校对：隗立娜
责任印制：张佳裕

金融概论

主　编　肖　妍　赵　蕊
副主编　邓晓娜　邓巧玲
经济科学出版社出版、发行　新华书店经销
社址：北京市海淀区阜成路甲 28 号　邮编：100142
教材分社电话：010 - 88191309　发行部电话：010 - 88191522
网址：www. esp. com. cn
电子邮箱：bailiujie518@ 126. com
天猫网店：经济科学出版社旗舰店
网址：http：//jjkxcbs. tmall. com
北京密兴印刷有限公司印装
787 × 1092　16 开　19. 75 印张　420000 字
2023 年 6 月第 1 版　2023 年 6 月第 1 次印刷
ISBN 978 - 7 - 5218 - 4876 - 2　定价：49. 00 元
（图书出现印装问题，本社负责调换。电话：010 - 88191545）
（版权所有　侵权必究　打击盗版　举报热线：010 - 88191661
QQ：2242791300　营销中心电话：010 - 88191537
电子邮箱：dbts@ esp. com. cn）

前 言

　　金融是现代经济的核心。近年来，人工智能、大数据、区块链、5G、物联网等新技术正以其独有的渗透性、冲击性、倍增性和创新性推动金融行业发展到一个全新阶段，新一轮的金融变革悄然而至。我国金融业的迅速发展及金融创新层出不穷，对金融业从业人员尤其是基层一线业务人员提出了更高的要求，同时也对高职院校的金融人才培养提出了相应的要求。高质量的教材是培养高素质人才的保证，充分结合职业教育的特点和发展趋势，开发出适合高职教学实际需要的教材具有重要的意义。

视频：货币的形态

　　《金融概论》是高职金融类专业的专业基础课程。这门课程对金融学进行了整体性、框架性的阐述，在整个金融课程体系中充当了导游图的重要地位。本课程于2012年成为重庆财经职业学院首批项目化改革课程之一，基于本课程的混合式教学模式于2015年成功获得重庆市高等教育教学改革重点项目的立项，2022年获重庆市高校精品在线开放课程，而本教材则是该课程项目化改革、教改项目及精品在线开放课程的重要成果之一。

　　本教材是完全的项目式体例教材，坚持从高职高专人才培养要求出发，按照"以活动为导向，以职业能力培养为重点，实现金融理念的全面渗透"的原则进行编写，科学合理地处理好教材内容与教学时数、理论内容与实践内容之间的关系，力求符合高职高专教学实际需要。在编写时强调"实践为重，理论够用"，突出职业教育特点，培养学生适应职业岗位的综合能力，并尽可能与职业技能接轨，增强其就业职业竞争能力。

本教材主要有以下特色：

第一，教材内容的选择。本教材以职业岗位需求为出发点，结合金融学理论逻辑框架、工学结合培养模式和金融热点焦点等方面重构课程内容体系。这样的课程内容体系既保留了学生必须掌握的本课程最基本的知识和原理，又增强了教学内容的现实性、实用性和前沿性。全书内容上下相扣、前后连接、层层推进，具有很强的逻辑性和可读性。

第二，模块和项目的安排。本教材按照以金融基本要素为纽带，实现宏观总量管理向上和微观运作载体向下的双向连接的思路把课程内容划分为金融基础、金融体系、宏观管理三个模块十三个项目。模块下包含具体项目和工作任务，以工作任务为中心组织课程内容，让学生在完成具体项目和工作任务的过程中初步掌握金融的基本概念和理论，树立正确的金融理念，提高发现、分析、解决实际问题的职业能力和职业素养，为进一步学习专业后续课程和以后从事金融相关工作打好坚实的基础，同时为考取金融类从业资格证书提供必要的金融知识、技能和态度。

第三，项目和任务的设计。首先，每个项目开篇都列出学习目标、知识网络图和案例导入，注重对学生的引导性，让学生对学习要求和学习内容一目了然。其次，每个项目下包含子任务，每个任务都要设置学习情境（即项目活动）和任务描述，学习情境和任务的设计遵循"以职业活动为导向，以家庭的金融活动和企业的金融活动为主线，实现金融需求方、金融供给方和金融监管方的三方对接"的原则。再次，在项目中配以案例分析、思政栏目、实践练习等栏目，所用案例尽可能选用近期金融领域的实践活动，增强教材的趣味性和可读性。最后，同步练习包含三部分内容，即知识练习、分析应用题和技能实训。知识练习以单选、多选、名词解释、简答、计算为主，分析应用题以案例分析为主，技能实训有多种形式：情景模拟、案例分析、辩论、知识竞赛、调查研究、网络搜索等。

第四，信息化教学资源。本教材对各类教学资源进行全面梳理，加入了大量数字化教学资源，包括精品微课、案例、资料等，以二维码形式嵌入，读者扫描二维码即可获得。数字化教学资源的加入，满足了信息化时代混合式教学的要求，极大方便了读者学习和教师教学。

本教材共包含三个模块十三个项目。第一个模块为金融基础模块，包括货币与货币制度、信用、利息与利率、汇率与国际收支四个项目；第二个模块为金融体系模块，包括金融市场、金融机构体系、商业银行、非银行金融机构、中央银行五个项目；第三个模块为宏观均衡模块，包括货币供求与均衡、通货膨胀和通货紧缩、货币政策、金融风险与金融监管四个项目。

本书为校企深度合作编写的教材，由重庆财经职业学院肖妍、赵蕊担任主编，邓晓娜、邓巧玲担任副主编。具体分工如下：赵蕊编写项目一和项目二，邓巧玲编写项目三，王伟、邓晓娜编写项目四，章文芳编写项目五，陈天翔、王廷编写项目六和项目八，邓晓娜编写项目七，黄雪梅编写项目九和项目十三，袁德承、刘松鹤编写项目十，肖妍、赵蕊、刘松鹤编写项目十一，肖妍、邓巧玲、刘松鹤编写项目十二。感谢长江银行无锡分行副行长陈磊、深圳希施玛数据科技有限公司（重庆分公司）总经理李勇军、杭州同花顺数据开发公司校企合作部总监王鹏、东莞证券重庆营业部高级投资顾问杜林、明亚保险经纪公司永川营业部资深经理代朝丽、诺德基金管理有限公司销售经理田霞提供的业界资料和给予的帮助及指导。本书由肖妍和赵蕊敲定编写大纲，各个项目初稿完成之后，赵蕊、邓晓娜、邓巧玲负责全书的统稿校对，最终经肖妍审查定稿。

在本教材的编写过程中，我们始终得到学院领导、金融学院多位同事以及兄弟院校教师的热情关心和大力支持，在此，一并表示衷心感谢。同时，我们参阅了大量金融学方面的书籍，并且借鉴了某些内容，对此谨向有关作者表示诚挚的谢意。

由于编者水平有限，本书内容错误与疏漏之处在所难免，恳请读者批评指正。

编者

2023 年 6 月

目 录

| 模块三　宏观均衡 |

模块一

金融基础

货币与货币制度

（一）知识目标

1. 了解货币的起源与发展；

2. 掌握货币的本质、形式及职能；

3. 掌握货币制度的基本内容和我国的货币制度。

（二）技能目标

1. 能够理解货币在经济领域中的作用与影响；

2. 能够用货币相关理论分析生活中的经济现象；

3. 能理解和判断货币的创新和发展趋势；

4. 能够描述货币制度的基本内容和我国的货币制度。

（三）素质目标

1. 通过对我国货币形态发展的学习，让学生了解从交子到数字人民币的文明传承，理解中国悠久的货币文化以及在引领货币金融创新变革中的作用，树立文化自信和国家自信；

2. 通过货币本质和货币职能的学习，引导学生树立正确的金钱观、财富观、价值观，以及良好的思辨能力；

3. 通过人民币货币制度的学习，让学生了解近年来人民币国际地位的提升，激发学生职业的自豪感以及民族自信、家国情怀。

▶▶案例导入

江苏、广东、浙江等地推出具体方案——数字人民币试点扎实推进

2023 年伊始，数字人民币试点持续推进，包括江苏、广东深圳、浙江义乌等多个试点地区推出具体方案。业内人士认为，相关方案的密集推出，为各地因地制宜推广数字人民币提供了政策基础，有利于扩展数字人民币应用场景、提升

交易规模，有望在拉动居民消费、助力降本提效、促进数字经济高质量发展等方面发挥更大作用。

多地推出具体方案

截至 2023 年 4 月，数字人民币试点范围已扩大至 17 个省（市）的 26 个地区，数字人民币加快融入百姓衣食住行的各个领域。

今年以来，数字人民币试点发展继续跑出"加速度"，多地推出具体方案，推动应用增量扩面。例如，3 月份发布的《深入推进义乌小商品市场数字人民币试点工作方案》提出了全面提升义乌市场数字人民币受理环境、推动交易规模大幅提升、丰富数字贸易应用场景等 10 条具体措施。

随着 2023 年 1 月 30 日《江苏省数字人民币试点工作方案》的印发，江苏成为首个公布数字人民币试点工作方案的省份。方案提出，力争到 2025 年底，基本形成服务便捷高效、应用覆盖面广、生态较为完善的数字人民币运营管理体系。此前，深圳市发布《关于加快建设深圳国际财富管理中心的意见》，提出联动香港开展数字人民币跨境支付试点，携手打造数字人民币跨境应用示范区。

"数字人民币已基本完成顶层设计、功能研发、系统调试等工作，遵循稳步、安全、可控、创新、实用等各项原则进行试点工作。"光大证券金融业首席分析师王一峰表示，今年各试点地区密集推出具体工作方案，表明研发试点工作稳步推进。

"各地方案呈现 3 方面特征：一是数字人民币对公领域的应用及对实体经济发挥的价值广受关注；二是内容多涉及数字人民币相关的前沿技术；三是对数字人民币推广提出具体量化指标。"易观分析金融行业高级咨询顾问苏筱芮表示。

应用场景不断扩大

自试点启动以来，数字人民币应用场景不断丰富，交易金额、存量不断增加，截至 2022 年底，流通中数字人民币存量达到 136.1 亿元。

同时，围绕"促消费"发起的多种形式的数字人民币红包，为扩内需、稳增长发挥了积极作用。"数字人民币自试点以来，多次通过消费券的形式发放，与智能合约结合，不但可以设置消费券使用金额，还能定向投放给指定的消费类别和商户，对精准提振实体经济具有重要意义。"苏筱芮表示。

除了居民日常消费领域，更多数字人民币应用场景也在加快"解锁"。以浙江省为例，6 个试点地区创新成果不断涌现：4 家企业成功参与多边央行数字货币桥跨境应用测试，探索数字人民币跨境应用新模式；亚运会主题硬件钱包发布，为境内外人士提供支付新体验；数字人民币在金融服务领域有效突破，成功落地信贷发放、保险赔付、理财购买等新场景……

记者注意到，数字人民币正在流通环节与生态体系中的机构加强合作，加速应用场景在"面"上的扩容。一方面，是加强"钱"与"钱包"的合作，例如支付宝已作为支付平台接入数字人民币，支付宝提供支付服务的场景，淘宝、饿了么、天猫超市、盒马等都可使用数字人民币付款；另一方面，在移动支付时代，智能手机已成为支付的主要硬件载体，数字人民币持续加强与手机厂商合作，小米、vivo、华为等手机部分机型已实现数字人民币无电支付。

"应用场景不断创新丰富，一方面有利于数字人民币的推广普及；另一方面也将给百姓生活带来更多便利。"苏筱芮表示，在未来场景拓展空间上，可以重点考虑两个因素：一是在跨境支付领域，如何发挥数字人民币在国际贸易、跨境消费等场景的价值；二是如何延伸至更广阔的农村地区，帮助更多人群跨越"数字鸿沟"。

"数字货币降低了获取金融服务的门槛。"王一峰说，数字人民币试点场景已覆盖生活缴费、交通出行、政务服务等领域，随着试点范围的扩大及推广力度的增强，数字人民币应用场景覆盖的纵深度将进一步深化细化。

资料来源：姚进，马春阳. 江苏、广东、浙江等地推出具体方案——数字人民币试点扎实推进［N］. 2023 - 04 - 08. 中国经济网—《经济日报》，http：//bgimg. ce. cn/xwzx/gnsz/gdxw/202304/08/t20230408_38486354. shtml. 有删减。

思考：1. 什么是数字人民币？未来数字人民币会完全取代纸币吗？

　　　2. 目前数字人民币的应用场景有哪些？

　　　3. 数字人民币的发行及推广，对社会产生什么样的影响？

知识网络图（见图 1 - 1）

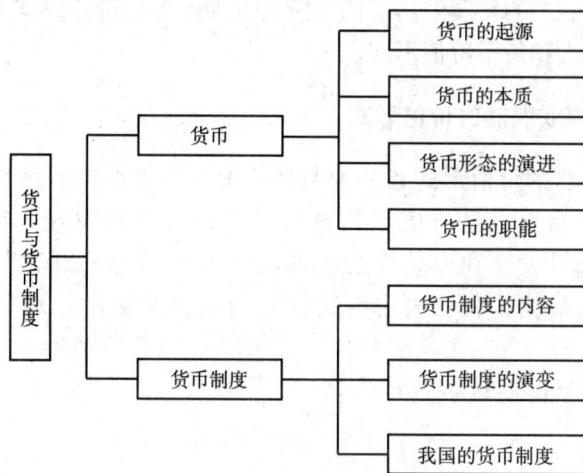

图 1 - 1　货币与货币制度知识网络

任务一　货　币

▷ 学习情境

假设一个班级是一个小的经济社会，经历了从物物交换到引入货币作为交换媒介，从使用商品货币到使用数字货币的过程。

任务描述：

1. 情景模拟：学生分组模拟货币产生过程中的简单价值形式、扩大价值形式、一般价值形式、货币价值形式，了解货币的起源，总结货币的本质。

2. 收集资料并分组讨论：历史上哪些物品曾经充当过货币？它们的优点和缺点分别是什么？请预测未来货币的发展方向。

一、货币的起源

货币在人类经济生活中已经有了几千年的历史。货币的出现与商品交换紧密相连，是伴随着商品交换的发展自然而然地产生的。在原始社会末期以前的漫长历史中，没有商品交换，自然也就没有货币。随着生产力的发展，出现了社会分工和私有制，于是也就产生了商品生产和商品交换。随着商品交换的发展，才逐渐从商品世界分离出一种商品，固定地作为商品交换的媒介，这就是货币。因此，货币的根源在于商品本身，是商品生产和商品交换的必然产物，是商品交换发展的客观需要。

货币是在由商品交换发展所决定的价值形式的发展中产生的。价值形式是商品价值表现形式的简称，是指在商品交换中用一种商品来表示另一种商品价值的形式。商品价值形式的发展经历了四个阶段，即简单的价值形式、扩大的价值形式、一般价值形式和货币价值形式。

（一）简单的或偶然的价值形式

简单的或偶然的价值形式指一种商品的价值简单地或偶然地表现在和它相交换的另一种商品上，是价值形式发展过程中的原始阶段。在人类历史上，最早的交换活动是发生在原始社会末期的部落之间的。当时生产力低下，剩余产品很少，商品交换仅仅表现为物物之间的直接交换，是个别的，带有偶然性。

简单的价值形式表现为：

$$1 \text{ 只羊} = 100 \text{ 斤大米}$$

简单的价值形式孕育了货币的胚芽，但商品价值表现不完善、不成熟。在简单的、偶然的价值形式下，价值作为无差别的人类劳动结晶这种性质，以及交换的比例以价值量为基础这一本质，都还没有充分地显示出来。

（二）扩大的价值形式

原始社会后期，随着生产力的不断发展，出现了第一次社会大分工，剩余产品越来越多，使得商品交换越来越丰富，一种商品已经不再是偶然地和另一种商品相交换，而是经常地与许多种商品相交换。这样，一种商品的价值就由跟它相交换的一系列商品的使用价值来表现，即扩大的价值形式。

扩大的价值形式表现为：

$$一只羊 = \begin{cases} 100 \text{ 斤大米} \\ 2 \text{ 把斧子} \\ 3 \text{ 张兽皮} \\ 10 \text{ 磅茶叶} \end{cases}$$

在扩大的价值形式中，一种商品的价值表现在无数种其他商品上，使其价值得到充分表现，从而才真正表现为无差别的人类劳动的凝结。其价值表现比简单的价值形式的范围扩大了，这与简单的价值形式相比是一个进步。但是，货币的胚芽虽然已经发育，但还未分离出一种固定的充当一般等价物的商品，仍处于直接的物物交换阶段。

（三）一般价值形式

随着生产力的发展和社会分工的扩大，商品交换日益频繁，商品价值表现种类繁多，扩大价值形式使商品交换变得困难了。为了使商品交换简单、方便，人们渐渐就开始自发地用自己生产的商品先换成一种大家都普遍接受的商品，然后再去交换自己所需要的其他商品，其结果是某种商品逐渐从商品世界中分离出来，它可以直接和各种商品相交换，成为表现其他商品价值的媒介，即一般等价物。生产者只要把自己生产的产品换成一般等价物，就可以用它与自己需要的任何商品进行交换，这样，作为一般等价物的商品，它的自然形式成为一切商品共同的价值形式。一切商品的价值作为无差别的人类劳动凝结的性质，就充分地显现出来。

一般价值形式表现为：

$$\left.\begin{array}{l} 100 \text{ 斤大米} \\ 2 \text{ 把斧子} \\ 3 \text{ 张兽皮} \\ 10 \text{ 磅茶叶} \end{array}\right\} = 一只羊$$

虽然从等式来看，一般价值形式和扩大价值形式只是等式两边发生了位移，但实质是直接的物物交换转变为以一般等价物为媒介的间接交换，使人类历史上价值形式的发展出现了质的飞跃，商品的价值表现统一了、固定了，商品交换由于一般等价物的出现简单了、方便了。但是，在这个阶段，一般等价物还没有固定在某一种商品上，它在不同的国家和地区、不同的时期是不一致的，还不能成为整个商品世界的一般等价物。一般等价物的不固定，限制和阻碍了商品交换的扩大和发展。

（四）货币价值形式

随着社会生产力的进一步发展，交换商品的数量增多，范围也进一步扩大。人们很自然地要求把不同的等价物统一起来，从而克服一般等价物的不固定给交换造成的困难。当一般等价物固定在某一特殊商品上面，这种商品就成为货币商品。这种用货币来表现商品价值的形式，称为货币价值形式，它是价值形式发展的最高阶段。

货币价值形式表现为：

$$\left.\begin{array}{l} 100\ 斤大米 \\ 2\ 把斧子 \\ 3\ 张兽皮 \\ 10\ 磅茶叶 \end{array}\right\} = 1\ 两黄金$$

> ➡ **案例分析：**
>
> 假定一个经济社会中，有四个人生产了四种物品：
>
> 苹果　　苹果园主
>
> 香蕉　　香蕉园主
>
> 菠萝　　菠萝园主
>
> 李子　　李子园主
>
> 思考：如果苹果园主只喜欢香蕉，种香蕉者只喜欢菠萝，而菠萝园主只偏爱李子，种李子者又只喜欢苹果。那么在物物交换经济中，这四个人之间要经过多少次交换才能都买到自己喜欢的物品？如果将货币引入经济社会，又会有什么影响呢？

二、货币的本质

从货币产生的过程来看，货币是商品交换发展到一定阶段的产物，是商品内在矛盾发展的结果。

（一）货币是商品

货币之所以能够充当一般等价物，是因为货币也是商品，具有一般商品的两个基本属性，即价值和使用价值。它既是价值的凝结体，又具有使用价值，能够满足人们的某些需要。如果货币没有一般商品的共同属性，那么它就失去了与其他商品相交换的基础，也就不可能从长期的商品交换中分离出来充当一般等价物。

（二）货币是特殊的商品

和普通商品相比较，货币的特殊性表现在货币在商品交换中取得了一般等价物的独占权，只有它才能起着一般等价物的作用，具有与一切商品直接交换的能力。一方面，货币能够表现和衡量其他一切商品价值的大小。普通商品的价值必须在交换中由另一商品来表现，而货币作为一般等价物，在商品交换过程中直接体现其他商品价值的大小。一种商品只有能在商品交换中取得货币，才能使它的私人劳动转化为社会劳动，商品的价值才能得到体现。因而，货币成为商品交换世界里唯一核算社会劳动的工具。另一方面，货币具有与一切商品直接交换的能力。普通商品只能以某种特定的使用价值去满足人们某一方面特定的需要，而不可能和其他商品直接交换。而货币是人们普遍接受的商品，是社会财富的一般代表，能够去获取各种不同的使用价值。货币成了每个商品生产者追求的目标，也就具有直接同一切商品相交换的能力。

（三）货币体现一定的社会生产关系

货币作为一般等价物，无论是表现在实物货币上，还是表现在某种价值符号上，都只是一种表面现象。从实质上看，货币作为一般等价物反映了商品生产者之间的交换关系，体现着产品归不同所有者占有，并通过等价交换形式来实现他们之间的社会关系。

综上所述，货币的本质可以描述为：货币是从商品中分离出来固定地充当一般等价物的特殊商品，它体现了一定的社会生产关系。

视频：货币的
形态

拓展阅读：战
俘营中的货币

三、货币形态的演进

在商品经济中，货币作为一般等价物的本质是不变的，但货币的形态却随着生产和交换的发展而经历着由低级向高级的不断演变过程。

📖 实践练习：

1. 《诗经·小雅·菁菁者莪》："既见君子，锡我百朋。"
2. 《诗经·卫风·氓》："氓之蚩蚩，抱布贸丝，匪来贸丝，来即我谋。"
3. 《诗经·周颂·臣工》："命我众人，庤乃钱镈。"
4. 西汉·卓文君《白头吟》："男儿重义气，何用钱刀为。"
5. 《后汉书》："蜀中童谣言曰：'黄牛白腹，五铢当复。'"
6. 唐·李白《叙旧赠江阳宰陆调》："一诺许他人，千金双错刀。"
7. 唐·杜甫《寄岳州贾司马六丈、巴州严八使君两阁老五十韵》："月分梁汉米，春得水衡钱。"
8. 唐·孟浩然《秦中苦雨思归赠袁左丞贺侍郎》："二毛催白发，百镒罄黄金。"
9. 宋·欧阳修《和较艺书事》："杯盘飨粥春风冷，池馆榆钱夜雨新。"
10. 宋·洪迈《夷坚支志戊·张拱之银》："俗云张循王在日，家多银，每以千两镕一毬，目为没奈何。"

上面的诗词中提到了哪个朝代的哪种货币？请搜索我国历史上曾使用的货币，并绘制货币发展图。

（一）实物货币

实物货币又称为商品货币，是指以自然界存在的某种物品或人们生产出来的某种产品来充当货币，它是货币形态发展的最原始形式。实物货币的特点是，作为货币用途的价值与作为非货币用途的价值相等，即实物货币是以货币商品本身的价值为基础的。在人类历史上，很多种商品都曾在不同时期内扮演过货币的角色。早期的实物货币，一般近海地区多用海贝和盐，游牧民族多用牲畜、皮革，农业区多用农具、布帛，等等。中国古代商周时期，牲畜、粮食、布帛、珠玉等都充当过货币，而以贝壳最为流行。

在这些商品货币中，"贝币"为历史货币，不仅为中国的古代经济立了丰功，而且对中国文化、风俗，具有深刻的影响。商代即以贝为主要货币，许多商代贵族的墓葬中都有贝做陪葬品。从现行的中国汉字中，我们可以看到大多数与钱币发生关联的事物或行为都有贝旁，如货、财、资、债等。

头脑风暴：

你能写出多少个跟财富有关的带有"贝"旁的汉字？

实物货币的出现，使得商品交换大为便利，但是实物货币的局限性是非常明显的：如有些实物货币体积太大，不便携带；有的质地不均匀，不易分割；有的质量很不稳定，不易保存等。由于实物货币的一些固有缺点，随着商品交换的进一步发展，实物货币必然逐渐被金属货币所代替。

（二）金属货币

金属货币是指以金属作为材料的货币，铜、铁、锡、银、金都曾经充当过金属货币。金属货币取代自然物商品作为货币，几乎是世界各国货币发展的共同历史。金属货币的演化沿着两个方向进行：

1. 由贱金属到贵金属的演变。最初是用铁等贱金属作为货币，但随着商品交换发展，货币材料逐渐固定到贵金属身上。一般来说，用贵金属作为币材是在铜以后，逐渐过渡到银，最后过渡到金。以黄金作为货币是金属货币发展史上的鼎盛时期。贵金属货币有着适宜充当一般等价物的自然属性：（1）贵金属体积小、价值大，便于携带；（2）质地坚固，不易损坏和变质，宜于长期保存；（3）质地均匀，便于分割或熔合成不同重量的条块，适于表现各种商品的不同价值。因此，货币材料最终落到贵金属身上，绝非偶然。

即问即答：

问：怎么理解马克思所说"金银天然不是货币，但货币天然是金银"？
答："金银天然不是货币"是说金银最初出现在市场上时只是普通商品，只有一般等价物固定在金银上，金银才成为货币。"货币天然是金银"是说金银天生就具备充当货币的属性，它具有体积小、价值大、便于携带、久藏不坏、质地均匀、容易分割等优点。

2. 从称量货币到铸造货币的演变。称量货币指天然形态的贵金属条块。金属货币最初没有固定的形状和重量，每笔交易都需要称量重量，鉴定成色，很不方便。随着商品交换的发展，人们把货币金属铸成具有一定形状、一定重量，并具有一定成色的金属铸币，以便于流通。最初铸币有各式各样的形式，但后来都逐步过渡到圆形，这是因为圆形最便于携带且不易磨损。

> **案例分析：**
>
> ### 戏曲《十五贯》
>
> 戏曲《十五贯》中提到，在宋代，铜钱一枚为一文，1 000 文为一贯，重约 5 斤。买一匹马需要五十贯，一石大米大约需要五贯。
>
> 思考：十五贯铜钱有多重？现在有户人家要去集市购买一匹马并用马驮回大米五石，他应该带上多少铜钱？这些资料说明什么问题，如何才能克服这些问题？

虽然贵金属与实物货币相比有很多优点，但是贵金属的数量有限，供应相对缺乏弹性，其数量不能满足日益增长的商品交易对货币的需求，而且金属货币在携带、分割、生产等方面还是有很多不便。随着经济的进一步发展，金属货币日益被代用货币所取代。

（三）代用货币

代用货币是金属货币的代表物，通常是指在贵金属货币流通条件下，政府或银行发行的代替贵金属货币流通的纸币凭证。代用货币之所以能在市面流通，被人们所普遍接受，是因为它们背后有充足的金银货币或等值的金银条块做准备，可以自由地用纸币向发行机构兑换成金银货币或金银条块。早期的银行券是典型的代用货币。银行券的出现是货币币材的一大转折，它为后来不兑现纸币的产生奠定了基础。

代用货币较实物货币有明显的优点：印制纸币的成本远低于铸币的铸造费用；避免了金属货币在流通中的磨损和有意切割；降低了运送的成本和风险等。但是它的发行要有充足的金银货币或等值的金银条块做准备，跟不上日益扩大的商品生产和商品交换发展的需要。因此为适应经济发展的需要，代用货币逐渐脱离了贵金属，演化成不可兑现的纸币——信用货币。

（四）信用货币

信用货币是代用货币进一步发展的结果，目前世界上几乎所有国家流通的货币基本上都是信用货币。信用货币指的是通过信用程序发行的货币，它具有以下基本特征：（1）信用货币本身的价值低于它所代表的货币价值；事实上，货币作为商品交换的媒介，人们更关心的是货币能否买到价值相当的商品，而不是货币本身的价值。（2）信用货币完全割断了与贵金属的联系，其发行主要不是以黄金做准备的，国家也不予承诺兑现金属货币。（3）信用货币的基本保证是国家的信誉和银行的信誉。

信用货币的主要形式有纸币和存款货币。

拓展阅读：我国古代金属货币赏析

拓展阅读：交子的产生

纸制货币有两种：一种是银行通过信用渠道发行的，理论上称为银行券；另一种是国家凭借权力发行的，理论上称为纸币，一般称为"现金"或"现钞"。

存款货币是一种可签发支票的活期存款。存款货币主要体现在单位、个人在银行账户上的活期存款，主要流转于银行体系内，可用于转账结算。当收到货币时，由银行将付款人账户上的存款划拨到收款人的账户上；当支付货币时，付款人可以签发票据，通知银行将一定的货币资金转账于收款人账户。随着科学技术的进步，存款货币的收入和支付系统越来越被电子货币的转移系统所取代，即人们所称的电子货币。

（五）电子货币

随着现代信用制度和电子技术的发展，货币形式的发展从有形到无形，逐步产生了电子货币。

电子货币指的是以金融电子化网络为基础，以商用电子化机具和各类交易卡为媒介，以电子计算机技术和通信技术为手段，以电子数据形式存储在银行的计算机系统中，并通过计算机网络系统以电子信息传递形式实现流通和支付功能的货币。电子货币是由一组含有用户身份、密码、金额、使用范围等内容的数据构成的特殊信息。电子货币的出现，是现代商品经济高度发达和银行转账清算技术不断进步的产物。电子货币具有使用简便、安全、迅速、可靠的特征，数量增长迅速，对现金的替代作用非常明显。它适应了现代经济规模迅速扩展所带来的资金流空前增长的需要，节省了大量的现金流通，加速了货币资金的循环周转。电子货币是当今货币形态发展的新趋势，在经济生活中发挥着越来越大的作用。

案例分析：

银联发布首款数字银行卡"银联无界卡"

8月31日，中国银联联合商业银行、主流手机厂商、重点合作商户及支付机构，发布首款数字银行卡"银联无界卡"，实现全流程数字化申卡、快速领卡，为持卡人提供新一代支付体验。

银联无界卡是应数字支付时代用户需求，正式发布的首款数字银行卡，推出借记卡和信用卡两类卡种。依托云闪付 App 等平台，银联无界卡为持卡人提供全面、便捷的数字金融服务，具有四大突出特点：一是为传统银行卡赋予了数字形态，通过数字化服务，满足用户消费、存取现、转账、手机闪付、条码支付等多元化支付需求。二是发卡用卡高效便捷，境内外用户可以通过云闪付 App、商业银行 App 或手机钱包等多种渠道快速申卡、绑卡和用卡，优化用户用卡体验，同时实现卡码合一，可手机一键调取无界闪付卡和无界卡二维码，任选手机闪付或二维码支付。三是确保支付安全，通过支付标记化、通道加密、实时风控等全方位的技术手段，对卡号、有效期等信息进行全程防护，保障用户的资金与信息安全。四是助力跨行业合作和场景的互联互通，借助 Token2.0 数字支付体系，用户可以自主选择将数字银行卡推送到电商、公交、手机钱包等支付场景，并配套丰富的专属卡权益，构建互联互通的数字支付生态。

对于用户来说，银联无界卡在安全创新的同时，将带来全新的便捷支付体验，申卡、用卡、交易管理通过云闪付 App 等一站优享。申卡时，用户可在云闪付 App、商业银行 App 或手机厂商钱包等多个平台线上操作，只需几步便可快速申请成功。申请成功后，理财、消费、支付等金融功能全支持，并可一键绑卡至京东、度小满等商户 App，满足各类场景消费需求。用户在云闪付 App 中更可实时查看和管理银联无界卡交易情况。

此次银联无界卡在境内外同步发行，17 家全国性商业银行、部分区域性银行及互联网银行如江苏银行、微众银行等将加入首批试点。即日起，持卡人通过云闪付 App 银联无界卡专区及商业银行 App 可陆续申请用卡，通过云闪付 App 申请还可立享 50 元商超数字礼券，在全国各地沃尔玛、家乐福、全家等商超便利店购物时抵扣现金。

此外，银联无界卡还为用户提供覆盖全球的丰富专属卡权益。持卡人通过云闪付 App 手机充值、卡还款，每月均可享受立减优惠；每季度交易超过六笔，更有京东 PLUS 会员、腾讯视频 VIP 会员、知乎盐选会员、Keep 会员等热门会员权益季卡兑换。同时，持卡人可享受到覆盖境内外商圈的银联消费礼遇，包括 Trip.com 酒店满减优惠、港澳地区星巴克免费升杯、艺仓美术馆门票优惠、跨境支付返现、"优计划"优惠等多重权益。

资料来源：中国银联. 银联发布首款数字银行卡"银联无界卡"[EB/OL]. 2020 - 08 - 31. 中国银联股份有限公司官网，http：//cn. unionpay. com/upowhtml/cn/templates/newInfo-nosub/a5817a4b821640 e5a850c5b9da5687c7/20200831161901. html.

思考：你愿意使用数字银行卡吗？为什么？

（六）数字货币

数字货币是一种基于节点网络和数字加密算法的虚拟货币。目前，数字货币大致有两类：一类是一般的加密数字货币，不依托任何实物，依靠密码技术和校验技术来创建、分发和维持的数字货币，例如比特币、莱特币等，大多数中央银行不承认这类加密货币的货币属性。另一类是各国中央银行发行和推广的数字货币。以数字人民币为例，它是由中国人民银行发行的数字形式的法定货币，由指定运营机构参与运营并向公众兑换，以广义账户体系为基础，支持银行账户松耦合功能，与纸钞硬币等价，具有价值特征和法偿性，支持可控匿名。2014 年，中国人民银行成立专门团队，开始对数字货币发行框架、关键技术、发行流通环境及相关国际经验等问题进行专项研究。2017 年末，中国人民银行组织部分商业银行和有关机构共同开展数字人民币体系（DC/EP）的研发。DC/EP 在坚持双层运营、现金（M0）替代、可控匿名的前提下，基本完成了顶层设计、标准制定、功能研发、联调测试等工作。2019 年底，数字人民币相继在深圳、苏州、雄安新区、成都及未来的冬奥场景启动试点测试。2021 年，数字人民币推广在全面提速，覆盖城市、应用场景，钱包开立数量全面开花，数字人民币离全面推广更近一步。

四、货币的职能

货币职能是货币本质的体现，是货币作为一般等价物所固有的功能。货币具有价值尺度、流通手段、支付手段、贮藏手段、世界货币五大职能。其中价值尺度和流通手段是基本职能，其他职能是在此基础上派生出来的。

📖 实践练习：

盼星星盼月亮，小张这个月的工资终于发了，虽然只有 4 000 元。她看中的衣服标价 400 元，经过讨价还价最终花费了 320 元买下；路过金店的时候，她去买了最近年轻人流行买的金豆，一月攒一颗，可以保值增值；她还想换个新手机，可是实在囊中羞涩，犹豫不决的时候，店员告诉她可以分期付款，每月付 400 元就可以。

上面的例子中，货币履行了哪些职能？

（一）价值尺度

当货币用来表现和衡量其他一切商品和劳务的价值时，执行价值尺度的职能，这是货币最重要、最基本的职能。

货币执行价值尺度职能，是把一切商品的价值都表现为一定的货币量。这是因为货币本身也是商品，具有价值。各种商品都是社会劳动的凝结，具有相同的质，所以劳动时间是商品内在的价值尺度。这种内在的价值可以比较，但自身却无法表现出来。在商品交换过程中，当货币执行价值尺度职能去衡量其他商品的价值，使各种商品价值都表现为一定量的货币时，货币就成为商品价值的外在表现。

商品的价值用一定数量的货币表现出来，就是商品的价格。价值是价格的基础，价格是价值的货币表现。货币作为价值尺度的职能，就是根据各种商品的价值大小，把它表现为各种各样的价格。货币在执行价值尺度的职能时，并不需要有现实的货币，只需要观念上的货币。例如一件衣服标价 200 元，只是把商品的价值观念表现在货币上。在这里，并不需要把现实的货币摆在那里，只需要想象的、观念中的货币就可以，即只要在商品交换时贴上用货币表现的商品价格标签即可。

（二）流通手段

货币的流通手段职能，是在商品交换中发展的。在货币出现以前，商品交换采取物物直接交换的形式。在物物交换的经济中，交易成本很高，交易的完成必

须满足"供求的双重巧合""时空的双重巧合"以及买卖双方就交换比率与交换数量达成一致意见，交易才能顺利完成。但在货币作为交易媒介的情况下，所有一切商品和劳务都可以通过它而顺利地完成交易，不再需要满足物物交易下的三个条件，降低了交易成本，提高了经济效率。

货币产生以后，变成以货币为媒介的商品流通，它使直接商品交换变成两个过程，任何一个商品生产者都要先卖出商品换回货币（W－G），然后再用货币去买回需要的商品（G－W）。由这两个过程组成的商品交换中，货币充当交换活动的媒介物。这种媒介商品交换的职能，就是货币的流通手段职能。货币的流通手段职能，解决了物物交换的局限性，打破了商品直接交换在时间和空间上的限制，使商品交换实现了买和卖的分离，便利了商品交换的进行，促进了商品流通的发展。但同时，由于改变了物物直接交换的运动方式，使买卖分离开来，隐藏着发生经济危机的可能性。有的生产者出卖了自己的商品后并不马上购买，因为一些生产者不买，另一些生产者就不能卖，形成买卖脱节的现象，这种现象不解决，就有可能引起经济危机。

与价值尺度不同，货币执行流通手段的职能时，必须是现实的货币。即交易双方必须一手交钱一手交货、等价交换，买卖行为才能完成。但是，货币执行流通手段的职能时不一定是十足价值的货币。货币作为交换媒介时仅仅是一种交易的媒介，作为商品所有者出售商品、换取货币，其目的是用货币去换取自己所需要的商品，只要货币能够购得自己所需要的商品，货币本身是否有价值对商品所有者来说并不重要。这种客观事实，使得历史上足值、不足值，甚至于无价值的货币都可以执行流通手段的职能。

（三）贮藏手段

当货币作为社会财富被人们保存、收藏时，暂时退出流通领域而处于静止状态时，便执行着贮藏手段的职能。货币之所以能被贮藏，因为货币是一般等价物，它能随时换取所需要的任何商品，是社会财富的一般代表，贮藏货币就是贮藏财富。

货币贮藏手段职能，是随着商品生产和商品流通的发展而不断发展的。最初表现为朴素的货币贮藏，生产者把多余的产品换成货币，目的是用货币保存自己的剩余产品。随着商品生产的发展，商品生产者为便于能随时购买维持生产和生活的商品，货币贮藏主要表现为取得交换价值的贮藏。当商品流通扩展到一切领域，谁占有了货币，谁就可以购得一切所需的物品，这时的货币贮藏就表现为社会权力的货币贮藏。

货币执行贮藏手段时有两个特点：首先，它必须是现实的货币。其次，作为贮藏手段的货币，它必须退出流通领域，处于静止状态。处在流通领域中的货币发挥流通手段和支付手段职能，退出流通领域的货币才执行贮藏手段的职能。

在金属货币流通的条件下，货币作为贮藏手段，具有自发调节货币流通量的作用。当流通中货币量超过经济发展需要时，一部分货币会自动退出流通领域成为贮藏货币；而当流通中的货币量不能满足经济发展需要时，贮藏货币又会进入流通领域，因此在金属货币流通的条件下，一般不会发生货币过多或过少的现象。在纸币流通条件下，贮藏货币的方式、特点和作用已经发生了变化，贮藏方式主要有货币沉淀、银行存款和利用金融资产贮藏价值几种。例如在通货膨胀时期，为避免财富缩水，人们会选择抗通胀能力强的房产、黄金、古董或有价证券等来贮藏财富。

（四）支付手段

当货币作为独立的价值形式进行单方面转移时，货币执行支付手段的职能。这一职能是流通手段的延伸。

货币支付手段的产生源于商业信用。由于不同商品的生产周期长短不一，产地距销售地远近各异，为保证再生产过程的连续进行，有的商品生产者为了买到商品愿意提前付款，有的商品生产者为了尽快把商品卖出去，愿意先卖商品后收款，这就是赊买赊卖。这时，货币的收付已同商品的买卖在时间和空间上发生了分离，不再是货币执行流通手段时一手交钱一手交货的买卖，而是货币进行单方面的价值转移，执行支付手段的职能。货币在商品赊销和预付货款时，商品的让渡与货币支付在时间上分离，这个时候货币便充当延期支付的手段。随着商品交换和信用经济的发展，货币执行支付手段职能日益普遍，不仅超出商品流通领域，而且进入了人们日常生活之中，如用于支付地租、租金、工资，缴纳赋税等。

货币支付手段克服了流通手段的局限性，加速了货币周转，节约了流通费用，但扩大了商品经济的内在矛盾，使得货币在执行流通手段职能时孕育的经济危机有了进一步发生的可能。因为赊买赊卖使许多生产者互相欠债，形成债务链条，只要有一个商品生产者欠债不还，不能按期还账，就会引起连锁反应，破坏整个商品交换的信用关系，发生经济危机。

头脑风暴：

假如货币没有支付手段职能，你的生活会感到哪些不便？

（五）世界货币

随着国际贸易的发展，当货币超越国界，在世界市场上发挥一般等价物作用时，便执行着世界货币职能。世界货币除具有价值尺度职能外，还执行如下职能：作为购买手段，在国际上用以购买外国商品；作为一般支付手段，用以偿付国际债务、支付利息和其他非生产性支付等，以平衡国际的收支差额；作为社会财富的代表，用以支付战争赔款、输出货币资本等，从一国转移到另一国。

在贵金属货币流通的条件下，充当世界货币的是足值的金和银，而不是具有地域外衣的铸币。因此，它主要是金块、银块的形式。在现代信用货币制度下，主要由那些在国际贸易中得到普遍接受、用于计价和支付的货币是硬通货，例如美国的美元、欧洲的欧元等货币来充当。也就是说，并不是世界上任何一个国家

的信用货币都可以执行世界货币的职能，只有少数综合国力很强的国家的货币才能被大多数国家认可，充当世界货币。但在这种情况下，各国仍必须贮藏一定量的黄金，以作为世界货币的准备金，用来平衡一国的国际收支。

头脑风暴：

金钱是否是万恶之源？我们应如何正确地看待金钱？

任务二　货币制度

➤ 学习情境

张女士拿了 20 000 元到某银行进行存款，其中有 20 卷 1 元的硬币，在存款过程中遇到一柜员拒绝存 1 元硬币的情况。张女士称，自己排了很长时间的队，在中午两点的时候，人比较少，但柜员说还要数硬币太费时间，就不给存；王先生去某超市购买了一把青菜，总价为 5.7 元，他用自己积累下来的 1 角硬币支付时却遭到收银员的拒绝，该收银员甚至说现在都是手机支付了，现金都懒得收，更别说 1 角硬币了。

任务描述：

1. 分组讨论：我国的法定货币是什么？商家或者银行是否有权利拒收硬币？
2. 观看央行纪录片《货币》，讨论总结我国各阶段货币制度的主要内容，并评价各阶段货币制度的优缺点。

一、货币制度的内容

货币制度，简称"币制"，是国家以法规形式规定的货币的流通结构和组织形式。国家制定货币制度的目的是保证货币和货币流通的稳定，为经济的正常运行提供一个稳定的货币环境。货币制度的内容一般包括以下六个方面：

（一）规定货币材料

规定货币材料指的是国家用法令的方式规定用哪种材料充当铸造货币的币材。规定货币的币材是货币制度的基本内容，也是一种货币制度区别于另一种货币制度的依据。选择哪种币材受客观经济条件的制约，不同的货币本位制度对经济起着不同的作用。目前各国都实行不兑现的信用货币制度，对货币材料不再作明确规定。

（二）规定货币单位

货币材料一经确定，为了商品交换的方便和快捷，就要规定货币单位。货币单位就是指货币本身的计量单位，规定货币单位包括两方面：一是规定货币单位的名称；二是规定货币单位的值。

1. 规定货币单位的名称。各国法律规定的货币单位名称，通常都以习惯形成的名称为基础。按照国际惯例，一国货币单位的名称往往就是该国货币的名称。例如，美元、日元等。但是我国比较特殊，货币的名称是人民币，货币单位的名称是"元"。

2. 规定货币单位的值。在金属货币制度条件下，货币单位的值是每个货币单位包含的货币金属重量和成色；在信用货币尚未脱离金属货币制度条件下，货币单位的值是每个货币单位的法定含金量；在黄金非货币化后，货币单位的值表现为确定或维持本国货币与他国货币或世界主要货币的比价，即汇率。

（三）规定流通中货币的种类

规定流通中货币的种类主要指规定主币和辅币。主币又称本位币，是一个国家的基本通货和法定价格标准。在金属货币制度下，主币是用国家规定的货币材料按照国家规定的货币单位铸造的货币；在现代信用货币制度下，一个货币单位以上的现钞也被称为主币。辅币是主币的等分，是一个货币单位以下的小面额货币。在金融货币制度下，辅币用贱金属并由国家垄断铸造。

（四）规定货币的法定支付能力

国家一般通过法令的形式对流通中各类货币的支付能力进行规定。货币法定支付偿还能力分为无限法偿和有限法偿。无限法偿指不论用于何种性质的支付，不论每次支付数额有多大，支付的对方均不得拒绝接受。通常情况下，主币为无限法偿货币。有限法偿与无限法偿相对，即在一次支付中有法定支付限额的限制，若超过一定的金额，对方可以拒绝接受。通常情况下，辅币为有限法偿货币。

（五）规定货币铸造发行的流通程序

在金属货币制度下，货币铸造发行的流通程序主要分为金属货币的自由铸造与限制铸造。自由铸造指公民可按照法律规定，用国家规定的货币材料请求在国家造币厂铸造铸币，其数量不受限制，国家只收取少量的造币费或免费。同时，国家也允许公民将铸币融化成金属条块。一般而言，主币可以自由铸造。限制铸造指只能由国家铸造，辅币为限制铸造。由于辅币的实际价值是低于名义价值的，铸造辅币就会得到一部分铸造收入，所以铸造权由国家垄断，其收入归国家所有。在信用货币制度下，货币铸造发行的流通程序主要分为信用货币的分散发行与集中垄断发行。信用货币分散发行指各商业银行可以自主发行，早期信用货币是分散发行，目前各国信用货币的发行权都集中于中央银行或指定机构。

> **即问即答：**
>
> 问：我国人民币的发行主体是哪个银行？
> 答：中国人民银行。

（六）规定货币发行准备制度

货币发行准备制度是货币发行时必须以某种金属或资产作为发行准备，从而约束货币发行规模和维护货币信用。在金属货币制度下，货币发行以法律规定的贵金属作为发行准备；在现代信用货币制度下，各国货币发行准备制度已经与贵金属脱钩，多数国家都采用以资产作为准备。

二、货币制度的演变

货币制度自产生以来，从其存在形态看，经历了银本位制、金银复本位制、金本位制和不兑换的信用货币制度等几种类型，如图 1-2 所示。

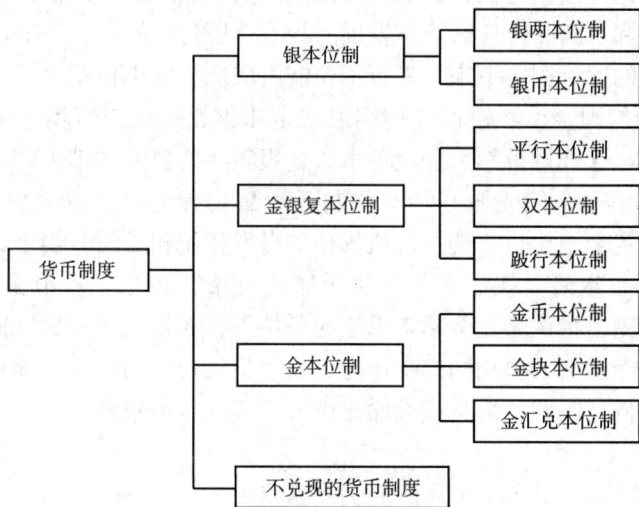

图 1-2　货币制度的演变

（一）银本位制

银本位制是以白银为本位货币的一种货币制度，它是实行最早的金属货币制度。

其基本内容包括：（1）以白银作为本位币币材；（2）银币具有无限的法偿能力；（3）白银可以自由铸造、自由熔化；（4）白银可以自由输入与输出；（5）辅币和银行券可以自由兑换银币。

银本位分为银两本位和银币本位。银两本位是以白银的重量单位"两"作为价格标准，实行银块流通的货币制度。银币本位则是以一定重量和成色的白银，铸成一定形状的本位币，实行银币流通的货币制度。

银本位制适应了当时商品经济并不很发达的社会需要，但随着商品交易不断扩大，大额交易越来越多，而白银的价值不断下降，银本位制已不能适应经济发展的需要，这时黄金开始进入流通领域，金银复本位制也因此产生。

（二）金银复本位制

金银复本位制是指由白银和黄金同时作为货币材料，金银铸币都是本位币，都可以自由铸造无限法偿，自由输出输入，金银铸币之间、金银铸币与货币符号之间都可以自由兑换。金银复本位制又分为平行本位制、双本位制和跛行本位制。

头脑风暴：

在纸币流通条件下，两种货币同时流通会出现什么现象？

1. 平行本位制是金币和银币按其实际价值流通，其兑换比率完全由市场比价决定，国家不规定金币和银币之间的法定比价。这种制度的缺点是：由于金币和银币的市场比价经常变动，这就使得用不同货币表示的商品价格也随之经常发生变化，这不利于商品交换和经济发展。为了克服这一缺点，一些国家通过法律将金币和银币的比价固定下来，平行本位制发展成为双本位制。

2. 双本位制即金币和银币是按国家法定比价流通，与市场上黄金和白银比价的变化无关。这样做虽然可以避免由于金银实际价值波动带来的金币和银币交换比例波动的情况，能克服平行本位制下商品具有金银"双重价格"的弊病，但是用法律规定金银比价，这与价值规律的自发作用相矛盾，当金银的法定比价与市场比价不一致时，就出现了"劣币驱逐良币"现象。劣币驱逐良币定律，也称格雷欣法则，指的是在金属货币流通条件下，如果在同一地区同时流通两种实际价值不同而名义价值相同的货币时，实际价值较高的货币，即良币，必然退出流通——它们被收藏、熔化或被输出国外；实际价值较低的货币，即劣币，则充斥市场。

案例分析：

文心一言也出"李鬼"　加强监管可避免"劣币驱逐良币"

近日，苹果应用商店里及 OPPO 应用商店内出现了数款以"文心一言"或"文心××"命名的 App。百度通过百度 AI 微信公众号发表声明指出，目前文心一言没有任何官方 App，且已向北京市海淀区人民法院发起诉讼。据媒体调查发现，这些蹭文心一言热点的 App 均以"付费"为目的，每月收费至少 38 元，年费在 198～238 元。目前百度文心一言尚未开放，仅针对邀请用户测试，因此不少想要先睹为快的用户，可能会上当受骗。

其实，自 ChatGPT 问世以来，国内已经出现不少"仿"ChatGPT 软件，大多打着"对标 ChatGPT、提供智能问答、写作等系列服务"的名义，先为用户提供一段时期的免费试用，然后开始收费。只不过这些软件尚未达到公然盗版 ChatGPT 的地步。而苹果及 OPPO 应用商店里面的 App，则直接以"文心一言"或者容易误导用户的"文心××"命名，涉嫌侵犯百度的知识产权。

近日网络上流传一张截图，标注利用 ChatGPT 概念、提供学习、变现等服务的知识星球星主收益表，其收入预估在数十万元到数百万元之间。这些知识星球星主本身是否具有足够的专业知识，以及在商业变现的实操能力，参与其中的学员恐怕并不了解。只不过基于尝鲜或者赚快钱的心理，让学员希望能通过付费分一杯羹，其羊群效应尤为明显。

此次百度打假涉嫌盗版"文心一言""文心××"，更指向典型的侵权行为。这些涉嫌盗版软件不仅损害了百度权益，对正版软件市场形成严重干扰，还会让用户掏了冤枉钱，却难以享受到对等的产品质量和售后服务。

就此，对于形形色色的"割韭菜"行为，尤其是其中涉及侵犯正规企业与用户权益、影响市场健康发展的违法之举，有关部门应加大监管力度。在股市层面，证监会应针对"蹭热点""炒概念"及股价操纵行为，督促相关企业对此及时回应，加强信息披露，消除投资者的误解；而对于应用服务层面的侵权行为，百度已对相关平台及软件开发者进行起诉，通过法院裁决，让不作为的应用软件服务平台、企图以侵权非法获利的"李鬼"软件开发者被严厉问责，有助于进一步净化类 GPT 产品市场生态。

毕竟，相比于 OPNE AI，国内类 GPT 开发与应用尚处于追赶阶段，犹如刚出土的嫩芽，面对形形色色的假冒伪劣、割韭菜等现象，不予以完善的法律保障，就可能让劣币反向淘汰良币，最终蒙受损失的是专注于技术的企业、用户乃至中国人工智能产业。

资料来源：毕舸．文心一言也出"李鬼"加强监管可避免"劣币驱逐良币"［N］．2023 - 04 - 10．新京报，https：//www.bjnews.com.cn/detail/168111307714070.html.

思考：什么是劣币驱逐良币？生活中有哪些劣币驱逐良币的例子？

3. 跛行本位制。为了解决"劣币驱逐良币"现象所带来的问题，西方国家取消了银币的自由铸造，实行跛行本位制。跛行本位制是金币和银币都为本位货币，但国家规定金币可自由铸造而银币不允许自由铸造，并且金币与银币按固定的比例兑换。这种制度下银币实际上已沦为辅币。

（三）金本位制

金本位制是以黄金作为本位货币的一种货币制度。其主要形式可分为三种：金币本位制、金块本位制和金汇兑本位制。

1. 金币本位制是指以黄金为货币金属的一种典型的金本位制，即以一定重量和成色的金铸币充当本位币。其主要特点有：（1）以金铸币作为本位币币材；（2）金币具有无限的法偿能力；（3）金币可以自由铸造、自由熔化；（4）金币可以自由输入与输出；（5）流通中的辅币和价值符号可以自由兑换金币。

2. 金块本位制，又称生金本位制，指没有金币的铸造和流通，只发行代表一定含金量的银行券（或纸币）来流通的货币制度。在这种货币制度下，黄金退居准备金地位，集中储存于政府，金块本位制虽然没有金币流通，但在名义上仍然为金本位制，并对货币规定有含金量，纸币和银行券达到一定数额后可以兑换为黄金。

3. 金汇兑本位制，又称虚金本位制，是指以银行券作为流通货币，通过外汇间接兑换黄金的货币制度。金汇兑本位的特点是：不铸造金币，市场上也不流通金币，纸币和银行券不可兑换为黄金，但可以固定汇率兑换成某一实行金币或金块本位制国家的货币，并在该国兑换黄金。金汇兑本位制实际上是一种附庸性质的货币制度。

（四）不兑现的信用货币制度

不兑现的信用货币制度又称不兑现本位制和不兑现的纸币流通制度，是指以不兑换黄金的纸币或银行券为本位币的货币制度，这也是当前各国普遍实行的货币制度。这种制度的主要特点是：

1. 纸币一般是由中央银行发行的，并由国家法律赋予无限法偿能力；
2. 货币不与任何金属保持等价关系，也不能兑换黄金，货币发行一般不以金银为保证，也不受金银的数量控制；
3. 货币通过信用渠道投入流通领域；
4. 当国家通过信用程序所投放的货币超过了货币需要量，就会引起通货膨胀，这是不兑现的信用货币流通所特有的经济现象。

三、我国的货币制度

（一）人民币制度

我国现行的货币制度是人民币制度。1948 年 12 月 1 日，中国人民银行成立并开始发行人民币，标志着人民币制度的正式建立。人民币发行后，在通过逐步收兑、统一解放区货币的基础上，又迅速收兑了原国民党政府发行的伪法币、金圆券乃至银行券，并排除了当时尚有流通的金银外币等，从而建立了以人民币为唯一合法货币的、统一的货币制度。

人民币制度从产生以来，伴随着我国经济和金融的不断发展而逐步趋于完善。人民币制度主要包括以下一些基本内容：

1. 人民币是我国的法定货币，以人民币支付中华人民共和国境内的一切公共的和私人的债务，任何单位和个人不得拒收。
2. 人民币主币的单位为"元"，辅币的单位为"角"和"分"；1 元等于 10 角，1 角等于 10 分。

3. 人民币没有含金量的规定，它属于不兑现的信用货币。人民币的发行保证是国家拥有的商品物资，黄金外汇储备主要是作为国际收支的准备金。

4. 人民币的发行实行高度集中统一，中国人民银行是人民币唯一合法的发行机构并集中管理货币发行基金。

5. 2005 年 7 月 21 日，我国开始实行以市场供求为基础、参考一篮子货币进行调节、有管理的浮动汇率制。人民币汇率采用直接标价法。

思政栏目：

人民币"朋友圈"越来越大

近年来，人民币国际化进程明显加快，"朋友圈"不断扩容。数据显示，2022 年，中国跨境人民币结算规模超过 42 万亿元，较 2017 年增长 3 倍多。2023 年以来，人民币国际化进程有序推进。2 月份，伊拉克央行宣布放弃美元，允许以人民币直接结算对华贸易。3 月 11 日，中国工商银行（巴西）有限公司成功办理首笔跨境人民币结算业务。3 月底，巴西中央银行宣布，人民币已超过欧元，成为该国第二大国际储备货币。3 月 28 日，中国海洋石油总公司和法国道达尔能源公司通过上海石油天然气交易中心平台，用人民币结算完成了 5.6 万吨的进口天然气采购交易。4 月 10 日，俄罗斯 NBD 银行加入人民币跨境支付系统。4 月 26 日，阿根廷经济部长塞尔吉奥·马萨宣布，阿根廷将停止使用美元来支付从中国进口的商品，转而使用人民币结算。

目前，人民币是国际支付第五大活跃货币、第五大国际储备货币，在国际货币基金组织特别提款权货币篮子中的权重排名第三。人民币的跨境支付、投融资、储备和计价等国际货币的功能全面增强，国际地位也有了较大提升。

当前，人民币国际化面临一些比较好的环境和机遇。一方面，经过 10 余年的发展，随着人民币清算行和本币互换网络的建立、离岸人民币市场的发展、国内金融市场的开放以及中资金融机构海外布局不断完善，人民币已经初步具备国际化使用的网络效应。同时，随着人民币汇率形成机制改革的不断深化，人民币汇率弹性明显增强，企业在跨境贸易、投融资中使用人民币以规避货币错配风险的意愿上升。另一方面，随着我国经济增长的动能恢复和金融市场的进一步开放，人民币投资和避险功能逐步增强。此外，随着国际地缘政治、经济发展环境的变化，国际货币体系发展更趋多元。

人民币国际化的有序推进，为建立更加稳定、公平、多元的国际货币体系贡献出自身独特的力量。但要实现人民币结算的广泛应用，成为真正的国际结算货币，仍还有很长的路要走。目前，人民币的全球外汇储备占比只有 3%，人民币的全球支付占比仅为 2.15%。因此，为了与我国经济总量和贸易体量相称，必须顺势而为，加快推进人民币国际化。在这个过程中，需要坚持广泛、包容的开放态度，真正实现人民币与国际其他货币的互联互通，以自身的实力增长，为人民币在国际货币体系中赢得一席之地。

资料来源：根据姚进. 人民币"朋友圈"越来越大［N］. 2023 – 04 – 24. 经济日报，https：//www.chinanews.com.cn/cj/2023/04 – 24/9995672.shtml. 多国启用人民币结算 人民币国际化进程加快［EB/OL］. 央视网，https：//news.cctv.com/2023/04/27/ARTITfi-waro55CPXWO8NTT3N230427.shtml. 周子勋. 首单 LNG 跨境人民币结算交易意味着什么？［N］. 2023 – 03 – 31. 中国经济时报，改编而成。

（二）地区货币制度

1997 年香港、1999 年澳门回归祖国后，继续维持原有的货币金融体制，从而形成了"一国多币"的特殊货币制度。目前不同的地区各有各自的法定货币：人民币为我国内地的法定货币；港币是我国香港特别行政区的法定货币；澳门币是我国澳门特别行政区的法定货币；新台币是我国台湾地区的法定货币。以下主要介绍中国香港地区和中国澳门地区的货币制度。

1. 中国香港地区的货币制度简介。中国香港的法定货币是港币（港元），是不兑现的信用纸币，具有无限的法偿能力。港币单位为元，纸币面额有 1 000 元、500 元、100 元、50 元、20 元和 10 元，硬币面值有 10 元、5 元、2 元、1 元、5 毫、2 毫和 1 毫。20 元以上纸币由三家发钞银行（汇丰银行、渣打银行和中国银行）在香港金融管理局的监督下发行，10 元纸币和各种硬币由香港金融管理局发行。自 1983 年起，香港建立了港元发行与美元挂钩的联系汇率制度。其基本要点是：（1）钞票发行由指定的三家商业银行进行。每发行 1 港元，要按照 7.8 港元等于 1 美元的比例，向外汇基金存入百分之百的外汇储备。（2）外汇基金由政府设立。收到发钞银行交来的外汇储备，外汇基金给发钞银行开具无息的负债证明书。（3）一般的商业银行需要港元，则需用百分之百的美元向发钞银行兑换。

2. 中国澳门地区的货币制度简介。中国澳门法定货币是澳门币，纸币面值种类有 1 000 元、500 元、100 元、50 元、20 元、10 元，硬币面值种类有 10 元、5 元、2 元、1 元、5 毫、2 毫、1 毫。纸币由澳门金融管理局授权大西洋银行与中国银行澳门分行发行，硬币则由澳门金融管理局负责发行。澳门币的发行有百分之百的外汇储备支持。发钞银行必须按以 1 港元兑 1.03 元澳门币的固定汇率，向货币局即澳门金融管理局交付等值的港元换取无息负债证明书，作为发钞的法定储备。在百分之百的储备支持下，澳门金融管理局保证澳门币对储备货币（港元）的完全兑换，澳门币与港元的联系汇率也因此而确立。由于港元与美元实行联系汇率，所以澳门币也间接与美元挂钩，汇率约为 1 美元兑 8 元澳门币。

拓展阅读：香港货币制度的变迁

实践练习：

试比较人民币、港币、澳门币与新台币。

表 1 – 1　　　　　　人民币、港币、澳门币与新台币的比较

	人民币	港币	澳门币	新台币
货币单位名称				
发行主体				
主要面额				
发行准备				

项目要点

1. 货币是在由商品交换发展所决定的价值形式发展中产生的。价值形式是商品价值表现形式的简称，是指在商品交换中用一种商品来表示另一种商品价值的形式。商品价值形式的发展经历了四个阶段，即简单的价值形式、扩大的价值形式、一般价值形式和货币价值形式。

2. 货币是从商品中分离出来固定地充当一般等价物的特殊商品，它体现了一定的社会生产关系。

3. 货币的形态随着生产和交换的发展而经历着由低级向高级的不断演变过程，包括实物货币、金属货币、代用货币、信用货币、电子货币。

4. 货币职能是货币本质的体现，是货币作为一般等价物所固有的功能。货币具有价值尺度、流通手段、支付手段、贮藏手段、世界货币五大职能。其中价值尺度和流通手段是基本职能，其他职能是在此基础上派生出来的。

5. 货币制度，简称"币制"，是国家以法规形式规定的货币的流通结构和组织形式。

6. 货币制度自产生以来，从其存在形态看，经历了银本位制、金银复本位制、金本位制和不兑换的信用货币制度等几种类型。

同步练习

一、单项选择题

1. 货币发挥（　　）职能时不必是现实的货币。

A. 价值尺度　　　　B. 流通手段　　　　C. 支付手段　　　　D. 贮藏手段

2. 价值形式发展的最终结果是（　　）。

A. 货币形式　　　　B. 纸币　　　　C. 扩大的价值形式　　　D. 一般价值形式

3. 历史上最早出现的货币形态是（　　）。

A. 实物货币　　　　B. 信用货币　　　　C. 表征货币　　　　D. 电子货币

4. 如果金银的法定比价为 1 : 13，而市场比价为 1 : 15，这时充斥市场的将是（　　　）。

A. 银币　　　　　　B. 金币　　　　　　C. 金币银币同时　　　D. 都不是

5. 历史上最早的货币制度是（　　　）。

A. 金本位制　　　　B. 银本位制　　　　C. 金银复本位制　　　D. 金块本位制

二、多项选择题

1. 货币发挥支付手段的职能表现在（　　　）。

A. 税款缴纳　　　　B. 贷款发放　　　　C. 工资发放　　　　D. 商品赊销

E. 赔款支付

2. 贵金属能自由输出输入存在于（　　　）条件下。

A. 银本位制　　　　B. 金银复本位制　　　C. 金币本位制　　　D. 金汇兑本位制

E. 金块本位制

3. 人民币货币制度的特点有（　　　）。

A. 人民币是我国法定计价、结算的货币单位

B. 人民币主币无限法偿，辅币有限法偿

C. 人民币采用现金和存款货币两种形式

D. 现金由中国人民银行和国有商业银行发行

E. 目前人民币汇率实行单一的、有管理的浮动汇率制

4. 金属货币制度下主币具有以下性质（　　　）。

A. 足值货币　　　　B. 不足值货币　　　C. 无限法偿　　　　D. 有限法偿

E. 限制铸造

5. 货币的基本职能有（　　　）。

A. 价值尺度　　　　B. 流通手段　　　　C. 支付手段　　　　D. 贮藏手段

E. 世界货币

三、简答题

1. 货币的形态有哪些？

2. 什么是货币制度？其主要构成要素有哪些？

3. 什么是"劣币驱逐良币"规律？

4. 中国人民银行是如何对人民币发行进行管理的？

5. 不兑现的信用货币制度有什么特点？

四、分析应用题

案例分析：布雷顿森林体系的兴衰

70 年前，44 个第二次世界大战盟国的财长和央行行长在美国新罕布尔州的滑雪胜地布雷顿森林召开会议，目的是在两次毁灭性的世界战争之后建立新的国际货币秩序。

1944 年 7 月 1 日布雷顿森林会议开幕的时候，世界经济和金融体系也成了一片废墟。金本位体制在一战中已奄奄一息。20 世纪 20 年代英国试图恢复这一体制，但由于给英镑定价太高，死要面子活受罪，使本国经济受到重创。20 世纪末的经济大萧条埋葬了一切与黄金挂钩的梦想。各国为刺激出口竞相使自己的货币贬值，在两次大战的间歇打起了货币战和贸易战。

第二次世界大战爆发，货币战场的局面更是不可收拾。不管是挑起战争的德国还是保家卫国的盟国都开动印钞机应付战争开支，通胀率令人心惊胆战。1944 年纳粹德国眼看不行了，美国决心重建国际货币和贸易秩序。

在布雷顿森林会议上发生了两种理念，或称两个计划的竞争：凯恩斯计划和怀特计划。凯恩斯是当时英国如日中天的经济学家，怀特则是美国财政部一位名不见经传的官员。但最终会议通过了怀特计划。原因很简单：因为凯恩斯虽然名气大，但他代表的是正在衰落的帝

国。当时英国欠了美国一屁股的债，凯恩斯的另一项使命便是协商英国战争欠款的事宜。处于这样的地位，凯恩斯的底气足得起来吗？尽管他竭力阻止出现美元一统天下的局面，建议引入一个记账货币，建立国际清算机制。但已成为全球债权国的美国怎么肯放弃这个成为金融霸主的天赐良机?!

怀特计划的具体内容是：建立以美元为主导货币的国际货币秩序。具体来说，布雷顿森林体系的成员国将自己的货币与美元挂钩，上下浮动的范围不得超过1%；美国则保证以35美元一盎司的兑换率随时将美元兑换成黄金。为保证这一体系的运行，与会者决定成立国际货币基金和世界银行。成立国际贸易组织的计划流产之后，参与布雷顿森林体系的国家于1947年签署了关税和贸易总协定（GATT）。

在这之后的十几年里，布雷顿森林体系无疑为世界贸易和经济的繁荣作出了贡献。但贸易繁荣也意味着对美元的需求量激增。布雷顿森林体系的弊端也很快暴露出来：要实现美元兑换黄金的承诺必须控制美元的发行量，但各国外汇储备的扩大又需要越来越多的美元。

与此同时，美国人也很快发现主导货币给他们带来的特权：想印多少钞票就可以印多少。美国毫不客气地利用了这一特权，让其他国家为自己的经常账赤字买单。越南战争更使美国的财政赤字直线上升。

按理说，美国早已无法兑现以固定汇率换黄金的承诺。布雷顿森林体系得以维持到1971年的原因是美国的盟友不愿给美国难堪，不将自己手中的美元换成黄金，而是老老实实地买美国的债券。只有一个人敢与华盛顿叫板，他就是20世纪60年代的法国总统戴高乐。他不愿再为美国承担战争的费用，于是从1965年开始将法国的美元兑换成黄金，并在月黑风高之夜用潜艇将黄金运回巴黎。某种程度上是这位法国将军为布雷顿森林体系敲响了丧钟。

1971年8月15日，美国时任总统尼克松宣布美元与黄金脱钩，这便是所谓的"尼克松震荡"。之后，西方国家的央行通过大规模的外汇干预，试图为布雷顿森林体系做人工呼吸，但最终不堪重负。1973年3月，维利-伯兰特领导的德国政府宣布不再不惜一切代价地支撑美元。越来越多的国家效仿德国的榜样，布雷顿森林体系于是土崩瓦解。

该体系的机构却没有随之寿终正寝：国际货币基金和世界银行在改变职能的前提下得以继续生存。关税及贸易总协定则在1994年演变为世界贸易组织。

布雷顿森林货币体系努力将金本位体系固定汇率和相对自由汇率体系的好处结合起来。但即使在与美元的浮动走廊拓宽之后，这一自由仍然相当有限。保证这样的体系正常运转的前提是成员国保持大致相当的经济和财政政策。但这对44个国家来说比登天还难。于是在布雷顿森林体系内，以马克为代表的部分货币不断面临升值的压力；另一些货币则需要更大的贬值幅度，比如英镑和法郎。

布雷顿森林体系失败之后，欧洲担心回到20世纪30年代的货币战争状态，下决心建立自己的货币机制。先是货币走廊，后来发展到欧洲货币体系，直到欧元诞生。不过，欧元在风光一时之后陷入与布雷顿森林体系同样的困惑。这也难怪，经济和财政政策各不相同的国家保持相对固定的汇率都很困难，更何况统一货币根除了货币浮动的可能。

资料来源：财新网，http：//opinion. caixin. com/2014 - 07 - 01/100697873. html.

思考：1. 布雷顿森林体系的主要内容是什么？

2. 布雷顿森林体系为什么会瓦解？

3. 查阅资料，分析目前的国际货币体系。

五、技能实训题

实训项目名称：大学生使用纸币、电子货币和数字人民币情况的调查分析。

实训目的：感受货币形态的演变过程，进一步理解货币的职能和本质，加深对数字人民币的认识。

实训内容：学生分组查阅相关资料、设计调查问卷，并通过问卷星等网站进行问卷的分发、回收，最后完成调查报告。

实训要求：问卷设计与主题相关度高、逻辑性强、便于整理分析，调查报告完整、规范，能充分反映问题及启发思考。

推荐阅读

1. 《中华人民共和国货币概况（2021 年 5 月）》，来源：中国人民银行。

2. 《2022 年人民币国际化报告》，来源：中国人民银行。

3. 《第一套至第五套人民币、普通纪念币（钞）图样库》，来源：中国人民银行。

项目二

信　用

学习目标

（一）知识目标

1. 掌握信用的含义和基本特征；

2. 掌握信用的构成要素；

3. 理解信用的作用和对经济的影响；

4. 掌握商业信用、银行信用等主要的信用形式。

（二）技能目标

1. 能够运用信用基本知识分析和解释生活中的信用现象；

2. 能够区分不同种类的信用形式；

3. 能分析各种信用形式在社会融资中的作用和对经济的影响；

4. 能利用消费信用中的具体形式进行个人消费活动。

（三）素质目标

1. 通过对信用内涵和作用的学习，引导学生珍惜信用记录，培养学生诚实守信等职业品质；

2. 通过对消费信用积极和消极影响的学习，培养学生树立正确的消费观念和养成良好的消费习惯。

▶▶案例导入

银保监会央行联合发布信用卡新规
规范信用卡息费收取 试点开展线上信用卡业务

中国银保监会、中国人民银行于 2022 年 7 月 7 日发布《关于进一步促进信用卡业务规范健康发展的通知》，重拳整顿信用卡市场乱象，切实保护金融消费者合法权益。这份监管新规将对你我的开卡、用卡产生重要影响。

规范信用卡息费收取

信用卡业务收费名目较多，包括年费、手续费、利息、违约金等。在实际操作中，部分银行存在片面宣传低利率、低费率，以手续费名义变相收取利息，模糊实际使用成本等问题。

对此，通知要求银行业金融机构切实提高信用卡息费管理的规范性和透明度，在合同中严格履行息费说明义务，以明显方式展示最高年化利率水平。

分期业务是信用卡业务"套路"较多的领域。持卡人刷卡消费，经常会收到银行分期还款的建议，"免息""零利率"等字眼让人心动。但实际上，银行通常会对分期还款业务收取一定的手续费。

通知要求，银行业金融机构必须在分期业务合同（协议）首页以明显方式展示分期业务可能产生的所有息费项目、年化利率水平和息费计算方式。展示分期业务收取的资金使用成本时，应当统一采用利息形式，不得采用手续费等形式。

通知同时要求，银行业金融机构应当明确分期业务最低起始金额和最高金额上限；不得对已办理分期的资金余额再次办理分期；分期业务期限不得超过5年。

除了严格规范息费收取，通知还明确要求银行在依法合规和有效覆盖风险前提下，持续采取有效措施，积极促进信用卡息费水平合理下行。

长期睡眠卡比例不得超过20%

近年来，在信用卡业务快速发展中，部分银行出现了盲目追求市场份额，滥发卡、重复发卡等情况，导致无序竞争、资源浪费等问题。

通知对发卡管理提出严格规定，要求银行业金融机构不得直接或间接以发卡量、客户数量、市场占有率或市场排名等作为单一或主要考核指标。强化睡眠信用卡动态监测管理，连续18个月以上无客户主动交易且当前透支余额、溢缴款为零的长期睡眠信用卡数量占本机构总发卡量的比例在任何时点均不得超过20%。超过该比例的银行不得新增发卡。

"近年来，多家银行积极向零售业务转型，信用卡作为资产类业务被普遍作为切入点和重点。但在业务开展过程中，也出现了单纯以发卡量、客户量等作为考核指标的管理模式，导致业务短期化。"上海金融与发展实验室主任曾刚表示。

银保监会有关部门负责人表示，未来还将动态调降长期睡眠信用卡比例限制标准，不断督促行业将睡眠卡比例降至更低水平。

设置单一客户总授信额度上限

过度授信也是信用卡领域的高发问题。面对激烈的市场竞争，提高授信额度通常成为银行争夺客户的手段。

通知要求银行业金融机构应当合理设置单一客户的信用卡总授信额度上限，并纳入该客户在本机构的所有授信额度内实施统一管理。在授信审批和调整授信额度时，应当扣减客户累计已获其他机构信用卡授信额度。

招联金融首席研究员董希淼表示，部分持卡人"以卡养卡"、违规套现问题需要引起重视。商业银行要减少多头授信，严控过度授信，防范信用卡债务风险。

试点开展线上信用卡业务

重拳整治乱象的同时，通知对信用卡业务创新给予充分空间。明确提出将按照风险可控、稳妥有序原则，通过试点等方式探索线上信用卡业务等创新模式。

"开展线上信用卡业务将成为商业银行深化数字化转型、加快金融与科技深度融合创新的重要尝试。"中国银行业协会首席信息官高峰表示，开展线上信用卡业务的关键环节在于远程面签。应做好目标客户的筛选、远程视频技术支持和线上业务流程的管控。

据了解，监管部门将按照高质量发展导向，优先选择人民群众服务认可度、信任度高，消费者权益保护和信访投诉要求落实到位，经营理念和风控合规审慎严格，各项整改工作达到监管指标的银行业金融机构参与试点。

资料来源：李延霞. 规范信用卡息费收取 试点开展线上信用卡业务 [EB/OL]. 2022 – 07 – 08. 新华每日电讯—新华财经，http://mrdx. cn/content/20220708/Articel07003NU. htm.

思考：1. 信用卡属于哪一种信用形式？这种信用形式有哪些特点？

2. 信用卡有哪些作用？

3. 讨论信用卡的不足和使用时要注意的问题。

知识网络图（见图 2 – 1）

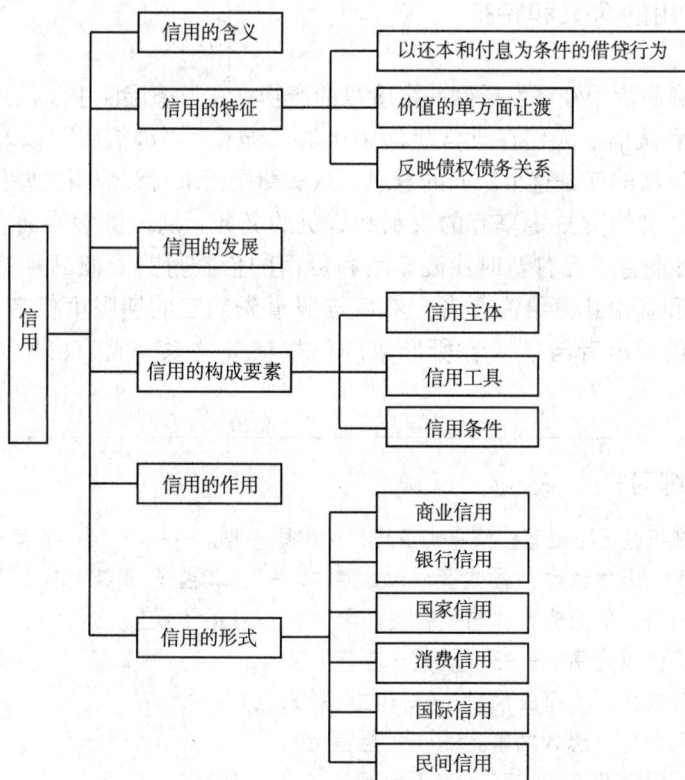

图 2 – 1 信用知识网络

任务一 信用概述

➤ 学习情境

小王向工商银行提出个人住房按揭贷款书面借款申请，并提交有关资料；银行根据小王的申请资料对贷款进行审批（贷款金额为 30 万元，贷款期限为 20 年，贷款利率为中国人民银行公布的同期同档次贷款基准利率的 1.1 倍，采用等额本息还款法按月还款）；小王在接到工行有关贷款批准的通知后，到贷款行与工行签订借款合同和相应的担保合同，并办理抵（质）押登记及公证等手续；小王办妥有关手续后，工行按照借款合同的约定，将贷款资金按规定一次性转入房地产开发企业在银行开立的账户。贷款发放后，小王按借款合同约定的还款计划、还款方式偿还贷款本息。

任务描述：

学生分组讨论：（1）他们之间构成信用关系吗？（2）如果构成，找出其构成要素。

视频：认识
信用

一、信用的含义和特征

信用是商品货币经济发展到一定阶段的产物。在道德层面中，信用是长时间积累的信任和诚信。人们在日常生活中讲的"诚信""讲信用"以及"一诺千金"等通常反映的就是这个层面的意思。从法律层面来看，信用主要指的是双方当事人按照"契约"规定享有的权利和肩负的义务。从经济学层面看，信用则指的是以还本付息为条件暂时让渡商品和货币的借贷行为。商品和货币的所有者，将商品和货币让渡给需要者，然后按照事先约定的期限由借者还本付息。商品和货币的贷出者与借入者所形成的债权债务关系，成为信用关系的基本形式。

📖 **实践练习：**

1. 不诚实诚无不动者，修身则身正，治事则事理。——《二程粹言·论道篇》
2. 诚者，天之道也；思诚者，人之道也。——《孟子 离娄上》
3. 凡出言，信为先，诈与妄，奚可焉。——《弟子规》
4. 君子诚以为贵。——《礼记·中庸》
5. 去食去兵，不可去信。——《独赴单刀会》
6. 受人之托，忠人之事。——《琵琶记》
7. 志不强者智不达，言不信者行不果。——《墨子·修身》
8. 内外相应，言行相称。——《韩非子》

9. 真者，精诚之至也，不精不诚，不能动人。——《庄子·渔父》

10. 人背信则名不达。——《新序》

上述词句分别是什么意思？你能说出多少与信用相关的诗词、成语或谚语？

信用有三个基本特征：

（一）信用是以还本和付息为条件的借贷行为

贷者把一定数量的商品或货币贷给借者，借者可以在一定的期限内使用这些商品或货币，但是到期必须归还，并且按照事先约定支付一定的利息。由于在信用活动中贷者并没有放弃所有权，所以必须偿还；贷者之所以愿意借出，是因为可以从中获益，借者之所以能够借入，是因为承诺了还本付息的责任，所以还本付息成为信用活动的基本条件。在现实生活中，也存在很多无利息的借贷行为，但这样的借贷从严格意义上讲，不属于信用的范畴。

（二）信用是价值的单方面让渡

与一般的商品交换活动所引起的价值运动形式不同，信用关系所引起的价值运动是通过借贷、偿还、支付等一系列活动来完成的。信用是价值运动的特殊形式，是价值的单方向让渡，不是像买卖商品一样，一手交钱一手交货。当商品或货币从贷者手中转移到借者手中时，并没有同等价值的对立运动，所有权没有转移，让渡的只是使用权。

（三）信用反映的是债权债务关系

在信用活动中，商品或货币的所有者由于让渡货币或商品的使用权而成为债权人，商品或货币的借入者成为债务人。债权人有要求还本付息的权利，债务人有到期还本付息的义务。信用关系是债权债务关系的统一。

二、信用的构成要素

（一）信用主体

信用主体即信用关系的当事人，包括授信者和受信者。授信者是信用的提供者，即贷方、债权人，拥有到期要求债务人归还本金和获得利息的权利；受信者是信用的接受者，即借方、债务人，承担到期还款和付息的义务。信用主体间的债权债务关系是构成信用的第一要素。

（二）信用工具

信用工具是债权债务的载体，是借方和贷方进行资金融通的工具。早期多用口头约定确定债权债务关系，但口说无凭容易引发争执。现代信用通过书面文件来确定信用关系的依据，如股票、债券、存单等。

拓展阅读：线上签订的电子借条有效吗？法院认定具有法律效力

（三）信用条件

信用条件是指在信用期内，债权和债务双方应享有和遵守的权利和义务，主要指信用的期限、利率等。从信用的发生确立到信用的终止清偿，总有着或长或短的时间间隔。借者可以利用这段时间使所借资本价值增值，以保证还本付息。一般来说，期限越长，贷者所要求的回报也就越高。利率是本金和利息之比，既体现了贷者和借者的信用关系，也体现了贷者贷出货币收益的高低和借者使用借入货币成本的大小。

三、信用的作用

（一）信用的积极作用

1. 调剂货币资金余缺，实现资源优化配置。信用促进了资金优化配置，提高了资金使用效率。在现代市场经济运行中，经常会出现这种情况，即资金盈余单位不一定拥有好的投资项目，或者不一定具备良好的经营管理投资项目的能力，而拥有良好投资项目的单位有可能缺乏足够的资金。通过借贷，资金可以流向投资收益更高的项目，可以使投资项目得到必要的资金，资金盈余单位又可以获得一定的收益。信用调剂货币资金余缺的过程，也是资金、资源重新配置的过程，伴随着资金流向效益高、具有发展前景的企业和行业，资源也得到了最优化的配置。

2. 缩短流通时间，节约流通费用。由于信用结算手段的不断更新换代加速了商品流转，缩短了流通时间，减少了流通占用和流通消耗。同时，信用通过提供和创造流通工具，能起到节约流通费用的作用。现代信用在分配或转移闲置资金时，必须借助于某种形式的流通工具来进行，这些信用工具通过背书可以流通转让，具有很大的流动性，大大减少了现金的使用，节约了社会流通费用。

3. 推动经济增长。信用可以积少成多，将众多的零星资金聚集成规模庞大的资金投入生产领域中，从而扩大社会投资规模，增加社会产出，促进经济增长。同时，信用可以创造和扩大消费，通过消费的增加，刺激生产的扩大和产出的增加，也能起到促进经济增长的作用。

⟵⟶ 案例分析：

让信用越来越有用

信用信息主体信用状况良好，在公共服务中可适用优先办理、简化程序；信用状况较差，很可能在某些方面受到限制或约束……前不久，由国家发展改革委、人民银行等部门研究起草的《中华人民共和国社会信用体系建设法（向社会公开征求意见稿）》（以下简称征求意见稿）发布，引发社会各界对信用问题的广泛关注。

人无信不立、业无信不兴、国无信不强。自古以来，中国就极为重视诚信建设，大量诸如"一言既出，驷马难追""一诺千金""徙木立信"等古语和典故广为流传。如今，"信用"更是融入了人们生产生活的各类场景，不仅成为个人干事创业、企业发展壮大的刚需，也成为各地优化营商环境、创新社会治理的抓手。

信用，到底有多值钱？

对这个问题，山东威海嘉瑞光电科技股份有限公司董事长汪俊朋深有感触。

去年9月，嘉瑞光电计划扩大生产规模，可融资困难，因抵押物不足在银行贷款也失败了。这时，当地银行的工作人员向汪俊朋推荐了"信财银保"企业融资服务平台。"抱着试试看的心态，我们进行了注册、申请。在平台上，嘉瑞光电的信用等级为A。"汪俊朋说，正是凭借这个"A"，公司获得500万元的无抵押贷款。

"真没想到，信用这么值钱！"汪俊朋打心眼儿里满足。

信用好的企业，能得到融资贷款、财政扶持等优惠待遇；信用高的个人，可以享受免押金租车、酒店先住后付等便利服务。当今社会，信用越来越有用。

如果说守信一路畅通、时时受益，那失信则是一处失信、处处受限。

"我愿支付欠员工的全部工资，请你们快把我移出失信人员名单吧！"今年5月，某单位的法定代表人徐某对湖北省宜昌市伍家岗区人社局劳动保障监察大队的工作人员说。

原来，徐某所在单位拒不履行支付15名劳动者工资的义务，伍家岗区人社局依法向区法院申请强制执行，徐某被列入失信人员名单。随后，由于在购买飞机票和高铁票时受限，徐某急忙赶到区人社局解决了欠薪问题。

湖北华翔新型板业有限公司也在信用问题上尝过"苦头"。有一段时间，公司纳税信用等级由A降为B。"起初，我们没当回事。"公司总经理曾勇坦言，原以为酒香不怕巷子深，只要产品好，不怕没市场。可事实是，公司屡屡在签订合同的关头，被对方拒绝；几次竞标，皆因不符"纳税信用A级"的硬指标败北……

认识到问题的严重性后，华翔新型板业开始整改并申请启动信用等级修复程序，将信用等级恢复为A。修复后，令曾勇没想到，效果立竿见影：合同纷至沓来！

资料来源：史志鹏. 让信用越来越有用［EB/OL］. 2022 - 12 - 26. 人民日报海外版，http：//paper. people. cn/rmrbhwb/html/2022 - 12/26/content_25956188. htm.

思考：结合自己实际和身边的例子，谈谈你对信用的作用的理解？

（二）信用的消极作用

虽然信用有调剂资金余缺、推动经济增长等积极作用，但如果信用利用不当，信用规模过度扩张，也会产生信用风险的集聚，给经济和社会带来灾难性的影响。信用风险是指债务人不履行约定的承诺按时偿还债权人本金和支付利息的风险。只要有信用活动，就有信用风险。现代市场经济是一种信用经济，信用关系已经成为现代社会最普遍、最基本的经济关系，各类经济行为主体之间债权债务交错，形成了错综复杂的债权债务链条，这个链条上有一个环节断裂，就会引发连锁反应。正是由于信用风险具有传染性强、扩散快以及不断加剧的特点，现代信用风险的控制就显得尤为重要。

思政栏目：

警惕"征信修复"骗局

近年来，打着"征信修复"的幌子实施诈骗的案件频频见诸报端。市面上所谓的"征信修复""征信洗白"都是骗局。这些不法分子设下多种以"征信修复""征信洗白""逾期铲单"等为噱头的骗局，宣称只要花上一笔钱，就能帮忙消除信用报告上的不良记录。广大群众一定要擦亮眼睛，提高识骗防骗能力，守护好自己的个人信息和财产安全。

在"征信修复"骗局中，骗子常用的套路有哪些？据悉，骗子通过收取服务费、骗取贷款、骗取信息这三步来实施诈骗。第一步，不法分子发布花钱就能修复征信的虚假消息，收取受害人高额费用后失联，或者让受害人编造虚假理由去无理申诉。第二步，不法分子冒充银行、网贷、互联网金融平台工作人员，谎称被害人的信用卡、花呗、借呗等信用支付类工具需要消除不良记录，不消除会影响个人征信；或者称被害人之前有网贷、分期记录，会对个人征信产生不良影响，以可以帮助注销账号消除分期记录等为由，诱骗被害人转账汇款，从而实施诈骗。第三步，在修复征信过程中，不法分子会堂而皇之地让受害人提供征信信息、身份证、银行卡、手机号等隐私信息，再通过贩卖个人信息获利。

需要指出的是，征信领域并不存在"征信修复"的说法。所有商业收费模式的"征信修复"均为骗局。日前，就有法院针对信用卡"征信修复"伪造文书案宣判，违规违法人员均被判处有期徒刑和缴纳罚金。

信用值千金。当前我国银行业征信体系逐步完善，个人征信报告已经成为申请贷款时必备的重要资料，是放贷机构判断能否批准贷款申请的重要依据，个人应按时归还贷款，维护好自己的征信。

目前，个人不良信用记录的保留时间是5年。根据《征信业管理条例》第16条的规定，征信机构对个人不良信息的保存期限，自不良行为或者事件终止之日起为5年；超过5年的，应当予以删除。持卡人不能轻信网上所谓短期实现"征信修复"的说法，抱有试一试的侥幸心理往往会上当受骗。当然并非所有征信不良记录都无法删除。有的不良记录并非个人原因造成的，比如信用卡遭遇盗刷而形成的不良记录，个人可让开卡银行提供相关证明，然后持证明到当地人民银行中心支行删除、更正征信不良记录。

消费者应提防"征信修复"骗局,远离相关黑灰中介。一旦接触此类黑灰中介,受骗者往往不仅会损失钱财,还可能泄露个人信息,被不法分子利用进行电信诈骗、洗钱、冒名网贷等违法行为,从而遭遇无法预判的风险。

征信业的有序发展为构建诚信市场经济体系发挥着重要作用。"征信修复"黑灰中介的存在与我国社会信用体系建设背道而驰,必须重拳治理。相关部门还应加强协作,严格管控清理网络上的各类"征信修复"虚假广告,加大对不法分子的打击力度。此外,还应进一步强化征信记录的管理,方便个人和企业查询自己的征信记录,依照法定程序快速、便捷处理征信记录异议。要普及征信业相关法律法规,让消费者明白征信记录的收集、管理和使用途径以及不良征信记录的产生方式和取消方法,对征信记录树立正确的认识。

资料来源:黄静. 近期多发! 已有多人中招 警惕"征信修复"骗局 [EB/OL]. 2023 -05-05. 扬州晚报;彭江. 警惕"征信修复"骗局. 2022-03-03. 经济日报.

任务二 信用形式

> 学习情境

视频:信用形式

小张是一个在四季服装市场经营多年的摊主,眼下正值铺春装时节,小张急需一笔流动资金用于进货,然而由于应收货款没有全部收回,目前急缺资金。在这个时候,朋友给小张提出几个建议:(1)以名下的市场摊位使用权为抵押,向银行申请流动资金贷款;(2)向银行申请信用卡来应急(小张个人信用良好,经营情况正常);(3)向经常往来的服装批发商赊销;(4)向亲戚朋友借款,可以不用付利息;(5)向民间借贷公司借款。

任务描述:

1. 学生分组讨论:(1)以上借贷渠道是否都属于信用范畴?(2)如果属于信用范畴,分别是哪种信用形式?这种信用形式有哪些特点?(3)替小张再想出一些借贷渠道,并分析其信用形式和特点。

2. 情景模拟:每组选定一种借贷方式进行信贷交易的过程模拟,分析其信用交易特点,理论总结该信用方式的概念、特点、作用及局限性(例如,一个组员扮演小张,其余组员扮演银行、亲戚朋友、民间借贷公司等资金供给方)。

信用形式指的是信用关系的具体表现形式。按照不同的标准,信用有多种划分方式。例如,按照信用期限的不同,信用可划分为短期信用、中期信用和长期

信用;按照有无抵押为标准,信用可分为有担保信用和无担保信用;按照借贷主体的不同,信用可划分为商业信用、银行信用、国家信用、消费信用、国际信用和民间信用。其中,商业信用和银行信用是两种最基本的信用形式。

一、商业信用

(一) 商业信用的概念

商业信用是指企业之间相互提供的与商品交易直接相联系的信用。商业信用的具体形式包括商品赊销、分期付款、预付货款、委托代销等。由于这种信用与商品流通紧密结合在一起,故称为商业信用。商业信用最典型的形式是商品赊销。

商业信用产生的基本原因是:在商品经济条件下,由于生产者之间的生产时间和流通时间经常不一致,使商品运动和货币运动在时间和空间上相脱节。即在社会再生产过程中,一些企业生产出商品等待销售,而需要购买商品的企业又暂时没有资金,因为这些企业只有在售出自己的产品后才能获得足够的资金。商业信用通过赊销商品,以延期付款的方式解决了买卖双方暂时的矛盾。这样,既使卖方顺利地实现了商品价值,又满足了买方补充资金的需要,从而加速了商品价值实现的过程,缩短了生产和流通时间,促进了社会再生产的顺利进行。

(二) 商业信用的特点

1. 商业信用是借贷行为与商业交易相联系,商品买卖行为与货币借贷相结合的经济行为。商业信用实际上同时包含着两种经济行为,即买卖与借贷。商业信用所提供的不是暂时闲置的货币资本,而是处于再生产过程中的商品资本,是产业资本的一部分。卖者把商品赊销给买者,商品买卖完成,商品的所有权发生了转移,由卖者转移到买者手中,但由于商品的货款没有立即支付,提供商业信用的卖者变成了债权人,而买者变成了债务人,买卖双方形成了债权债务关系,买卖行为同借贷行为相结合。

2. 商业信用是企业之间发生的最简单的直接信用形式。商业信用是企业之间以商品形态提供的信用,其借贷双方或债权人与债务人是商品的生产者或经营者,它们之间所发生的借贷关系是一种最简单的直接信用形式。

3. 商业信用状况与经济景气状况一致。在经济繁荣时期,企业生产规模扩大,商品供应增加,从而以信用形式出售的商品就增多,对商业信用的需求也增加了;相反,在经济危机或萧条时期,企业的生产规模缩减,市场上的商品滞销,需求不足,这时企业对商业信用的需求也就减少了。这是因为企业以信用形式购入的商品是用于生产的继续进行。

实践练习：

　　假设现在有 7 家企业，分别是棉花商 A、纺纱厂 B、织布厂 C、印染厂 D、服装加工厂 E、服装批发商 F、服装零售商 G，试画出这 7 家企业之间可以提供的商业信用。

（三）商业信用的优点及其局限性

　　由于商业信用具有以上特点，因而其优点在于方便和及时。商业信用的提供，既解决了资金融通的困难，也解决了商品买卖的矛盾，从而缩短了融资时间和交易时间。同时，商业信用直接为商品流通服务，以商业信用作为优惠的销售条件，是商品的一个有力竞争手段。而且卖方企业提供商业信用后，由于证明这种信用关系的商业票据在一定条件下可以流通转让，特别是持票人必要时可向金融机构以贴现方式融入资金，因而，无论是有闲置资金还是无闲置资金的卖方企业，都愿意运用商业信用来推销商品。正因为如此，一般在商业信用能解决贷款融资的情况下，买方企业无须求助于银行信用。商业信用是西方国家信用制度的基础和基本形式之一。

　　商业信用虽有其优点，但由于其本身具有的特征又决定了它的存在和发展具有局限性。主要表现在以下几个方面：

　　1. 规模和数量上的局限性。商业信用是企业间买卖商品时发生的信用，是以商品交易为基础的。因此，信用的规模受商品交易量的限制，生产企业不可能超出自己所拥有的商品向对方提供商业信用。商业信用无法满足由于经济高速发展所产生的巨额资金需求。

　　2. 方向上的局限性。因为商业信用的需求者也就是商品的购买者，所以这就决定了企业只能和与自己的经济业务有联系的企业发生信用关系，一般只能由卖方提供给买方，而且只能用于限定的商品交易，而不能反向大量而经常地提供商业信用。

　　3. 信用能力上的局限性。商业信用的借贷行为之所以能成立，不仅是因为买卖关系的成立，更重要的是出售商品的企业比较确切地了解需求者的支付能力。也只有商品出售者相信购买者到期后能如数偿付货款，这种信用关系才能成立。因此，在相互不了解信用能力的企业之间就不容易发生商业信用。

　　4. 信用期限的局限性。企业在向对方提供商业信用时，一般受企业生产周转时间的限制，期限较短，所以商业信用只能解决短期资金融通的需求。

　　5. 管理上的局限性。信用是企业之间自愿发生的，有其盲目、自发、无序的一面，对商业信用如果不正确地加以引导和管理，其中也潜伏着危机，容易掩盖企业经营管理中的问题，可能引起虚假的繁荣，可能引发信用规模膨胀，造成微观或宏观效益低下。加强对商业信用的管理，需要银行信用来支持，国家可以通过信贷政策合理控制和引导商业信用。

商业信用的局限性，使它难以满足资本主义经济发展的需要。因此，在商业信用的基础上，为适应商品经济发展的需要，出现了银行信用并迅速地发展起来，从而银行信用成为一种主要的信用形式。

二、银行信用

（一）银行信用的概念

银行信用是指以银行为中介的，用货币形式提供给企业或个人的信用。银行信用是银行或其他金融机构以货币形态提供的信用，是现代经济中的主导信用。它是伴随着现代资本主义银行的产生，在商业信用的基础上发展起来的一种间接信用。银行信用在规模、范围、期限上都大大超过了商业信用，成为现代经济中最基本的占主导地位的信用形式。

头脑风暴：

银行信用能完全取代商业信用吗？

（二）银行信用的特点

1. 银行信用是以货币形式提供的。银行通过吸收存款的方式不但可以把企业暂时闲置的资金集中起来，而且可以把社会各阶层的货币收入与储存集中起来。因此，银行信用集中与分配的资本不仅仅局限于企业的现有资本，而是超出了这个范围，这就克服了商业信用在信用规模上的局限性。同时，由于银行信用是以货币形式提供的，而货币是一般等价物，所以，银行信用可以通过贷款方式提供给任何一个有需要的部门和企业，这就克服了商业信用在授信方向上的局限性。

2. 银行信用是一种中介信用。银行信用活动的主体是银行和其他金融机构，但它们在信用活动中仅充当信用中介。一方面，银行向商品生产者提供的货币资本绝大部分并非银行所有，而是通过吸收存款、储蓄或借贷方式从其他社会各部门、各阶层取得的；另一方面，银行作为闲置货币资本的集中者但并非最终使用者，它必须通过贷款或投资将货币运用到社会再生产需要的地方。从这个意义上说，银行只是货币资本所有者和使用者的一个中介，起着联系、沟通或桥梁的作用。

3. 银行信用期限灵活。银行信用提供的存贷款方式具有相对的灵活性，期限可长可短，数量可大可小，可以满足存贷款人在数量和期限上的多样化需求。

正是由于银行信用具有以上特点，使得它在现代经济生活中成为主要的信用形式。在我国，资金融通的基本形式就是银行信用，其他信用形式所占的比重较小。在一些西方发达国家中，银行信用也是一种主导信用形式。

案例分析：

"贷"动文旅产业！多家银行出手

这个"五一"假期，"想去看高山和大海，都要穿过人山和人海"在多地上演。

2023年以来，文旅消费需求加快释放，文旅产业加速复苏，"五一"假期更是把居民文旅消费的热情推向一波高潮。

文旅产业热潮涌动，银行的信贷资金也在"添柴加火"。近期，金融支持文旅产业举措密集落地，包括政银企对接活动频频举办，文旅产业信贷支持力度加大等。

"五一"假期，景区门票、酒店民宿订单爆发式增长，文旅消费又涌动起一波热潮。

文旅市场的火热得到了银行机构信贷资金能量的助力。多家银行在"五一"假期前就已预热，表示继续加大对文旅产业信贷等资源的支持力度，解决相关企业融资需求。

例如，中国工商银行表示，坚持将文化旅游产业作为重点支持领域，持续加大对文旅产业的金融支持力度。"下一步，工商银行将继续加大文旅产业信贷支持力度，深化金融与政务、产业、消费的联动，支持打造文旅特色场景，推动文旅产业数字化转型，精准支持文旅项目建设。"

中国农业银行日前出台了支持旅游业高水平复苏和高质量发展的多项措施，进一步加大对优质旅游客户和项目的金融支持力度。包括对优质旅游景区在授信额度核定、信用担保要求等方面实施差异化支持政策等。

不只全国性大型银行，多家地方性城农商行也在加速助力地方特色文旅产业发展。

例如，北京农商银行近日表示，为精准对接京郊产业提档升级、精品民宿兴建发展等新需求，该行创新推出农民专业合作社贷款、旅游户贷款、新民居贷款等专属产品，支持平谷金海湖、房山十渡、门头沟灵山、怀柔慕田峪等旅游景点周边村落旅游产业发展。

在最近因烧烤火出圈的热门旅游目的地山东淄博市，多家当地银行针对烧烤产业链商户推出了"烧烤贷"相关产品，包括齐商银行的"淄滋贷"、张店农商银行的"金炉惠享贷"、临淄农商银行的"优享淄味贷"等。

"文化旅游产业是实体经济一个重要的组成部分，本身就是金融行业重点支持的方向。近几年，文旅产业发展受到一定影响，相关企业急需金融资源加以支持。此外，文旅产业是经济结构升级和居民消费升级的重要方向，加大对其金融支持是必要的，也是必然的。"上海金融与发展实验室主任曾刚对中国证券报记者表示。

资料来源：薛瑾.“贷”动文旅产业！多家银行出手［N］.中国证券报，2023－05－
02.

　　思考：1. 银行信用有哪些特点？

　　　　　2. 在解决企业融资方面，银行信用的优点和局限性有哪些？

（三）银行信用与商业信用的联系

　　银行信用与商业信用具有密切的联系。第一，商业信用始终是信用制度的基
础。第二，只有商业信用发展到一定程度后才出现银行信用，银行信用正是在商
业信用广泛发展的基础上产生与发展的。第三，银行信用的出现又使商业信用进
一步完善。第四，商业信用与银行信用各具特点，各有独特的作用。二者之间是
互相促进的关系。

头脑风暴：

　　银行信用的哪些业务是在商业信用基础上发展起来的？

三、国家信用

（一）国家信用的含义

　　国家信用又称政府信用，是指国家及其附属机构作为债务人或债权人，依据
信用原则向社会公众和国外政府举债，或向债务国放债的一种信用形式，是以国
家（政府）为主体的借贷活动。

　　国家信用是现代信用体系中一种重要的信用形式，主要表现为政府作为债务
人而形成的负债。它具有以下特点：（1）国家信用的主体是政府。政府以债务
人的身份出现，债权人是国内外经济实体和居民、国外政府及国际金融机构等。
如果是对内负债，则债权人包括国内居民、企业和团体；如果是对外负债，则债
权人包括国外居民、企业、团体、政府和国际金融机构。（2）国家信用的债务
凭证风险小，流动性大、收益低。（3）国家信用的利息支出来自国家税收，由
纳税人承担。

（二）国家信用的主要工具

　　国家信用的主要工具就是国家债券，其主要形式有：

　　1. 发行国家公债。国家公债是一种长期负债，期限一般在 1 年以上，很多
公债期限在 10 年及以上，其目的是用于弥补财政赤字和支持国家重点建设。

　　2. 发行国库券。国库券一般是短期负债，多在 1 年期以下，以 1、3、6 个
月居多。

　　3. 发行专项债券。专项债券是一种在发行时指定用途并将筹集来的资金专

项使用的债券，例如我国近年来发行的重点建设债券（见图2-2）。

图2-2　重点建设债券票样

（三）国家信用的作用

1. 调剂财政收支不平衡。在国家预算执行过程中，财政收入和实际支出之间经常出现暂时脱节的现象。例如，从整个财政年度来看，财政收支是平衡的，但可能也现上半个财政年度支大于收，下半个财政年度收大于支。为了解决同一财政年度内收支暂时不平衡，政府往往借助于发行国库券来调剂。通过国家信用可以拓宽财政筹资渠道，缓解财政资金供求矛盾，促进财政收支平衡。

2. 弥补财政赤字。政府可以通过三种方式来设法增加收入以弥补财政赤字。一是增加税收；二是向银行借款或透支；三是发行政府债券。由于发行债券既不会像增加税收那样引起公众反感，也一般不会导致通货膨胀，因此，各国政府一般都尽量采取发行国债的方法弥补财政赤字。

3. 调节货币供应量，实现宏观调控的重要手段。中央银行通过买进或卖出国债来调节货币供应量，影响金融市场资金供求关系，从而实现宏观调控的目的。

案例分析：

2022年国债发行近9.7万亿元

2022年国债发行规模大幅增长。东方财富Choice数据统计显示，2022年全年国债发行规模达96 916.97亿元，同比增长42.6%。专家预计2023年国债发行规模会适度扩大。

2022 年近 9.7 万亿元国债发行规模中，特别国债发行 7 500 亿元；记账式国债发行 87 122.7 亿元；储蓄国债发行 2 294.27 亿元。

储蓄国债分为凭证式国债和电子式国债，主要向个人投资者发行，期限包括 3 年期、5 年期。由于储蓄国债具有稳健安全、购买门槛低等特点，吸引了个人投资者投资。数据显示，2022 年发行 12 次储蓄国债，包括 4 次凭证式国债和 8 次电子式国债，筹资占比分别为 26.2%、73.8%。

展望 2023 年国债发行，中央财经大学财税学院教授白彦锋表示，国债的发行额度需要考虑到期偿付和新增发行等因素。预计 2023 年国债发行规模会适度扩大，这不仅可以优化我国政府债券结构。还能降低政府债务筹资成本和风险。

"同时，为推动经济运行整体好转，2023 年我国积极财政政策要加力增效。在一般性公共预算收支矛盾比较突出的背景下，适度扩大国债发行规模，既是宏观调控、积极财政政策加力增效的需要，也是改善我国金融机构资产负债表、降低金融系统性风险的需要。"白彦锋表示，此外，近年来，中国国债对于国际投资者更具吸引力。2023 年适度扩大国债发行规模，也有助于扩大我国经济国际影响力、推进人民币国际化。

中国财政学会绩效管理专委会副主任委员张依群认为，2023 年我国国债发行规模主要受积极财政政策和到期还本付息影响，在政府投资政策力度不减和稳经济调控政策引导下，加上地方政府债务负担日益加重，财政还本付息压力不断增大，国债会发挥更加重要作用并弥补债券市场的资本缺失，预计发行规模会比上年有所增长，但增速会适当放缓，以保证政府债券和市场需求之间的平衡。

资料来源：包兴安. 2022 年国债发行近 9.7 万亿元 专家预计 2023 年发行规模或适度扩大［N］. 2023 – 01 – 09. 证券日报，http：//www.zqrb.cn/finance/hongguanjingji/2023 – 01 – 09/A1673195783574. html.

思考：1. 发行国债对政府有什么作用？是否发行数量越多越好？

2. 有人说，发行国债不会给人民造成负担，这句话对吗？

四、消费信用

（一）消费信用的含义

消费信用是指企业、银行和其他金融机构向消费者个人提供的、用于生活消费目的的信用。现代市场经济中消费信用的领域主要是住房和耐用消费品，其实质是通过赊销或消费贷款等方式，为消费者提供超前消费的条件，刺激人们的消费和促进商品的销售。

消费信用与商业信用和银行信用并无本质区别，只是授信对象和授信目的有所不同。从授信对象来看，消费信用的债务人是消费者，即消费生活资料的个人和家庭。从授信目的来看，是为了满足和扩大消费者消费生活资料的需求。

视频：消费信用

（二）消费信用的主要方式

1. 赊销是消费品的销售商直接以延期付款的销售方式向消费者提供的信用。一般来说，它是一种短期消费信用形式，如信用卡结算方式就属此类。

2. 分期付款，是工商企业向消费者提供的一种消费信用方式，多用于购买耐用消费品，是一种中期消费信用方式。消费者先支付一部分首期款项，然后按合同分期摊还本息，或分期摊还本金，利息一次计付。

3. 消费信贷，是银行或其他金融机构采用信用贷款或抵押贷款方式，直接以货币形式对消费者提供的以消费为目的的信用。

➡ 案例分析：

兴业银行新市民信用卡温情上市

近日，兴业银行推出"新市民信用卡"，旨在通过减费用、促消费、提服务等一系列惠民便民"组合拳"，为新市民构建全方位金融服务体系，全面助力新市民开创新生活。

"新市民信用卡"持卡客户不仅可享受核卡即免首年年费、任意交易满5笔免次年年费的优惠活动，还可享受减免IC卡工本费、金卡交易短信服务费等多项减免政策，有效降低新市民群体持卡成本。同时，兴业银行为"新市民信用卡"金卡客户配备48小时失卡保障、200万元航空意外保险等增值服务，给予新市民更安全、更放心的用卡体验，并持续开展防骗反诈、信息安全、用卡征信等金融知识普及教育工作，切实保护消费者权益，增强持卡人个人财产保护意识与风险防范能力。

据悉，兴业银行还发挥各地分行属地优势，主动进驻高新技术产业园区、创业基地等新市民聚集区域提供服务支持。如兴业银行上海分行与浦东张江科技园区人才公寓项目通力合作，开通便捷的"一站式"专属办卡通道，打通新市民享受金融服务的"最后一公里"。

多数新市民处于进城、安家、落户的人生过渡阶段。为此，兴业银行"新市民信用卡"贴心提供现金分期、账单分期、大宗分期等多种消费信贷产品与分期红包手续费优惠活动，更好满足新市民对高品质新生活的向往。

目前，接触性消费逐步回暖，微小型线下商户快速复苏，兴业银行严格落实国家四部委减费让利政策，面向线下中国银联的优惠类商户，持续执行发卡行服务手续费7.8折的优惠措施，切实减轻小微商户资金流转压力；同时，重点关注怀揣创业梦想的新市民群体，以兴业银行信用卡官方App"本地优惠"板块为依托，出台合作商户的"四免"政策，即免入驻手续费、免系统使用费、免买单手续费和免宣传引流费，助力亟须金融支持的创业群体解决资金难题，在新城市站稳脚跟。

为进一步助力新市民融入城市生活，兴业银行升级打造覆盖新市民"吃、喝、行、游、购、娱、学"全方位生活版图的福利圈。新市民等信用卡持卡人参加兴业银行信用卡"6积分"活动，即可享受肯德基、屈臣氏、京东、腾讯视频、作业帮等各大品牌的丰厚权益。

同时，"兴业生活"App还推出"1积分狂欢专场""特惠购"等一系列福利活动，即持卡客户1积分可兑换饿了么、顺丰、高德打车、樊登讲书等品牌权益，还能在"特惠购"专区折扣购买爱奇艺、优酷视频、知乎、Keep等品牌会员卡。

此外，兴业银行还携手中国银联开展"新市民有礼"主题惠民活动，通过"消费达标返券"等多重礼遇，进一步惠及广大新市民消费群体，给予新市民看得见、摸得着的幸福感。

"兴业银行将持续丰富新市民信用卡的服务场景和交易生态建设，例如通过官方App'新市民专区'整合新市民信用卡与借记卡申请入口、高频权益活动内容、个人养老金服务等功能，打造更加便捷、周到的线上一体化金融服务生态。"兴业银行信用卡中心相关负责人表示。

资料来源：新华日报，http：//news.ifeng.com/a/20150915/44655037_0.shtml.

思考：1. 什么是新市民？新市民有哪些金融需求？

2. 兴业银行为什么要针对新市民推出信用卡？

资料来源：唐黎燕.兴业银行新市民信用卡温情上市［EB/OL］.2023-04-04.人民网—安徽频道，http：//ah.people.com.cn/n2/2023/0404/c401605-40364092.html.

（三）消费信用的作用

1. 消费信用的积极作用。消费信用的发展扩大了需求，刺激了经济发展。首先，对于消费者来说，他们可以利用消费信贷提前享受当前无能力购买的消费品（如住房、汽车等），在一定程度上缓解了消费者购买能力和生活需求之间的矛盾，有助于扩大商品需求，提高消费水平。其次，对于商业银行来说，有利于其调整信贷结构，寻求新的利润增长点。尤其是向一些以房屋为抵押有稳定收入的人群发放的住房贷款，是风险较小的资产业务。再次，利用消费信贷，可以促进技术的应用、新产品的推销以及旧产品的更新换代，可以促进经济的发展。

2. 消费信用的消极作用。消费信用的发展也为经济发展增加了不稳定因素。首先，如果消费需求过高，生产扩张能力有限，消费信用会加大市场供求紧张，引起物价上涨。其次，消费信用的过度使用，会造成超前消费的过度膨胀，促使企业生产盲目扩大，可能会诱使经济危机的发生。因此，消费信用应在适度的范围内使用。最后，消费信用的盲目发展，使一部分人陷入沉重的债务负担之中，为社会经济增加了不稳定因素。

拓展阅读：莫让"校园贷"透支青年学生的未来 河南省消费者协会发布警示

五、国际信用

（一）国际信用的含义

国际信用是指国与国之间的企业、经济组织、金融机构及国际经济组织相互提供的与国际贸易密切联系的信用形式。国际信用体现了国际上的相互借贷关系，是债权债务关系的国际化。在国际信用中，授信国往往通过借贷资本的输出来带动本国商品的出口，以获得利润；而受信国往往通过利用国际信用，购买发展所需的设备、技术和商品，达到促进本国经济发展的目的。

拓展阅读：世界银行贷款中国贫困片区产业扶贫试点示范项目总结会召开

（二）国际信用的主要形式

1. 出口信贷，是出口国政府为支持和扩大本国产品的出口，提高产品的国际竞争力，通过提供利息补贴和信贷担保的方式，鼓励本国银行向本国出口商或外国进口商提供的中长期信贷。其特点包括：一是附有采购限制；二是贷款利率低于国际资本市场利率，利差由贷款国政府补贴；三是属于中长期信贷。出口信贷包括卖方信贷和买方信贷两种具体形式。出口卖方信贷是出口方银行向该国出口商提供的商业贷款。出口商（卖方）以此贷款为垫付资金，允许进口商（买方）赊购自己的产品和设备。出口商（卖方）一般将利息等资金成本费用计入出口货价中，将贷款成本转移给进口商（买方）。出口买方信贷是出口国政府支持出口方银行直接向进口商或进口商银行提供信贷支持，以供进口商购买技术和设备，并支付有关费用。出口买方信贷一般由出口国出口信用保险机构提供出口买方信贷保险。

2. 国际商业银行贷款，指一些大商业银行向外国政府及其所属部门、私营工商企业或银行提供的中长期贷款。主要方式有：独家银行贷款和银团贷款。银团贷款就是由一家银行牵头，由多家银行参与组成一个贷款团，共同筹资向特定的客户发放贷款。

3. 政府贷款，指一国政府利用国库资金向另一国政府提供的贷款。这种贷款一般由某一发达国家向某一发展中国家提供，其利率较低，期限较长，具有双边援助性质。一般贷款金额不大，有一定的附加条件，如规定采购限制，即借款国必须将贷款的全部或一部分用于向贷款国购买设备和物资，有时还带政治附加条件。

4. 国际金融机构贷款，即国际金融机构对成员国政府提供的贷款。国际金融机构贷款主要包括国际货币基金组织、世界银行、国际金融公司和国际开发协会，以及一些区域性国际金融机构提供的贷款。这种贷款大多条件优惠，有特定的对象和用途，期限也比较长，主要目的是促进成员国长期经济发展和国际收支状况的改善。

5. 国际资本市场业务，指国际资本市场上的融资活动，包括在国际资本市场上购买债券、股票或发行债券、股票。

6. 国际租赁，商业银行利用手中集聚的资金购买大型的机器设备、电子计

算机、飞机、船舶等，出租给所需客户使用，银行按期收取租赁费。

7. 直接投资，指一国居民直接对另一个国家的企业进行生产性投资，并由此获得对投资企业的管理控制权。国际信用体现的是国与国之间的债权债务关系，直接表现为资本在国际上的流动。

六、民间信用

（一）民间信用的概念及形式

民间信用也称个人信用，是民间个人之间的借贷往来。它主要分散在城乡居民群众中，尤其是农村。民间信用有以货币形式提供的，也有以实物形式提供的。随着城乡个体经济的发展，民间信用日益活跃，个人之间、家庭之间都可以通过民间信用来解决生活费用的短缺以及生产经营资金的不足。民间信用的形式有：（1）居民之间直接的货币借贷；（2）居民之间通过中介人进行的货币借贷；（3）有一定组织程序的货币"合会"；（4）以实物做抵押取得的"典当"。

（二）民间信用的特点

民间信用的基本特征是没有正规的金融工具做交易媒体，在活动中带有自发性，利率较正规信用高，风险也非常大。一般情况下，民间信用的活跃程度同一个国家、一个地区的金融服务发达状况成反比。例如在中国，民间信用在农村比城市活跃、落后地区比发达地区活跃。

1. 利率高。决定民间信用的因素主要是资金供求关系。从实际情况看，民间信用利率普遍高于银行利率。

2. 风险大。民间信用是私人间的借贷，具有一定程度的隐蔽性、随意性和自发性，国家法律法规难以规范其行为，加上当事人多采取口头信用，因而违约现象盛行，风险较大。

（三）民间信用的作用

1. 积极作用。首先，通过民间资金的调剂，扩大了融资范围，进一步发挥分散在个人手中资金的作用，加速资金运转，有利于商品经济发展，促进国民经济进一步繁荣；其次，民间信用一般是在银行信用涉足不到和力不能及的领域发展起来的，特别是在个体商业、手工业、旅游和运输等行业，可起到拾遗补缺的作用；再次，民间信用能够把竞争机制引入金融领域，有利于推动金融体制改革。

2. 消极作用。民间信用毕竟是一种自发的、盲目的、分散的信用活动，是一种较为落后的信用形式。因此，在充分发挥民间信用积极作用的同时，也应防止其消极的一面。首先，民间信用具有自发性和盲目性风险大，给国家宏观调控增加了难度；其次，民间信用利率高，金融投机和高利盘剥容易扰乱资金市场，不利于国家稳定、货币流通和维护金融秩序。

案例分析：

亲属间民间借贷纠纷案中，父母告子女的近半数

2022年11月16日上午，北京市第二中级人民法院（以下简称北京二中院）召开了涉亲属间民间借贷纠纷案件审理情况新闻发布会。

父母起诉子女及其配偶案，占亲属间民间借贷纠纷案近半数

2019年10月至2022年10月，二中院共审结亲属间民间借贷纠纷案件52件。就当事人亲属关系而言，父母起诉子女及（或）其配偶的案件近五成，另外，有近1/3的案件发生在兄弟姐妹之间。就案件裁判结果而言，原告胜诉的39件，超七成。

在审理亲属间民间借贷纠纷案件中，北京二中院发现，以夫妻为共同被告特别是父母起诉子女及其配偶的案件比重较高。这类案件中，作为共同被告的夫妻通常已经离婚或者正处在离婚诉讼中，感情已破裂，导致一方父母向子女及其配偶主张债权。此外，民间借贷纠纷与婚姻、继承等家事纠纷相互关联。对于双方父母资助子女钱款用于购买房屋或汽车等情形，子女夫妻离婚诉讼中关于财产分割的争议通常与民间借贷纠纷产生交叉。

在这类案件中，当事人不注重留存证据，导致款项性质和具体金额认定困难的情况较多，在以夫妻为共同被告的案件中，往往仅有夫妻一方在借条上签字，且签字方通常与出借人具有更加紧密的亲属关系，导致当事人在借款真实性的问题上产生激烈交锋。

在案件审判过程中法官还发现，当事人伪造证据与虚假陈述的风险较高，因此法院通常会慎重适用借款人（被告）自认的规则，即使被告其中的一人认可借款事实，原告通常仍然不能免除举证责任，仍应对借贷合意及款项交付进行举证和说明，以防止此类案件中可能存在的伪造证据与虚假陈述风险。

亲属之间应尽可能签订书面协议，保留交易凭证

针对亲属间民间借贷纠纷案件的前述特点，北京二中院提出建议，亲属之间确需借款的，应尽可能签订书面借款协议，对借款本金、还款期限和利息等问题进行明确约定，这并非不信任的表现，而是维护亲情的有力手段，有助于从源头上减少纠纷。即使出借人碍于情面，未能签署正式的借款合同，也应通过微信、短信等形式对款项性质予以明确，避免产生纠纷时承担不必要的诉讼风险。

民事诉讼中，证据是认定事实的基本依据，承担举证责任的当事人应当提供证据，否则可能承担不利后果。除了尽量签订书面的借款合同外，在款项交付上，可以优先选择通过银行转账或者其他支付软件转账；必须以现金形式交付的，应当留存取现、对方收款凭证等证据；在代借款人向第三人支付时，应当要求借款人出具说明或通过转账备注等形式予以明确。如果相关

款项确系赠与或者其他性质，接收款项的一方应当要求付款方对款项性质予以明确，并保存相关证据，以免将来发生纠纷时因证据不足被认定为民间借贷，承担还款义务。

此外，百善孝为先，孝敬乃人伦之始、众德之本。子女成年后，父母并无继续抚养的义务。相反，成年子女负有赡养父母的法定义务。因子女经济条件有限，父母在其购房等大额支出中给予资助属于常态，但不能将此视为天经地义。法律虽然鼓励家庭成员之间相互帮助，但绝不提倡子女为满足自己的安逸生活透支父母毕生积蓄而心安理得。年轻夫妻应当培养经济独立和人格独立，树立诚实劳动、艰苦奋斗的理念。借款人还应当培养诚信理念，诚实做人，信守承诺。

资料来源：张静姝．北京二中院：亲属间民间借贷纠纷案中，父母告子女的近半数[N]．2022-11-16．新京报，https：//www.bjnews.com.cn/detail/1668603279169862.html.

思考：1. 什么是民间信用？民间信用有哪些特点？
　　　2. 民间信用有哪些风险？如何规避民间信用风险？

项目要点

1. 信用指的是以还本付息为条件的暂时让渡商品和货币的借贷行为。它具有三个特点：（1）信用是以还本和付息为条件的借贷行为；（2）信用是价值的单方面让渡；（3）信用反映的是债权债务关系。

2. 信用的构成要素有：（1）信用主体；（2）信用工具；（3）信用条件。

3. 商业信用是指企业之间相互提供的与商品交易直接相联系的信用。商业信用的具体形式包括商品赊销、分期付款、预付货款、委托代销等。

4. 银行信用是指以银行为中介的，用货币形式提供给企业或个人的信用。银行信用是银行或其他金融机构以货币形态提供的信用，是现代经济中的主导信用。银行信用在规模、范围、期限上都大大超过了商业信用，成为现代经济中最基本的占主导地位的信用形式。

5. 国家信用又称政府信用，是指国家及其附属机构作为债务人或债权人，依据信用原则向社会公众和国外政府举债，或向债务国放债的一种信用形式，是以国家（政府）为主体的借贷活动。

6. 消费信用是指企业、银行和其他金融机构向消费者个人提供的、用于生活消费目的的信用。消费信用的主要方式有：（1）赊销；（2）分期付款；（3）消费信贷。

7. 国际信用是指国与国之间的企业、经济组织、金融机构及国际经济组织相互提供的与国际贸易密切联系的信用形式。国际信用体现了国际的相互借贷关系，是债权债务关系的国际化。

同步练习

一、单项选择题

1. 信用的最基本特征是（　　）。
A. 借贷行为　　　　　　B. 偿还和付息　　　　C. 付息性　　　　　　D. 价值的单方面让渡

2. 商业信用的特点是（　　）。
A. 主要用于解决企业的大额融资需求
B. 商业信用融资期限一般较短
C. 商业信用周期较长，在银行信用出现后，企业就较少使用这种融资方式
D. 商业信用融资规模无局限性

3. 政府信用的主要形式是（　　）。
A. 发行政府债券　　　　　　　　　B. 向商业银行短期借款
C. 向商业银行长期借款　　　　　　D. 自愿捐助

4. 以下不属于信用风险的是（　　）。
A. 购货企业无法支付赊销商品的货款　　B. 消费者不能偿还住房贷款
C. 企业不能支付银行贷款　　　　　　　D. 物价上涨

5. 在我国，企业与企业之间普遍存在"三角债"现象，从本质上讲与之相关的是（　　）。
A. 商业信用　　　B. 银行信用　　　C. 政府信用　　　D. 消费信用

二、多项选择题

1. 以下对现代信用活动的描述正确的有（　　）。
A. 现代信用活动与现代社会经济发展关系密切
B. 信用关系成为现代经济中最普遍、最基本的经济关系
C. 在现代经济活动中，风险与收益并不经常匹配
D. 现代信用活动中，信用工具呈现多样化的趋势

2. 商业信用的局限性表现在（　　）。
A. 商业信用的规模受商品买卖的限制
B. 商业信用的范围受到限制
C. 商业信用的期限较短
D. 商业信用一定程度上限制了银行信用的发展
E. 企业的很多信用需要无法通过商业信用来满足

3. 银行信用的特点有（　　）。
A. 银行信用可以达到巨大规模　　　　B. 银行信用是以货币形态提供的信用
C. 银行信用有一定的方向性　　　　　D. 银行是作为债务人的身份出现的
E. 银行信用具有相对灵活性，可以满足不同贷款人的需求

4. 银行信用与商业信用的关系表现为（　　）。
A. 商业信用是银行信用产生的基础　　B. 银行信用推动商业信用的完善
C. 两者相互促进　　　　　　　　　　D. 银行信用可以取代商业信用
E. 在一定条件下，商业信用可以转化为银行信用

5. 我国消费信用的主要形式有（　　）。
A. 分期付款　　　B. 消费贷款　　　C. 个人信用　　　D. 民间信用

三、名词解释

信用　　商业信用　　银行信用　　政府信用　　国际信用

四、简答题

1. 信用有哪些构成要素？

2. 信用包含哪些信用形式？

3. 信用的积极作用和消极作用分别是什么？

五、分析应用题

案例分析1：信用信息破解企业融资难

中小企业是我国国民经济和社会发展的生力军。一段时间以来，在注重财务报表、抵押物和担保人的传统信贷模式下，中小企业由于规模小、资产轻、管理弱、风险高，融资难、融资贵、融资慢的发展难题仍难以纾解。

（1）"工信e贷"提供"信动能"。

春风浩荡，万物生长，大连恒宝四达科技发展有限公司总经理王恒鳌却每天心急如焚。恒宝四达是一家从事汽车散热装备研发制造的小企业，因经营回款周期长，资金出现暂时性周转困难，现金流紧张，作为一家轻资产运营的高新技术企业，由于缺少足够抵押物，恒宝四达很难从银行获得贷款，其他融资渠道的利息又让企业难以承受。

2023年2月上旬，王恒鳌通过大连信易贷平台了解到中国工商银行"工信e贷"产品后，抱着试试看的心态，通过扫码在手机上完成了额度测试和业务申请，"没想到工行普兰店支行马上联系了我们，了解企业的经营及需求情况后，又为我们开辟了绿色通道，仅用两天时间就给我们审批并发放了200万元的信用贷款，年利率也只有3.75%，解决了我们的燃眉之急。"王恒鳌感激地告诉《瞭望》新闻周刊记者。

像恒宝四达这样的中小微企业，在大连还有许多。因为缺少贷款抵押物、信息不对称等，中小微企业时常面临融资难、融资贵的情况。企业成长离不开金融活水滴灌，为充分发挥大连"全国社会信用体系建设示范区"优势，助力中小微企业纾困解难，大连市信用中心联合工商银行大连分行历经15个月的研发，率先在全国试点破局，于2021年底创新推出了基于公共信用信息与金融信息联合建模的"信易贷"示范产品——"工信e贷"。

作为全国首个信易贷主动授信模式的融资产品，"工信e贷"上线至今，实际投放信用贷款超15亿元，同时为区域内近3万家信用良好中小微企业主动精准预授信110亿元左右，为破解中小微企业融资难题，助力经济发展提供了强劲的"信动能"。

（2）信用信息和金融信息碰撞出企业"精准画像"。

根据中国银行业协会发布的《2021年中国银行业服务报告》，截至2021年末，金融机构用于中小微企业的贷款余额为50万亿元，占社会融资存量总规模的15.9%。

为解决中小微企业融资难题，银行业曾推出"公积金贷""银税贷"等产品，但都是基于特定领域信息对企业进行信用评估，银行难以全面掌握企业信用状况。

"多年来，大连在全国36个省会及副省级以上城市信用监测排名中，一直名列前茅，去年还获得全国第二名的好成绩，公共信用信息归集覆盖到了全市50余个单位11 000余项事项，在建设好'信用大连'的基础上，我们尝试打破信息融合应用壁垒，构建多元数据底座，创新数据共享模式，让信用赋能金融、赋能实体经济。"大连市信用中心主任黄权告诉记者。

"工信e贷"以公共信用信息数据为基础，打通与金融数据的壁垒，基于企业经营、水电气费、五险一金、纳税、行政处罚等海量数据，运用"数据安全屋""同态加密"等先进技术，在数据不出库前提下，让企业公共信用信息和金融信息充分碰撞，通过"联邦学习"建立评价模型，对企业精准画像，在全国率先探索出两类信息"可用不可见"的安全应用方案，并建立了全流程管控模式。

此外，"信易贷"基础平台提供"白名单"推送功能，将各区县、各部门推荐的优质"白名单"企业一键推送至各金融机构，供金融机构重点关注、主动对接，并在"信易贷"基础平台政府端创建"领导驾驶舱"，提供"信易贷"业务各维度信息可视化展现。"信易贷"基础平台还可通过"企业生命树"生长状态和树叶颜色变化展现企业经营状况和风险程度，通过订阅服务，主动向金融机构推送获贷企业经营异常、列入失信等情况，提示加强贷后跟踪管理，确保金融安全。

资料来源：大连：信用信息破解企业融资难［EB/OL］. 2023-05-06. 新华网，http://m. news. cn/ln/2023-05/06/c_1129592359. htm.

思考：1. 中小企业为什么会出现融资难？
　　　2. 如何运用信用信息破解企业融资难的问题？

案例分析2：培训贷纠纷频现：馅饼还是陷阱？

"先培训再就业，最后偿还贷款，看似很美好，实则都是套路。""花几万元培训，结果新工作迟迟未有着落，真是坑人！"社交投诉平台上，有用户如此吐槽"培训贷"。

记者注意到，"培训贷"引发争议背后是部分培训机构，以"高薪资""稳定就业""不需要经验"等为噱头，针对大学生或转行人员等急于求职人群推介贷款缴纳培训费用。由于这些负债培训求职者最终未能成功找到新工作，还要背上一笔少则数千元多则上万元的贷款，进而引发求职者与培训机构的纠纷。

（1）培训贷争端。

日前，一则"00后毕业生来沪求职陷培训贷背数万元债务"的消息在社交平台发酵。

据新民晚报报道，2000年出生的小刘，在2022年7月来沪找工作时无意间收到一条招聘信息，招聘岗位是某科技公司的电商大数据分析师。然而在到达面试地址后，小刘才发现通知面试的地址实则是一家培训机构。

据小刘回忆，彼时在场的培训机构工作人员打包票，付费报名他们的数据分析课程，培训完月薪将不低于9 000元；对方还称，机构会帮学员推送简历至合作企业，多管齐下，刚毕业就月入万元绝不是遥不可及的。

最终在各种游说下，小刘与这家培训机构签订就业保障协议，前提是通过贷款软件办理近2.5万元的贷款支付课程培训费用。在课程完成后，尽管自己的简历被多次投送，但小刘并未等来工作机会。

针对小刘的投诉，培训机构方面则认为，办理贷款时有摄像为证，不存在"诱导""强制"，学员是知晓、自愿的。并且公司做的仅是授课和就业服务，学员若找不到工作，会帮助继续推送简历。

至此，小刘与培训机构陷入纠纷中。对于小刘而言，最终不但没有成功找到新工作，每个月29日还要分期偿还培训贷款。

（2）培训贷套路。

据悉，"培训贷"目标客户主要以刚毕业的大学生以及转行人员为主，贷款用途则是参与课程培训。一般是培训企业与贷款机构合作，由刚毕业的大学生以个人名义向贷款机构贷款"培训费"，而"培训费"直接打入企业账户，大学生无须出钱就能接受就业"培训"。

梳理相关投诉案例发现，"培训贷"套路一般分为四个步骤：

第一步，虚假培训机构通常会冒充招聘公司大量发布对专业、工作经验毫无要求、无须任何条件可直接面试，且薪资待遇明显高于同职位同工种薪资水平的虚假招聘信息吸引求职大学生。

第二步，在面试后，"面试官"会以能力不达标为由，要求进行入职培训，并以"限时优惠学费8折""分期付款压力小""培训完成立即上岗"等理由诱导求职大学生向与其合作的网络借贷机构贷款，分期支付上万元的培训费用。

第三步，在培训后发现，所谓的高薪工作其实只是一种伪装，培训内容也只是用网上随处可见的资料随意拼凑。彼时，若要求中断培训，也被拒不退款，还要求立即付清所有贷款，或要求赔付高额的违约金。

第四步，在培训后，对方并不会立即通知入职，而是等待回复，最终可能等不来任何回复，甚至公司早已人去楼空。

值得一提的是，在整个"培训贷"业务中，作为放款方的贷款机构也应当严格遵守贷款管理规范，包括对介入商户资质审核以及个人贷款业务偿债能力审查。

实际上，原中国银保监会等五部门曾于2021年3月发布《关于进一步规范大学生互联网消费贷款监督管理工作的通知》，要求加强大学生互联网消费贷款业务监督管理。

其中，要求放贷机构外包合作机构要加强获客筛选，不得采用虚假、引人误解或者诱导性宣传等不正当方式诱导大学生超前消费、过度借贷，不得针对大学生群体精准营销，不得向放贷机构推送引流大学生。未经国家金融监督管理部门批准设立的机构不得为大学生提供信贷服务。

资料来源：汪青．培训贷纠纷频现：馅饼还是陷阱［EB/OL］．2023–04–08．经济观察网，http：//www．eeo．com．cn/2023/0408/585347．shtml．

思考：谈谈培训贷的利与弊？

六、技能实训题

实训项目名称：信用卡、花呗、京东白条百度搜索指数比较。

实训目的：熟悉什么是消费信用，进一步理解消费信用的本质和类型。

实训内容：

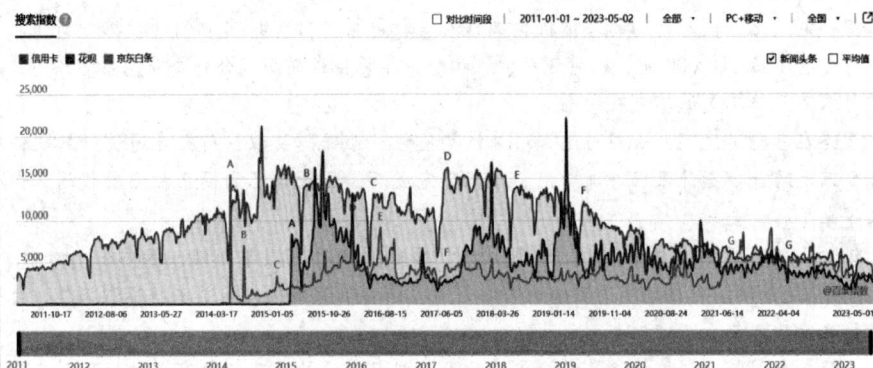

图2–3　信用卡、花呗、京东白条百度搜索指数

1. 根据图2–3，分析信用卡、花呗和京东白条的搜索指数变化趋势。
2. 登录百度指数首页，对比分析信用卡、花呗和京东白条的需求图谱和人群画像。

实训要求：绘制表格进行比较分析，内容完整，分析准确。

推荐阅读

1.《个人信用报告（个人版）展示样本》，来源：中国人民银行征信中心。

2.《2022–2026年消费信贷行业现状调研与发展前景研究报告》，来源：杭州中经智盛市场研究有限公司。

项目三

利息与利率

学习目标

（一）知识目标

1. 了解利息和利率的含义；

2. 掌握利率的种类、利率的决定和影响因素；

3. 理解并掌握单利和复利、终值和现值的计算；

4. 理解利率的作用。

（二）技能目标

1. 能区别归纳利率的种类；

2. 能计算利息和利率；

3. 能分析利率调整对我国经济的影响。

（三）素质目标

1. 通过对利率含义和种类的学习，让学生树立正确的世界观、人生观、价值观，将社会主义法治意识真正融入课程，远离"高利贷"；

2. 通过对利率因素和作用的分析，让学生了解我国经济发展变化和国家宏观经济政策，培养学生勤于思考的习惯，经济的发展离不开党和国家，树立民族自豪感与自信心。

▶▶ 案例导入

央行：截至 2023 年 3 月末已有 83 个城市下调首套房贷利率下限

2023 年 4 月 20 日，中国人民银行货币政策司司长邹澜介绍，自去年建立首套住房贷款利率政策动态调整机制以来，截至 3 月末，在 96 个符合放宽首套房贷利率下限条件的城市中，有 83 个城市下调了首套房贷利率下限；有 12 个城市取消了首套房贷利率下限。

邹澜在当日中国人民银行召开的新闻发布会上介绍，随着前期稳经济大盘、稳定房地产政策效果持续显现，各方信心加快恢复，房地产市场出现积极变化，交易活跃性有所上升，这在房地产金融数据上也有所反映。

数据显示，一季度，个人住房贷款月均发放额约5 900亿元，较2022年四季度的月均发放额多1 900亿元；房地产开发贷款累计新增约5 700亿元，与同期商品房在建规模相比处于较高水平；房地产企业境内债券发行1 500多亿元，同比增长超20%，境外债券市场信心也在逐步恢复。

邹澜介绍，首套住房贷款利率政策动态调整机制可以"既管冷、又管热"，既支持房地产市场面临较大困难的城市用足用好政策工具箱，又要求房价出现趋势性上涨苗头的城市及时退出支持政策，可以实现因城施策原则下首套房贷利率政策的双向动态灵活调整。

"首套房贷利率政策的调整优化，带动房贷利率有所下降。"邹澜说，从全国看，2023年3月新发放个人住房贷款利率为4.14%，同比下降了1.35个百分点。83个城市下调首套房贷利率下限后，所执行的下限与全国下限相比大概低了10~40个基点。

中国人民银行表示，将继续密切关注房地产金融形势变化，坚持房子是用来住的、不是用来炒的定位，会同金融部门持续抓好已出台政策落实，支持刚性和改善性住房需求，保持房地产融资平稳有序，加大保交楼金融支持，加快完善住房租赁金融政策体系，推动房地产业向新发展模式平稳过渡。

资料来源：张欣然. 央行：截至3月末已有83个城市下调首套房贷利率下限［EB/OL］. 2023-04-20. 新华网，http：//www.xinhuanet.com/2023-04/20/c_1129544848.htm.

思考：1. 网上搜一搜，了解"首套住房贷款利率政策动态调整机制"？

2. 首套住房贷款利率政策动态调整机制的建立给房地产行业带来哪些影响？

3. 首套住房贷款利率政策动态调整机制为什么"既管冷、又管热"？

知识网络图（见图3-1）

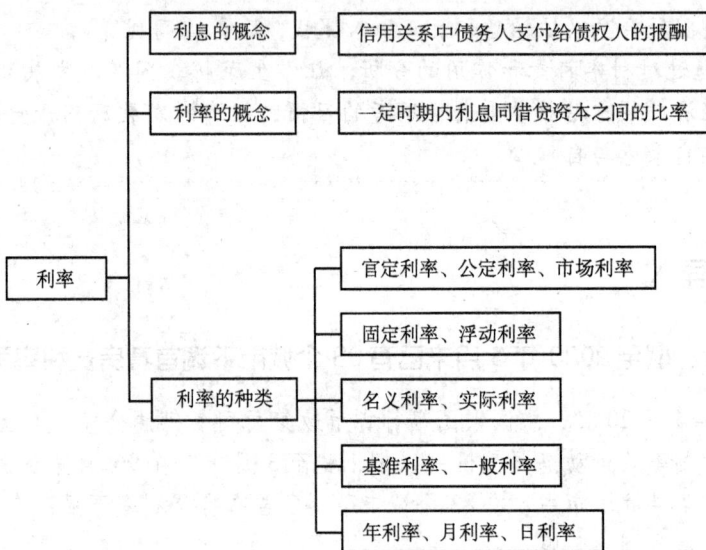

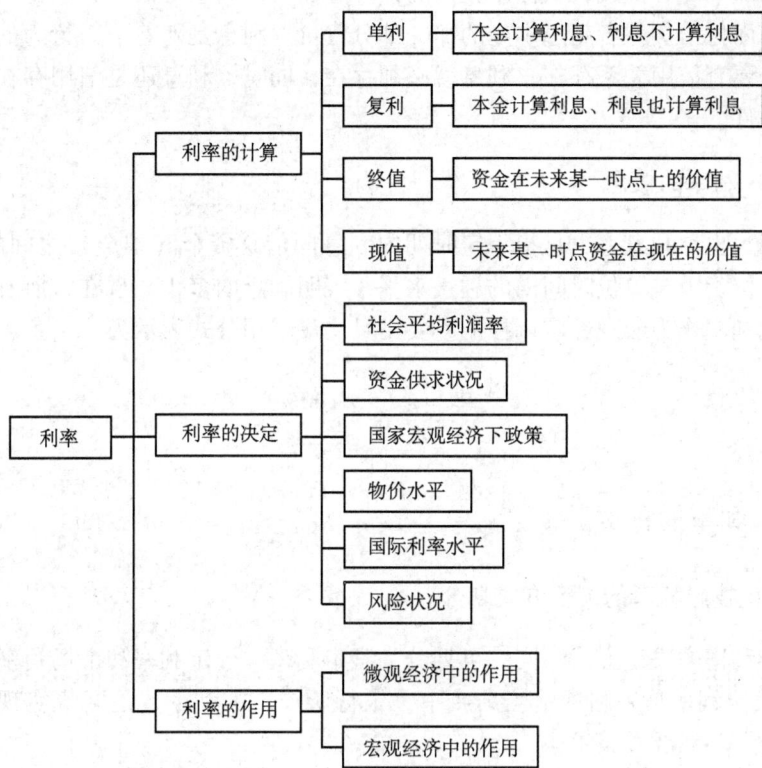

图 3-1 利率知识网络

任务一 认识利息和利率

> ## 学习情境

去年小李把压岁钱 10 000 元存入工商银行,今年他去工商银行一共取了 10 175元;小赵 3 个月前通过建设银行快贷获得 5 000 元的消费贷款,今天他在归还这笔消费贷时,一共还了 5 120 元。

任务描述:

学生分组讨论:(1)这两个案例里多获得的 175 元和多支付的 120 元,是什么?(2)借贷中为什么要支付利息?(3)利息是怎么产生的?

一、利息和利率的概念

(一)利息的概念

利息是信用关系中债务人支付给债权人或债权人向债务人索取的报酬。从信用关系的债权方面看,利息是贷款者让渡货币资金使用权,从借款者手中取得超过本金的那一部分报酬；从信用关系的债务方面看，利息是借款者取得货币资金使用权，而付给贷款者超过本金的那一部分代价。利息是随着信用行为的产生而产生，只要有信用关系存在，利息就必须存在，同时，利息还是信用存在和发展的必要条件。

（二）利率的概念

利率，也称利息率，是指一定时期内利息同借贷资金（本金）之间的比率。利率是单位货币在单位时间内的利息水平，表明利息的多少。现在，所有国家的政府都把利率作为宏观经济调控的重要工具之一。用公式表示为：

$$利率 = \frac{利息}{本金} \times 100\%$$

视频：名义利率与实际利率

二、利率的种类

（一）按照利率的决定方式划分

按照利率的决定方式不同，可划分为官定利率、公定利率和市场利率。

1. 官定利率是一国货币当局或中央银行所规定的利率，是国家实现宏观调节目标的一种重要政策手段。

2. 公定利率是由非政府部门的金融民间组织（如银行工会等）确定的利率，它对会员银行有约束作用。官定利率和公定利率都不同程度地反映了非市场的强制力量对利率形成的干预。

3. 市场利率是按照市场规律而自由变动的利率，即由借贷资金的供求关系之间决定，并由借贷双方自由议定的利率。

拓展阅读：上海银行间同业拆放利率

（二）按照借贷期内是否调整利率划分

按照借贷期内利率是否调整，可划分为固定利率和浮动利率。

1. 固定利率是在借贷期内不作调整的利率。使用固定利率便于借贷双方进行收益和成本的计算，但不适用于在借贷期间利率会发生较大变动的情况，利率的变化会导致借贷的其中一方产生重大损失。因此，一般固定利率适用于短期借贷，而中长期借贷都不愿意采用固定利率。

2. 浮动利率是在借贷期内随市场利率变动而定期调整的利率。根据借贷双方的协定，由一方在规定的时间依据某种约定的市场利率对其借贷利率进行调整，一般调整期为半年。使用浮动利率可以规避利率变动造成的风险，但也因手续繁杂、计算依据多而增加费用开支。因此，浮动利率适用于中长期借贷。

拓展阅读：贷款市场报价利率

（三）按照利率与通货膨胀的关系划分

按照利率与通货膨胀的关系不同，可划分为名义利率和实际利率。

1. 名义利率是指没有剔除通货膨胀因素的利率，银行挂牌利率一般为名义利率。

2. 实际利率是名义利率剔除通货膨胀因素以后的真实利率。

$$i = r - p$$

其中，i 为实际利率；r 为名义利率；p 为借贷期内通货膨胀率。

根据名义利率与实际利率的比较，实际利率呈现三种情况：（1）当名义利率高于通货膨胀率时，实际利率为正利率；（2）当名义利率等于通货膨胀率时，实际利率为零；（3）当名义利率低于通货膨胀率时，实际利率为负利率。

（四）按照利率所处的地位划分

按照利率所处地位的不同，可划分为基准利率和一般利率。

1. 基准利率是在市场存在多种利率的条件下起决定作用的利率。当它发生变动时，将影响到其他利率的变化。中国人民银行对各商业银行和其他金融机构的存、贷款利率可作为基准利率（见表3-1）。

表3-1　　　　　金融机构人民币存、贷款基准利率　　　　单位:%

一、城乡居民和单位存款	利率	二、各项贷款	利率
（一）活期存款	0.35	一年以内（含一年）	4.35
（二）整存整取定期存款		一至五年（含五年）	4.75
三个月	1.10	五年以上	4.90
半年	1.30	三、个人住房公积金贷款	
一年	1.50	五年以下（含五年）（首套）	2.6
二年	2.10	五年以上（首套）	3.1
三年	2.75		

2. 一般利率是商业银行等金融机构和金融市场上的各种金融机构根据基准利率和借贷业务的特点而换算出的各种利率。如商业银行按中央银行公布的贷款利率。

头脑风暴：

小王打算在工商银行存入10万元一年定期储蓄存款，央行公布存款利率为1.5%，而工商银行的存款利率为1.75%，国家统计局公布2023年3月居民消费价格同比上涨0.7%。中国人民银行公布，2023年4月20日贷款市场报价利率（LPR）为：1年期LPR为3.65%，5年期以上LPR为4.3%。2023年4月28日，7天上海银行间同业拆放利率（Shibor）报2.300%。

讨论：以上利率属于什么类型的利率？同时，小王存在工商银行的10万元定期存款的实际收益率为多少？

（五）按照计算利息的期限划分

按照计算利息的期限不同，可划分为年利率、月利率和日利率。年利率以年为单位计算利息；月利率以月为单位计算利息；日利率以年日为单位计算利息。通常，年利率以本金的百分之几（%）表示；月利率以千分之几（‰）表示；日利率以万分之几表示（‰）。它们可以相互转换，即：

$$年利率 = 月利率 \times 12 = 日利率 \times 360$$

$$日利率 = \frac{年利率}{360} = \frac{月利率}{30}$$

拓展阅读：高利贷合同，四大套路

任务二 利息和利率的计算

▶ 学习情境

某公司这样宣称：来试试我们的产品，如果你试了，我们将支付您 1 000元！可是，当你真的买了试了，你才发现商家给你的是一个在 25 年之后支付给你 1 000 元的存款证书。

任务描述：

学生分组讨论：（1）25 年之后的 1 000 元是什么值？（2）什么是现值？什么是终值？（3）如果该存款的利率是 2%，现在此公司真正给你的是多少钱呢？

一、单利和复利

利息在计算中有两种基本的方法：单利和复利。

视频：单利和复利

（一）单利

单利是指不管贷款期限长短，只按本金计算利息，而当期本金所产生的利息不计入下期本金计算利息。因此，单利的特点是对利息不再付息。其计算公式是：

$$I = P \times r \times n$$

其中，I 为利息；P 为本金；r 为利率；n 为借贷期限。

> 📖 **实践练习：**
>
> 小赵存入银行 10 万元，若银行存款利率为 3%，按单利计算，5 年后的利息为多少？

（二）复利

复利是一种将上期利息转为本金一并计算的方法。也就是说，不仅本金要计算利息，利息也要计算利息，即通常所说的"利滚利"。如按年计息，第一年按本金计算利息，第一年年末所得的利息要并入本金；第二年则按第一年年末的本利和计算计息，第二年年末得到的利息还要并入本金；第三年按第二年年末的本利和计算利息；如此类推，直到信用契约期满。其计算公式是：

$$I = F - P = P \times \left[(1 + r)^n - 1 \right]$$

其中，I 为利息；F 为本利和；P 为本金；r 为利率；n 为借贷期限。

➡️ 案例分析：

拿破仑：送人玫瑰，后人遭殃

古语说"君无戏言"，意思是君主的话就是圣旨、圣命，不可以更改。但身为法兰西帝国君主的拿破仑，却因为管不住自己的嘴巴，到处许诺，最终给法国带来不小的麻烦。

1797 年 3 月，拿破仑偕同妻子约瑟芬到卢森堡参观第一国立小学。在那里，他们受到全校师生的热烈欢迎和盛情款待。学生们为他们表演精彩节目，教师们向他们致意，这一切使得拿破仑非常满足。随后，他对全校师生发表演讲，说："为了答谢贵校对我的盛情款待，我今天向贵校献上一束玫瑰花，并且承诺，只要法兰西存在一天，每年的今天，我都会派人送给贵校一束等价的玫瑰花，作为法兰西与卢森堡两国友谊的象征！"说完，他将一束价值 3 个金路易的玫瑰花赠给了该校校长奥杰森。拿破仑离开后，奥杰森将拿破仑的演讲资料和照片整理后，作为珍品放进了学校档案室。

然而，拿破仑回国后忙于应付战争，早已把这件事忘得一干二净。可卢森堡第一国立小学的师生把这一承诺记在了心里，直到拿破仑去世 163 年后的 1984 年底，他们旧事重提，一纸诉状将法国政府告上了国际法庭。官员们一计算，这个当初只有 3 金路易的玫瑰花债务，经过近 200 年的利滚利，竟变成了 137 万多法郎的巨额数字。

法国人这回不敢说大话了，他们斟酌后，做了一个小心谨慎的答复："第一，马上给卢森堡第一国立小学建一座现代化的教学大楼，这所小学的毕业生将来如果愿意到法国留学，一切费用将由法国政府提供；第二，以后无论在精神上还是物质上，法国政府将坚定不移地支持卢森堡的中小学教育事业，以弥补当年拿破仑的食言之过。"至此，一场跨越了近 200 年的等待终于画上了圆满的句号。

资料来源：金山. 拿破仑：送人玫瑰，后人遭殃 [EB/OL]. 2022 - 12 - 26. 老年生活报（青岛青岛日报社），https：// epaper. qingdaonews. com/lnshb/html/2022 - 12/26/content_18747_7141733. htm. 有删减。

思考：1. 是什么原因导致本息如此之高？

　　　2. 这项巨额债务是如何计算出来的吗？

同样条件下，用单利计算的利息少于用复利计算的利息。从理论上说，复利克服了单利的缺点，反映了货币运动的客观规律，能完全体现货币的时间价值，因此在实际操作过程中采用复利计算货币的实际价值。

> **实践练习：**
>
> 小赵存入银行 10 万元，若银行存款利率为 3%，按复利计算，5 年后的利息为多少？

二、终值和现值的计算

（一）终值

终值，是指按一定的利率水平计算出一笔资金在未来某一时点上的金额，即前面所说的本利和。

1. 单利终值。由于单利是本金计算利息，利息不再计算利息，因此，单利终值就是本金加上利息。其计算公式是：

$$F = P \times (r \times n + 1)$$

2. 复利终值。由于复利是本金计算利息，利息也并入下期本金中计算利息，因此，其计算公式是：

$$F = P \times (1 + r)^n$$

其中，F 为终值，即本利和；P 为现值，即本金；r 为利率；n 为借贷期限。

> **实践练习：**
>
> 小邓存入银行 20 万元，若银行存款利率为 5%，分别按照单利和复利，计算10 年后的本利和为多少？

（二）现值

现值，是指根据未来某一时点上一定金额的资金（本利和），按一定利率计算出来的现在的价值，俗称"本金"。其实现值与终值是相对而言的，两者可以相互换算。

1. 单利现值。由单利终值可知，单利现值的计算公式是：

$$P = \frac{F}{(r \times n + 1)}$$

2. 复利现值。由复利终值可知，复利现值的计算公式是：

$$P = \frac{F}{(1+r)^n}$$

其中，F 为终值，即本利和；P 为现值，即本金；r 为利率；n 为借贷期限。

> **实践练习：**
>
> 　　小杨计划在 2 年后以 5 000 元购买一部苹果手机，若年利率为 3%，分别按照单利和复利，计算小杨现在应向银行存入多少钱？

（三）年金终值和现值

年金，是定期或不定期的时间内一系列的现金流入或现金流出。年金在我们的经济生活中非常普遍，如支付房屋的租金、抵押支付、商品的分期付款、分期付款赊购、分期偿还贷款、发放养老金、提取折旧以及投资款项的利息支付等，都属于年金收付形式。

年金一词最初的含义是指仅限于每年一次的付款。实际上，很多种付款与年金具有相同的性质，只是时间单位并不仅仅局限于 1 年，所以现在已将年金一词的意义扩展到每一固定时间间隔支付一次。

在现实经济生活中普通年金最为常见。它指是每期期末有等额的收付款项的年金。

普通年金终值犹如零存整取的本利和，它是一定时期内每期期末等额收付款项的复利终值之和。普通年金现值与其终值相对应，是指一定时期内每期末等额系列收付款项的复利现值之和。

普通年金终值的计算公式是：

$$F = A \times \left[(1+r)^1 + (1+r)^2 + \cdots + (1+r)^n \right]$$

$$F = A \times \frac{(1+r)^n - 1}{i}$$

普通年金现值的计算公式是：

$$P = A \times \left[\frac{1}{(1+r)^1} + \frac{1}{(1+r)^2} + \cdots + \frac{1}{(1+r)^n} \right]$$

$$P = A \times \frac{1 - (1+r)^{-n}}{i}$$

其中，F 为终值，即本利和；P 为现值，即本金；A 为年金（每期支付相等金额）；r 为利率；n 为借贷期限。

$\frac{(1+r)^n - 1}{i}$ 和 $\frac{1 - (1+r)^{-n}}{i}$ 分别为年金终值系数和年金现值系数，可通过年金终值系数表和年金现值系数表查得。

任务三　利率的决定和作用

➤ 学习情境

2022 年 9 月 15 日工行、农行、中行、建行、交通银行和邮储银行，这六大国有银行先后发布公告调整个人存款利率，包括活期存款和定期存款在内的多个品种利率，都有不同幅度的微调。其中，三年期定期存款和大额存单利率下调 15 个基点；一年期和五年期定期存款利率下调 10 个基点；活期存款利率下调 5 个基点。

任务描述：

1. 学生分组讨论：（1）利率受哪些因素的影响导致其变化？（2）利率的变化有什么作用？对居民、企业甚至经济有什么影响？

2. 情景模拟：每组选定一个群体模拟，分析利率对其影响。

一、利率的决定

利率是计算使用借贷资金报酬的依据。利率水平的高低直接影响借款者的成本和贷款者的收益。利率作为金融产品的价格，受到很多因素的决定和影响。

（一）利率的决定因素

马克思和西方经济学家在研究利率决定理论时，认为决定利率水平的因素有：一是社会平均利润率；二是借贷市场中资金供求状况。

1. 社会平均利润率。当企业从银行借入资金从事生产经营后，所得的利润分为两部分：一部分以利息形式支付给银行；一部分作为企业的利润。所以，利息是利润的一部分，利润率是决定利率的基本因素。在一般情况下，社会平均利润率是利率的最高界限，如果利率达到或超过社会平均利润率，银行通过利息形式拿走了企业借入资本的全部利润，企业无利可图，从而就不会借款。因此，利率总是在零和社会平均利润率之间波动，社会平均利润率越高，利率越高。

2. 资金供求状况。在商品货币经济条件下，借贷资金是一种特殊商品，利率是借贷资金价格，受借贷资金供求状况决定。借贷资金同普通商品一样要受价值规律的支配，其价格也一样要受供求状况的影响。当借贷资金供不应求时，利率会提高；反之，当借贷资金供大于求时，利率则会下跌，借款者可以支付较少的利息，获得更多的利润。所以，资金供求状况是影响利率变动的一个重要因素。

（二）利率的影响因素

除了上述主要因素决定着利率水平之外，还有其他一些因素对利率有着不同程度的影响，主要有经济因素、政策因素和制度因素。具体地说，影响利率变动的因素主要有以下几点：

1. 国家宏观经济政策。目前，各国都把利率作为宏观经济调控的重要经济杠杆之一，通过利率的变动来调节一定时期国内货币供应量和本币的汇率水平，从而调节经济。国家宏观经济政策主要包括货币政策、财政政策、汇率政策等，其中，以货币政策对利率变动的影响最为直接与明显。中央银行若实行扩张的货币政策，就会增加货币供应量，使可贷资金的供给增加，利率下降；反之，如果采取紧缩的货币政策，就会减少货币供给量，使可贷资金的供给减少，利率上升。

2. 物价水平。利率与物价有着密切的关系，利率的制定要考虑一定时间内物价变动影响。物价上涨，货币就会贬值。如果存款的名义利率低于物价上涨的幅度，就意味着客户存款的购买力不但没有增加，反而减小了，银行很难吸收到存款。如果贷款的名义利率低于通货膨胀率，就意味着银行贷款的实际收益不但没有增加，反而减少了，银行就不会发放贷款。所以，当物价上涨时，应适当提高名义利率，使实际利率水平不至于太低，更不能为负数。

3. 国际利率水平。在开放经济条件下，资本可以自由流动，国际利率对国内利率的影响较大。对一国来说，若国际利率水平高于国内利率水平，会刺激资本外流，增加套汇、逃汇活动，导致基础货币回笼，货币供给量减少，国内利率呈上升压力；反之，若国际利率水平低于国内利率水平，会刺激资本流入，导致基础货币投放增加，货币供给量增加，国内利率呈下降压力。

4. 风险状况。风险与收益是成正比的。利率水平的高低与风险状况是密切相关的。在借贷资金过程中可能出现各种风险，如违约风险、利率风险、通货膨胀风险和流动性风险等，其中最主要的是违约风险。如果借款人的信用水平比较低，违约风险比较大，在这种情况下，贷款人通常要求获取更多的利息作为风险补偿。因此，一般而言，风险越大，利率要求越高，如国债利率比企业债券利率低。

总之，影响利率的因素很多，也很复杂，如利率管制、经济周期、借贷期限、历史利率水平、银行成本等因素也会影响利率的变化。

案例分析：

中小银行存款利率集体"补降"　　未来或进一步下行

2023 年 4 月以来，广东、湖北、陕西、河南等多个省份的中小银行纷纷发布公告，下调人民币存款挂牌利率，涉及活期存款、定期存款、大额存单等，不同期限调整幅度不同。

接受《经济参考报》采访的专家表示，去年以来，在市场利率总体有所下行的背景下，国有大型银行和部分股份制银行纷纷下调存款利率，此次调整可视为中小银行的"跟进"，是其为压低负债成本所作的市场化定价行为。

广东南粤银行在官网发布公告称，自4月4日起，个人存款利率中，活期存款利率从0.385%下调至0.3%，整存整取利率下调2~15个基点不等。河南新蔡农商银行称，自4月8日起，一年期、两年期、三年期整存整取定期存款挂牌利率由2.25%、2.70%、3.30%分别下调恢复至1.9%、2.4%、2.85%，其他期限挂牌利率保持不变。

此外，湖北、陕西、内蒙古等各地多家银行也公告下调存款利率，降调幅度不一。湖北武穴农村商业银行、湖北黄梅农村商业银行、内蒙古昆仑蒙银村镇银行等多家中小银行，下调幅度大多在2~20个基点。

业内人士认为，此轮中小银行下调存款利率实际是2022年9月国有大型银行和部分股份制银行下调存款利率的延续，也是2022年建立的存款利率市场化调整机制发挥重要作用的体现。

2022年4月，中国人民银行指导利率自律机制建立了存款利率市场化调整机制，自律机制成员银行参考以10年期国债收益率为代表的债券市场利率和以一年期LPR为代表的贷款市场利率，合理调整存款利率水平。在市场利率总体有所下行的背景下，银行下调存款利率正是这一机制的"题中之义"。

资料来源：张莫，杨乐雯. 中小银行存款利率集体"补降"未来或进一步下行［N］. 2023 - 04 - 19. 经济参考报，http://www.jjckb.cn/2023 - 04/19/c_1310711918.htm. 有删减。

思考：1. 此次各大银行降息的原因有哪些？
2. 降息之后对我们生活有哪些影响？

二、利率的作用

利率是一个重要的经济杠杆，对经济有着重要的调节作用。这种作用既表现在利率对微观经济的调节上，又表现在对宏观经济的调节上。

（一）利率在微观经济中的作用

1. 利率对个人消费和储蓄的引导作用。利率的变动会影响个人收入在消费和储蓄之间分配。在收入不变的条件下，利率的上升将会使人们减少即期消费，增加未来消费——储蓄。之所以会如此，是因为利率被视为消费的机会成本，即在利率提高的情况下，如果人们减少消费而将其转换为储蓄，则他可以获得更多的利息收入；相反，如果此时人们不改变其消费量，则他将丧失更多的利息收入，这丧失的利息收入就是他消费的机会成本。

2. 利率对企业投资决策和经营管理的影响作用。利率变化对企业投资决策和经营管理的影响机制是企业对投资收益率与利率水平的对比。利率是企业融入资金的成本，当企业投资收益率不变而利率上升时，其支付利息后的收益将伴随着利率的上升而下降，企业会相应减少投资。另外利率的上升导致企业融入资金成本提高，经济效益差的企业将减少借款，使有限的资金流向经济效益良好的行业和企业，实现资源优化配置。同时，还将促使企业加强经营管理，加速资金周转，努力节约资金的使用和占用，提高资金的使用效率。反之相反。

3. 利率对个人和企业证券投资的影响作用。证券投资是指个人和企业对有价证券等金融工具的购买和持有。在正常的经济情况下，利率与证券价格呈反方向变化，即当利率下降时，银行存款收益减少，资金更多地流向证券市场，证券价格会上升。利率变化是影响证券行情的一个重要因素。

思政栏目：

深化"普惠"核心在"惠"加力提升小微企业金融服务质量

新华财经北京 4 月 27 日电（记者张斯文）原中国银保监会办公厅近日印发了《关于 2023 年加力提升小微企业金融服务质量的通知》（以下简称《通知》），旨在落实好 2023 年《政府工作报告》和国务院有关工作分工要求。

《通知》明确了全年工作目标：形成与实体经济发展相适应的小微企业金融服务体系，2023 年总体继续保持增量扩面态势，优化服务结构，提升重点领域服务精准度，拓展保险保障渠道。贷款利率总体保持平稳，推动小微企业综合融资成本逐步降低。分析认为，《通知》尤其强调了提高银行保险机构对小微企业的金融服务质量，更好地激发市场活力和内生发展动力，更重要的是，有利于建立更加完善的围绕小微企业金融服务的生态体系。

一、强调定价机制，提升续贷支持力度

《通知》紧扣提升服务质量主题，细化了对银行的服务要求。明确重点围绕小微企业无贷户扩大服务覆盖面，加强对小微企业信用信息的挖掘运用，增加信用贷款投放。积极开发小微企业续贷专门产品或完善现有产品续贷功能，合理确定本行续贷条件。规范小微企业服务收费行为，充分了解、严格审核、持续评估第三方机构收费情况，发现存在违规收费、收费过高的及时停止合作。加强风险监测分析，合理控制贷款质量。健全完善小微市场主体诉求回应机制，认真回应小微企业合理诉求，指导基层分支机构、客户经理努力把问题解决在服务第一线。

"普惠其实很大程度上是包括两个部分。"尹振涛说，一是"普"，也就是覆盖。随着监管政策引导，以及金融科技的快速发展，目前金融服务覆盖面已经非常广泛，并且各家金融机构为此做了很多探索，也取得了一定成效。尹振涛认为，下一步更多的是"惠"，就是提升服务质量。《通知》对"惠"的理解也非常丰富，包括特别强调了定价机制，这将在很大程度上降低小企业的融资成本。

《通知》同时强调了企业的续贷支持力度。尹振涛认为，续贷有利于更好地加强与客户的互动关系，以及降低贷款成本，包括资金成本和时间成本，能让小微企业有安全稳定的资金支持。"通知还强调了评价标准，考核标准，这都是'惠'的重要组成部分，也是文件最突出的特点。"尹振涛说。

二、核心在"惠"，完善小微企业金融服务生态体系

《通知》聚焦重点领域小微企业需求，要求银行保险机构加强精准支持。立足纾困解难、扩大内需和稳定就业，支持住宿、餐饮、零售、教育、文化、旅游、体育、交通运输、外贸等领域小微企业的合理金融需求，促进经济复苏。立足现代化产业体系建设需要，支持制造业、科技型、专精特新小微企业发展，助力产业升级。积极研发符合个体工商户生产经营特征的信贷产品，更好满足其用款急、期限短、频度高的资金需求。

小微活，就业稳，经济兴。业内人士认为，《通知》有利于进一步调动各方资源，参与到小微企业金融服务的全过程当中。

"商业银行是践行普惠金融的主力军，当然也要发挥保险保障作用，发挥全国一体化融资信用服务平台网络的作用，也包括加强担保等补充机制的作用，以及政策性金融机构的作用。"尹振涛认为，《通知》的出台有利于建立一个更加完善的围绕小微企业金融服务的生态体系。

近年来，银行保险业认真贯彻党中央、国务院决策部署，不断深化对小微企业、个体工商户等市场主体的金融服务。截至2023年3月末，银行业普惠型小微企业贷款余额25.9万亿元，同比增长25.8%，较各项贷款增速高14.6个百分点；有贷款余额的客户数达到4 010.5万户。

资料来源：黎轲. 深化"普惠"核心在"惠"加力提升小微企业金融服务质量［EB/OL］. 2023 - 04 - 27. 新华财经. https：//www. cnfin. com/hg-lb/detail/20230427/3853896_1. html. 有删减。

（二）利率在宏观经济中的作用

利率在政府宏观经济调控中发挥着重要的作用，在不同的经济运行条件下，政府可以通过政策操作调整利率，充分发挥利率的调控作用，实现政策调控的目标。

1. 利率对物价水平的调节作用。利率受通货膨胀预期的影响，预期通货膨胀越高，利率则会越高。反过来，利率作为经济杠杆，也反作用于物价水平起到稳定物价、抑制通货膨胀的作用。当物价上涨，通过上调利率，可以抑制信贷需求，从而收缩信贷规模，减少货币供应量，最终实现稳定物价。同时，上调利率可以吸引更多的社会闲置资金以存款的方式集中到银行，一方面推迟了购买，减少了社会总需求；另一方面银行得以汇集更多的资金，用来支持商品生产和流通，增加有效供给，从而使社会总供给和总需求趋于平衡，达到稳定物价的目标。

2. 利率对经济增长的调节作用。政府可以通过利率杠杆作用调节经济增长。

利率的变动，会影响个人和企业的储蓄、消费和投资，进而影响社会总消费和社会总投资。投资和消费又是拉动经济增长的两个重要变量。一般来说，在经济萧条期，中央银行会通过货币政策操作引导利率走低，促进消费和投资，以此拉动经济增长；在经济高涨期，中央银行则会通过货币政策操作促使利率提高，进而降低消费和投资，抑制经济过热。

3. 利率对国际收支的调节作用。利率与国际经济的关系非常密切。当国际收支不平衡时，可以通过利率杠杆进行调节。如当国际收支逆差比较严重时，可以将本国的利率调到高于其他国家的程度，这样一方面可以阻止本国资金流向利率较高的其他国家，另一方面还可以吸引国外资本流入本国。国际收支顺差时，则可以降低利率，资金会流向国外，从而恢复国际收支的平衡。

总之，利率发挥着宏观经济调节的作用，对经济结构、货币流通、收入分配等都具有调节作用。

项目要点

拓展阅读：《参与国际基准利率改革和健全中国基准利率体系》白皮书

1. 利息是信用关系中债务人支付给债权人或债权人向债务人索取的报酬。利率是指一定时期内利息同借贷资金（本金）之间的比率。

2. 利率按照利率的决定方式划分官定利率、公定利率和市场利率；按照借贷期内是否调整利率划分固定利率和浮动利率；按照利率与通货膨胀的关系划分名义利率和实际利率；按照利率所处的地位划分基准利率和一般利率；按照计算利息的期限划分年利率、月利率和日利率。

3. 利息在计算中有两种基本的方法：单利和复利。单利是指不管贷款期限长短，只按本金计算利息，而当期本金所产生的利息不计入下期本金计算利息；复利是一种将上期利息转为本金一并计算的方法，也就是说，不仅本金要计算利息，利息也要计算利息，即通常所说的"利滚利"。

4. 终值，是指按一定的利率水平计算出一笔资金在未来某一时点上的金额，即前面所说的本利和。现值，是指根据未来某一时点上一定金额的资金（本利和），按一定利率计算出来的现在的价值，俗称"本金"。其实现值与终值是相对而言的，两者可以相互换算。

5. 利率的决定与影响因素有：（1）社会平均利润率；（2）资金供求状况；（3）国家宏观经济政策；（4）物价水平；（5）国际利率水平；（6）风险状况。

6. 利率是一个重要的经济杠杆，对经济有着重要的调节作用。这种作用既表现在利率对微观经济的调节，又表现在对宏观经济的调节。（1）利率在微观经济中的作用：利率对个人消费和储蓄的引导作用；利率对企业投资决策和经营管理的影响作用；利率对个人和企业证券投资的影响作用。（2）利率在宏观经济中的作用：利率对物价水平的调节作用；利率对经济增长的调节作用；利率对国际收支的调节作用。

同步练习

一、单项选择题

1. 在多种利率并存的条件下起决定作用的利率是（　　）。

A. 一般利率　　　　B. 实际利率　　　　C. 公定利率　　　　D. 基准利率

2. 认为利息实质上是利润的一部分，是剩余价值特殊转化形式的经济学家是（　　）。

A. 凯恩斯　　　　B. 马克思　　　　C. 杜尔阁　　　　D. 俄林

3. 国家货币管理部门或中央银行所规定的利率是（　　）。

A. 实际利率　　　　B. 市场利率　　　　C. 公定利率　　　　D. 官定利率

4. 由非政府部门的民间金融组织确定的利率是（　　）。

A. 市场利率　　　　B. 优惠利率　　　　C. 公定利率　　　　D. 官定利率

5. 某公司获得银行贷款100万元，年利率6%，期限为三年，按年计息，单利计算，则到期后应偿还银行本息共为（　　）万元。

A. 11.91　　　　B. 119.1　　　　C. 118　　　　D. 11.8

二、多项选择题

1. 按照利率的决定方式可将利率划分为（　　）。

A. 官定利率　　　　B. 基准利率　　　　C. 公定利率　　　　D. 市场利率

E. 固定利率

2. 影响利率变动的因素有（　　）。

A. 资金的供求状况　　B. 国际利率水平　　C. 利润的平均水平　　D. 国家宏观经济政策

E. 物价变动的幅度

3. 银行提高贷款利率有利于（　　）。

A. 抑制企业对信贷资金的需求　　　　　　　B. 刺激物价上涨

C. 刺激经济增长　　　　　　　　　　　　　D. 抑制物价上涨

E. 减少居民个人的消费信贷

三、判断题

1. 从贷方角度看，利息可看做是出让资金所有权所获得的补偿。（　　）

2. 所谓现值也就是未来价值的贴现值。（　　）

3. 利率上升，债券价格上升；利率下降，债券价格也下降。（　　）

4. 一般来说，长期利率比短期利率高。（　　）

5. 浮动利率是指在借贷期内随市场利率的变化而自由变化的利率。（　　）

四、简答题

1. 利率的作用有哪些？

2. 某人拟购置房产，开发商提出两个方案：方案一是现在一次性支付80万元；方案二是5年后支付100万元。若目前的银行贷款利率为5%，应如何付款？按复利计算。

3. 某企业向A、B两家银行贷款，本金100万元，期限为3年，A银行利率为6.5%，单利计息；B银行利率为6%，复利计息，试比较哪家银行贷款成本更低。

五、分析应用题

案例分析：LPR改革效能充分发挥

党的十八大以来，得益于利率市场化改革的不断深化，我国社会综合融资成本降低明显，2021年全年企业贷款加权平均利率达到改革开放40多年来的最低水平。下一步，我国将继续完善市场化利率形成和传导机制，优化央行政策利率体系，加强存款利率监管，着力稳定银行负债成本，发挥贷款市场报价利率改革效能，以进一步推动降低企业综合融资成本。

2019 年 8 月 17 日，中国人民银行发布公告决定，改革完善贷款市场报价利率（LPR）形成机制，并于当年 8 月 20 日起实施。此举是落实国务院决策部署，坚持用改革办法，促进实际利率水平明显下降，并努力解决"融资难"问题。

此前，我国的贷款利率上、下限已经放开，但仍保留存贷款基准利率，存在贷款基准利率和市场利率并存的"利率双轨"问题。央行有关负责人介绍，银行在发放贷款时，大多仍参照贷款基准利率定价，特别是个别银行通过协同行为以贷款基准利率的一定倍数设定隐性下限，对市场利率向实体经济传导形成了阻碍，是市场利率下行明显但实体经济感受不足的一个重要原因。

显然，此次完善 LPR 形成机制的核心是推动贷款利率市场化，也是我国利率市场化改革的关键一步。央行有关负责人表示，通过改革完善 LPR 形成机制，可以起到运用市场化改革办法推动降低贷款实际利率的效果。

LPR 改革后，企业议价意识和能力提高，贷款市场竞争性增强，一些银行主动下沉客户群，加大对小微企业的贷款支持力度，促使企业贷款利率整体明显下行。与此同时，LPR 改革红利持续释放，也推动了贷款规模的增加。数据显示，2022 年一季度，新增人民币贷款 8.34 万亿元，较上年同期多增加 6 636 亿元，创下历史新高。预计未来信贷投放将继续保持稳定增长态势，支持经济复苏。

近年来，央行不断深化利率市场化改革，推动完善 LPR 形成机制，货币政策传导效率明显提升。LPR 作为信贷市场的定价基准，具有调节信贷供求，进而影响货币供应的重要作用，保持 LPR 在合理水平有利于稳住货币供应的"锚"。同时，LPR 基于政策利率报价形成，坚持市场化方向，央行通过完善以公开市场操作利率为短期政策利率和以中期借贷便利利率为中期政策利率的政策利率体系，引导 DR007 为代表的市场利率围绕政策利率为中枢波动，健全从政策利率到 LPR 再到实际贷款利率的市场化利率形成和传导机制，以此调节资金供求和资源配置，实现货币政策目标。

接下来央行还将会同有关部门，综合采取多种措施，切实降低企业综合融资成本。一是促进信贷利率和费用公开透明；二是强化正向激励和考核，加强对有订单、有信用企业的信贷支持，更好服务实体经济；三是加强多部门沟通协调，形成政策合力，多措并举推动降低企业融资相关环节和其他渠道成本。

资料来源：姚进. 利率市场化改革蹄疾步稳［EB/OL］. 2022－04－20. 经济日报，http://paper. ce. cn/pc/content/202204/20/content_252669. html. 有删减。

思考：1. 什么是贷款市场报价利率（LPR）？

2. 搜查相关背景，分析为什么改革要完善贷款市场报价利率（LPR）形成机制？

3. 我国未来利率市场化还需要采取哪些措施？

六、技能实训题

实训项目名称：看利率调整谈经济发展。

实训目的：锻炼学生收集、整理资料的能力，能深入理解利率的调整对经济发展的影响，分析其原因和影响，提高分析现实问题的能力。

实训内容：搜集、阅读、调查我国利率调整的新闻视频，分析利率变动原因以及对经济的影响。

实训要求：可独立也可分组进行搜集、阅读和观看，但每个同学都要撰写体会，或将体会以视频、音频形式进行拍摄。

推荐阅读

1. 《参与国际基准利率改革和健全中国基准利率体系》白皮书，来源：中国人民银行。

2. 金融机构人民币贷款基准利率历史数据，来源：中国人民银行。

3. 贷款市场报价利率（LPR），来源：中国人民银行。

汇率与国际收支

（一）知识目标

1. 掌握外汇的含义和特征；

2. 理解外汇的种类；

3. 掌握汇率的含义、两种标价方法；

4. 理解汇率的种类。

（二）技能目标

1. 能够运用外汇和汇率的基本知识分析和解释国际金融问题；

2. 能分析不同标价法下本币和外币是升值还是贬值；

3. 能根据即期汇率和掉期率，计算远期外汇汇率。

（三）素质目标

1. 培养学生勤于思考的习惯；

2. 对国际经济金融问题有较强的敏锐感，拓展国际视野；

3. 思考大国的责任与担当，增强对国际关系处理的制度自信和道路自信。

▶▶ 案例导入

央行发布重要报告！人民币，成为全球第 4 位支付货币

中国人民银行发布的《2022 年人民币国际化报告》显示，人民币国际支付份额于 2021 年 12 月提高至 2.7%，超过日元成为全球第四位支付货币，2022 年 1 月进一步提升至 3.2%，创历史新高。

2021 年以来，人民币跨境收付金额在上年高基数的基础上延续增长态势。2021 年，银行代客人民币跨境收付金额合计为 36.6 万亿元，同比增长 29.0%，收付金额创历史新高。人民币跨境收支总体平衡，全年累计净流入 4 044.7 亿

元。国际货币基金组织（IMF）发布的官方外汇储备货币构成（COFER）数据显示，2022 年一季度，人民币在全球外汇储备中的占比达 2.88%，较 2016 年人民币刚加入特别提款权（SDR）货币篮子时上升 1.8 个百分点，在主要储备货币中排名第五。2022 年 5 月，国际货币基金组织（IMF）将人民币在特别提款权（SDR）中权重由 10.92% 上调至 12.28%，反映出对人民币可自由使用程度提高的认可。

实体经济相关跨境人民币结算量保持较快增长，大宗商品、跨境电商等领域成为新的增长点，跨境双向投资活动持续活跃。人民币汇率总体呈现双向波动态势，市场主体使用人民币规避汇率风险的内生需求逐步增长。人民币跨境投融资、交易结算等基础性制度持续完善，服务实体经济能力不断增强。

我国金融市场开放持续推进，人民币资产对全球投资者保持较高吸引力，证券投资项下人民币跨境收付总体呈净流入态势。截至 2021 年末，境外主体持有境内人民币股票、债券、贷款及存款等金融资产金额合计为 10.83 万亿元，同比增长 20.5%。离岸人民币市场逐步回暖、交易更加活跃。截至 2021 年末，主要离岸市场人民币存款接近 1.50 万亿元。

资料来源：央行发布重要报告！人民币，成为全球第 4 位支付货币 [EB/OL]. 2022 - 09 - 27. 光明网，https：//m. gmw. cn/baijia/2022 - 09/27/1303156629. html.

思考：根据货币的职能，人民币具有世界货币职能吗？

知识网络图（见图 4 - 1）

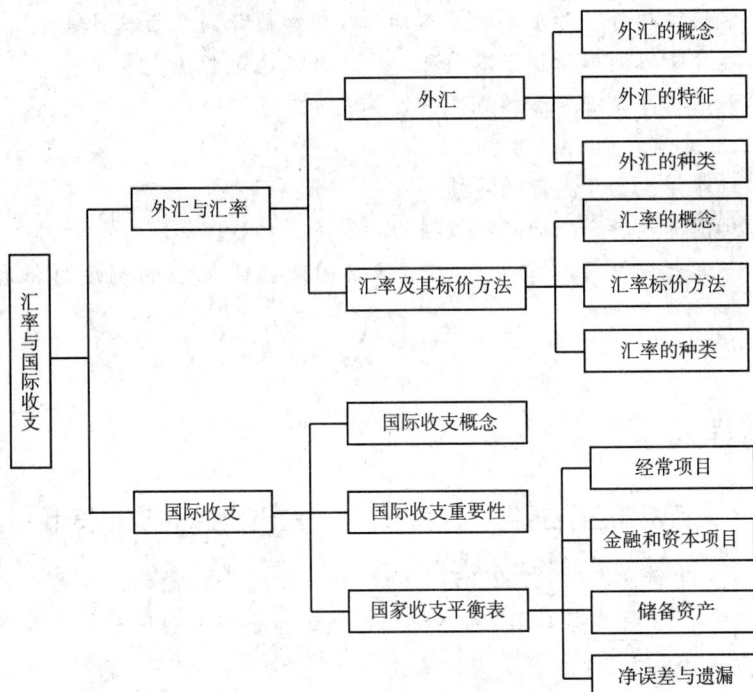

图 4 - 1　汇率与国际收支知识网络

任务一　外汇与汇率

➤ 学习情境

"教育是最好的投资。"把孩子送到海外留学，是上海诸多认同这一观点的小康家庭的理财大计之一。吴彩娥女士的女儿已经在英国留学两年。对于换汇的问题，吴女士透露，女儿出国一年大约需要花30万元人民币，包括学费和所有的生活费用。每年的9~10月份是出国留学的高峰期，不少家长都趁这个时候准备出国留学换汇。兑换外汇，吴女士有自己的安排。为了避免换汇高峰，特意提早5个月兑换。一则，3月份前后正好是换汇淡季，购汇利率相对低一些。二则，万一需要增加费用，家长有充分的时间办理换汇和汇款。虽然规定每人每年换汇额度不得超过等值5万美元，但是三口之家就可以兑换到15万美元。所以对他们家来说，目前不存在需求超额的问题。

任务描述：

学生分组讨论：（1）什么是外汇？为什么出国留学要换汇？（2）吴彩娥女儿在英国留学，应兑换什么外汇？按30万元人民币花费，需要换多少外汇？（3）为什么说吴彩娥三口之家不存在"需求超额的问题"？试计算分析一下。

项目一我们学习了货币，外汇本质上还是货币，不过是把范围拓展到国际这个舞台。那什么是外汇呢？

一、外汇

（一）外汇的概念

外汇（foreign exchange），即国际汇兑，是国际经济活动得以进行的基本手段，是国际金融最基本的概念之一。我们可以从动态和静态两个不同的角度理解外汇的含义（见图4-2）。

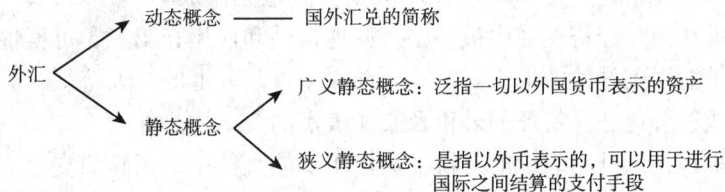

外汇 — 动态概念 —— 国外汇兑的简称
　　　— 静态概念 — 广义静态概念：泛指一切以外国货币表示的资产
　　　　　　　　　— 狭义静态概念：是指以外币表示的，可以用于进行国际之间结算的支付手段

图4-2　外汇概念

动态的外汇，是指把一国货币兑换为另一国货币以清偿国际债权债务关系的实践活动或过程。从这个意义上说，外汇同于国际结算。

静态的外汇，是指国际上为清偿债权债务关系而进行的汇兑活动所凭借的手段和工具。静态的外汇概念是从动态的汇兑行为中衍生出来并广为运用的，它又有广义与狭义之分。各国外汇管理法令所称的外汇就是广义的外汇。如我国1996年1月29日颁布并于同年4月1日开始实施的《外汇管理条例》第三条规定，外汇是指以外币表示的可以用作国际清偿的支付手段和资产，它们是：（1）外国货币，包括纸币、铸币；（2）外汇支付凭证，包括票据、银行存款凭证、邮政储蓄凭证等；（3）外币有价证券，包括政府债券、公司债券、股票等；（4）特别提款权、欧洲货币单位资产；（5）其他外汇资产。而狭义的外汇，也就是我们通常所说的外汇，它是指外国货币或以外国货币表示的能用于国际结算的支付手段。常见的外币名称、符号、简称和单位见表4-1。

表4-1   **常见的外币名称、货币符号、简写和单位**

外币名称	货币符号	简写	单位	外币名称	货币符号	简写	单位
英镑	£	GBP	镑	澳大利亚元	A$	AUD	元
美元	US$	US$	元	瑞典克朗	SKR	SEK	克朗
日元	J¥	JPY	日元	丹麦克朗	DKR	DKK	克朗
港元	HK$	HKD	元	挪威克朗	NKR	NOK	克朗
欧元	€	EUR	欧元	芬兰马克	FMK	F1M	马克
德国马克	DM	DEM	马克	韩国圆	WON	KRW	圆
瑞士法郎	SF	CHF	法郎	泰国铢	B	THB	铢
法国法郎	FF	FRF	法郎	菲律宾比索	P	PHP	比索
荷兰盾	F	NLG	盾	印度卢比	RS	INR	卢比
奥地利先令	ASCH	ATS	先令	俄罗斯卢布	RBS	SUR	卢布
比利时法郎	BF	BEF	法郎	缅甸元	K	BUK	元
意大利里拉	LIT	ITL	里拉	新西兰元	NZ$	NZD	元
加拿大元	CAN$	CAD	元	新加坡元	S$	SGD	元

拓展阅读：常见的外国纸币

（二）外汇的特征

但是，不是所有的外国货币都能成为外汇的。一种外币成为外汇有三个前提条件：第一，自由兑换性，即这种外币能自由地兑换成本币；第二，可接受性，即这种外币在国际经济交往中被各国普遍地接受和使用；第三，可偿性，即这种外币资产是能得到补偿的债权。这三个前提条件是外汇的三大特征，只有满足这三个条件或符合这三个特征的外币及其所表示的资产才是外汇。

照此推理，以外币表示的有价证券由于不能直接用于国际的支付，故不属于外汇；同样，外国钞票也不能算作外汇。外钞只有携带回发行国、并贷记在银行账户上后，才能称作外汇。在这个意义上，只有存放在国外银行的外币资金，以及将对银行存款的索取权具体化了的外币票据，才构成外汇。具体来看，外汇主要指以外币表示的银行汇票、支票、银行存款等。其中银行存款是狭义外汇概念的主体，这不仅是因为各种外币支付凭证都是对外币存款索取权具体化了的票据，而且还因为外汇交易主要是运用国外银行的外币存款来进行的。人们通常就是在这一狭义意义上使用外汇的概念。

> **即问即答：**
>
> 问：外国钞票是外汇吗？为什么？
> 答：不是所有的外国货币都能成为外汇的。一种外币成为外汇有自由兑换性、可接受性和可偿性。

（三）外汇的种类

1. 根据外汇是否可自由兑换，划分为：

（1）自由外汇。它是指无须外汇管理当局批准，可以自由兑换成其他国家货币或用于对第三国支付的外汇。换句话说，凡在国际经济领域可自由兑换、自由流动、自由转让的外币或外币支付手段，均称为自由外汇。例如，美元、英镑、日元、欧元、瑞士法郎等货币以及以这些货币表示的支票、汇票、股票、公债等都是自由外汇。由于许多国家基本上取消或放松了外汇管制，因此目前世界上有 50 余种货币是自由兑换货币，持有它们可自由兑换成其他国家货币或向第三者进行支付，因而成为国际上普遍可以接受的支付手段。

（2）记账外汇。它又称为协定外汇或双边外汇，是指在两国政府间签订的支付协定项目中使用的外汇，不经货币发行国批准，不准自由兑换成他国货币，也不能对第三国进行支付。记账外汇只能根据协定在两国间使用，协定规定双方计价结算的货币可以是甲国货币，乙国货币或第三国货币；通过双方银行开立专门账户记载，年度终了时发生的顺差或逆差，通过友好协商解决，或是转入下一年度，或是用自由外汇或货物清偿。记账外汇的特点是：它只能记载在双方银行的账户上，用于两国间的支付，既不能兑换成他国货币，也不能拨给第三者使用。一些彼此友好的国家与第三世界国家之间为了节省双方的自由外汇，常采用记账外汇的方式进行进出口贸易。

2. 根据外汇的来源和用途不同，划分为：

（1）贸易外汇。它是指进出口贸易所收付的外汇，包括货物及相关的从属费用，如运费、保险费、宣传费、推销费用等。由于国际经济交往的主要内容就是国际贸易，贸易外汇是一个国家外汇的主要来源与用途。

（2）非贸易外汇。它是指除进出口贸易和资本输出/输入以外的其他各方面所收付的外汇，包括劳务外汇、侨汇、捐赠外汇和援助外汇等。一般来说，非贸易外汇是一国外汇的次要来源与用途；也有个别国家例外，如瑞士，非贸易外汇是其外汇的主要来源与主要用途。

3. 根据外汇的交割期限，划分为：

（1）即期外汇，又称现汇。是指外汇买卖成交后，在当日或在两个营业日内办理交割的外汇。所谓交割是指本币的所有者与外币所有者互相交换其本币所有权和外币所有权的行为，即外汇买卖中的实际支付。

（2）远期外汇，又称期汇。是指买卖双方不需即时交割，而仅仅签订一纸买卖合同，预定将来在某一时间（在两个营业日以后）进行交割的外汇。远期外汇，通常是由国际贸易结算中的远期付款条件引起的；买卖远期外汇的目的，主要是为了避免或减少由于汇率变动所造成的风险损失。远期外汇的交割期限从1个月到1年不等，通常是3~6个月。

二、汇率及其标价法

（一）汇率的概念

汇率（exchange rate）又称汇价，是一个国家的货币折算成另一个国家货币的比率，即两种不同货币之间的折算比率。也就是，在两国货币之间，用一国货币所表示的另一国货币的相对价格。

当一种商品参与国际交换时，就需将该种商品以本国货币所表示的价格折算成以外国货币所表示的价格，这样就产生了两种货币之间的折算。外汇作为可以在国际上自由兑换、自由买卖的资产，也是一种特殊的商品。在国际汇兑中两种货币之间是可以相互表示对方价格的，这种用一种货币所表示的另一种货币的价格就是汇率，或者说汇率就是外汇这种特殊商品的"特殊价格"。这里，本币和外币都具有同样的表示对方货币价格的功能。也就是说，外汇汇率具有双向特征：既可用本币表示外币的价格，也可以用外币表示本币的价格。确定两种不同货币之间的比价，应先确定用哪个国家的货币作为标准。由于确定的标准不同，于是便产生了不同的外汇汇率标价法。表4-2为2023年4月3日招商银行挂牌人民币汇率情况。

表4-2　　　　2023年4月3日招商银行挂牌人民币汇率情况

币种	交易单位	汇买价	钞买价	钞/汇卖出价
港币	100	87.63	87.02	87.99
美元	100	690.99	682.38	687.99
欧元	100	744.73	721.18	750.71
日元	100	5.1424	4.9798	5.1838
英镑	100	845.78	819.03	852.58

（二）汇率的标价方法

1. 直接标价法是以一定单位（1个外币单位或100、10 000、100 000个外币单位）的外国货币作为标准，折算为一定数额的本国货币来表示其汇率。

例如，我国2023年4月3日公布的外汇牌价中，每100美元价值人民币688.05元，用货币符号的形式可以写作：

USD100 = RMB688.05

这一标价方法就是直接标价法。国际上绝大多数国家（除英国和美国以外）都采取直接标价法。美国长期以来也一直采用直接标价法，但在第二次世界大战后，美元在国际支付和国际储备中逐渐取得统治地位，为了与国际外汇市场上对美元的标价一致，美国从 1978 年 9 月 1 日起，除对英镑继续使用直接标价法以外，对其他货币一律改用间接标价法公布汇价。

在直接标价法下，汇率上升，表示外币升值、本币贬值；汇率下降，则相反。表 4 - 3 为中国外汇交易中心发布的数据。

表 4 - 3　　　　　2023 年 3 月 29—31 日美元/人民币汇率情况

时间	汇率	外币币值	本币币值
2023 年 3 月 29 日	USD100 = RMB687. 71		
2023 年 3 月 30 日	USD100 = RMB688. 86	升值	贬值
2023 年 3 月 31 日	USD100 = RMB687. 17	贬值	升值

2023 年 3 月 30 日，100 美元可兑换 688. 86 元人民币，较 3 月 29 日 100 美元兑换 687. 71 元人民币，要多一些，这意味着美元升值，人民币在贬值。相应的，3 月 31 日 100 美元可兑换 687. 17 元人民币，比 3 月 30 日兑换的人民币略少，这代表美元的价值下降了，发生了贬值，人民则升值了。

2. 间接标价法，是以一定单位的本国货币为标准，折算为一定数额的外国货币来表示其汇率。英国一直使用间接标价法。

在直接标价法下，外国货币的数额固定不变，汇率的高低或涨跌都以相对本国货币数额的变化来表示。一定单位以外币折算的本国货币越多，说明本国货币的币值越低，而外国货币的币值越高。反之则本国货币币值越高，而外国货币币值越低。同理，一定单位以外币折算的本国货币增多，说明外币汇率上涨，即外国货币币值上升，或本国货币币值下降。反之则外国货币币值下降，或本国货币币值上升。在间接标价法下，本国货币的数额固定不变，汇率的高低或涨跌都以相对外国货币数额的变化来表示。此种关系正好与直接标价法下的情形相反。

表 4 - 4 是美国纽约市场上汇率，本币为美元，外币为欧元。在此间接标价法下，汇率上升，外币贬值，本币升值；汇率下降，则相反。

表 4 - 4　　　　　2023 年 3 月 21~23 日美元/欧元汇率情况

时间	汇率	外币币值	本币币值
2023 年 3 月 21 日	USD100 = EUR93. 19		
2023 年 3 月 22 日	USD100 = EUR92. 82	升值	贬值
2023 年 3 月 23 日	USD100 = EUR93. 58	贬值	升值

由于直接标价法下汇率涨跌的含义和间接标价法下汇率涨跌的含义正好相反，所以，在引用某种货币的汇率，说明其汇率涨跌时，必须明确来源于哪个外汇市场，即采用哪种标价法，以免混淆。

三、汇率的种类

汇率的种类很多，从不同的角度，一般可将汇率进行如下分类：

1. 按银行买卖外汇的价格不同，分为买入汇率、卖出汇率和中间汇率。先了解一下被报价货币的概念。所谓被报价货币，也称基础货币或基准货币、参考货币，指的是数量固定不变、作为比较基础的货币，也就是被用来表示其他货币价格的货币。而与之相对，数量不断变化，用以说明基准货币价格高低的货币则被称为报价货币或计价货币、汇率货币。在汇率上，被报价货币与报价货币的计量关系为：

（多少）？报价币 = 1 被报价币

例如，在德国，马克对美元的汇价为 DEM1.6510 = USD1，在德国的民众用 1.6510 可买卖 1 美元，在此 USD 是商品，它扮演的是被报价货币的角色。另一方面，在美国，美元对马克的汇价为 USD0.6057 = DEM1，在美国的民众可用 0.6057 美元买卖 1 马克，此时马克是商品，它所扮演的是被报价货币的角色。从这个例子可以看出，虽然是同样两种货币的兑换关系，但在不同的国家却可以有不同的汇率表现形式。此汇率虽表现形式不同，但实质上同样是表示两种货币之间的兑换率，而且此两种不同表现形式的汇率互为倒数，那是因为其中的被报价货币不同的缘故。与此同时，报价银行与询价者在汇率报价上的相对关系也告诉我们，由于外汇交易实际上是以一种货币换取另一种货币的买卖行为，因此，在买入被报价币的同时也就卖出报价币，并且在报价银行买入被报价币的同时是询价者在卖出被报价币。

例如，某日在纽约外汇市场上，银行所挂出的马克和英镑的牌价分别为：

USD/DEM　　　　　1.6510/20

GBP/USD　　　　　1.7650/60

在上述银行双向报价中，汇率中的第一个数字（1.6510 和 1.7650）表示报价银行愿意买入被报价货币的价格，即所谓的买价或买入汇率；第二个数字（1.6520 和 1.7660）表示的是报价者愿意卖出被报价货币的价格，即所谓的卖价或卖出汇率。在上述银行报价中，相对于被报价货币而言，总是买价在前、卖价在后，而且买价总是小于卖价，买卖价之间的差额就是报价银行买卖被报价货币的收益。

一般来讲，在直接标价法下，前一数值表示银行的买入汇率，后一数值表示卖出汇率。而在间接标价法下，前一数值表示卖出汇率，后一数值表示买入汇率。这里，有几点值得注意：（1）买入或卖出都是站在报价银行的立场来说的，而不是站在进出口商或询价银行的角度。（2）按国际惯例，外汇交易在报价时通常可只报出小数 10/20 或 50/60，其中的大数 1.65 和 1.76 可以省略不报，在交易成交后再确定全部的汇率 1.6510 或 1.7650。（3）买价与卖价之间的差额，是银行买卖外汇的收益。如上例，英镑兑美元的买卖差价为每英镑 0.0010 美元，通常称为卖出价高于买入价 10 点。在外汇市场上，每一"点"为 1% 的 1%，即 0.0001 称为 1 点。

中间汇率是指买入汇率与卖出汇率的平均数，又称中间价。其计算公式为：

$$中间汇率 = (买入汇率 + 卖出汇率) \div 2$$

中间汇率不是外汇买卖的执行价格，它通常只用于报刊和统计报表对外报道汇率消息以及汇率的综合分析。

2. 按外汇买卖交割的期限不同，分为即期汇率和远期汇率。即期汇率是指外汇买卖的双方在成交后的两个营业日内办理交割手续时所使用的汇率。远期汇率则是指外汇买卖的双方事先约定，据以在未来约定的期限办理交割时所使用的汇率。银行一般都直接报出即期汇率，但对于远期汇率则有两报价方法，一种方法叫完整汇率报价方法，是直接将各种不同交割期限的远期买入价、卖出价完整地表示出来。

例如，某日伦敦外汇市场英镑兑美元的汇率为：

即期汇率	1 个月远期汇率	3 个月远期汇率	6 个月远期汇率
1.6205/15	1.6235/50	1.6265/95	1.6345/90

这种方法通常用于银行对客户的报价上。在银行同业间往往采用另一种方法，即远期差价报价方法。它是指不直接公布远期汇率，而只报出即期汇率和各期的远期差价，然后再根据即期汇率和远期差价来计算远期汇率。某一时点上远期汇率与即期汇率的汇率差称为掉期率，具体又可分为升水和贴水两种。升水表示远期汇率比即期汇率高，或期汇比现汇贵；贴水表示远期汇率比即期汇率低；还有一种情况叫平价，表示远期汇率与即期汇率相同。升贴水的幅度一般用点数来表示。

例如：伦敦外汇市场，英镑对美元的汇率则可公布为：

即期汇率	1 个月远期差价	2 个月远期差价	6 个月远期差价
1.6205/15	20/35	60/80	140/175

由于伦敦市场采用的是间接标价法，且英镑对美元 1 个月的远期差价为 20/35，则表示 1 个月远期美元贴水，于是伦敦外汇市场英镑对美元 1 个月的远期汇率为：

$$
\begin{array}{ll}
1.6205 & 1.6215 \\
+0.0020 & +0.0035 \\
=1.6225 & =1.6250
\end{array}
$$

即 £1 = $1.6225/50。计算后我们可以发现，英镑对美元即期的买卖差价为 10 点，而 1 个月远期的买卖差价则扩大为 25 点。

如果我们将上例中的伦敦外汇市场改为纽约外汇市场，其他条件均不变，这样，1 个月的远期差价 20/35 则表示 1 个月远期英镑升水，于是纽约外汇市场英镑对美元 1 个月的远期汇率为：

$$
\begin{array}{ll}
1.6205 & 1.6215 \\
+0.0020 & +0.0035 \\
=1.6225 & =1.6250
\end{array}
$$

即£1 =\$1. 6225/50。虽然伦敦和纽约两个外汇市场英镑对美元汇率的标价方法不一样，但计算结果完全一致。于是，在根据即期汇率和远期差价计算远期汇率时，不论何种标价法，我们都可以归纳为：

当远期点数按"小/大"排列时，远期汇率 = 即期汇率 + 远期汇率；当远期点数按"大/小"排列时，远期汇率 = 即期汇率 − 远期汇率。

3. 按制定汇率的方法不同，分为基本汇率和套算汇率。由于外国货币种类繁多，而且各国货币制度不尽相同，因而在制定汇率时，本国货币不能对所有外国货币都单独制定汇率，而只能选择某一货币为关键货币，并制定出本币对关键货币的汇率，这一汇率就称为基本汇率，它是确定本币与其他外币之间汇率的基础。

实际上，在国际外汇市场上，几乎所有的货币都与美元有一个兑换率。正因为如此，其他任何两种无直接兑换关系的货币都可以通过美元计算出它们之间的兑换比率，这种计算出来的汇率，被称作套算汇率。简言之，套算汇率是指两种货币通过各自对第三种货币的汇率而算得的汇率。

4. 按汇兑方式的不同，分为电汇汇率、信汇汇率和票汇汇率。电汇汇率是指以电报、电传等解付方式买卖外汇时所使用的汇率，即银行卖出外汇后，立即用电报、电传等方式通知国外分支行或代理行付款给收款人，此种情况下所使用的汇率即为电汇汇率。一般说来，电汇汇率较其他汇率高，这主要是因为银行卖出外汇后用电汇方式付款，使实际付款时间缩短，银行不能利用汇款资金，加之国际电报、电传收费较高。进出口商一般在贸易合同中均规定交付货款时采用电汇方式，银行同业间的外汇或资金划拨，更是使用电汇方式。外汇市场所公布的汇率也多为电汇汇率。

信汇汇率是指以信函解付方式买卖外汇时所使用的汇率。在信汇方式下，汇出的外汇须在外汇凭证邮寄到国外后，对方银行才能在委托付款行的存款账户内支用。信汇汇率一般低于电汇汇率。信汇方式通常在香港和东南亚地区用于邻近国家或地区之间的交易。

票汇汇率是指银行买卖外汇票据时所使用的汇率。由于票据从售出到付款也有一段间隔时间，票汇汇率自然也就比电汇汇率低。

四、汇率的变动

（一）影响汇率变动的因素

1. 国际收支。最重要的影响因素如果一国国际收支为顺差，则外汇收入大于外汇支出，外汇储备增加，该国对于外汇的供给大于对于外汇的需求，同时外国对于该国货币需求增加，则该国外汇汇率下降，本币对外升值；如果为逆差，反之亦然。

2. 通货膨胀率。任何一个国家都有通货膨胀，如果本国通货膨胀率相对于外国高，则本国货币对外贬值，外汇汇率上升。

3. 利率。利率水平对于外汇汇率的影响是通过不同国家利率水平的不同，促使短期资金流动导致外汇需求变动。如果一国利率提高，外国对于该国货币需求增加，该国货币升值，则其汇率下降。当然利率影响的资本流动是需要考虑远期汇率的影响，只有当利率变动抵消未来汇率不利变动仍有足够的好处，资本才能在国际流动。

4. 经济增长率。如果一国为高经济增长率，则该国货币汇率高。

5. 财政赤字。如果一国的财政预算出现巨额赤字，则其货币汇率将下降。

6. 外汇储备。如果一国外汇储备高，则该国货币汇率将升高。

除此之外，影响汇率波动的因素还包括政府的货币、汇率政策，突发事件的影响，国际投机的冲击，经济数据的公布甚至开盘收盘的影响。

（二）汇率政策变动对经济的影响

1. 汇率变动对国内经济的影响。

（1）影响物价的上涨或下降。汇率变动后，立即对进口商品的价格发生影响。首先是进口的消费品和原材料价格变动，进而以进口原料加工的商品或与进口商品相类似的国内商品价格也发生变动。

汇率变动后，出口商品的国内价格也发生变动。如本币汇率下降，则外币购买力提高，国外进口商就会增加对本国出口商品的需求。在出口商品供应数量不能相应增长的情况下，出口商品的国内价格必然上涨。在初级产品的出口贸易中，汇率变化对价格的影响特别明显。

在资本主义周期的高涨阶段，因国内外总需求的增加，进口增多，对外汇需求增加，外币价格高涨，导致出口商品、进口商品在国内价格的提高，并在此基础上推动了整个物价水平的高涨。

（2）一定情况下影响出口商品的生产部门。外币升值时，将使进口商品变得更贵，从而使以进口原材料为主的出口商品生产者的生产成本上升，削弱其在国际市场上的竞争能力，而对以国内原材料为主的出口商品生产者较为有利。

外币贬值时，将使进口商品变得便宜，从而使以进口原材料为主的出口商品生产者的生产成本下降，出口产品的国际市场竞争能力也增强，而同时以国内原材料为主的出口商品生产者则得不到由于汇率变动而带来的好处。

非贸易项目由于受到汇率变动的影响而发生的资本流向的变化等，也将对出口商品生产部门的资金供求等方面发生相应的影响。

2. 汇率变动对一国对外经济的影响。

（1）对一国资本流动的影响。从长期看，当本币汇率下降时，本国资本为防止货币贬值的损失，常常逃往国外，特别是存在本国银行的国际短期资本或其他投资，也会调往他国，以防损失。如本币汇率上涨，则对资本移动的影响与上述情况相反。也存在特殊情况，近几年，在短期内也曾发生美元汇率下降时，外国资本反而急剧涌入美国进行直接投资和证券投资，利用美元贬值的机会，取得较大的投资收益，这对缓解美元汇率的急剧下降有一定的好处，但这种情况的出现是由于美元的特殊地位决定的。

（2）对对外贸易的影响。本币价值下降，具有扩大本国出口，抑制本国进口的作用，从而有可能扭转贸易收支逆差。

（3）对旅游部门的影响。其他条件不变，以本币表现的外币价格上涨，而国内物价水平未变，对国外旅游者来说，本国商品和服务项目显得便宜，可促进本国旅游及有关贸易收入的增加。

3. 汇率变动对一国黄金外汇储备的影响。（1）储备货币的汇率变动影响一国外汇储备的实际价值，储备货币升值，则一国外汇储备的实际价值提高，反之则降低。（2）本国货币汇率变动，通过资本转移和进出口贸易额的增减，直接影响本国外汇储备的增加或减少。（3）汇率变动影响某些储备货币的地位和作用。

五、人民币汇率制度

人民币汇率制度是以市场供求为基础、参考一篮子货币进行调节、有管理的浮动汇率制度。自 2005 年 7 月 21 日起，我国开始有管理的浮动汇率制度。新的人民币汇率制度，以市场汇率作为人民币对其他国家货币的唯一价值标准，这使外汇市场上的外汇供求状况成为决定人民币汇率的主要依据。

人民币汇率制度的特点有：

1. 市场供求为基础。根据新的人民币汇率制度确定的汇率与当前的进出口贸易、通货膨胀水平、国内货币政策、资本的输出输入等经济状况密切相连，经济的变化情况会通过外汇供求的变化作用到外汇汇率上。

2. 有管理的汇率。我国的外汇市场是需要继续健全和完善的市场，政府必须用宏观调控措施来对市场的缺陷加以弥补，因而对人民币汇率进行必要的管理是必需的。主要体现在：国家对外汇市场进行监管；国家对人民币汇率实施宏观调控；中国人民银行进行必要的市场干预。

3. 浮动的汇率。浮动的汇率制度就是一种具有适度弹性的汇率制度。中国人民银行于每个工作日闭市后公布当日银行间外汇市场美元等交易货币对人民币汇率的收盘价，作为下一个工作日该货币对人民币交易的中间价格。现阶段，每日银行间外汇市场美元对人民币的交易价仍在中国人民银行公布的美元交易中间价上下 0.5% 的幅度内浮动，非美元货币对人民币的交易价在中国人民银行公布的该货币交易中间价 3% 的幅度内浮动率稳定。

4. 参考一篮子货币。一篮子货币，是指按照我国对外经济发展的实际情况，选择若干种主要货币，赋予相应的权重，组成一个货币篮子。同时，根据国内外经济金融形势，以市场供求为基础，参考一篮子货币计算人民币多边汇率指数的变化，对人民币汇率进行管理和调节，维护人民币汇率在合理均衡水平上的基本稳定。篮子内的货币构成，将综合考虑在我国对外贸易、外债、外商直接投资等对外经贸活动占较大比重的主要国家、地区及其货币。参考一篮子货币表明外币之间的汇率变化会影响人民币汇率，但参考一篮子货币不等于盯住一篮子货币，它还需要将市场供求关系作为另一重要依据，据此形成有管理的浮动汇率。这将有利于增加汇率弹性，抑制单边投机，维护多边汇率。

拓展阅读：人民币汇率制度大事记

头脑风暴：

2023 年 3 月 3 日，中国人民银行行长易纲在谈及人民币汇率问题时表示，过去 20 年，人民币虽然是波动的，但总体上人民币对美元汇率过去 20 年升值了 20%，平均每年升值 1%。

讨论：人民币升值的利弊有哪些？

任务二　国际收支

➤ 学习情境

旅游是人们休闲生活不可或缺的一部分，随着各国间贸易的频繁往来，出国旅游得到了快速的发展。联合国世界旅游组织表示，旅游消费已经连续 4 年增长，增速超过国际贸易。世界最热点的旅游目的地是美国，其次是中国、法国和西班牙。数据显示，自 2012 年起，中国连续多年成为世界第一大出境旅游消费国。中国、美国和英国都是出境旅游消费大国。小张有一个三口之家，在自己的努力和打拼下，家庭收入有了改观，生活条件也日益改善。他最近就存了一笔钱，准备带妻子和女儿暑假到欧洲旅游一趟。他已办好了护照，旅游路线也规划好了，"万事俱备只欠东风"。

任务描述：

学生分组讨论：（1）小张一家可能会产生哪些消费呢？这些消费都属于国际收支范围吗？（2）出国旅游产生的境外消费，欧洲国家的海关需要统计吗？它又属于国际收支的哪一部分呢？

一、国际收支概念

国际收支是指一定时期内，一国或地区的居民和非居民之间，由于经济、政治、文化等各项往来而引起的全部国际经济交易的系统的货币记录。

对国际收支的理解应注意以下几点：

1. 国际收支记录的是经济交易。与国际收支这一名词的字面含义不同，它不是以收支为基础的，而是以交易为基础的，有些交易可能不涉及货币支付，但这些未涉及货币收支的交易须折算成货币加以记录。

2. 国际收支是一个流量概念。国际收支表示在一定时期一国从国外所得到的资金和对国外所支付的资金，因而它只能是一个流量而不是一个存量概念，是一定时期的发生额而不是某个时点的持有额。

3. 国际收支必须是居民和非居民之间的交易。居民是指一个国家的经济领土内具有一定经济利益的经济单位，依照这一标准则，居民包括：

（1）官方居民。官方居民指的是本国中央和地方政府，以及该国坐落在其他国家领土上的领、使馆，军事机构和其他政府组织。因此，凡是在这个国家领土上的外国使馆和国际组织，如联合国、国际货币基金组织、世界银行等都被看作是这个国家的非居民。

（2）企业。企业根据其营业活动所在地来确定。凡是在一个国家领土上从事生产经营活动的企业都是这个国家的居民，包括外国独资、合资和合作企业。有时各国的法律规定不同。

（3）个人。个人一般根据住所来判断，各国不同，一般以居住一年以上为准，但不包括外交人员、留学生、患者。

> 📖 **实践练习：**
>
> 　　辨别哪些情景属于国际收支：（1）本国在外国投资建厂，该厂产品在本国市场的销售收入；（2）外国在本国投资建厂，在该厂工作的本国工人的工资收入；（3）本国居民购买外国在本国直接投资的企业的股票；（4）在本国驻外国使馆工作的本国工作人员的工作收入。

二、国际收支重要性

（一）可以预测货币汇率的变动情况

在一般情况下，一国的国际收支如有逆差，则可以预测该国的货币汇率将是下跌趋势，如有顺差，汇率会上升。如 1987 年上半年，美元汇率大跌，直接原因是美国 1986 年贸易赤字为 1 700 亿美元，导致美元大幅度贬值。

（二）可以估计外汇管制松紧程度

国际收支逆差国一般会加紧外汇管制来压缩对外汇需求，而顺差国则会因外汇的过多供给而放松外汇管制。发展中国家由于常出现贸易逆差，外汇管制较严，而发达国家则放松或取消。

（三）可以分析进出口状况

国际收支逆差时，货币汇率下跌，出口商品价格相应下跌，从而有利出口；当国际收支顺差时，货币汇率上涨，出口商品价格随之上升，抑制出口。

（四）可以了解货币金融政策趋向

一国的国际收支对这个国家的国际金融政策具有指导性作用。由于逆差是内需增加，出口减少结果，因此为改善逆差，一般应采取紧缩性货币金融政策。在顺差情况下，则可能采取扩大内需为主的扩张性货币金融政策。

它还对于掌握国际市场行情，制定正确的对外经济贸易战略和策略都具有重大意义。

案例分析：

Allen 公司出口销售计划的调整

位于美国费城的 Allen 公司是一家生产发电设备的企业，在国际市场上享有一定的知名度。公司向亚洲一些国家和地区大量出口设备，占其出口总额的 60%。但由于这些国家和地区在 2008 年世界金融危机的冲击下，外汇紧缺，无力进口设备，因此，连续几年 Allen 公司的出口业绩不佳，合同订单急剧下降。

Allen 公司召开部门经理会议商讨对策。会上调研开发部经理提出，根据他对各国国际收支状况的研究，近年来中国的国际收支连年顺差，外汇储备剧增，同时中国的西部地区经济发展潜力巨大，急需扩大电力生产，公司应把市场开拓的重点放在中国，尽快制定向中国销售的具体策略。

Allen 公司采纳了其意见，确定了中国为主攻市场。在销售部的运作下，该公司与中国苏州、石家庄、嘉兴等地的电厂连续签订了金额较大的合同，销售额迅猛增加，并超过历史最高水平。

思考：1. Allen 公司销售业绩为什么会改善？

2. 一国国际收支状况会对企业产生影响吗？具体分析一下。

三、国际收支平衡表

国际收支平衡表是系统地记录一个国家或地区在一定时期内各种对外经济往来所引起的全部国际经济交易的一种统计表，它是集中反映一国或地区国际收支状况的一种流量表。

我国国际收支平衡表按国际货币基金组织（IMF）《国际收支手册》第五版规定的各项原则编制，采用复式记账原则记录所有发生在我国居民（不包括港、澳、台地区）与非居民之间的经济交易。其基本内容如图 4-3 所示。

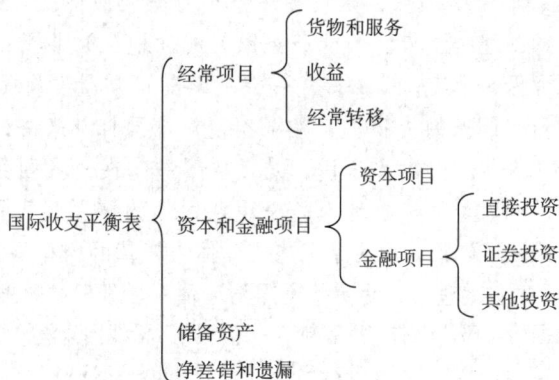

图 4-3　国际收支平衡表

（一）经常项目

经常项目是指本国与外国进行经济交易而经常发生的项目，反映一国与他国之间真实资源的转移状况。它是一个极为重要项目，它通常包括四部分内容：（1）货物。货物是国际收支平衡表中最重要的项目，包括货物的进口和出口。（2）服务。服务即"无形贸易"，包含运输、旅游、通信服务、建筑服务、保险服务等。（3）收益。包括职工海外报酬、其他收益等。（4）经常转移。如各类国际援助，捐款及战争赔款等。

思政栏目：

我国与"一带一路"沿线国家货物贸易额十年年均增长8%

新华社北京3月2日电（记者谢希瑶、潘洁）商务部部长助理陈春江2023年3月2日在国新办新闻发布会上说，2013～2022年，我国与"一带一路"沿线国家货物贸易额从1.04万亿美元扩大到2.07万亿美元，年均增长8%。

今年是共建"一带一路"倡议提出十周年。陈春江说，倡议提出以来，我国与共建国家贸易和投资规模稳步扩大，基础设施互联互通不断加强，产业链供应链合作水平持续提升。在投资方面，2013～2022年，我国与沿线国家双向投资累计超过2 700亿美元。截至2022年底，我国企业在沿线国家建设的境外经贸合作区累计投资达571.3亿美元，为当地创造了42.1万个就业岗位；在工程建设方面，2013～2022年，我国在沿线国家承包工程新签合同额、完成营业额累计分别超过1.2万亿美元和8 000亿美元，占对外承包工程总额的比重超过了一半。

谈及在新起点上持续推进"一带一路"经贸合作走深走实，陈春江说，将重点提质量、拓领域、优项目、搭平台、强保障。包括优化贸易结构，扩大优质商品的进口；深度参与全球产业分工与合作，优化双向投资结构；推动与更多有意愿的共建国家商签自贸协定，加快建设覆盖"一带一路"的自贸区网络；积极商签绿色发展、数字经济、蓝色经济等领域的双边合作协议；聚焦减贫、卫生、教育等领域，建设更多"小而美"项目，不断提升当地民众的获得感、认同感；继续发布对外投资合作国别（地区）指南；推动与共建国家商签和升级投资保护协定，为共建"一带一路"高质量发展提供更多保障。

十年来，与沿线国家的货物贸易等合作，对中国自身来讲，促进了我们对外开放和对外经济合作。对世界来讲，是提供了一个促进各国共同发展、共同繁荣的公共平台，同时是促进构建人类命运共同体的重要实践平台。实践充分证明，共建"一带一路"倡议顺应了全球治理体系变革的内在要求，彰显了同舟共济、共建命运共同体的理念，为完善全球治理体系提供了中国思路、中国方案。

资料来源：根据谢希瑶，潘洁. 我国与"一带一路"沿线国家货物贸易额十年年均增长8%［EB/OL］. 2023－03－03. 中国一带一路网，https://www.yidaiyilu.gov.cn/info/iList.jsp? cat_id = 10002&info_id = 309732&tm_id = 126. 改编而成。

（二）资本与金融项目

资本与金融项目是指对资产所有权在国际上流动行为进行记录的账户，它包括资本账户和金融账户两大部分。1. 资本项目。资本项目反映资产在居民与非居民之间的转移。主要包括资本转移、非生产非金融资产的收买和出售。2. 金融项目。金融项目反映居民与非居民之间投资与借贷的增减变化。通常包括直接投资、证券投资和其他投资。

（三）储备资产

储备资产是指一国货币当局能够用来满足国际收支平衡需要的一切资产。包括货币性黄金，美元、英镑等国际上通用外汇，国际货币基金组织的普通提款权（储备头寸）和分配的特别提款权。

（四）净差错与遗漏

净差错与遗漏是一个人为设计的平衡项目，确保国际收支平衡表采借贷总相等，差额为 0。

项目要点

1. 外汇是国际经济活动得以进行的基本手段。动态的外汇，是指把一国货币兑换为另一国货币以清偿国际债权债务关系的实践活动或过程；静态的外汇，是指国际为清偿债权债务关系而进行的汇兑活动所凭借的手段和工具，静态的外汇又有广义与狭义之分。

2. 外汇的三个特征：第一，自由兑换性，即这种外币能自由地兑换成本币；第二，可接受性，即这种外币在国际经济交往中被各国普遍地接受和使用；第三，可偿性，即这种外币资产是能得到补偿的债权。

3. 外汇的种类，根据外汇是否可自由兑换，划分为自由外汇、记账外汇；根据外汇的来源和用途不同，划分为贸易外汇、非贸易外汇；根据外汇的交割期限，划分为即期外汇、远期外汇。

4. 汇率是一个国家的货币折算成另一个国家货币的比率，即两种不同货币之间的折算比率。汇率标价方法有直接标价法和间接标价法。直接标价法是以一定单位的外国货币作为标准，折算为一定数额的本国货币来表示其汇率；间接标价法，是以一定单位的本国货币为标准，折算为一定数额的外国货币来表示其汇率。

5. 汇率的种类，按银行买卖外汇的价格不同，分为买入汇率、卖出汇率和中间汇率；按外汇买卖交割的期限不同，分为即期汇率和远期汇率；按制定汇率的方法不同，分为基本汇率和套算汇率；按汇兑方式的不同，分为电汇汇率、信汇汇率和票汇汇率。

6. 国际收支是指一定时期内，一国或地区的居民和非居民之间，由于经济、政治、文化等各项往来而引起的全部国际经济交易的系统的货币记录。

7. 国际收支平衡表是系统地记录一个国家或地区在一定时期内各种对外经济往来所引起的全部国际经济交易的一种统计表。包含经常项目、资本和金融项目、储备资产和净误差与遗漏项目。

同步练习

一、单项选择题

1. 以下（　　　）是错误的。

A. 外汇是一种金融资产

B. 外汇必须以外币表示

C. 用作外汇的货币不一定具有充分的可兑性

D. 用作外汇的货币必须具有充分的可兑性

2. 远期汇率高于即期汇率称为（　　　）。

A. 贴水　　　　　B. 升水　　　　　C. 平价　　　　　D. 议价

3. 动态外汇是指（　　　）。

A. 外汇的产生　　　　　　　　　B. 外汇的转移

C. 国际清算活动和行为　　　　　D. 外汇的储备

4. 在直接标价法下，一定单位的外币折算的本国货币增多，说明本币汇率（　　　）。

A. 上升　　　　　B. 下降　　　　　C. 不变　　　　　D. 不确定

5. 在间接标价法下，汇率数值的上下波动与相应外币的价值变动在方向上（　　　），而与本币的价值变动在方向上（　　　）。

A. 一致 相反　　　B. 相反 一致　　　C. 无关系　　　D. 不确定

二、多项选择题

1. 外国货币作为外汇的前提有（　　　）。

A. 可偿性　　　　B. 可接受性　　　C. 可转让性　　　D. 可兑换性

E. 一致性

2. 在直接标价法下，使用的外币单位有（　　　）。

A. 一　　　　　　B. 十　　　　　　C. 百　　　　　　D. 万

E. 百万

3. 我国规定外汇包括（　　　）。

A. 外国钞票　　　B. 外国铸币　　　C. 外币有价证券　　　D. 外币支付凭证

E. 特别提款权

4. 一国货币对外币的汇率有（　　　）。

A. 两种货币的兑换　　　　　　　B. 两种货币之间的交换比率

C. 是国内物价水平的体现　　　　D. 本币内部价值的外在表现

5. 在直接标价法下，本币数额增加表示（　　　）。

A. 外币币值不变　　　B. 本币升值　　　C. 外汇汇率下降　　　D. 本币汇率下降

E. 外汇汇率上涨

6. 在间接标价法下，外币数额减少，表示（　　　）。

A. 本币币值不变　　　B. 本币贬值　　　C. 外汇汇率上涨　　　D. 本币汇率上涨

E. 外汇汇率下降

三、判断题

1. 国际收支必须是居民和非居民之间的交易。　　　　　　　　　　　（　　）
2. 外汇就是一切以外国货币表示的资产。　　　　　　　　　　　　　（　　）
3. 在直接标价法下，汇率上升，表示外币贬值、本币升值。　　　　　（　　）
4. 一种外币成为外汇必须具有自由兑换性。　　　　　　　　　　　　（　　）
5. 人民币越升值越好。　　　　　　　　　　　　　　　　　　　　　（　　）

四、简答题

1. 外汇的特征有哪些？
2. 间接标价法和直接比较法有什么不同？
3. 国际收支平衡表包含哪些内容？

五、分析应用题

案例分析：2022 年人民币汇率走势回顾及 2023 年展望

2022 年，在疫情持续反复、主要经济体连续加息等因素影响下，人民币汇率波动幅度明显加大，呈现出"阶段性稳定→快速贬值→企稳回升"的走势，全年美元兑人民币即期汇率贬值 8.2%。特别是 2022 年 11 月，人民币即期汇率一度击破 7.3，为近年新低。展望 2023 年，全球经济将呈现错位增长态势，欧美国家经济出现衰退概率增大，可能会陷入"高通胀、高利率、低增长"困局，而在疫情防控措施优化带动下，中国经济有望持续向好。此外，欧美国家加息将进入下半场，人民币汇率外部压力将有所缓解。而境外资金持续流入国内金融市场有望促使中国国际收支保持基本平衡，继而对人民币汇率带来支撑。预计 2023 年人民币汇率将在双向波动中实现稳中有升态势，年末汇率中枢有望维持在 6.5~6.7 之间。

　　思考：1. 2022 年人民币汇率是如何变化的？
　　　　　2. 人民币汇率的变动将会产生什么样的影响？

六、技能实训题

实训项目名称： 看汇率走势谈体会。

实训目的： 锻炼学生收集资料、整理资料的能力，能深入理解人民币的走势，能分析其原因和影响，提高分析现实问题的能力。

实训内容： 收集、阅读、观看人民币汇率走势的新闻视频，谈谈你的观后感。

实训要求： 可独立也可分组进行搜集、阅读和观看，但每个同学都要撰写体会，或将体会以视频、音频形式进行拍摄。

推荐阅读

《2022 年中国国际收支报告》，来源：国家外汇管理局。

模块二

金融体系

项目五

金融市场

学习目标

（一）知识目标

1. 掌握金融市场的概念、类型和功能；

2. 掌握各种金融工具的含义与特点；

3. 熟悉货币市场的子市场和资本市场的子市场；

4. 了解衍生工具市场。

（二）技能目标

1. 能够运用基本理论和方法分析和解释身边的金融市场活动；

2. 能够根据各金融工具收益和风险特点粗略选择金融工具，开展投融资活动。

（三）素质目标

1. 通过我国金融市场发展现状的学习，引导学生树立家国情怀；

2. 通过对金融工具的特征和交易市场的学习，引导学生形成正确财富观，树立风险意识；

3. 通过金融衍生品市场的学习，引导学生树立创新意识、风险意识。

▶▶ 案例导入

2023 年 3 月金融市场运行情况

2023 年 4 月 25 日，中央银行公布了 3 月份金融市场运行情况。

一、债券市场运行情况

3 月份，债券市场共发行各类债券 72 713.8 亿元。其中，国债 8 060 亿元；地方政府债券 8 900.4 亿元；金融债券 12 599.5 亿元；"公司信用类债券 1" 17 243.3 亿元；信贷资产支持证券 374.1 亿元；同业存单 25 088.8 亿元。

银行间债券市场现券成交 28.5 万亿元，日均成交 12 371.2 亿元，同比增长

14.3%，环比增长 14.2%。交易所债券市场现券成交 3.6 万亿元，日均成交 1 568.4 亿元。商业银行柜台市场债券成交 23.2 万笔，成交金额 482.9 亿元。

二、货币市场运行情况

3 月份，银行间货币市场成交共计 158.2 万亿元，同比增长 34.1%，环比增长 31.2%。其中，质押式回购成交 144.5 万亿元，同比增长 35.3%，环比增长 30.7%；买断式回购成交 5 120.8 亿元，同比减少 8.2%，环比增长 26.9%；同业拆借成交 13.2 万亿元，同比增长 24.3%，环比增长 37.4%。交易所标准券回购成交 44.3 万亿元，同比增长 17.2%，环比增长 15.8%。

三、票据市场运行情况

3 月份，商业汇票承兑发生额 2.2 万亿元；贴现发生额 1.5 万亿元。截至 3 月末，商业汇票承兑余额 18.3 万亿元；贴现余额 12.2 万亿元。

签发票据的中小微企业 9.0 万家，占全部签票企业的 91.5%；中小微企业签票发生额 1.4 万亿元，占全部签票发生额的 63.1%。贴现的中小微企业 8.2 万家，占全部贴现企业 96.4%；贴现发生额 1.1 万亿元，占全部贴现发生额 73.2%。

四、股票市场运行情况

3 月份，上证指数收于 3 272.9 点，环比下降 6.8 点，降幅为 0.2%；深证成指收于 11 726.4 点，环比下降 57.4 点，降幅为 0.5%。沪市日均交易量为 3 989.6 亿元，环比增长 10.4%；深市日均交易量为 5 309.7 亿元，环比降幅 0.9%。

资料来源：2023 年 3 月份金融市场运行情况［EB/OL］. 中国人民银行, http://www.pbc.gov.cn/jinrongshichangsi/147160/147171/147173/4864556/index.html. 有删减。

思考：1. 案例中出现了几种金融工具？这些金融工具分别在哪些地方交易？

2. 案例体现了金融市场的哪些功能？

知识网络图（见图 5-1）

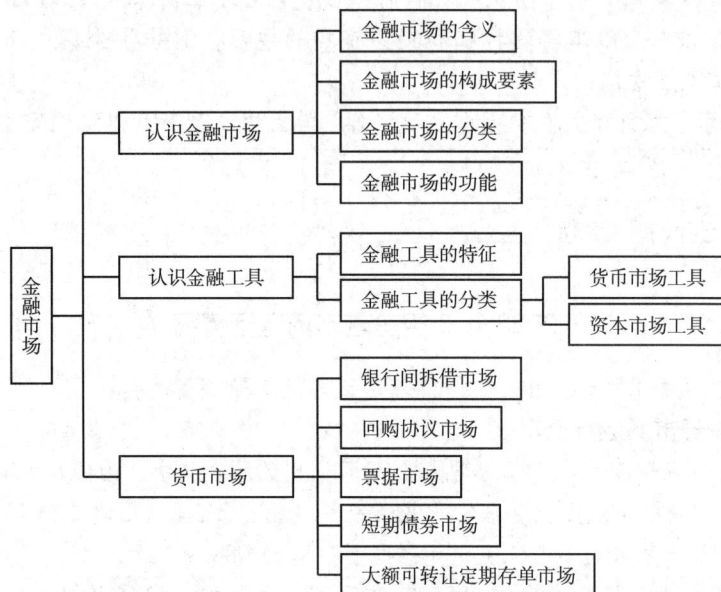

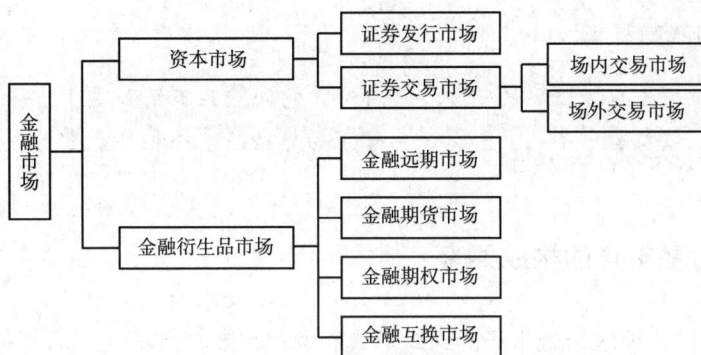

图 5 - 1 金融市场知识网络

任务一 认识金融市场

➢ 学习情境

常言道：你不理财，财不理你。小李是一位白领，工作五年，已有一定的闲散资金。他深知理财的重要性，所以想拿出 20 万元资金进行投资。

任务描述：

学生分组讨论：（1）小李在金融市场中的角色是什么？（2）小李可以参与哪些金融市场子市场的投资？（3）小李投资于金融市场，可以体现金融市场的哪些功能？

一、金融市场的含义

金融市场是以金融资产为交易对象、以金融资产的供给方和需求方为交易主体而形成的供求关系及其机制的总和。这个表述包含三层含义：

1. 金融市场是金融资产的交易场所。这个场所具有非固定性，可以是无形市场，也可以是有形市场。如我国境内的上海证券交易所、深圳证券交易所和北京证券交易所就是有形市场。

2. 金融市场反映了金融资产的供给者和需求者之间的供求关系，揭示了资金的归集与传递过程。在金融市场上，金融资产的供给者与需求者通过相互接触，完成金融资产从供给者到需求者的传递过程。与产品市场不同的是，金融市场上的买卖双方具有可变性，买卖行为可以交替出现。例如，一个时期，某企业可能是金融资产的供给者，但另一个时期它可能成为金融资产的需求者。

3. 金融市场包含金融资产交易过程中所产生的各种运行机制，如价格机制、供求机制、竞争机制等。

头脑风暴：

　　金融市场是市场体系的重要组成部分，它同产品市场和要素市场等紧密联系在一起，但又有所不同。那么，金融市场与产品市场和要素市场有何区别？

二、金融市场的构成要素

　　虽然各国各地区金融市场的组织形式和发达程度有所不同，但都包含三个构成要素：

（一）金融市场主体

　　金融市场主体即金融市场的参与者，是指参与金融市场交易活动而形成买卖双方的各经济单位。在这些参与者中，或者是资金的供给者，或者是资金的需求者，或者是以双重身份出现。各国金融市场的参与者大致可以分为五类：政府；中央银行；工商企业；金融机构；个人。金融市场的参与者必须是独立作出决策，并承担利益和风险的经济主体。

　　1. 政府。当政府为了弥补财政赤字、扩大财政支出等时，一般会通过发行政府债券的方式来筹集资金。此时，政府就是资金的需求者。当政府有资金盈余，或者要抑制通货膨胀等时，政府会从市场上买入证券。此时，政府就是资金的供给者。

　　2. 中央银行。中央银行既是金融市场的重要交易主体，也是金融市场的监管者之一。一方面，中央银行作为商业银行的最后贷款人，是金融市场上的资金供给者。同时，中央银行在进行公开业务操作时，也会通过买卖国债或金融债券来调节货币供应量。另一方面，中央银行作为监管机构，要代表政府对金融市场上的交易行为进行监督和管理，防范出现金融风险，确保金融市场安全稳定。

　　3. 工商企业。当工商企业发行债券或股票（只有股份有限公司才能发行股票）时，就充当了金融市场的资金需求者；当工商企业用自有资金投资于金融市场时，就充当了金融市场的资金供给者。因此，工商企业在金融市场上既可以是资金供给者，也可以是资金需求者。

　　4. 金融机构。金融机构是金融市场上最活跃的参与者，扮演着多重角色。它既发行金融工具，也在金融市场上购买金融工具。它还是金融市场上最重要的中介机构。

　　5. 个人。个人在金融市场上，利用闲散资金投资于股票、债券等金融工具，是金融市场上主要的资金供给者。

　　中国证券登记结算有限责任公司公布的数据显示，2016 年，我国的自然人投资者数量首次突破 1 亿人大关。随后仅仅历时 6 年，我国自然人投资者首次突破 2 亿人大关（见图 5 - 2）。

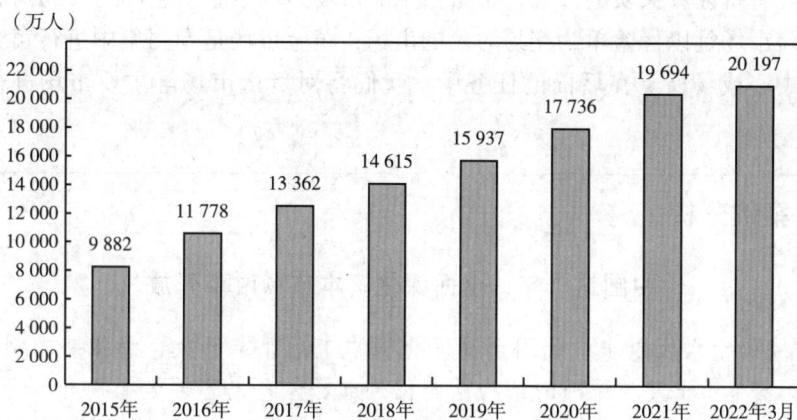

图 5-2　我国自然人投资者数量变化

（二）金融市场客体

金融市场客体即金融工具，是指金融市场上的交易对象或交易标的物。金融工具一般包括债权债务凭证（票据、债券等）和所有权凭证（股票），是金融市场上买卖交易的对象。金融工具的种类繁多，各具特色，能够分别满足资金供求双方的不同需要，由此形成了金融市场的各类子市场

（三）金融市场价格

金融市场上各种交易都是在一定的价格下实现的。由于金融市场价格与投资者的利益密切相关，因此它深受投资者关注。金融工具的价格会受到多种因素的综合影响，这就使得金融市场上各金融工具的价格变幻莫测，难以准确预测。

金融市场的三个构成要素相互联系、相互影响。金融市场主体和客体是金融市场最基本的构成要素。金融市场价格则是伴随着金融市场交易产生的，是金融市场上不可或缺的构成要素。

三、金融市场的分类

金融市场有多种分类方法，依据不同的划分标准，可以从不同的角度进行分类。下面仅介绍几种常见的分类。

（一）按交易标的物划分

按照金融市场交易标的物划分是金融市场最常见的划分方法。按这一划分标准，金融市场分为货币市场、资本市场、外汇市场、金融衍生品市场、保险市场、黄金市场及其他投资品市场。

货币市场是指融资期限在一年及一年以下的金融市场；资本市场是指期限在一年以上的各种资金借贷和证券交易市场；外汇市场是指经营外币和以外币计价

的票据等有价证券买卖的市场；金融衍生品市场是以金融衍生品为交易对象的市场；保险市场是以保险单为交易对象的市场；黄金市场是专门集中进行黄金买卖的交易中心或场所。在后面的任务中，我们将对货币市场等主要市场进行具体介绍。

案例分析：

中国这十年：全面深化资本市场改革开放

"党的十八大以来，我们全面深化资本市场改革开放，加强基础制度建设，资本市场正发生深刻的结构性变化，市场体系包容性大幅提升，投融资功能显著增强，良性市场生态逐步形成。"李超介绍，十年来，我国股票市场规模增长238.9%，债券市场规模增长444.3%，两个市场均位居全球第二，股票市场投资者超过2亿，为服务高质量发展作出重要贡献。

这十年，资本市场服务实体经济的广度深度显著拓展。我国大力健全多层次市场体系，推出新三板、科创板，设立北交所，资本市场对实体经济的适配性大幅增强。

资本市场全面深化改革取得重要突破。围绕深化金融供给侧结构性改革，我国全面深化资本市场改革，基础制度更加成熟定型，实现核准制向注册制的跨越，稳步推进试点注册制，发行市场化程度、审核注册效率和可预期性大幅提升，交易、退市等关键制度得到体系化改善。

市场主体高质量发展迈上新的台阶。实体上市公司利润占规上工业企业利润的比重由十年前的23%增长到目前的接近50%。证券期货经营机构的总资产十年间增长5.5倍，公募基金管理规模目前为26万亿元，十年增长了8倍，行业实力大幅增强。

资本市场的国际吸引力和影响力大幅增强。行业机构外资股比全面放开，沪深港通、沪伦通启动，A股纳入国际知名指数并不断提升比重，外资连续多年保持净流入。

资本市场法律体系"四梁八柱"基本建成。市场违法违规成本过低的局面已经得到了根本性改变。

资料来源：中国这十年：金融支持实体经济实现高质量发展［EB/OL］. 2022 – 06 – 24. 中华人民共和国中央人民政府，http：//www. gov. cn/xinwen/2022 – 06/24/content_5697433. htm. 有删减。

思考：1. 我国资本市场得以持续发展的原因是什么？
　　　2. 你认为，我国资本市场的发展趋势是什么？

（二）按交易对象是否新发行划分

按交易对象是否新发行，金融市场可以分为发行市场和流通市场。发行市场也称一级市场、初级市场，是新证券发行的市场。流通市场也称为二级市场、次级市场，是已经发行、处在流通中的证券的买卖市场。

（三）按成交后是否立即交割划分

按成交是否立即交割划分，金融市场可以分为现货市场和期货市场。现货市场是指即期买卖、立即交割的市场。期货市场是指先行成交，在以后某一约定时间再行交割的市场。

四、金融市场的功能

金融市场的功能主要表现在以下几个方面：

（一）融通资金

金融市场为资金供给者找到了兼顾安全性、流动性、收益性的投资工具；为资金需求者提供了灵活多样的融资渠道，促进资本的部门集中，满足社会化大生产对于社会资金集中使用的要求。

（二）资源配置

金融市场使期限、金额、地域不同的资金能够根据不同需要在不同的主体之间转移，合理引导资金流向、流量，促进资本向高效益单位转移，合理配置社会资源、提高资源利用效率，使资本流动和社会生产实现均衡。

（三）转移和分散风险

利用金融市场上的各种金融工具，风险厌恶者可以将其风险转移给风险偏好程度更高的投资者，从而实现风险的再分配。另外，丰富多样的金融产品，可以使投资者将投资分布于具有不同收益风险组合的多种金融产品上，达到分散投资风险的目的。

（四）调节和反映经济状况

金融市场的存在与发展，为政府实施对宏观经济活动的间接调控创造了条件。一方面，金融市场为实施货币政策同时提供决策信息和操作场所。另一方面，财政政策的实施也越来越离不开金融市场，政府通过国债的发行及运用等方式对各经济主体的行为加以引导和调节，也对宏观经济活动产生着巨大的影响。

同时，金融市场历来被称为国民经济的"晴雨表"，是公认的国民经济信号系统。

案例分析：

2023 年金融市场工作会议

2023 年 2 月 10 日，中国人民银行召开 2023 年金融市场工作会议。

会议认为，2023 年是全面贯彻党的二十大精神的开局之年，要及时分析研判金融运行苗头性趋势性变化，有力支持实体经济高质量发展，积极防控金融市场重点领域风险，统筹推进金融市场运行机制建设和改革发展稳定，保障金融基础设施高效稳健运行，为全面建设社会主义现代化国家开好局起好步提供有力有效的金融支持。

会议要求，要系统性研究推进金融市场体系建设，加快完善金融市场法制和基础性制度，有序推进金融市场双向开放，提升服务实体经济和防范化解风险的能力。强化债券承销、做市、投资者合格性等市场机制建设，加快多层次市场体系发展，完善金融债券宏观管理，提升债券市场韧性和市场化定价能力。促进货币市场平稳运行，持续规范票据市场发展，加强黄金市场监督管理，推动人民币衍生品市场和资产支持证券市场稳健发展。健全金融基础设施统筹监管框架，深入推进债券市场、衍生品市场等对外开放。推进大型平台企业金融业务全面完成整改，加强常态化监管，支持平台企业健康规范发展。推动出台公司债券管理条例、修订票据法。

资料来源：2023 年 3 月份金融市场运行情况［EB/OL］. 2023 - 04 - 25. 中国人民银行，http：//www. pbc. gov. cn/jinrongshichangsi/147160/147171/147173/4864556/index. html. 有删减。

思考：1. 2023 年金融市场工作会议对 2023 年金融市场工作做了哪些部署？
2. 结合实际分析，为了完成 2023 年金融市场重点工作，中国人民银行采取了哪些措施？

任务二　认识金融工具

➤ 学习情境

小李是一位白领，工作五年，已有一定的闲散资金。他深知理财的重要性，所以想拿出 20 万元资金进行投资。但他的理财知识有限，不知该如何投资。故他找到你们，希望你们能为他设计一份简单的投资方案。

任务描述：

1. 学生分组讨论：（1）目前，我国金融市场主要有哪些投资工具？（2）结合小李的具体情况，为小李选择合适的投资工具，设计出简单的投资方案。

2. 情景模拟：每组拟订一种投资方案，并为小李介绍投资品种的含义、特点、优势。

一、金融工具的特征

金融工具也叫信用工具或交易工具，指以书面形式发行和流通、借以保证债权人或投资人权利的凭证，是资金供应者和需求者之间继续进行资金融通时，用来证明债权的各种合法凭证。

金融工具一般具有以下特征：

（一）期限性

金融工具中的债权凭证具有期限性，一般有约定的偿还期，即发行人从借入本金到全部偿还本息的期限，如 5 年、10 年、20 年等。债权凭证的期限具有法律约束力，是对融资双方权利和义务的保障。

（二）流动性

流动性是指金融工具在金融市场上能转化为现金而不致遭受损失的能力，主要通过买卖、承兑、贴现与再贴现等交易实现。流动性的强弱一般用买卖差价和换手率两个指标来衡量。金融工具换手率越低，买卖差价越大，其流动性越差；反之流动性越强。偿还期限、发行人的资信程度、收益率水平等是影响金融工具流动性强弱的主要因素。一般来说，偿还期限与金融工具的流动性呈反向变动关系，而发行人的资信程度和收益率水平则与流动性呈正向变动关系。因此，国家发行的债券、信誉卓著的大公司签发的商业票据、银行发行的大额可转让存单等都具有很强的流动性；金融工具的收益率水平越高，愿意持有该金融工具的投资者越多，该金融工具的流动性也越强。

（三）风险性

金融工具的风险性是指金融工具的持有人具有收益和损失的不确定性。购买任何一种金融工具都会有风险。金融工作的风险主要有信用风险和市场风险两种。信用风险是指债务人不能或不愿履行约定而导致债权人遭受损失的风险。市场风险是指由于金融工具价格的波动而带来的风险。一般来说，信用风险与金融工具发行者的信用等级与经营状况紧密相关，金融工具发行者的信用等级越高、经营状况越好，则该金融工具的信用风险越低。金融工具，尤其是长期金融工具的市场风险很难预测，因为政治、经济、政策、市场等诸多方面因素的变动都会影响金融工具的交易价格，使金融工具的交易价格具有很强的不确定性。

（四）收益性

收益性是指金融工具能够为其持有者带来收益的特性。金融工具的持有者之所以愿意购入金融工具，而将自己的货币资金转让给金融工具的发行者使用，就是因为持有金融工具能够给其带来一定的收益。金融工具给其持有者带来的收益有两种：一是利息、股息或红利等收入；二是买卖金融工具所获得的价差收入。

拓展阅读：商业银行永续债

📖 **实践练习：**

金融工具的这 4 个特征之间有何联系？

二、金融工具的分类

根据期限、性质、资金融通方式和实际金融活动关系的不同，金融工具可以进行以下四种分类。

（一）按金融工具的期限划分

按金融工具的期限划分，金融工具可分为货币市场工具和资本市场工具。货币市场工具是期限在一年或一年以内的金融工具，包括商业票据、国库券、大额可转让定期存单、回购协议等。资本市场工具是指期限在一年以上的金融工具，包括股票、债券、证券投资基金等。

（二）按性质划分

按性质划分，金融工具可分为债权凭证和所有权凭证。债权凭证是发行人依法定程序发行并约定在一定期限内还本付息的有价证券。它反映了证券发行人与持有人之间的债权债务关系。所有权凭证主要是指股票，反映的是股票持有人对公司的所有权。

（三）按资金融通方式划分

按资金融通方式划分，金融工具可分为直接融资工具和间接融资工具。直接融资是指资金直接在投资人和筹资人之间转移，商业票据、政府债券、公司债券和股票等都属于直接融资工具；间接融资是指资金通过中介机构实现在投资人和筹资人之间转移，可转让大额定期存单、保险单等属于间接融资的金融工具。

（四）按与实际信用活动的关系划分

按是否与实际信用活动直接相关，金融工具可分为原生金融工具和衍生金融工具。原生金融工具指商业票据、股票、债券、基金等基础金融工具。衍生金融工具是在原生金融工具的基础上派生出来的，包括远期合约、期货合约、期权合约、互换合约等金融工具。

拓展阅读：直接融资

三、货币市场工具

货币市场工具指期限在一年或一年以内的金融工具。它主要包括商业票据、银行票据和国库券。

（一）商业票据

商业票据是在商业信用的基础上产生的，由工商企业签发，用于记录企业之

间由于信用关系形成的短期无担保债权债务的书面证明。商业票据包括商业汇票和商业本票两种。

商业汇票是由债权人或债务人签发、经承兑人承兑的要求债务人按约定的期限向持票人或第三人无条件支付一定款项的支付命令书。按照承兑人的不同，商业汇票分为商业承兑汇票和银行承兑汇票。由债务人承兑的汇票叫商业承兑汇票；由银行接受债务人委托承兑的汇票称为银行承兑汇票。

商业本票又称期票，是债务人向债权人签发的在约定期限内无条件支付一定款项的支付承诺书。由于发行商业本票融资比向银行借款手续简单，利率较低，且不受银行信贷的干扰，所以，在20世纪60年代以后，在西方发达国家，商业本票的发行量急剧增长。我国目前尚未使用商业本票。

（二）银行票据

银行票据是在银行信用的基础上由银行签发的或由银行承担付款义务的信用凭证。它包括银行汇票、银行本票、支票和大额可转让定期存单等。

1. 银行汇票。银行汇票是由银行签发的交由汇款人寄给外地收款人，凭此向指定银行兑取款项的汇款凭证。银行汇票可用于转账，也可以支出现金。银行汇票的特征是：出票人为银行；是见票即付的即期票据；支付时按实际交易金额支付，实际交易金额小于或等于票面金额；一般是异地使用。银行汇票有转账汇票和现金汇票两种。

2. 银行本票。银行本票是由银行签发的，承诺自己在见票时无条件支付票据金额给收款人或持票人的票据。银行本票的特征是：出票人为银行；是见票即付的即期票据；支付时按票面金额支付，仅限于同一票据交换区使用。银行本票有转账本票和现金本票两种。

拓展阅读：《商业汇票承兑、贴现与再贴现管理办法》

视频：银行承兑汇票的票面要素

📖 实践练习：

商业汇票和银行汇票有何区别？银行汇票和银行本票有何区别？

3. 支票。支票是指银行的存款人签发的要求银行从其活期存款账户上支取一定金额给指定人或持票人的凭证。支票的特征是：出票人为在银行开设了活期存款账户的人；是即期票据。按付款方式不同，银行支票可以分为转账银行支票和现金银行支票。转账支票只能用于转账，不能提取现金。它适用于各单位之间的商品交易、劳务供应和其他经济往来的款项结算。现金支票是指存款人用以向银行提取或支付给收款人现金的一种支票。中国现金管理制度和结算办法规定，在银行开户的各国有企业、事业、机关、团体等单位，只能在允许使用现金的范围内使用现金支票，并应写明款项用途，接受银行的监督。现金支票不可用于转账。已签发的现金支票遗失，可向银行申请挂失。挂失前已支付的，银行不予受理。

4. 大额可转让定期存单。大额可转让定期存单是银行发行的有固定面额、

可转让流通的定期存款凭证。大额可转让定期存单产生于美国，是国际上广泛使用的金融工具。大额可转让定期存单的特点主要有以下三个特点：（1）大额可转让定期存单本身是存款产品，安全性高；（2）不记名、可转让，灵活性与收益性较好，大部分银行的大额存单支持靠档计息；（3）投资门槛较高，一般要20万元及以上起投。

（三）国库券

国库券是一国财政部发行的，借以应付临时性、季节性财政需要，期限在1年以内的短期债券。国库券是信誉最高的一种债券，可以随时在市场上买卖或向银行贴现，往往被看做具有利息收益的活期存款，而且中央银行易于通过公开市场对其进行管理。

四、资本市场工具

资本市场工具指期限在1年以上的金融工具。它主要包括股票、债券以及证券投资基金等。

（一）股票

股票是股份有限公司签发的用以证明投资者的股东身份、所持股份，据以获得股息和红利并承担义务的凭证。截至2023年4月底，上海证券交易所、深圳证券交易所和北京证券交易所有上市股票共计5 250只。我国股票市场规模已位居全球第二。

1. 股票的特点。股票作为一种有价证券，具有以下五个方面的特征：

（1）收益性。收益性是股票的最基本特征。它是指股票可以为持有人带来收益的特征。股票的收益主要来源于两个方面：一个是公司派发的股息和红利；另一个是在股票流通过程中的资本损益，也称为资本利得。

（2）风险性。受各种因素影响，股票市场价格波动频繁，可能给投资者带来收益，也可能带来巨大的损失。

（3）流动性。流动性是指股票在不同投资者之间的可交易性。股票投资者可以在市场上依法转让股票，而获得现金。

（4）永久性。股票是一种无期限的法律凭证，一经发行，便不可返还。股票的期限等于公司的存续期限，股票持有者不能要求退股还本。

（5）参与性。股票持有者是股份公司的股东，有权出席股东大会，选举董事会和参与公司的经营决策。

2. 股票的分类。股票可以从不同的角度划分为许多种类。

（1）按照股东享有的权利不同，股票可以分为普通股和优先股。普通股是指在公司的经营管理和盈利及财产的分配上享有普通权利的股票。普通股是股票的一种基本形式，也是发行量最大、最重要的股票。

优先股是相对于普通股而言的，是股份公司发行的、在分配公司盈利和剩余

资产方面比普通股有优先权的股票。优先股在发行之时就约定了固定的股息，该股息不随公司业绩的好坏而波动，并且可以优先于普通股股东领取股息。同时，当公司破产进行财产清算时，优先股股东对公司剩余财产有优先于普通股东的要求权。但是优先股股东一般没有表决权，不能借助表决权参与公司的经营管理。

（2）按照股票是否记载股东的姓名，可以将股票分为记名股票和无记名股票。记名股票是指在股票票面和股份公司的股东名册上记载股东姓名的股票。记名股票的转让须经股份公司的许可并需在公司股东名册上做更改，所以记名股票具有安全性强、流动性差的特点。

无记名股票是指在股票票面和股份公司股东名册上均不记载股东姓名的股票。为此，谁持有该股票，谁就取得股东资格并享有相应的股东权利。它与记名股票相比，区别不在股东权利的内容上，而是在股票的记载方式上。

（3）按照是否标有票面金额，可以把股票分为有面额股票和无面额股票。有面额股票是指在股票票面上记载一定金额的股票，这一金额即为票面金额，简称面额。有面额股票的票面金额明确表示每一股所代表的股权比例，并且为股票发行价格的确定提供依据。例如某股份公司发行 1 亿元的股票，每股面额为 1 元，则每股代表了一亿分之一的股权。

无面额股票是指在股票票面上不记载股票面额，只注明它在公司总股本中所占比例的股票。因此，无面额股票的价值将随着股份公司资产的增减而增减。目前我国还不允许发行无面额股票。

> **实践练习：**
> 普通投资者在二级市场上购买的股票主要是哪一类股票？

（二）债券

债券是债务人按照法定程序发行的，为筹集资金而向债券投资者出具的按约定时间和利率承诺到期还本付息的债权债务凭证。

1. 债券的特点。

（1）偿还性。债券一般都规定偿还期限，债券到期，发行人必须按约定条件偿还本金并支付利息。

（2）流动性。流动性是指债券持有人可按自己的需要和市场的实际状况，在债券到期前在证券市场上自由流通和转让。

（3）安全性。债券的安全性是指债券遭受损失的风险较小。它主要体现在两个方面：一是债券的利率往往是事先确定的，投资者的利息不受市场利率波动的影响；二是投资者的本金在债券到期后可以收回。

视频：债券的票面要素

头脑风暴:

债券是不是一定"安全"？如果不是，那么债券的风险主要来源于哪些方面？

（4）收益性。债券的收益性主要表现在三个方面：一是投资债券可以使投资者获得固定的利息收入；二是投资者可以利用债券价格的变动，买卖债券赚取差价；三是投资者可以将投资期间利息收入进行再投资获得再投资收益。

2. 债券的分类。

（1）按发行主体分类，债券可以分为政府债券、公司债券和金融债券。政府债券是政府为筹集资金而发行的债务凭证，具有安全性高、流通性强、收益稳定及免税待遇的特征，是各类债券中信用等级最高的，通常被称为"金边债券"。政府债券又可分为中央政府债券和地方政府债券。中央政府债券也称国债，是中央政府发行的债券，一般由财政部发行；地方政府债券是由地方政府发行的债券。

思政栏目:

抗疫特别国债

2020年，突如其来的新冠肺炎疫情打乱了中国经济的正常脚步，也给人民群众的身体健康带来了重大损害。为筹集财政资金，统筹推进疫情防控和经济社会发展，2020年6月15日财政部发布通知明确，决定发行2020年抗疫特别国债。抗疫特别国债是为应对新冠肺炎疫情影响，由中央财政统一发行的特殊国债。抗疫特别国债筹集的资金全部转给地方，主要用于公共卫生等基础设施建设和抗疫相关支出。截至2020年7月30日，2020年抗疫特别国债实现发行总额1万亿元。

万亿元特别国债在过去三年的抗疫和经济发展中发挥了"补缺"作用。正是这笔巨量特别国债的驰援，公共卫生防疫系统才有了较为健全与强大的抗压能力，市场主体才得以基本的保全与改善。

银行或非银行金融机构发行的债券称为金融债券。金融债券是金融机构筹集特殊用途资金和调整资产负债结构的主要渠道。

公司债券是由各类公司按照法定程序发行，约定在一定期限还本付息的债券，是公司融资的重要手段。

（2）按利率是否固定分类，债券可以分为固定利率债券和浮动利率债券。固定利率债券是指在债券存续期内利率固定不变的债券。在固定利率债券的存续期内，债券持有人按照票面载明利率取得利息，与市场利率的变化无关。浮动利率债券是指利率可以定期浮动的债券，这类债券的利率按预先确定的基准利率定

拓展阅读：绿色债券

期调整，一般高于基准利率一定的百分点。因此债券的利率将与市场利率的波动同向变动，可以避开市场利率风险。

（3）按利息的支付方式分类，债券可以分为零息债券、附息债券、息票累积债券。零息债券也称零息票债券，指债券合约未规定利息支付，即在存续期内不支付利息的债券。其发行价格是债券面值按票面利率折现后的现值，到期按票面金额还本付息。投资者以低于面值的价格购买，债券面值与购买价格之间的差额是投资者的收益。

附息债券是指债券合约中规定，存续期内每半年或每年定期支付一次利息的债券。

息票累积债券又称一次还本付息债券，这类债券也规定了票面利率，但不分期付息，也不计复利，债券持有人只有在债券到期时一次性获得本息，在存续期内则没有利息支付。

> **实践练习：**
>
> 　　在其他要素相同的情况下，你会选择附息债券还是息票累积债券？为什么？

（4）按有无担保分类，债券可以分为信用债券、担保债券。信用债券又称无担保债券，发行人凭借其信用发行债券，而没有特定物品作担保。一般情况下，国债、金融债券、信用良好的公司发行的公司债券是信用债券。

担保债券是指以各类财产或第三人作担保而发行的债券。以各类财产或第三人作担保可以降低此类债券的风险。按照担保物品的不同，此类债券又可分为抵押债券、质押债券和保证债券。抵押债券一般以不动产作担保；质押债券一般以动产或权利作担保；而保证债券是以第三人作担保，公司债券大部分属于保证债券。

（三）证券投资基金

证券投资基金是指通过公开发售基金份额募集资金，由基金托管人托管，由基金管理人管理和运用资金，为基金份额持有人的利益，以资产组合方式进行证券投资的一种利益共享、风险共担的集合投资方式。随着大家理财意识的不断提升，越来越多的投资者选择基金进行投资。国家统计局数据显示，2021年全国证券投资基金规模已经达到 21.82 万亿元。

1. 证券投资基金的特点。

（1）集合理财、专业管理。基金是通过发售基金份额的方式将投资者零散的、小额的资金汇集起来，交给基金管理人投资于各种金融工具，以谋取资产的增值。

（2）组合投资、分散风险。基金通常会购买几十种甚至几百种股票、债券等证券，从而使投资风险分散到不同证券品种上。对于投资者来说，购买基金就相当于用很少的资金购买了一篮子证券，从而起到组合投资、分散风险的作用。

视频：成语趣解之基金定投

视频：听歌识基金

（3）利益共享、风险共担。基金持有者是基金的投资者和所有者。基金持有者根据所持有的基金份额比例分享和承担基金投资利润和投资风险。

（4）严格监管、信息透明。为切实保护投资者的利益，增强投资者对基金投资的信心，基金监管机构一般都对证券投资基金业实行严格的监管，对各种有损于投资者利益的行为进行严厉的打击，并强制基金进行及时、准确、充分的信息披露。

（5）独立托管、保障安全。基金管理人负责基金的投资操作，本身并不参与基金财产的保管，基金财产的保管由独立于基金管理人的基金托管人负责。这种相互制约、相互监督的制衡机制对投资者的利益提供了重要的保障。

> **实践练习：**
>
> 请为学习情境中的小李讲解股票、债券和证券投资基金有何区别。

2. 基金的分类。基金根据不同的标准可以分为不同的种类。

（1）按基金的组织形式不同，基金可分为公司型基金和契约型基金。公司型基金是指依据公司法成立的、以营利为目的的股份有限公司形式的基金；契约型基金是指将投资者、管理人、托管人三者作为信托关系当事人，通过签订基金契约的形式发行受益凭证而设立的一种基金。目前，我国的基金主要是契约型基金。

（2）按基金运作方式不同，可以将基金分为封闭式基金与开放式基金。封闭式基金是指基金份额在基金合同期限内固定不变，基金份额可以在依法设立的证券交易所交易，但基金份额持有人不得申请赎回的一种基金运作方式。开放式基金是指基金份额不固定，基金份额可以在基金合同约定的时间和场所进行申购或者赎回的一种基金运作方式。虽然我国最早的两只基金——基金开元和基金金泰都是封闭式基金，但目前市场上存在的基金绝大部分是开放式基金。

（3）根据投资对象不同，可将基金分为股票基金、债券基金、货币市场基金、混合基金等。股票基金以股票为主要投资对象，债券基金主要以债券为投资对象。在我国，根据《公开募集证券投资运作管理办法》的规定，80%以上的基金资产投资于股票的为股票基金；80%以上的基金资产投资于债券的为债券基金。货币市场基金是以货币市场工具为投资对象的基金，其投资对象包括银行短期存款、国库券、公司债券、银行承兑票据及商业票据等货币市场工具。同时以股票、债券等为投资对象，但股票投资和债券投资的比例不符合股票基金、债券基金规定的基金为混合基金。衍生证券投资基金是一种以衍生证券为投资对象的基金，包括期货基金、期权基金、认股权证基金等。

（4）根据投资目标不同，基金可分为成长型基金、收入型基金和平衡型基金。成长型基金是指以追求资本增值为基本目标，较少考虑当期收入的基金，主要投资于信誉度高、有长期成长前景或长期盈余的成长型公司股票。收入型基金是指以追求稳定的经常性收入为基本目标的基金，主要以大盘蓝筹股、公司债券、政府债券等稳定收益证券为投资对象。平衡型基金则是既注重资本增值又注重当期收入的一类基金。在实际操作中，该类基金通常将资产的25%～50%投资于债券等固定收益类产品，其余的投资于普通股，以便从投资组合中既能得到稳定收益，又能得到升值收益。

（5）依据投资理念的不同，可以分为主动型基金与被动型基金。主动型基金是指基金管理人可以依据基金契约自由选择投资品种，力图取得超越基准组合表现的基金。与主动型基金不同，被动型基金并不主动寻求取得超越市场的表现，而是试图复制指数的表现。被动型基金一般选取特定指数作为跟踪对象，因此通常又被称为指数基金。

> 📖 **实践练习：**
>
> 　在基金市场中，找出不同类型的基金各一只，并比较它们的特点。

（四）金融衍生工具

金融衍生工具又称金融衍生产品，与基础性金融工具相对应，是指建立在基础产品或基础变量之上，其价格取决于基础金融产品价格（或数值）变动的派生金融产品。

1. 金融衍生工具的特点。

（1）跨期性。金融衍生工具是交易双方通过对利率、汇率、股价等因素变动趋势的预测，约定在未来某一时间按照一定条件进行交易或选择是否交易的合约。

（2）杠杆性。金融衍生工具一般只需要支付少量的保证金或权利金就可签订远期大额合约或互换不同的金融工具。

（3）联动性。金融衍生工具的价值与基础产品或基础变量紧密联系、规则变动。其联动关系既可以是简单的线性关系，也可以表达为非线性函数或者分段函数。

（4）不确定性和高风险性。金融衍生工具的交易后果取决于交易者对基础工具（变量）未来价格（数值）的预测和判断的准确程度。基础工具价格的变幻莫测决定了金融衍生工具交易盈亏的不稳定性，这是金融衍生工具高风险性的重要诱因。

2. 金融衍生工具的类别。随着金融创新的发展，金融衍生工具种类繁多，但其基本的金融衍生品包括四种：金融远期、金融期货、金融期权和金融互换。

金融远期是在指定的未来时刻以确定的价格交割某物的协议。金融期货是指交易双方在金融市场上，以约定的时间和价格，买卖某种金融工具的具有约束力的标准化合约。金融期权是指合约买方向卖方支付一定费用（称为"期权费"或"期权价格"），在约定日期内（或约定日期）享有以事先确定的价格向合约卖方买卖某种金融工具的权利的契约。金融互换是指两个或两个以上的当事人按共同商定的条件，在约定的时间内定期交换现金流的金融交易。具体内容我们将在任务五中介绍。

视频：期权的
定义与特征

任务三　货币市场

> ## 学习情境

某商业银行因贷款未及时收回，出现了 7 天的 1 亿元资金短缺。目前，银行的部分资产包括 1.5 亿元的 2015 年凭证式（四期）国债；2 亿元的未到期票据；1.3 亿元的还有 1 个月到期的国库券。

任务描述：

1. 学生分组讨论：银行可以通过哪些方式筹集这 1 亿元的资金。

2. 情景模拟：每组选定一种方式，结合当前的市场情况，为银行完成此次筹资。

货币市场是进行短期资金融通的市场，融资期限一般在 1 年（含）以内。货币市场是一个形成最早和最基本的金融市场分市场。参与货币市场交易的主体多为机构投资者，交易通过计算机网络进行，一般没有确定的交易场所。货币市场的交易期短而频繁，市场价格波动范围较小，具有流动性强、风险性和收益性较低的特点。货币市场的金融产品种类多样，按照金融产品的不同，货币市场可划分为许多子市场，如银行间拆借市场、回购协议市场、票据市场、短期债券市场、大额可转让定期存单市场等。

一、银行间拆借市场

银行间拆借市场又称同业拆借市场，是指银行之间进行短期、临时性的资金调剂的市场。市场的参与者为商业银行以及其他各类金融机构，包括证券公司、财务公司、基金公司、保险公司等。同业拆借市场主要是为了满足弥补银行资金头寸不足和灵活调剂资金的需要。

同业拆借具有以下特征：

1. 同业性。参加同业拆借的各方都是银行或非银行金融机构，非金融机构不能参与同业拆借活动。

2. 短期性。同业拆借融通的资金期限都比较短，有隔夜、7 天、14 天等，最长不会超过一年。

3. 无担保性。由于同业拆借市场的参加者均为金融机构，它们之间的拆借大多凭借同业间的信誉，一般不需要担保。

4. 管理的特殊性。中央银行对同业拆借市场进行特殊的管理，商业银行相互融资的对象是拆借双方在中央银行存款账户的余额，拆借时不提交存款准备金。

5. 利率变动频繁。同业拆借利率变动频繁，可以灵敏地反映资金供求状况，并对其他市场上的金融工具的利率变动产生导向作用，进而引导整个金融市场的利率变化趋势。

我国的同业拆借市场是 1996 年 1 月联网试运行的，目前已经成为我国规模最大的一种货币市场，也是中国人民银行进行公开市场操作的重要场所。

> **实践练习：**
>
> 我国同业拆借利率主要采用 Shibor，即上海同业拆借利率。那么，当前的 Shibor 为多少？Shibor 主要受哪些因素的影响？

二、回购协议市场

回购协议市场又称证券购回协议市场，是通过回购协议进行短期资金融通交易的场所。这里的回购协议是指资金融入方在出售证券的同时和证券购买者签订的、在一定期限内按原定价格或约定价格购回所卖证券的协议。回购协议的标的物是有价证券，在我国主要体现为中国人民银行批准的，可在回购协议市场进行交易的政府债券、中央银行票据及金融债券。

回购协议市场的交易特点：

1. 流动性强。回购协议多以短期为主，如 1 天、2 天、3 天、7 天、14 天、28 天、91 天、182 天等。

2. 安全性高。交易场所为规范性的场内交易，交易双方的权利、责任和业务都有法律保护。

3. 收益稳定并较银行存款收益高。回购利率是市场公开竞价的结果，一般可获得平均高于银行同期存款利率的收益。

4. 融入资金免交存款准备金。商业银行利用回购协议筹集的资金不需要交存款准备金，所以其成为银行扩大筹资规模的重要方式。

回购协议为卖方提供了一种有效筹措资金的方式，使回购方可以避免因急于变现而在市场低迷的情况下放弃优质债券资产的损失。对于买方来说，因为有证券作抵押，是一种较为安全的短期投资方式。

我国的国债回购业务开始于 1991 年，主要采取场外交易的方式。1997 年，中国人民银行为了防范金融风险，规范和引导银行资金流向，将回购协议市场分作两大部分，一部分以两大证券交易所为交易平台；另一部分在全国银行间同业市场进行交易。

> **实践练习：**
>
> 进入股票交易软件和全国银行间同业拆借中心，了解回购协议的品种，区分质押式回购和买断式回购。

三、票据市场

票据市场是指在商品交易和资金往来过程中产生的以汇票、本票和支票的发行、担保、承兑、贴现、转贴现、再贴现来实现短期资金融通的市场。在这个市场中，资金融通的特点是期限短、数额小、交易灵活、参与者众多、风险易于控制，可以说是一个古老的、大众化的、基础性的市场。

承兑是指汇票到期前，汇票付款人或指定银行确认票据记明事项，在票面上做出承诺付款并签章的一种行为。只有承兑后的汇票才具有法律效力，才能作为市场上合格的金融工具转让流通。由于承兑者以自己的信用作保证，负责到期付款，故若委托他人或银行办理承兑，需要支付承兑手续费。

贴现是商业票据持有人在票据到期前，为获得现款向金融机构贴付一定的利息所做的票据转让。贴现利息与票据到期时应得款项的金额之比叫贴现率。转贴现是指商业银行将贴现收进的未到期票据向其他商业银行或贴现机构进行贴现的融资行为。再贴现是指商业银行将其贴现收进的未到期票据向中央银行办理贴现的融资行为。

四、短期债券市场

短期债券市场是发行和买卖一年期以内的短期政府债券和企业债券活动的总称。这些债券包括两种：一种是债券的原始期限就在一年以内；另一种是债券的原始期限在一年以上，但随着到期日的临近，剩余期限已经不足一年。短期债券市场上最主要的流通产品是以国库券为代表的政府短期债券，其期限多在一年以内，以 3～6 个月居多。目前，我国国库券期限包括 28 天、63 天、91 天、182 天和 1 年。

投资于国库券享有税收优惠，且市场风险小，期限短，既可以贴现，也可以随时在市场上出售，因此流动性很强。众多的优点使其成为各国货币市场上重要的信用工具。

拓展阅读：中国首笔"再贴现＋绿票贴现＋数字人民币"业务落地广东

五、大额可转让定期存单市场

大额可转让定期存单，简称 CDs，是指由银行业存款类金融机构面向个人、非金融企业、机关团体等发行的一种大额存款凭证。我国于 2015 年 6 月 2 日推出大额存单，商业银行、政策性银行、农村合作金融机构等可面向非金融机构投资人发行记账式大额存款凭证，并以市场化的方式确定利率。同时，央行制定了《大额存单管理暂行办法》，从即日起施行。大额存单的期限有 1M、3M、6M、9M、1Y、18M、2Y、3Y、5Y 共 9 种。

实践练习：

1. 走进各大银行，了解各银行大额存单的发行情况，比较大额存单与定期存款的区别。

2. 采访至少2个有条件购买大额存单的亲戚朋友，掌握他们对大额存单的需求情况。

六、同业存单市场

同业存单是指由银行业存款类金融机构法人在全国银行间市场上发行的记账式定期存款凭证，是一种货币市场工具。其投资和交易主体为全国银行间同业拆借市场成员、基金管理公司及基金类产品。同业存单期限主要为1个月、3个月、6个月、9个月和1年，其利率可以是固定利率或浮动利率，并参考同期限上海银行间同业拆借利率定价。自2013年12月首期同业存单发行至今，同业存单发展迅猛，已经成长为债券市场的重要组成部分，是商业银行非常重要的主动负债管理工具。

任务四　资本市场

> **学习情境**

小李经过了解，结合自己的资金和风险承受能力情况，准备投资债券、股票和基金市场。但是他不知该从何入手。

任务描述：

1. 学生分组讨论：（1）小李可以在哪些市场买入债券、股票和基金？（2）股票交易有哪些程序？

2. 情景模拟：模拟完成股票的开户。

资本市场是指以期限在一年以上的金融工具为媒介，进行长期性资金交易活动的市场，又称长期资金市场。狭义的资本市场是指股票、债券和其他有价证券的发行与交易市场，即证券市场。广义的资本市场则包括证券市场和信贷市场两个方面。本书中提到的资本市场是狭义的资本市场，即证券市场。按证券进入市场的顺序而形成的结构关系，证券市场可分为发行市场和交易市场。

一、证券发行市场

(一) 证券发行市场的含义与特点

证券发行市场也称为"一级市场"或"初级市场",是发行人以筹集资金为目的,按照一定的法律规定和发行程序,向投资者出售新证券所形成的市场。

在发行过程中,证券发行市场作为一个抽象的市场,其买卖成交活动并不局限于一个固定的场所;它是一个无形的市场,为资金使用者提供了获得资金的渠道和手段。

证券发行市场是整个证券市场的基础,它具有以下特点:

第一,证券发行是直接融资的实现形式。证券发行市场的功能就是连接资金需求者和资金供给者,证券发行人通过销售证券向社会招募资金,而认购人通过购买其发行的证券提供资金,将社会闲散资金转化为生产建设资金,实现直接融资的目标。

第二,证券发行市场主要是无形市场,通常不存在具体形式的固定场所,也无通常的专业设备和设施。

第三,证券发行市场的证券具有不可逆转性。在证券发行市场上,证券只能由发行人流向认购人,资金只能由认购人流向发行人,而不能相反。

📖 实践练习:

注册制改革全面落地

2023 年 4 月 10 日,沪深交易所主板注册制首批企业上市,标志着股票发行注册制改革全面落地,这是中国资本市场改革发展进程中的又一个重要里程碑。

回顾我国注册制改革的全过程。思考:

1. 我国为什么要实行注册制改革?

2. 注册制改革全面落地后,对投资者有哪些影响?

(二) 证券发行市场的参与者

1. 证券发行人。证券发行人又称发行主体,就是为筹措资金而发行股票或债券的企业单位、政府机构、金融机构等。证券发行人是证券发行市场得以存在的首要因素。只有股份有限公司才可以发行股票。

2. 证券投资者。证券投资者就是以取得利息、股息或资本收益为目的,而根据发行人的招募要约,将要认购或已经认购证券的个人或机构。它是构成证券发行市场的另一个基本要素。证券投资者包括个人投资者和机构投资者两大类。在证券发行市场上,投资者人数的多少、购买能力的强弱、资产数量的大小、收益要求的高低,以及承担风险能力的大小等,直接影响和制约着证券发行的数量。

3. 证券承销商。证券承销商是指与发行人签订证券承销协议，协助公开发行证券，借此获取相应的承销费用的证券经营机构。证券承销商是连接发行人和认购人的桥梁和纽带，接受发行人的委托，通过一定的发行方式和发行渠道，向认购人销售发行人的证券。我国目前从事证券承销业务的机构是经批准有承销资格的证券公司、金融资产管理公司和金融公司。

📘 案例分析：

盘点 2022 年券商投行：中信证券承销业务净收入稳居第一，民生证券投行收入占比超六成

　　东方财富 Choice 金融终端数据显示，截至 2023 年 4 月 4 日，28 家券商或参股券商的上市公司披露了年报数据。证券承销业务方面，上述 28 家券商合计实现证券承销业务净收入 517.38 亿元；而中信证券、中金公司、中信建投目前占据了收入榜前三，2022 年证券承销业务净收入分别达到 86.53 亿元、70.06 亿元和 59.27 亿元。但在收入占比方面，部分中小券商显示出对投行业务的倚重。如民生证券投资银行业务收入占比已达到 63.89%。

　　资料来源：盘点 2022 年券商投行：中信证券承销业务净收入稳居第一，民生证券投行收入占比超六成［EB/OL］. 2023 - 04 - 04. 每日经济新闻，http：//www. nbd. com. cn/articles/2023 - 04 - 04/2746685. html. 有删减。

　　思考：1. 全面实施注册制对证券公司证券承销业务带来哪些影响？
　　　　　2. 全面实施注册制背景下，证券公司该如何对其证券承销业务进行转型升级？

---

4. 证券服务机构。证券服务机构是指依法设立的从事证券服务业务的法人机构。主要包括证券投资咨询公司、信用评级机构、会计师事务所、资产评估机构、律师事务所、证券信息公司等。它们一同为证券的发行提供服务。

📖 实践练习：

　　通过上海证券交易所、深圳证券交易所等网站，解读某公司的股票发行公告，找出股票发行市场的参与者。

二、证券交易市场

　　证券交易市场也称证券流通市场、二级市场、次级市场，是指对已经发行的证券进行买卖、转让和流通的市场。证券交易市场为证券持有者提供证券变现的场所，也为新的投资者提供投资的机会。

（一）证券交易市场的形式

证券交易市场有场内交易市场和场外交易市场两种形式。

1. 场内交易市场指由证券交易所组织的集中交易市场。而证券交易所是证券买卖双方公开交易的场所，有固定的交易场所和交易活动时间，是一个高度组织化、集中进行证券交易的市场。证券交易所是整个证券市场的核心。

证券交易所本身并不买卖证券，也不决定交易价格，而是为证券交易提供一定的场所和设施，配备必要的管理和服务人员，并对证券交易进行周密的组织和严格的管理，为证券交易顺利进行提供一个稳定、公开、高效的市场。

证券交易所的特征有：（1）有固定的交易场所和交易时间；（2）交易采取经纪制，即一般投资者不能直接进入交易所买卖证券，只能委托会员作为经纪人间接进行交易；（3）交易的对象限于合乎一定标准的上市证券；（4）通过公开竞价的方式决定交易价格；（5）集中了证券的供求双方，具有较高的成交速度和成交率；（6）实行"公开、公平、公正"原则，并对证券交易加以严格管理。

证券交易所采取两种组织形式，一种是公司制；一种是会员制。公司制证券交易所是由银行、证券公司等作为股东组成，其组织结构和有关的权利义务等法律关系均以公司法的规定为准。会员制证券交易所是不以营利为目的的法人。证券交易所的会员由证券公司等证券商组成，只有取得证券交易所会员资格之后，证券商才能在证券交易所参加交易。目前，我国上海证券交易所、深圳证券交易所均采用会员制；北京证券交易所采用公司制。上海证券交易所成立于 1990 年 11 月 26 日，同年 12 月 19 日开业；深圳证券交易所于 1991 年 4 月 16 日获中国人民银行批准，同年 7 月 3 日正式开业；北京证券交易所于 2021 年 9 月 3 日成立，同年 11 月 15 日开市。

📖 **实践练习：**

> 分别进入上海证券交易所、深圳证券交易所和北京证券交易所，解读三个交易所的交易规则。

视频：北京证券交易所的那些事

2. 场外交易市场即业界所称的 OTC 市场，又称柜台交易市场或店头市场，是指在证券交易所外进行证券买卖的市场。

场外交易市场主要由柜台交易市场、第三市场、第四市场组成。柜台交易市场是通过证券公司、证券经纪人的柜台进行证券交易的市场。第三市场是指已上市证券的场外交易市场。第三市场产生于 1960 年的美国，原属于柜台交易市场的组成部分，但其发展迅速，市场地位提高，被作为一个独立的市场类型对待。第四市场是投资者绕过传统经纪服务，彼此之间利用计算机网络直接进行大宗证券交易而形成的市场。

场外交易市场的特征有：（1）场外交易市场是一个分散的无形市场，它没有固定的、集中的交易场所，是由许多各自独立经营的证券经营机构分别进行交易的，主要是依靠电话、电报、传真和计算机网络联系成交的；（2）场外交易市场的组织方式采取做市商制；（3）场外交易市场是一个拥有众多证券种类和证券经营机构的市场，以未能在证券交易所批准上市的股票和债券为主；（4）场外交易市场是一个以议价方式进行证券交易的市场，证券买卖采取一对一的交易方式，对同一种证券的买卖不可能同时出现众多的买方和卖方，也就不存在公开的竞价机制；（5）场外交易市场的管理比证券交易所宽松。

（二）证券交易的方式

早期证券交易主要采取现货交易方式，但随着商品经济及资本市场的发展，证券交易形式呈现出由低级向高级、由简单向复杂、由单一向复合的发展趋势。

1. 现货交易。现货交易是证券交易双方在成交后立即交割的交易方式。现货交易的成交和交割基本上是同时的，一般是当天成交当天交割，最多不超过5天。例如，我国证券交易所的股票目前实行的是 T＋1 交易制度，即当天买入的股票要下一个交易日才能卖出。

2. 期货交易。期货交易是指交易双方约定在将来某个时候按成交时约定的条件进行交割的交易方式。期货交易是一种远期合同交易，期货合同签订后，证券并没有发生真正意义上的所有权转移，只是许诺在一定时间内交付证券。

3. 期权交易。期权交易又称为选择权交易，是指在一定时间内以一定的协议价买卖证券交易权的交易。在期权交易中，买卖双方从事交易的不是实际的证券，而是买进或卖出一定数量证券的权利。

4. 信用交易。信用交易又称保证金交易或垫头交易，是指证券交易者通过交付一定的保证金，得到证券商或经纪人的信用而进行证券买卖的一种交易方式。

📖 **实践练习：**

　　结合现货交易、期货交易、期权交易和信用交易的定义，比较四种交易的区别。并进入炒股软件，模拟完成一次现货交易。

任务五　金融衍生品市场

▶ **学习情境**

某进出口贸易公司3个月后将收到产品销售收入1 000万美元。但公司担心3个月后美元贬值，从而出现亏损。

任务描述：

1. 学生分组讨论：（1）该公司可以采取哪些方式规避美元贬值的风险？（2）这些方式分别有什么特点？

2. 情景模拟：从上述方式中选择一种，并模拟完成该方式。

金融衍生工具，又称金融衍生产品，与基础性金融工具相对应，是指在一定的基础性金融工具的基础上派生出来的金融工具。目前，在国际金融市场上最为普遍运用的衍生工具有金融远期、金融期货、金融期权和金融互换。

一、金融远期市场

（一）金融远期合约的含义与特点

金融远期合约，是指交易双方达成的、在未来某一特定日期、以某种特定方式以及预先商定价格（如利率、汇率、股票或债券价格等）买卖、交割某种（或一篮子）金融资产的协议或合约。金融远期合约是最基础的金融衍生工具。

金融远期合约最主要的特点在于它是由交易双方通过谈判后签署的非标准化合约。因此合约中的交割地点、交割时间、交割价格、交易规模等细节都可由双方协商决定，具有很大的灵活性，可以尽可能地满足交易双方的需要。但是，金融远期合约一般不在交易所内交易，因此违约风险较高。

（二）金融远期合约的种类

根据基础资产划分，常见的金融远期合约包括四个大类：股权类资产的远期合约、债权类资产的远期合约、远期利率协议、远期汇率协议。

股权类资产的远期合约包括单个股票的远期合约、一篮子股票的远期合约和股票价格指数的远期合约三个子类。债权类资产的远期合约主要包括定期存款单、商业票据、债券等固定收益证券的远期合约。远期利率协议是指按照约定的名义本金，交易双方在约定的未来日期交换支付浮动利率和固定利率的远期合约。远期汇率协议是指按照约定的汇率，交易双方在约定的未来日期买卖约定数量的某种外币的远期协议。

二、金融期货市场

（一）金融期货的含义

金融期货合约是指由交易双方订立的、约定在未来某个日期以成交时所约定的价格交割一定数量的某种金融商品的标准化契约。金融期货合约的基础工具是各种金融工具（或金融变量），如外汇、债券、股票、价格指数等。金融期货合约主要有以下特点：一是金融期货合约是标准化的合约，合约的数量、交割时间等都是统一规定；二是金融期货合约都必须在期货交易所内进行，交易双方通过交易所买卖结算；三是金融期货合约实行逐日盯市制度，每天都要结算。

🧑‍💼 头脑风暴：

结合金融远期和金融期货的含义和特点，比较金融远期与金融期货的区别。

（二）金融期货的种类

按基础工具不同，金融期货可分为外汇期货、利率期货和股权类期货。

外汇期货又称货币期货，是以外汇为基础工具的期货合约，是交易双方约定在未来某一时间，依据现在约定的汇率，以一种货币交换另一种货币的标准化合约的交易。外汇期货是最早产生的期货，可用于规避汇率风险。利率期货是指由交易双方签订的，约定在将来某一时间按双方事先商定的价格，交割一定数量与利率相关的金融资产的标准化合约。利率期货交易则是指在有组织的期货交易所中通过竞价成交的、在未来某一时期进行交割的债券合约买卖。股权类期货是以单只股票、股票组合或者股票价格指数为基础资产的期货合约。其主要种类包括股票价格指数期货、单只股票期货、股票组合的期货。

> **实战练习：**
>
> 2023 年 4 月 21 日，30 年期国债期货在中国金融期货交易所成功挂牌上市。30 年期国债期货的上市，弥补了超长期国债市场风险管理工具的空白，形成短—中—长—超长国债期货市场体系。
>
> 至此，我国境内已有 4 个国债期货产品、7 个股权类期货产品。请同学们进入中国金融期货交易所网站，查看各期货合约的交易规则。
>
> 资料来源：30 年期国债期货今天挂牌上市 ［EB/OL］. 2023 – 04 – 21. 中国金融期货交易所，http：//www. cffex. com. cn/jysdt/20230421/32215. html. 有删减。

（三）金融期货交易所

金融期货交易所是专门组织各种金融期货交易，为交易提供服务的经济组织。

2006 年 9 月 8 日，经中国证监会批准，由上海期货交易所、郑州商品交易所、大连商品交易所、上海证券交易所和深圳证券交易所共同发起设立的中国金融期货交易所在上海成立。中国金融期货交易所的主要职能是：组织安排金融期货等金融衍生品上市交易、结算和交割；制定业务管理规则；实施自律管理；发布市场交易信息；提供技术、场所、设施服务；中国证监会许可的其他职能。

三、金融期权市场

（一）金融期权的含义

金融期权，是指赋予其购买方在规定期限内按买卖双方约定的价格购买或出售一定数量某种金融资产的权利的合约。金融期权是一种单方面权利合约，期权的买方只有履约的权利、没有履约的义务，期权的卖方只有履约的义务、没有履约的权利。期权购买方为了获得这个权利，必须支付期权出售方一定的费用，即期权费。目前，我国境内已有沪深 300 股指期权、上证 50 股指期权和中证 1 000

股指期权三个品种。

（二）金融期权的种类

金融期权的分类标准有很多，按不同的分类标准可以划分为不同的类型：

1. 按期权权利性质划分，期权可分为看涨期权和看跌期权。看涨期权也称买权，是指赋予期权的买方在给定时间或在此时间以前的任一时刻以执行价格从期权卖方手中买入一定数量的某种金融资产权利的期权合约。看跌期权也称卖权，是指赋予期权的买方在给定时间或在此时间以前的任一时刻以执行价格卖给期权卖方一定数量的某种金融资产权利的期权合约。

2. 按照合约所规定的履约时间的不同，金融期权可以分为欧式期权、美式期权和修正的美式期权。欧式期权只能在期权到期日执行；美式期权则可在期权到期日或到期日之前的任何一个营业日执行；修正的美式期权也被称为"百慕大期权"或"大西洋期权"，可以在期权到期日之前的一系列规定日期执行。

3. 按照金融期权基础资产性质的不同，金融期权可以分为股权类期权、利率期权、货币期权、金融期货合约期权、互换期权等。股权类期权与股权类期货类似，股权类期权也包括三种类型：单只股票期权、股票组合期权和股票指数期权。利率期权指买方在支付了期权费后，即取得在合约有效期内或到期时以一定的利率（价格）买入或卖出一定面额的利率工具的权利。利率期权合约通常以政府短期、中期、长期债券，欧洲美元债券，大面额可转让存单等利率工具为基础资产。货币期权又称"外币期权""外汇期权"，指买方在支付了期权费后，即取得在合约有效期内或到期时以约定的汇率购买或出售一定数额某种外汇资产的权利。货币期权合约主要以美元、欧元、日元、英镑、瑞士法郎、加拿大元及澳大利亚元等为基础资产。金融期货合约期权是一种以金融期货合约为交易对象的选择权，它赋予其持有者在规定时间内以协定价格买卖特定金融期货合约的权利。金融互换期权是以金融互换合约为交易对象的选择权，它赋予其持有者在规定时间内以规定条件与交易对手进行互换交易的权利。

> **实战练习：**
>
> 请查阅我国境内三个期权的交易规则，并进入交易系统，模拟完成一次期权交易，感受期权交易与期货交易的区别。

四、金融互换市场

（一）金融互换的含义

金融互换是约定两个或两个以上的当事人按照商定条件，在约定的时间内，交换一系列现金流的合约。金融互换是交易双方利用各自筹资机会的相对优势，以商定的条件将不同币种或不同利息的资产或负债在约定的期限内互相交易，以避免将来汇率或利率变动的风险，获取常规筹资方法难以得到的币种或较低的利息，实现筹资成本降低的一种交易活动。

（二）金融互换的种类

在金融互换的种类中，利率互换和货币互换比较常见。

1. 利率互换。利率互换交易是指市场交易双方约定在未来的一定期限内，根据约定数量的同种货币的名义本金交换利息额的金融合约。最常见的利率互换是在固定利率与浮动利率之间进行转换。利率互换的目的是减少融资成本。如一方可以得到优惠的固定利率贷款，但希望以浮动利率筹集资金；而另一方可以得到浮动利率贷款，却希望以固定利率筹集资金。通过互换交易，双方均可获得希望的融资形式。

例 5－1：A 和 B 两家公司，A 公司的信用级别高于 B 公司，因此 B 公司在固定利率和浮动利率市场上借款所需支付的利率要比 A 公司高。现在 A、B 两家公司都希望借入期限为 5 年的 10 亿元，并提供了如表 5－1 所示的利率：

表 5－1　　　　　　　　　A、B 两家公司借款利率对比

公司	固定利率（%）	浮动利率
A 公司	10	6 个月 SHIBOR +0.30%
B 公司	11.20	6 个月 SHIBOR +1.00%

从表 5－1 中可以看出，在固定利率市场 B 公司比 A 公司多付 1.2%，但在浮动利率市场只比 A 公司多付 0.7%，说明 B 公司在浮动利率市场有比较优势，而 A 公司在固定利率市场有比较优势。现在假如 A 公司想借入浮动利率资金，B 公司想借入固定利率资金。双方利用各自的比较优势，A 公司以固定利率借款，利率为 10%；B 公司以浮动利率借款，利率 SHIBOR +1.00%，然后进行利率互换。由于本金相同，故双方不必交换本金，而只交换利息的现金流。具体的互换协议内容为：A 公司同意每半年向 B 公司支付 6 个月的 SHIBOR 计算的利息；B 公司同意每半年向 A 公司支付 9.95% 固定利率。

则 A 公司的实际利率为：10% －9.95% +SHIBOR，即 SHIBOR +0.05%；B 公司的实际利率为：SHIBOR +1% －SHIBOR +9.95%，即 10.95%。所以，通过利率互换，A、B 公司的利息支出均减少了 0.25%。

利率互换作为一种新型的金融衍生产品，在中国发展很快，特别是随着中国参与国际金融资本运作幅度的加大，利率互换已成为众多公司及银行之间常用的债务保值和资本升值的有效手段之一。

2. 货币互换。货币互换是指交易双方相互交换金额相同、期限相同、利率计算方法相同但是货币币种不同的两笔资金及其利息的业务。简单来说，利率互换是相同货币债务间的调换；而货币互换则是不同货币债务间的调换。货币互换双方互换的是货币，它们之间各自的债权债务关系并没有改变。初次互换的汇率

以协定的即期汇率计算。货币互换的目的在于降低筹资成本及防止汇率变动风险造成的损失。

项目要点

1. 金融市场是以金融资产为交易对象、以金融资产的供给方和需求方为交易主体而形成的供求关系及其机制的总和。在这个定义中，市场的含义不是指一个固定的场所，而是供求双方依据市场经济的规则所进行的特定活动。

2. 金融市场有多种分类方法，依据不同的划分标准，可以从不同的角度进行分类。按照金融市场交易标的物划分是金融市场最常见的划分方法，可以分为货币市场、资本市场、外汇市场等；按交易对象是否新发行，金融市场可以分为发行市场和流通市场；按成交后是否立即交割划分，金融市场可以分为现货市场和期货市场。

3. 金融市场的功能主要包括：融通资金、资源配置、转移和分散风险、调节和反映经济状况。

4. 金融工具的特点：期限性、流动性、风险性、收益性。

5. 货币市场工具指期限在一年或一年以内的金融工具。它主要包括商业票据、银行票据和国库券。货币市场是进行短期资金融通的市场，融资期限一般在1年以内。货币市场的金融产品种类多样，按照金融产品的不同，货币市场可划分为许多子市场，如银行间拆借市场、回购协议市场、票据市场、短期票据市场、大额可转让定期存单市场等。

6. 资本市场工具指期限在1年以上的金融工具。它主要包括股票、债券以及证券投资基金等。资本市场是指以期限在一年以上的金融工具为媒介，进行长期性资金交易活动的市场，又称长期资金市场。按证券进入市场的顺序而形成的结构关系，证券市场可分为发行市场和交易市场。

7. 金融衍生工具，又称金融衍生产品，与基础性金融工具相对应，是指在一定的基础性金融工具的基础上派生出来的金融工具。目前，在国际金融市场上最为普遍运用的衍生工具有金融远期、金融期货、金融期权和金融互换。

同步练习

一、单项选择题

1. 短期金融市场又称为（　　）。

A. 初级市场　　　　B. 货币市场　　　　C. 资本市场　　　　D. 次级市场

2. 下列属于资本市场的是（　　）

A. 同业拆借市场　　　　　　　　　　B. 股票市场

C. 票据市场　　　　　　　　　　　　D. 大额可转让定期存单

3. 下列属于所有权凭证的金融工具是（　　）。

A. 商业票据　　　　　　　　　　B. 股票

C. 政府债券　　　　　　　　　　D. 可转让大额定期存单

4. （　　）是最基础的金融衍生工具。

A. 金融远期　　　　B. 金融期货　　　　C. 金融期权　　　　D. 金融互换

5. 金融期货交易的是（　　）。

A. 基础性金融商品　　B. 基差　　　　C. 价格　　　　D. 标准化期货合约

二、多项选择题

1. 按金融交易的交割期限可以把金融市场划分为（　　）。

A. 现货市场　　　　B. 货币市场　　　　C. 长期存贷款市场　　D. 证券市场

2. 金融市场的参与者有（　　）。

A. 居民个人　　　B. 商业性金融机构　C. 政府　　　　D. 企业

3. 下列属于金融衍生工具的有（　　）。

A. 股票价格指数期货　　　　　　B. 银行承兑汇票

C. 短期政府债券　　　　　　　　D. 货币互换

4. 下列描述属于资本市场特点的有（　　）。

A. 金融工具期限长　　　　　　　B. 为解决长期投资性资金的需要

C. 资金借贷量大　　　　　　　　D. 流动性强

5. 下列有关证券流通市场组织方式的说法，正确的有（　　）。

A. 场内交易包括证券交易所交易和柜台交易

B. 场外交易是指在证券交易所以外进行的交易

C. 在各国金融市场的发展历程中，无论是参与者、交易品种还是交易数量，场内交易均占主导地位

D. 证券交易所在二级市场上处于核心地位

三、判断题

1. 金融市场是统一市场体系的一个重要组成部分，属于产品市场。（　　）

2. 不论企业是否获利，企业债券必须按期如数还本付息，而普通股票的收益则取决于企业盈利状况。（　　）

3. 看涨期权又称卖出期权，因为投资者预期这种金融资产的价格将会上涨，从而可以市价卖出而获利。（　　）

4. 对于商业银行来说，利用回购协议融入的资金不用交纳存款准备金。（　　）

5. 有价证券从发行者手中转移到投资者手中，这类交易属于二级市场交易。（　　）

四、简答题

1. 金融市场有哪些功能？

2. 如何理解金融工具的 4 个特征？

3. 资本市场工具主要有哪些？

五、分析应用题

案例分析：A 股上市公司突破 5 000 家 推动提高上市公司质量三年行动方案落地

2022 年 11 月 22 日，随着鼎泰高科、矩阵股份在深交所上市，A 股上市公司数量正式突破 5 000 家。截至 12 月 30 日，A 股上市公司数量为 5 067 家。5 000 家上市公司中，属战略性新兴产业的上市公司超过 2 500 家，占比超五成，资本市场日益成为"硬科技"、"三创四新"、专精特新"小巨人"的聚集地。

从首批"老八股"上市到股权分置改革再到注册制改革，经过 30 多年的发展历程，中国

资本市场不仅实现了量的加速增长，而且完成了质的结构性跨越。为了进一步提高上市公司质量，2022 年 11 月，证监会发布了《推动提高上市公司质量三年行动方案（2022—2025）》，从出口端、融资端和入口端三方面入手，提升上市公司群体与国民经济的匹配性，力争到 2025 年，上市公司结构更加优化，市场生态显著改善，监管体系成熟定型，上市公司整体质量迈上新的台阶。同时，监管层精准打击"空壳僵尸"和"害群之马"公司，退市改革取得巨大成效，常态化退市机制正在加速形成。据统计，2022 年，A 股有 46 家公司退市，其中 42 家公司被强制退市，数量创 A 股年度退市历史新高。

资料来源：2022 年中国资本市场十大新闻［EB/OL］. 2023－01－05. 中国金融新闻网，https：//www. financialnews. com. cn/gc/ch/202301/t20230105_262760. html. 有删减。

思考：1. 画出我国股票市场的发展历程图，分析我国股票市场快速发展的原因。

2. A 股上市公司实现新突破，对我们经济发展有何影响？

3. 你认为，我国股票市场未来将如何发展？

六、技能实训题

实训项目名称：调查身边亲朋好友的理财方式。

实训目的：让学生对金融市场工具有一个更清晰的认识，能区分各金融工具的优缺点和风险。同时，通过调查，提升学生调查问卷的设计能力、表达能力和分析能力。

实训内容：分小组设计调查问卷，小组每位成员至少走访 2 位亲朋好友，对他们的理财情况进行调查，并对调查结果进行分析；最后小组形成一份调查报告。

实训要求：调查问卷设计充分合理；调查对象分散，且具有代表性；调查结果能反映市场普遍现象。

推荐阅读

1. 《2022 年金融市场运行情况》，来源：中国人民银行。
2. 《一图读懂注册制（系列）》，来源：中国证券监督管理委员会。

项目六

金融机构体系

（一）知识目标

1. 了解我国金融体系的基本概况，掌握中央银行、商业银行、政策性金融机构、非银行金融机构的具体职能。

2. 了解金融机构的产生和作用，掌握金融机构三大支柱的特点，并了解其业务构成。

3. 了解国际主要的金融机构及国际金融机构体系。

（二）技能目标

1. 能够描述我国金融体系的基本框架，熟悉我国金融机构和知名国际金融机构的基本情况。

2. 能够介绍各种金融机构的作用。

3. 熟悉各种金融机构，初步具备同金融机构打交道的能力。

（三）素质目标

1. 培养学生科学的思维方法、开拓学生的眼界。

2. 加强学生对金融机构的认识，培养学生形成良好的金融素养。

3. 通过了解我国的金融机构体系，树立民族自信心和自豪感。

4. 培养学生从事对金融岗位的热情。

5. 认识我国在国际金融体系中的重要作用，增加民族自信。

▶▶ 案例导入

重庆绿色金融大道集聚金融机构 120 余家

2023 年 4 月 20 日，第五届中新金融峰会在重庆和新加坡同步开幕，重庆主会场所在地的重庆绿色金融大道再次成为关注焦点。记者 4 月 16 日从渝中区金融办获悉，这条绿色金融大道已基本形成区域金融总部集群，力争 2025 年基本建成绿色金融机构集聚创新区。

重庆绿色金融大道西起解放碑，途经民族路、新华路、打铜街，东至朝天门，全长约 1.7 公里，是重庆建设绿色金融改革创新试验区的重要平台载体之一。

目前，大道已基本形成以金融业为主导，专业服务业、商贸业、文化旅游业等为支撑的资源高度集聚的产业发展体系，以建设银行、光大集团、中国人寿等为代表的金控集团、保险集团在渝区域金融总部集群。整条大道上聚集了银行、保险、证券、金融租赁、资产管理等法人及区域性总部金融机构 120 余家，以及普华永道、戴德梁行等知名会计师事务所、房地产咨询机构和重点金融中介机构 70 余家，金融相关机构数量居全市前列。

据了解，以打造重庆绿色金融大道为重点，渝中区近年来在全市率先成立市区联动绿色金融工作专班，推动 4 家绿色银行挂牌、50 余家金融机构推出绿色金融服务及创新产品。同时，综合运用绿色产业基金、绿色贷款和绿色债券贴息、风险补偿等扶持工具，增强绿色融资担保能力和风险缓释能力，引导、激励金融机构加大对绿色低碳领域的融资支持力度。截至 2023 年 3 月末，渝中区绿色贷款余额超 1 048 亿元，占全市的 18.5%，同比增长 44.7%；绿色债券余额达127 亿元、占全市的 29.8%，绿色金融综合指标位居中心城区第一。

渝中区金融办相关负责人介绍，接下来，渝中区将持续完善重庆绿色金融大道的金融服务功能，力争到 2025 年基本建成"三区""三中心"——绿色金融机构集聚创新区、绿色低碳示范街区、重庆金融历史文化展示区，绿色金融研究中心、创新中心、服务中心。

据悉，近期，渝中区已在全市率先启动金融支持绿色建筑和绿色交通试点，探索打造智能绿色交通体系以及绿色低碳示范建筑范本。该区还将加快推进绿色金融研究中心及重庆绿色金融研究院、绿色项目融资培育辅导推介中心等重点项目在重庆绿色金融大道落地。

资料来源：黄光红. 重庆绿色金融大道集聚金融机构 120 余家［N］. 2023 - 04 - 20. 重庆日报网站，https：//www. cqrb. cn/content/2023 - 04 - 20/1383367_pc. html.

思考：1. 案例中提到了哪些金融机构？

2. 这些金融机构有什么作用？

3. 重庆绿色金融大道建立的意义？

知识网络图（见图 6 - 1）

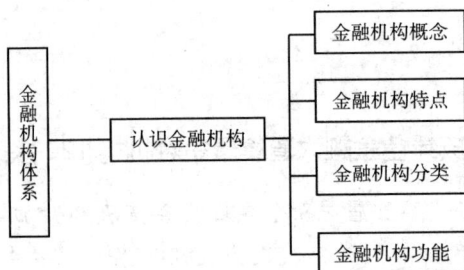

图 6-1 金融机构体系知识网络

任务一 认识金融机构

➤ 学习情境

小王是一个在当地从事机械加工生意的企业主，公司刚接了笔来自国外的大单，需要购买设备扩大产能，但公司的资金不够，急需一笔资金用于购买新的设备。在这个时候，朋友给小陈提出几个建议：1. 以名下的工厂和机械设备所有权为抵押，向银行申请抵押贷款；2. 向小额贷款公司申请贷款（小陈个人信用良好，经营情况正常）；3. 向融资租赁公司申请购买设备。

任务描述：

学生分组讨论：（1）以上借贷渠道属于哪些金融机构？（2）这些金融机构有哪些特点？（3）你还知道哪些金融机构？

视频：金融机构体系

在商品经济迅速发展的过程中，资金分布的不均匀性使得一些商品生产者积累了大量资金，出现剩余，而另一些生产者则出现了资金短缺，资金会在盈余者与短缺者之间产生流动，在资金流动过程中，为了提高融资的效率，资金需求者与资金盈余者双方需要充分了解对方有关融资的数量与期限等信息。而在金融活动中资金数量、期限等信息不对称和信息搜寻所产生的巨大成本，让融资匹配的双方难以实现完美的匹配。因此需要专门的中介机构来参与进来，资金需求者与资金盈余者通过中介机构来匹配双方的需求，金融机构的出现使得这种供求矛盾得以解决，在资金盈余者和短缺者之间起到了桥梁作用。

一、金融机构的相关概念

金融机构又称金融中介或者金融中介机构，金融机构是指专门从事货币信用、资金融通、金融交易等活动，为资金短缺者借贷资金，为资金盈余者提供投资机会的机构。

金融市场上各种金融活动都要通过金融机构来实现，金融机构可以加强资金融通的流动性、安全性和收益性，在整个金融市场中金融机构不可或缺。金融机构自身也是金融活动的直接参与者。

➡ 案例分析：

淄博烧烤火爆出圈，金融机构争夺"烧烤贷"

淄博烧烤 C 位出道，小饼、烤炉加蘸料——淄博烧烤的灵魂"三件套"，已经天下皆知。而自淄博宣布"五一"举办烧烤节以来，小长假住宿预订量较 2019 年上涨 800%。"淄博烧烤"大 IP 成功出圈，离不开金融活水的浇灌，各种"烧烤贷"应运而生。

近期，中国人民银行淄博市中支倡导全市银行业机构积极落实金融责任，全力开展多项有针对性的稳投资促消费举措，为个体工商户和小微企业尤其是烧烤产业链商户提供多渠道、高效率的金融服务。

各家银行也积极行动起来，各类"烧烤贷"应运而生，为辖内烧烤及相关行业小微企业、个体工商户提供专属信贷支持。

张店农商银行针对烧烤行业推出的"金炉惠享贷"产品，利率低至 4.0%，专项支持有营业执照且从事烧烤行业经营的微型企业主及个体工商户，同时在做好风险防控和合规经营的基础上，简化业务办理环节，精简客户贷款资料，将贷款考察到贷款发放控制在 3 个工作日内，为餐饮业复苏提供高质量金融服务。据悉该贷款采用纯信用的担保方式；个体工商户额度可达 20 万元，微型企业主额度可达 50 万元。

张店农商银行只是一个缩影，淄博多家金融机构均推出了针对烧烤产业链商户的特色金融服务。如齐商银行也推出针对烧烤及相关行业的贷款产品，为小微型企业、个体工商户发放的经营性贷款"淄滋贷"。据介绍，该产品最高可贷 100 万元，具有"手续简、放款快、利率低"的特点，最快当天可实现放款。截至 4 月中旬，该行已经累放"淄滋贷"超过 1 亿元，助力烧烤及其相关行业商户 180 户。

其他金融行业也不甘落后，用益信托的统计数据显示，4 月份，投向淄博地区的政信类信托产品共有 12 只，产品类型均为固收类，风险等级为 R3，平均的预期收益率在 5.5% ~ 7.45%。其中，大业信托发行最多，达到了 8 只。

资料来源：叶麦穗. 淄博烧烤火爆出圈，金融机构争夺"烧烤贷" [EB/OL]. 2023 - 04 - 20. 新浪财经，https://finance. sina. com. cn/roll/2023 - 04 - 20/doc-imyqzutf7492660. shtml. 有删减。

思考："烧烤贷"有哪些风险需要注意？

二、金融机构的特点

从金融机构产生的历史过程来看，它是一种以追逐利润为目标的金融企业，具有现代企业的基本特征。说它是企业，是因为它与普通企业相同，经营目标都是以最小的成本获得最大的利润。但是，与一般企业相比，金融机构又有其特殊性，表现为以下几点。

1. 经营对象与内容的特殊性。金融机构的经营对象是货币资金这种特殊商品，经营内容则是货币的收付、借贷及与货币运动有关的或与之联系的各种金融服务。

2. 经营关系与活动原则的特殊性。金融机构与客户个人之间主要是货币资金的借贷或投资关系，其经济活动遵循信用原则。

3. 经营风险及影响程度的特殊性。金融机构因其业务大多是以还本付息为条件的货币信用业务，因而风险主要表现为信用风险、利率风险、汇率风险等。

在现代市场经济中，金融机构对从事的金融活动发挥着重要的作用。一方面，金融机构是金融市场上不可缺少的中介主体，金融市场上的各种金融活动都要借助于一定的金融机构来完成，资金从盈余者向短缺者融通，无论是采取直接融资方式还是间接融资方式，金融机构作为信用中介和支付中介都起着不可替代的作用；另一方面，由于金融机构联系面广，信息比较灵通，使其具备了为客户提供信息服务的条件，如利率、汇率、股市行情等，这些信息对于投资决策、经营决策是非常重要的，金融机构提供这些金融信息形成的机制为社会各界提供了广泛的金融服务，满足了社会发展的需要。

头脑风暴：

金融机构和一般经济单位之间是什么关系？

三、金融机构的分类

金融机构按照不同标准可以划分为不同种类。

（一）按业务目标不同分类

按业务目标不同，分为管理性金融机构、商业性金融机构、政策性金融机构和开发性金融机构。

1. 管理性金融机构是代表政府对金融业进行监督管理的金融机构。如我国的中国人民银行、国家金融监督管理总局、中国证券监督管理委员会（简称证监会）和国家外汇管理局等。

2. 商业性金融机构是按照现代企业制度改造和组建起来的，以营利为目的的金融机构，如商业银行、证券公司、商业性保险公司等。

3. 政策性金融机构是指由政府发起并出资成立，为贯彻和配合政府特定的经济政策和意图而开展金融活动的金融机构，如我国的中国农业发展银行、中国进出口银行。

4. 开发性金融机构是政策性金融机构的深化和发展，以服务国家发展战略为宗旨，以国家信用为依托，以市场运作为基本模式，以保本微利为经营原则，以中长期投融资为载体，在实现政府发展目标、弥补市场失灵、提供公共产品、提高社会资源配置效率、熨平经济周期性波动等方面具有独特优势和作用，是经济金融体系中不可替代的重要组成部分。

（二）按业务形式不同分类

按业务形式不同，分为银行类金融机构和非银行类金融机构。

银行是金融机构体系的主体，以银行为中心，把金融机构分为银行类金融机构和非银行类金融机构两大类，是最常见的一种分类方法。

银行类金融机构是指专门或主要经营货币信用业务的金融机构，它通过吸收存款、发放贷款、结算、汇兑等业务，在整个社会范围内融通资金，充当信用中介。银行类金融机构在金融机构体系中居于支配地位，构成现代金融机构体系的主体。

非银行类金融机构又称其他金融机构，是指经营各种金融业务，但又不称为银行的金融机构或主要经营某种特定方式的金融业务的金融机构。这类金融机构包括保险公司、消费信用机构、信托公司、证券公司、租赁公司、金融资产管理公司、财务公司等。它们在整个金融机构体系中是非常重要的组成部分，其发展状况是衡量一国金融机构体系是否成熟的主要标志之一。

（三）按资金来源形式不同分类

按资金来源形式不同，分为存款类金融机构和非存款类金融机构。存款类金融机构是指通过吸收个人和企事业单位存款的方式筹集资金，通过贷款、投资等方式运用资金的金融机构。它主要包括商业银行、信用合作社、储蓄机构等。

非存款类金融机构是指通过自行发行证券或接受某些社会组织或公众的契约性缴款或投资等筹措资金并进行长期投资的金融机构，如各类保险公司、证券公司、信托公司、共同基金、养老基金等。

存款类金融机构和非存款类金融机构的主要区别在于存款类金融机构可吸收公众存款，而非存款类金融机构不可以吸收公众存款。

（四）按照融资方式的不同可划分为直接金融机构和间接金融机构

直接金融机构是在直接融资领域，为投资者和筹资者提供中介服务的金融机构，其主要业务包括证券的发行、经纪、保管、登记、清算、资信评估等，如证券公司；间接金融机构是指一方面以债务人的身份从资金盈余者的手中筹集资金，另一方面又以债权人的身份向资金短缺者提供资金，是以间接融资为主要特征的金融机构，如商业银行。

头脑风暴：

举几个金融机构的例子，看看它们属于什么类别的金融机构？

拓展阅读：最高人民法院关于修改《最高人民法院关于审理非法集资刑事案件具体应用法律若干问题的解释》的决定

四、金融机构的功能

金融机构的市场功能主要表现在以下几个方面：

（一）充当信用中介，促进资金融通

金融机构最基本的职能，通过间接融资方式实现借贷者之间的资金融通。银行等金融中介机构通过吸收存款和发行金融债券的形式，聚集了社会闲散资金，为不同的资金需求者提供不同特征的资金。银行等金融中介机构在其中身兼二职，既是借款人，又是贷款者，发挥信用中介的作用。

头脑风暴：

举例说明金融机构如何体现信用中介功能？

（二）充当支付中介，便利支付结算

现代支付手段大多数是由银行等特定的金融机构所提供的。由于金融机构信誉高，拥有大量的分支机构和代理行关系，有利于加速结算过程和货币资金的周转，促进再生产的顺利进行。

（三）提供金融服务，降低交易成本

银行等金融中介机构具有专业化和规模经济优势，拥有专门的组织、人员、

设备、网络、技术、经验等，它们在甄别贷款风险、防范由逆向选择造成的损失方面，其经验和办法要丰富得多。

思政栏目：

全力服务高质量发展和农业强国建设

强国必先强农，农强方能国强。全面推进乡村振兴、加快建设农业强国，是党中央着眼全面建成社会主义现代化强国作出的战略部署。作为全国唯一的农业政策性银行，中国农业发展银行（以下简称农发行）深入学习贯彻习近平新时代中国特色社会主义思想，全面贯彻落实党中央、国务院方针政策和决策部署，牢牢把握金融工作的政治性和人民性，以新气象、新作为全力服务国家战略和"三农"发展，为推进乡村振兴、建设农业强国作出积极贡献。

深入学习贯彻党中央政策部署，切实提升履职发展的主动性自觉性

农发行始终把党和国家方针政策作为履职发展的指南与遵循，坚持把执行政策放在首位，提高政治站位，强化政策执行，坚决及时有效地把各项政策部署贯彻落实到位。

农发行作为政策性银行，要深刻领悟习近平总书记重要讲话和党的二十大精神，求真务实、埋头苦干，坚决把党的二十大关于"三农"工作的战略部署付诸行动、使其见之于成效。

农发行要准确把握加快建设农业强国的内涵要义和重点任务，不断强化功能、优化服务，以扎实有力的举措全力服务"三农"发展。

锚定建设农业强国目标，全力推进农业农村现代化

农发行要深入学习贯彻关于建设农业强国的政策要求，以"钉钉子"精神和"时时放心不下"的责任感狠抓落实，不断提升服务"三农"发展的能力和水平，努力为加快建设农业强国作出更大贡献。

深入推进党的建设。新征程上，农发行要始终坚持党对金融工作的集中统一领导，坚持用习近平新时代中国特色社会主义思想凝心铸魂，深入学习贯彻党的二十大精神，坚持以政治建设为统领，全面推进党建领航工程和人才强行工程，坚持不懈抓好党风廉政建设和反腐败斗争，常态长效抓好中央巡视整改，以高质量党建引领高质量发展。

全力服务国家粮食安全。农发行要深入贯彻"藏粮于地、藏粮于技"战略，抓住高标准农田建设和种业振兴两个关键，全力服务新一轮千亿斤粮食产能提升行动，全链条支持粮食生产、收储、加工、流通和调销，全方位夯实粮食安全根基。

全力支持农业现代化。农发行要认真贯彻落实产业振兴工作部署，聚焦各地"土特产"，择优支持乡村特色产业发展，大力支持农业生产基地和现代农业产业园区建设，积极支持适度规模经营，推动一二三产业融合发展。

全力支持农业农村建设。农发行要全面落实乡村建设行动方案，积极支持水利、路网、电网、农房、数字乡村、农村公共服务等领域基础设施建设，持续支持农村"厕所革命"、生活垃圾处理等人居环境整治提升行动，研究支持农村宅基地制度改革和农村集体经营性建设用地入市，推动建设宜居宜业和美乡村。

全力支持巩固拓展脱贫攻坚成果、区域协调发展和生态文明建设。农发行要聚焦乡村振兴重点帮扶县、脱贫县、定点帮扶县、大型安置区等重点区域，紧盯防返贫监测户、搬迁群众、脱贫户等重点人群，抓好定点帮扶、东西部协作、"万企兴万村"等重点任务，持续加大金融帮扶力度，助力增强脱贫地区和脱贫群众内生发展动力，坚决守住不发生规模性返贫的底线。

深化改革创新，精准对接"三农"多样化、多层次的金融需求，筑牢风险防线。积极推进产品创新、服务创新、模式创新、流程创新，着力打造更加适配的现代化金融服务体系。坚持把风险防控摆在更加突出的位置，紧盯重点领域、关键环节，进一步加强风险管控、信贷管理和内控合规建设，坚决守住不发生系统性风险的底线。

资料来源：钱文挥. 全力服务高质量发展和农业强国建设［EB/OL］. 2023 - 04 - 17. 中国农业发展银行官网，http：//www. adbc. com. cn/n5/n17/c46806/content. html. 有删减。

任务二　我国金融机构体系

➤ 学习情境

根据国务院关于提请审议国务院机构改革方案的议案，组建国家金融监督管理总局。统一负责除证券业之外的金融业监管，强化机构监管、行为监管、功能监管、穿透式监管、持续监管，统筹负责金融消费者权益保护，加强风险管理和防范处置，依法查处违法违规行为，作为国务院直属机构。

国家金融监督管理总局在中国银行保险监督管理委员会基础上组建，将中国人民银行对金融控股公司等金融集团的日常监管职责、有关金融消费者保护职责，中国证券监督管理委员会的投资者保护职责划入国家金融监督管理总局。

任务描述：

学生分组讨论：组建国家金融监管总局，意味什么？

金融机构体系是指金融机构的组成及其相互联系的统一整体。在市场经济条件下，各国金融体系大多数是以中央银行为核心来进行组织管理的，因而形成了以中央银行为核心、以商业银行为主体、各类银行和非银行金融机构并存的金融机构体系。

在我国，就形成了以中央银行（中国人民银行）为领导，商业银行为主体，政策性银行、保险公司、证券公司、信托公司等非银行金融机构，外资各金融机构并存和分工协作的金融机构体系。

一、金融管理监管层

中国金融监管部门已经形成"一行一总局一会一局"架构，其中"一总局"为金融监督管理总局，金融监督管理总局是在以前银行保险监督管理委员会的基础上组建的；"一行"为中国人民银行；"一会"为证券监督管理委员会；"一局"为外汇管理局。具体架构如图6-2所示。

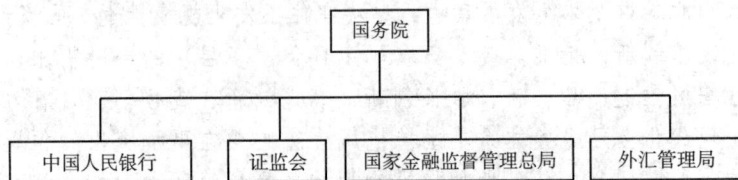

图6-2　中国金融监管部门架构

（一）中国人民银行

中央银行简称央行，是负责该国或该地区货币政策的主体，通常也是一国经济共同体的货币发行机构，是维护一国货币稳定以及制定和执行货币政策的职能机构。中国人民银行是我国的中央银行。

中央银行的特点主要有：不以营利为目的；不经营普通银行业务；具有相对独立性，不受其他部门或机构的行政干预和牵制。详见项目九。

头脑风暴：

你平时听说过有谁到中国人民银行办理过存款业务？

（二）证监会

中国证券监督管理委员会（China Securities Regulatory Commission），简称中国证监会，缩写为CSRC，证监会依照法律、法规和国务院授权，统一监督管理全国证券期货市场，维护证券期货市场秩序，保障其合法运行。2023年3月，根据国务院关于提请审议国务院机构改革方案的议案，中国证券监督管理委员会由国务院直属事业单位调整为国务院直属机构。

（三）国家金融监督管理总局

国家金融监督管理总局在中国银行保险监督管理委员会基础上组建，将中国人民银行对金融控股公司等金融集团的日常监管职责、有关金融消费者保护职责，中国证券监督管理委员会的投资者保护职责划入国家金融监督管理总局。

思政栏目：

经年累月地默默付出

平凡的生活本身就是一种试炼、一场考验，央行人的善心义举，更体现在日常生活中，在不经意间感动着我们。

有些央行人，把关爱他人、奉献社会作为自己的人生准则。淮安市中心支行宣传群工部部长冯梦，三十年如一日始终坚持不懈做好事、当好人，他牺牲休息时间做公益服务，义务为军地连理主持婚典，每年春节为金融希望小学、病重的困难学子募集善款，为自闭症儿童、听障人士演出团队做化妆师、购买盒饭，被评为全国金融系统"金融服务能手"、中国好人、江苏好人。通辽市中心支行退休干部包格日乐，退休之后积极参加社会公益事业，投身植树造林事业，坚持用20年的时间将家乡的"白沙坨"变为"绿果林"，于无声处，为绿化环境付出无尽的心血。吉林敦化市支行科员张锐，2014年起加入"敦化市彩虹爱心志愿者服务队"，参加志愿服务累计时长790余天。七年来，他跟随爱心团队慰问贫困家庭、孤寡老人、听障儿童，组织爱心志愿团队，长期捐助贫困学子，诠释了助人为乐的博大胸襟。

有一群央行人，坚持不懈，奉献热血。安徽望江县支行金融服务部副主任王强，连续21年坚持献血，累计达10 300毫升，从未间断；南宁中心支行调研员梁雯，坚持献血23年，获评"全国无偿献血奉献奖金奖"等荣誉称号；新疆阜康市支行科员谢虎平，勤勉敬业，坚守保卫岗位30年，坚持无偿献血20年，为患者带去生命的希望；中钞国鼎投资有限公司产品设计王玮，十年间长期自愿无偿捐献2 000多毫升"熊猫血"，还曾不辞辛劳赴外地献血，用实际行动传递着无声大爱。

在见义勇为的现场，总能看见央行人的身影。"95后"的田国志，是营业管理部外汇检查处科员。一天上午，田国志工作的西金大厦8层发生一起突发事件，一名男子因失恋后借着酒劲轻生，整个身体已经完全翻出楼层护栏。目睹这一幕的田国志迅速赶到现场，通过耐心劝导、巧妙沟通，舒缓了男子的情绪，并在关键时刻果断出手，冒着有可能被惯性带着坠落的风险，冲上前抱住该男子，将其拖到安全区域，并帮他化解了酒后干呕窒息的危险。福建周宁县支行营业室副主任王利平，看到一个四五岁的小孩不慎落水，纵身跃入河中，救起孩子，悄然离去；楚雄中心支行科员常磊，奋力入水，救下落水的老人和儿童，并施以急救，挽救了宝贵的生命。他们勇敢救人的义举，展现了央行人的勇气与担当。（奉献 坚守 付出——2020年人民银行公德奖获奖人物事迹纪实）

资料来源：党委宣传部. 奉献 坚守 付出——2020年人民银行公德奖获奖人物事迹纪实［EB/OL］. 2021－06－04. 中国人民银行官网，http：//www.pbc.gov.cn/dangweixuanchuanbu/110698/110704/4261608/index.html. 有删减。

二、商业银行

商业银行是世界各国金融体系的主体，是金融业中服务范围最为广泛，对社会经济活动影响最大的金融机构。商业银行是以追求最大利润为目标，以多种金融负债筹集资金，以多种金融资产为其经营对象，能利用负债进行信用创造，并向客户提供多功能、综合性服务的金融企业。

商业银行的职能主要包括信用中介；支付中介；信用创造；金融服务。详见项目七。

> 📖 **实践练习：**
>
> 假如你是即将入职某商业银行的一名新员工，请你情景演练你一天的生活？
> （小组合作）

三、政策性银行

所谓政策性银行，主要是指由政府创立或担保、以贯彻国家产业政策和区域发展政策为目的、具有特殊的融资原则、不以营利为目的的金融机构。1994 年，我国组建了三家政策性银行，即国家开发银行、中国进出口银行、中国农业发展银行，均直属国务院领导，其中国家开放银行 2015 年国务院明确定位为开发性金融机构。

（一）特点

1. 政策性银行的资本金多由财政拨付。
2. 经营时主要考虑国家整体利益、社会效益，不以营利为目的，但它也必须考虑盈亏，力争保本微利。
3. 有其特定的资金来源，主要依靠发行金融债券或向中央银行举债，一般不面向公众吸收存款。
4. 有特定的业务领域，不与商业银行竞争。

（二）中国进出口银行

中国进出口银行于 1994 年 4 月正式成立，总行设在北京，在境内设有 18 家营业性分支机构，境外设有 3 家代表处。注册资本金为 33.8 亿元，由政府财政全额拨付。实行自主、保本经营和企业化管理的经营方针。其主要任务是执行政府产业政策和外贸政策，为扩大我国机电产品和成套设备等资本性货物出口提供政策性金融支持。

（三）中国农业发展银行

中国农业发展银行于 1994 年 11 月正式成立，总行设在北京，国内设有 2 000 家分支机构。注册资本金为 200 亿元人民币，由政府财政全额拨付。实行独立核算，自主、保本经营，企业化管理的经营方针。其主要任务是按照国家有关法律、法规和方针、政策，以国家信用为基础，筹集农业政策性信贷资金，承担国家规定的农业政策性金融业务，代理财政性支农资金的拨付。

头脑风暴：

对于普通的农民来说，如何获得中国农业发展银行的支持？

四、开发性金融机构—国家开发银行

国家开发银行成立于 1994 年，总行设在北京，下设总行营业部、27 家国内分行和中国香港代表处，是直属国务院领导的开发性金融机构。2008 年 12 月改制为国家开发银行股份有限公司。2015 年 3 月，国务院明确国开行定位为开发性金融机构。国开行注册资本 4 212.48 亿元，股东是财政部、中央汇金投资有限责任公司、梧桐树投资平台有限公司和全国社会保障基金理事会，持股比例分别为 36.54%、34.68%、27.19%、1.59%。国家开发银行紧紧围绕服务国家经济重大中长期发展战略，发挥中长期投融资和综合金融服务优势，筹集、引导和配置社会资金，支持的领域主要包括：（1）基础设施、基础产业、支柱产业、公共服务和管理等经济社会发展的领域；（2）新型城镇化、城乡一体化及区域协调发展的领域；（3）传统产业转型升级和结构调整，以及节能环保、高端装备制造等提升国家竞争力的领域；（4）保障性安居工程、扶贫开发、助学贷款、普惠金融等增进人民福祉的领域；（5）科技、文化、人文交流等国家战略需要的领域；（6）"一带一路"建设、国际产能合作和装备制造合作、基础设施互联互通、能源资源、中资企业"走出去"等国际合作领域；（7）配合国家发展需要和国家经济金融改革的相关领域；（8）符合国家发展战略和政策导向的其他领域。

案例分析：

《人民日报》：国开基础设施投资基金已投放 2 100 亿元

记者近日从国家开发银行获悉：截至 2022 年 8 月 26 日，国开基础设施投资基金已签约 422 个项目、合同金额 2 100 亿元；已投放 2 100 亿元，重点投向中央财经委员会第十一次会议明确的五大基础设施重点领域，重大科技创新、职业教育等领域，以及其他可由地方政府专项债券投资的项目，取得阶段性重要进展。

近期，中央政治局会议强调要用好政策性银行新增信贷和基础设施建设投资基金，国务院常务会议多次就用好政策性开发性金融工具作出重要部署。按照党中央、国务院决策部署，国家发展改革委会同人民银行、银保监会等部门，以及中央企业和各地方，抓紧做好政策性开发性金融工具备选项目筛选推荐等有关工作，推动项目尽快落地实施。

据悉，国开基础设施投资基金在项目来源上采取"部委推荐、开行自主决策"。按照"基金跟着项目走"的原则，先由国家发展改革委会同有关中央部门、中央企业及各地方形成备选项目清单，按照"成熟一批、推荐一批"的原则，向开发银行推荐；再由开发银行从中筛选，按照市场化原则，依法合规自主决策、独立评审，开展项目对接投资。具体项目选择标准上，要求投资项目既要有较强的社会效益，也要有一定的经济可行性，坚持不搞大水漫灌，优先支持"十四五"规划内的、前期工作成熟、三季度能够尽快开工的基础设施重点领域项目，确保资金到位后，项目按期开工建设。

资料来源：赵展慧. 开基础设施投资基金已投放 2 100 亿元 [EB/OL]. 2022 - 08 - 29. 国家开发银行官网，https：//www. cdb. com. cn/xwzx/mtjj/202208/t20220829 _10188. html.

思考：国家开发银行支持的领域主要包括哪些？

五、非银行类金融机构

(一) 金融资产管理公司

该类公司是经国务院决定设立的收购国有独资商业银行不良贷款，管理和处置因收购国有独资商业银行不良贷款形成的资产的国有独资非银行金融机构。

目前，中国有四大金融资产管理公司，分别是中国华融资产管理公司、中国长城资产管理公司、中国东方资产管理公司、中国信达资产管理公司，设立之初分别接收了从中国工商银行、中国农业银行、中国银行、中国建设银行剥离出来的不良资产，现在该类公司积极开展商业化转型，综合金融服务集团架构雏形形成并逐年完善，业务涵盖了资产管理、保险、证券、信托、租赁、投融资、评级和海外业务等，致力于为客户提供多元化、全生命周期的金融服务，目标是成为以资产管理为主导、全价值链的领先金融服务集团。

此外，近年来不断有其他集团涉足此类业务，开设了资产管理公司，例如中国中信集团设立了中信资产管理有限公司，从事不良资产处置、短期融资、融资租赁、商业保理、股权投资等。

(二) 证券公司

证券公司是指依照公司法的规定，经国务院证券监督管理机构审查批准，从事证券经营业务的有限责任公司或者股份有限公司。它是非银行金融机构的一种，是从事证券经营业务的法定组织形式，是专门从事有价证券买卖的法人企业，分为证券经营公司和证券登记公司。证券经营公司具有证券交易所的会员资格，可以承销发行、自营买卖或自营兼代理买卖证券。

国内知名券商包括中信证券、海通证券、招商证券、国泰君安证券、中国银河证券、广发证券、国信证券、申银万国证券、东方证券、中信建投证券等。

实践练习：

请根据老师提供的股票市场的相关术语和名词，说出与之相关的其他术语或者名词（每个作答学生限时 30 秒）。

（三）保险公司

保险公司是指以经营保险业务为主的经济组织，在我国，是指经中国保险监督管理机构批准设立，并依法登记注册的商业保险公司，包括直接保险公司和再保险公司。按所有制性质不同，我国保险公司可分为国有保险公司和股份制保险公司两大类型。1998 年 10 月中国人民保险集团撤销，其下属的 3 个专业公司成为 3 家独立的国有保险公司，即中国人民保险有限公司（主营财产险）、中国人寿保险有限公司（主营人寿险）、中国再保险有限公司（主营再保险）。随着我国保险业的发展，保险市场的主体逐渐增加，中国太平洋保险公司、中国平安保险公司、华泰财产保险有限公司、新华人寿保险有限公司、泰康人寿保险有限公司及一些外资保险公司不断加入进来。

为加快发展，我国国有保险公司明确了进行股份制改革的方向。2003 年 7 月，中国人民保险公司率先完成了股份制改革，由中国人保控股公司、中国人民财产保险股份有限公司、中国人保资产管理公司 3 家公司取而代之。中国人寿保险公司、中国再保险公司也在加紧股份制改革。现今，我国的保险市场已初步形成了国有商业保险公司为主，中外保险公司并存，多家保险公司竞争的新格局。

视频：带病投保不可取 以诚待人须铭记

实践练习：

画一画人生不同阶段的保险需求？

（四）信托公司

信托是指委托人基于对受托人的信任，将其合法持有的财产或财产权利委托给受托人，由受托人根据委托人的意愿，以受托人自己的名义管理和处置该财产或财产权利，从而为委托人和受益人获得利益。信托投资公司就是主要经营信托业务的金融机构。我国信托投资公司主要经营资金和财产委托、代理资产保管、金融租赁、经济咨询、证券发行以及投资等。

目前，我国较有影响的信托投资公司有中国国际信托投资公司和中国新技术创业投资公司。此外，还有中国光大国际信托投资公司、中国民族国际信托投资

公司以及地方开办的信托投资机构等。

头脑风暴：

请问信托产品与其他理财产品的不同？

（五）基金公司

基金管理公司是指依据有关法律、法规设立的对基金的募集、基金份额的申购和赎回、基金财产的投资、收益分配等基金运作活动进行管理的公司。

证券投资基金的依法募集由基金管理人承担。基金管理人由依法设立的基金管理公司担任。担任基金管理人应当经国务院证券监督管理机构核准。基金管理公司的发起人一般是投资银行、投资咨询公司、经纪商行或保险公司。基金公司一般委托外部的基金管理人来管理基金资产，委托其他金融机构托管基金资产。

从基金资产规模来看，现在国内较大型的基金公司有天弘基金、华夏基金、易方达基金、工银瑞信基金、嘉实基金、南方基金、广发基金、建信基金、中银基金、汇添富基金等。

头脑风暴：

个人养老金可以投资哪些公募基金？

（六）金融租赁公司

金融租赁公司是一种专门从事租赁业务的金融机构，其主要业务是向客户提供各种类型的租赁服务，包括设备融资租赁、房地产融资租赁、运输工具融资租赁等。金融租赁公司通常提供的租赁方式有两种：经营租赁和融资租赁。经营租赁是指将租赁资产出租给客户并收取租金；融资租赁则是将资产购买后再转租给客户并收取租金。

金融租赁公司的主要融资渠道包括信贷融资、发债融资、股权融资等。与传统银行相比，金融租赁公司的优势在于其灵活性和专业性，能够根据客户的需求量身定制租赁方案，并提供更加专业的风险管理服务。在全球金融市场中，金融租赁公司已成为一种重要的金融机构类型，发挥着越来越重要的作用。

近年来，随着数字经济的发展和新型商业模式的出现，金融租赁公司也面临着新的机遇和挑战。例如，金融租赁公司可以利用大数据和人工智能等技术手段提高风控水平和客户服务质量，同时也需要适应新型商业模式的需求，如共享经济、绿色经济等。因此，未来金融租赁公司需要加强技术创新和业务创新，不断提高自身的竞争力和服务水平。

目前国内比较知名的金融租赁公司有华融金融租赁公司、国银金融租赁、江苏金融租赁、山西金融租赁、河北省金融租赁、工银金融租赁、建信金融租赁等。

头脑风暴：

讨论金融租赁公司如何赚钱？

（七）金融科技公司

金融科技公司是利用互联网、移动通信等信息技术手段，通过提供数字化的金融服务和产品，推动金融业的创新和变革的公司。金融科技公司典型的特征是技术创新，快速迭代和灵活适应市场的能力。金融科技公司可以通过技术手段提高金融服务的效率，降低金融服务的成本，打破传统金融机构的垄断，推动金融市场的发展和创新。

金融科技公司的典型代表包括支付宝、微信支付等。这些公司通过技术手段，提供了便捷的移动支付、在线贷款等服务，极大地方便了人们的生活和企业的经营。同时，金融科技公司也带来了新的风险和挑战，如信息安全、隐私保护、合规风险等问题，需要得到重视和解决。

任务三　国际金融机构

➤ 学习情境

根据 ADB 2023 年 4 月 4 日发布的《2023 年亚洲发展展望（四月版）》，在新冠肺炎疫情防控措施优化调整和居民需求恢复之下，预计 2023 年中国经济增速将提升至 5%。

"为刺激经济复苏，短期内仍需要基础设施投资等财政支出，尤其是在 2023 年发达经济体增长势头降温可能抑制外需的背景下，"ADB 驻中国代表处首席代表萨法尔·帕尔韦兹（Safdar Parvez）表示。

ADB 在坚持消除极端贫困的同时，致力于实现繁荣、包容、有适应力和可持续的亚太地区。ADB 成立于 1966 年，现有 68 个成员，其中 49 个来自亚太地区。

任务描述：

学生分组讨论：（1）ADB 到底是个什么组织？（2）除了文中提到的组织外，你还知道哪些国际金融组织？

一、全球性国际金融机构

（一）国际货币基金组织

国际货币基金组织（IMF）根据 1944 年 7 月在美国布雷顿森林召开的联

合国货币金融会议上通过的"国际货币基金协定",于 1945 年 12 月正式成立,总部设在美国首都华盛顿,它是联合国的一个专门机构。我国是创始国之一。

国际货币基金组织成立的宗旨是,帮助会员国平衡国际收支,稳定汇率,促进国际贸易发展。其主要任务是,通过向会员国提供短期资金、解决会员国国际收支暂时不平衡和外汇资金需要,以促进汇率的稳定和国际贸易的扩大。

参加基金组织的每一个会员国都要认缴一定的基金份额。基金份额的确定,与会员国利益密切相关,因为会员国投票权的多寡和向基金组织取得贷款权利的多少取决于一国份额的大小。

国际货币基金组织的最高权力机构是理事会,由各会员国委派理事和副理事各 1 人组成。执行董事会是负责处理基金组织日常业务的机构,共由 23 人组成。

它的资金来源,除会员国缴纳的份额以外,还有向会员国借入的款项和出售黄金所获得的收益。国际货币基金组织的主要业务是:发放各类贷款;商讨国际货币问题;提供技术援助;收集货币金融情报;与其他国际机构的往来。

🪙 即问即答:

IMF 提供何种资金援助?

答:与开发性银行不同,IMF 不为特定项目提供贷款。对于遭受危机的国家,IMF 向其提供资金支持,从而为其赢得喘息空间,使其能够实施调整政策以恢复经济稳定和经济增长。此外,IMF 还提供预防性融资,帮助防范危机。IMF 不断完善其贷款工作,以满足成员国不断变化的需求。

为什么会发生危机?

答:危机的发生有很多原因造成,例如可能由国内因素造成,财政或者货币政策制定有误,会导致大量的财政逆差或者造成大量的财政赤字,这都会导致国家出现危机,另外如果发生突发事件造成政局不稳或者制度方面出现问题都有可能会引发危机。从外部因素来看,国家发生重大自然灾害,例如大范围地震、国家之间发生摩擦及国家的商品价格波动剧烈都会对国家造成危机。

(二)世界银行

世界银行又称"国际复兴开发银行",是 1944 年与国际货币基金组织同时成立的另一个国际金融机构,也属于联合国的一个专门机构。它于 1946 年 6 月开始营业,总行设在美国首都华盛顿。世界银行的宗旨是:通过世界银行组织长期贷款和投资,解决会员国战后恢复和发展经济的资金需要。

凡该组织的会员国均须认购世界银行的股份,认购额由申请国与世界银行协商,并经理事会批准。一般情况下,一国认购股份的多少根据其经济财政实力,并参照该国在基金组织缴纳份额的大小而定。世界银行会员国的投票权与认缴资本的数额成正比例。

我国也是世界银行的创始会员国之一，我国向世界银行缴纳的股份大约占世界银行股金总额的1/3。

二、区域性国际金融机构

（一）国际清算银行

国际清算银行是根据1930年1月20日在荷兰海牙签订的海牙国际协定，于同年5月，由英国、法国、意大利、德国、比利时和日本六国的中央银行，以及代表美国银行界利益的摩根银行、纽约花旗银行和芝加哥花旗银行三大银行组成的银团共同联合创立，行址设在瑞士的巴塞尔。

国际清算银行成立之初的宗旨是，处理第一次世界大战后德国赔款的支付和解决对德国的国际清算问题。1944年，根据布雷顿森林会议决议，该行应当关闭，但美国仍将它保留下来，作为国际货币基金组织和世界银行的附属机构。此后，该行的宗旨转变为，增进各国中央银行间的合作，为国际金融业务提供额外的方便，同时充当国际清算的代理人或受托人。

国际清算银行的最高权力机构是股东大会，由认缴该行股金的各国中央银行代表组成，每年召开一次股东大会。董事会领导该行的日常业务。董事会下设银行部、货币经济部、秘书处和法律处。

国际清算银行的资金来源主要是会员国缴纳的股金，另外，还有向会员国中央银行的借款以及大量吸收客户的存款。其主要业务活动是：办理国际结算业务；办理各种银行业务，如存、贷款和贴现业务；买卖黄金、外汇和债券；办理黄金存款；商讨有关国际货币金融方面的重要问题。国际清算银行作为国际货币基金组织内的十国集团（代表发达国家利益）的活动中心，经常召集该集团成员和瑞士中央银行行长举行会议，会议于每月第一个周末在巴塞尔举行。

（二）亚洲开发银行

亚洲开发银行（ADB）是1965年3月根据联合国亚洲及远东经济委员会（即联合国亚洲及太平洋地区经济社会委员会）第21届会议签署的"关于成立亚洲开发银行的协议"而创立的。1966年11月，在日本东京正式成立，同年12月开始营业，行址设在菲律宾首都马尼拉。亚洲开发银行（ADB）致力于实现繁荣、包容、有韧性和可持续的亚太地区，同时继续努力消除极端贫困。它通过提供贷款、技术援助、赠款和股权投资来协助其成员和合作伙伴，以促进社会和经济发展。其资金来源主要是会员国缴纳的股金、亚洲开发基金和在国际金融市场上发行债券。

（三）非洲开发银行

非洲开发银行在联合国非洲经济委员会的赞助下，于1964年9月正式成立，1966年7月开始营业，行址设在象牙海岸首都阿比让。非洲开发银行的宗旨是，为会员国的经济和社会发展提供资金，协调各国发展计划，促进非洲经济一体化。其资金来源主要是会员国认缴的股本以及向国际金融市场借款。

（四）泛美开发银行

泛美开发银行于1959年12月30日正式成立，1960年11月1日开始营业，行址设在美国首都华盛顿。泛美开发银行的宗旨是，动员美洲内外资金，为拉丁美洲国家的经济和社会发展提供项目贷款和技术援助，以促进拉美经济的发展。其资金来源主要是会员国认缴的股金、向国际金融市场借款和较发达会员国的存款。

（五）欧洲投资银行

欧洲投资银行是在1957年3月25日，根据《欧洲共同体条约》（即《罗马条约》）的有关条款组成的欧洲金融机构。它的成员都是欧洲共同体的会员国，行址设在卢森堡。欧洲投资银行的宗旨是，为了欧洲共同体的利益，利用国际资本市场和共同体本身的资金，促进共同市场平衡而稳定地发展。该行的主要业务活动是，在非营利性的基础上，提供贷款和担保，以资助欠发达地区的发展项目，改造和使原有企业现代化以及开展新的活动。其资金来源主要是向欧洲货币市场借款。

（六）亚洲基础设施投资银行

亚洲基础设施投资银行（简称亚投行，AIIB）是一个政府间性质的亚洲区域多边开发机构，重点支持基础设施建设，成立宗旨在于促进亚洲区域的建设互联互通化和经济一体化的进程，并且加强中国及其他亚洲国家和地区的合作。总部设在北京。亚投行法定资本1 000亿美元。

截至2015年12月25日，包括缅甸、新加坡、文莱、澳大利亚、中国、蒙古国、奥地利、英国、新西兰、卢森堡、韩国、格鲁吉亚、荷兰、德国、挪威、巴基斯坦、约旦等在内的17个意向创始成员国（股份总和占比50.1%）已批准《亚洲基础设施投资银行协定》（以下简称《协定》）并提交批准书，从而达到《协定》规定的生效条件，即至少有10个签署方批准且签署方初始认缴股本总额不少于总认缴股本的50%，亚洲基础设施投资银行正式成立，全球迎来首个由中国倡议设立的多边金融机构。

> ◀▶ **案例分析：**
>
> #### 世界银行支持中国陕西省塑料垃圾减量
>
> 2023年3月23日，华盛顿：世界银行执行董事会今天批准2.5亿美元贷款，用于帮助中国陕西省减少农村生活垃圾和农用塑料薄膜造成的塑料污染，加强陕西省塑料垃圾治理，并为国家提供可借鉴的经验。

海洋塑料污染对世界海洋的威胁不断增大，给生态系统和人类健康与生计造成严重后果。据估计，全球80%的海洋塑料来自管理缺失或管理不当的生活垃圾，是垃圾运营管理、基础设施和系统能力不足的结果。中国的海洋塑料垃圾污染主要来自农村地区的生活垃圾排放。在中国农村地区，多达一半的生活垃圾未经收集处理，仍存在于环境中。此外，中国是世界上农用塑料薄膜覆盖面积最大的国家，约1/3的废弃农膜残留于土壤中。

陕西省地跨黄河流域和长江流域，农村生活垃圾管理滞后于中国大多数省份，大部分农用地膜未进行回收处理。生活垃圾也是温室气体排放源之一，约占全球排放量的5%。

世界银行贷款城乡塑料垃圾减量项目（二期）将支持中国改善塑料垃圾治理，减少塑料污染和温室气体排放，加强省级法规和机构能力建设，建立城乡一体化的垃圾治理模式。项目所取得的经验有望得到复制推广，为其他省份的农村地区垃圾管理改革与实践以及国家层面进一步完善政策提供借鉴。

世界银行中国、蒙古国和韩国局局长华玛雅表示："这一创新项目瞄准中国农村的塑料污染问题。项目将聚焦于规划、融资、处理设施建设、利益相关者参与和绩效评估的一体化系统，引进国际实践，示范可推广的中国农村垃圾治理转型模式。项目的预期成果包括减少塑料垃圾向环境中泄漏，增加垃圾收集处理量，在管理系统中引入创新模式等，这将会对陕西省以外的其他地区产生示范效应。"

项目将由陕西省发展和改革委员会牵头实施，联合国家其他有关部门进行协商，并借鉴和利用世界银行在2021年6月批准的首个中国塑料垃圾减量项目经验——其内容包括支持国家发展和改革委员会牵头加强政策研究，通过项目投资帮助宁波和重庆减少城区塑料垃圾污染、提高资源利用效率。

资料来源：华盛顿. 世界银行支持中国陕西省塑料垃圾减量［EB/OL］. 2023 - 03 - 23. 世界银行官网新闻，https：//www. shihang. org/zh/news/press - release/2023/03/23/supporting - plastic - waste - reduction - in - china - s - shaanxi - province. 有删减。

思考：世界银行为什么支持中国陕西省改善塑料垃圾治理？

项目要点

1. 金融机构又称金融中介或者金融中介机构，金融机构是指专门从事货币信用、资金融通、金融交易等活动，为资金短缺者借贷资金，为资金盈余者提供投资机会的机构。

2. 金融机构的功能包括充当信用中介，促进资金融通；充当支付中介，便利支付结算；提供金融服务，降低交易成本。

3. 中国金融监管部门已经形成"一行一总局一会一局"架构，其中"一总局"为金融监督管理总局，金融监督管理总局是在以前银行保险监督管理委员会的基础上组建的；"一行"为中国人民银行；"一会"为证券监督管理委员会；"一局"为外汇管理局。

4. 商业银行是以追求最大利润为目标，以多种金融负债筹集资金，以多种金融资产为其经营对象，能利用负债进行信用创造，并向客户提供多功能、综合性服务的金融企业。

5. 政策性银行，主要是指由政府创立或担保、以贯彻国家产业政策和区域发展政策为目的、具有特殊的融资原则、不以营利为目的的金融机构。

6. 国家开发银行成立于 1994 年，总行设在北京，下设总行营业部、27 家国内分行和中国香港代表处，是直属中国国务院领导的开发性金融机构。

7. 金融资产管理公司是经国务院决定设立的收购国有独资商业银行不良贷款，管理和处置因收购国有独资商业银行不良贷款形成的资产的国有独资非银行金融机构。

8. 证券公司是指依照公司法的规定，经国务院证券监督管理机构审查批准，从事证券经营业务的有限责任公司或者股份有限公司。

9. 保险公司是指以经营保险业务为主的经济组织，在我国，是指经中国保险监督管理机构批准设立，并依法登记注册的商业保险公司，包括直接保险公司和再保险公司。

10. 信托是指委托人基于对受托人的信任，将其合法持有的财产或财产权利委托给受托人，由受托人根据委托人的意愿，以受托人自己的名义管理和处置该财产或财产权利，从而为委托人和受益人获得利益。信托投资公司就是主要经营信托业务的金融机构。

11. 基金管理公司是指依据有关法律、法规设立的对基金的募集、基金份额的申购和赎回、基金财产的投资、收益分配等基金运作活动进行管理的公司。

12. 金融租赁公司是一种专门从事租赁业务的金融机构，其主要业务是向客户提供各种类型的租赁服务，包括设备融资租赁、房地产融资租赁、运输工具融资租赁等。

13. 金融科技公司是利用互联网、移动通信等信息技术手段，通过提供数字化的金融服务和产品，推动金融业的创新和变革的公司。

14. 国际金融机构是指从事国际金融管理和国际金融活动的超国家性质的组织机构，能够在重大的国际经济金融事件中协调各国的行动；提供短期资金缓解国际收支逆差稳定汇率；提供长期资金促进各国经济发展。按范围可分为全球性国际金融机构和区域性国际金融机构。

15. 全球性国际金融机构包括国际货币基金组织、世界银行。

16. 区域性国际金融机构包括国际清算银行、亚洲开发银行、非洲开发银行、泛美开发银行、欧洲投资银行、亚洲基础设施投资银行。

同步练习

一、单项选择题

1. 下列属于政策性银行的是（　　）。

A. 中国建设银行　　　　　　　　　B. 中国进出口银行

C. 中国农业发展银行　　　　　　　D. 国家开发银行

2. 信托是随着商品经济的发展而出现的一种财产管理制度，其本质是（　　）。

A. 吸收存款、融通资金　　　　　　B. 规避风险、发放贷款

C. 办理收付、清算结账　　　　　　D. 受人之托、代人理财

3. 金融资产管理公司属于（　　）。

A. 银行机构　　　B. 非银行金融机构　　C. 信托机构　　　D. 证券机构

4. 我们国家的中央银行是（　　）。

A. 中国银行　　　B. 中国人民银行　　C. 中国工商银行　　D. 国家开发银行

5. 下列关于国际货币基金组织说法正确的是（　　）。

A. 现在已经解散　　　　　　　　　B. 是区域性的金融机构

C. 它是联合国的一个专门机构　　　D. 主要是向发达国家提供金融服务

二、多项选择题

1. 我国四大资产管理公司有（　　）。

A. 中国华融资产管理公司　　　　　B. 中国长城资产管理公司

C. 中国东方资产管理公司　　　　　D. 中国信达资产管理公司

2. 全球性国际金融机构有（　　）。

A. 泛美开发银行　　　　　　　　　B. 国际货币基金组织

C. 世界银行　　　　　　　　　　　D. 亚洲开发银行

3. 下列属于区域性国际金融机构的有（　　）。

A. 非洲开发银行　　B. 欧洲开发银行　　C. 亚投行　　　D. 世界银行

4. 下列属于商业银行职能的有（　　）。

A. 信用中介　　　B. 支付中介　　　C. 金融服务　　　D. 信用创造

三、判断题

1. 中国金融监管部门将形成"一行一总局一会一局"架构。（　　）

2. 保险公司是指以经营保险业务为主的经济组织。（　　）

3. 金融机构的功能包括充当信用中介，充当支付中介，提供金融服务。（　　）

4. 基金管理公司可以托管基金资产。（　　）

5. 国际货币基金组织是区域性国际金融机构。（　　）

四、简答题

1. 如何理解金融机构的功能？

2. 金融管理监管层包括哪些？

3. 区域性国际金融机构包括哪些？

五、分析应用题

案例分析：金融监管大改革

2023 年的"两会"通过了新一轮国务院机构改革方案，其中最引人瞩目的无疑是金融监管体制改革的相关措施。在 13 项改革内容中，有 6 项涉及金融监管改革，包括组建国家金融

监督管理总局（以下称"金管总局"），加强中央对金融的统一领导，加强金融消费者保护等，旨在提升金融体系效率，强化系统性金融风险防范和化解能力。

上述举措拉开了我国金融监管大改革的开端。3 月 16 日，《党和国家机构改革方案》印发，提出组建中央金融委员会，并明确其负责"金融稳定和发展的顶层设计、统筹协调、整体推进、督促落实"的指导思路，进一步体现要建设符合社会主义市场经济体制特征的金融监管体系。

放眼全球，国际主流金融监管模式有以下几种：分业监管模式，即我国本次改革前以"银保监会＋证监会"为代表的模式，代表国家有美国、法国、意大利等；统一监管模式，以新加坡金融监管局为代表；双峰模式，以英国金融行为监管局和审慎监管局为代表。

我国这次金融监管体系改革后，"一局一会"的新结构将体现出独特的中国特色：以投资者和消费者保护为核心、维护市场秩序为目的的行为监管将统一划归金管总局，以金融机构稳健经营为核心、防范市场风险为目的的微观审慎监管保留分业模式，金管总局和证监会分别负责非证券业和证券业的审慎监管。

从英国、德国、韩国、阿联酋等多个国家推进金融监管体系转型的历史经验来看，监管模式会跟随市场发展不断动态优化。因此在改革过程中，更重要的是执行效率和过程管理，降低体系变革所造成的冲击和震荡，推进金融行业稳健地向高质量发展之路过渡。

资料来源：叶琼滢. 金融监管大改革，对金融机构意味着什么 [EB/OL]. 2023 - 03 - 21. 第一财经网，https：//www. yicai. com/news/101707357. html.

思考：请你从金融机构的角度思考，金融监管大改革，对金融机构意味着什么？

六、技能实训题

实训项目名称：举办"猜金融机构"知识竞赛。

实训目的：考查学生对金融机构体系的掌握情况。

实训内容：教师提前准备好不同类型的金融机构，学生分组竞猜是哪种金融机构。

实训要求：不能提前漏题，考验学生的现场应变能力，不能使用手机查询，保证公平公正完成竞赛。

推荐阅读

1. 《一图读懂国务院机构改革方案（2023 年 3 月）》，来源：中华人民共和国中央人民政府。

2. 《参加存款保险的金融机构名单（2023 年三月）》，来源：中国人民银行。

商业银行

（一）知识目标

1. 了解商业银行的产生和发展、性质和职能、组织形式；

2. 理解商业银行的主要业务；

3. 掌握商业银行的经营原则和管理方法。

（二）技能目标

1. 能结合实际阐述商业银行的信用中介、支付中介、信用创造和金融服务的职能；

2. 能在生活中实践商业银行的负债业务、资产业务和表外业务；

3. 能进行商业银行风险的防范。

（三）素质目标

1. 通过学习商业银行的发展、性质、职能及在国民经济中的地位，使学生了解我国银行业取得的成就和发展，从而增强学生对社会主义发展的道路自信、理论自信、制度自信和文化自信；

2. 通过银行业务的学习，让学生了解银行各类业务及发展趋势，培养正确的职业道德与操守，树立职业自豪感与自信心；

3. 通过银行管理的学习，培养学生树立诚信与风险意识，理解党和国家"切实把金融安全稳定作为治国理政的一件大事"的部署。

▶▶案例导入

商业银行营收增速下滑，真正的竞争刚刚开始

看商业银行的财报，最关键的指标是营收，净利润是可以调出来的，例如通过拨备、分红和不良资产的消化等方面都可以调节利润，但是营业收入是很难调整的，因此营业收入这个指标是判断银行业务情况的重要指标。

商业银行的营业收入一般包括商业银行办理放款、结算业务以及从事租赁、信托投资、证券交易、房地产开发、金银和外汇及证券买卖等项业务而取得的利息、利差补贴、手续费、价差等收入的总和。简单来讲，商业银行的收入主要是两方面，一方面是通过放贷得到的存贷款利差收入；一方面是中间业务的费用收入。

前者占用风险资产，成本比较高，必须有大量的资本金，也就是现在所说的重资本业务；中间业务收入，主要是服务费，是提供劳务服务的收入，不占用资本金，是轻资本业务。

从去年商业银行公布的财报看，商业银行的营业收入增速可谓大幅度放缓。以六大国有银行为例，2022年，六大行营收规模共计3.69万亿元，同比增长仅0.27%，较2021年8.55%的增速下降了8.28个百分点。其他股份制银行和地方银行的营业收入下降更凶猛。

营业收入下滑的原因是商业银行的放贷利息收入和中间业务收入都在下滑，放贷利息收入方面最明显的表现是净息差的下滑。2022年除中国银行外，其余五家国有大行净息差均出现下滑。2022年，工商银行、建设银行、交通银行、邮储银行净息差为1.92%、1.90%、2.02%、1.48%、2.20%。中国银行之所以例外，是因为持有大量的境外资产。

净息差为什么会下滑，一方面存款成本在提高；一方面放款利息在下降。存款成本方面，最主要的因素是存款定期化趋势严重，去年多数银行定期存款普遍远高于活期存款，例如招商银行，2022年零售定期存款余额为11 208.25亿元，较2021年同期暴增53.48%；而零售活期存款余额为19 833.63亿元，同比增长仅为27.31%，均远低于定期存款及增速。此外，中信银行2022年个人定期存款9 428.03亿元，同比增长达42.36%；平安银行、光大银行、瑞丰银行等多家银行个人定期存款增幅均超过30%，依次为39.79%、33.92%、30.14%。

同时，由于受疫情影响，消费和投资不畅的影响，贷款利率也下降，央行降低LPR35个基点，房地产需求不足，作为高息业务的房地产按揭贷款萎缩，房贷收入下降，从两端对净息差进行了挤压。

另外，中间业务也就是非息收入下滑严重，例如招商银行是非息收入占比最高的股份制银行，2022年非息净收入近10年来首次同比下滑，成为营收增速放缓的主要原因之一。六大国有银行的非息收入同样拖累了营业收入。2022年，六大行非息收入规模共计8 603亿元，同比下降约9%。

中间业务收入下滑的原因，则主要是资本市场进入持续的熊市。招商银行2022年由于特殊环境的影响，资本市场波动使代销基金规模和收入的下降幅度均超过40%，给招商银行非息净收入、财富管理收入增长都带来了负面影响。招商银行的例子在全行业都是普遍现象。

分析过去的目的是预测未来，从目前来看，短期内扭转商业银行净息差下滑的趋势是很难的，根本原因还是经济下滑压力较大，人口形势，居民杠杆率过高以及房地产需求不足等影响。央行为了支持经济发展，还会继续实行较为宽松的货币政策，从长期讲金融市场利率未来还会继续下行，这导致银行放贷的收入还会下降，尤其是房地产业务占比过高，一旦市场利率下行，这些贷款就要重定价，这会严重影响商业银行银行的信贷收入。2022 年下调 LPR35 个基点，2023 年 90% 以上的贷款就要重定价。这就进一步导致利息收入放缓。

而在存款方面，随着 2023 年经济复苏，存款定期化趋势会放缓，居民对未来预期逐渐改善，存款定期化会缓解，在 2023 年定期化增速可能放缓，但绝对量还会继续增加。贷款在年初规模急速放大，后半年央行可能还会继续降息，那么贷款利率还会下降。

近几年由于国际金融市场动荡，导致国内 A 股市场也是波动较大，这使得商业银行的非息收入下滑，例如中间业务中的一个核心收入财富管理和私行业务就很难赚到钱。

这就要求商业银行未来要弥补营收下滑的趋势，必须具有创新精神，例如在降低成本、精细化管理、风险防范，以及资产负债配置等方面，必须加大对实体经济的支持力度，尤其是在居民资产负债表持续收缩的大背景下，寻找和创造新的市场需求点，开拓业务，不断创新，从而在激烈的竞争中立于不败之地。

也就是说，此前在较大净息差的背景下，商业银行可以很轻松地赚到钱，这个时代已经一去不复返，未来就是要向经营管理、向研发、向新技术新业务要收益，从而降本增效，真正的竞争刚刚开始。

资料来源：冉学东. 商业银行营收增速下滑，真正的竞争刚刚开始［N］. 2023 - 04 - 11. 华夏时报网，https：//www. chinatimes. net. cn/article/126478. html.

思考：1. 影响商业银行营业收入增速下滑的原因主要有哪些？

2. 未来商业银行应从哪些方面着手提高营业收入？

知识网络图（见图 7 - 1）

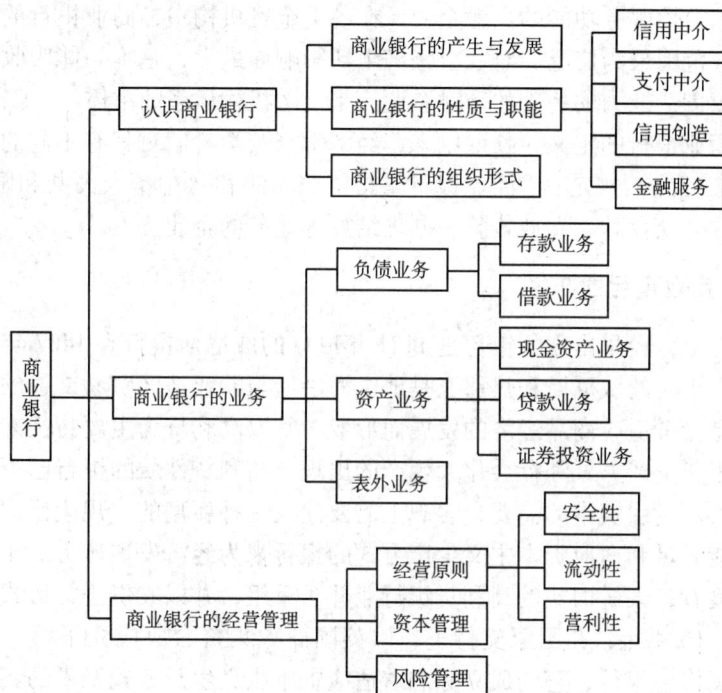

图 7 - 1　商业银行知识网络

任务一　认识商业银行

➤ 学习情境

小王是一名金融专业刚毕业的大学生，应聘到中国银行某支行从事柜员一职，报到的第一天要对该银行及岗位进行了解。

任务描述：

1. 学生分组讨论：（1）商业银行的产生与发展历程是怎样的？（2）联系实际，我国商业银行的发展趋势有哪些？（3）商业银行与一般企业的区别是什么？主要的职能有哪些？（4）帮小王总结出中国银行的组织形式。

2. 分组模拟：每组选定一家银行进行模拟，分析并总结出该银行的产生与发展历程、主要职能、组织形式、该银行未来的发展趋势。

商业银行是以获取利润为经营目标，以多种金融资产和金融负债为经营对象，具有综合性服务功能的金融企业，在金融机构体系中有着重要的地位。

一、商业银行的产生与发展

（一）商业银行的概念

商业银行是以获取利润为经营目标，以多种金融资产和金融负债为经营对象，具有综合性服务功能的金融企业。在各类金融机构中，商业银行的历史最为悠久、业务范围最为广泛、对社会经济生活影响面最大，是唯一能吸收存款，具有派生存款创造能力的特殊的金融企业，是金融机构体系的主体。

关于商业银行的定义，长期以来，经济学家及学者们对其有不同的解释。我国《商业银行法》规定，"商业银行是指依照本法和《中华人民共和国公司法》设立的吸收公众存款、发放贷款、办理结算等业务的企业法人。"

（二）商业银行的产生

拓展阅读："Bank"的由来

在历史上，较早出现的银行是1171年成立的威尼斯银行和1407年成立的热那亚银行，当时的威尼斯和热那亚是地中海沿岸与欧亚地区贸易交往的中心。当时的银行是为了适应商品经济的发展而形成，并以高利贷为主要特征来经营。但随着资本主义生产方式和社会化大生产的出现，高利贷性质的银行已不能适应社会化大生产对货币资本的需要，客观上需要建立一种新型的、规模巨大的、资本雄厚的、能满足和适应资本主义生产方式的银行来为经济发展服务。于是，从治理结构角度看，大量旧式的高利贷银行兼并、重组，并以股份公司形式组建新的商业银行。1694年，在国家支持下，由英国商人集资合股成立了第一家股份制银行——英格兰银行，它的成立标志着适应资本主义生产方式要求的新信用制度的确定，各国相继仿效，对加速资本的积累和生产的集中起到了巨大作用，推动

了资本主义经济的发展。尤其是美国、日本等经济大国，在其资本主义经济高速发展的阶段，银行业作为经济的"助推器"，发挥了无可替代的作用，美英等国也随之成为"金融帝国"。

与西方的银行相比，中国的银行则产生较晚。中国关于银行业的记载，较早的是南北朝时的寺庙典当业。到了唐代，出现了类似汇票的"飞钱"，这是我国最早的汇兑业务。北宋真宗时，由四川富商发行的"交子"，成为我国早期的纸币。到了明清以后，当铺、票号是中国主要的信用机构。我国近代银行业，是在19世纪中叶外国资本主义银行入侵之后才兴起的。最早到中国来的外国银行是英商东方银行，其后各资本主义国家纷纷来华设立银行。在华外国银行虽给中国国民经济带来巨大破坏，但在客观上也对我国银行业的发展起了一定的刺激作用。为了摆脱外国银行支配，清政府于1897年在上海成立了中国通商银行，标志着中国现代银行的产生。

思政栏目：

可歌可泣的陕甘宁边区银行

陕甘宁是中共中央历时13年的所在地，是中国革命的中心。服务于战争需要的陕甘宁边区银行发行边区货币，开展各项业务，为支援抗日战争和解放战争的胜利作出了重大贡献。

陕甘宁边区银行是在1937年9月，陕甘宁根据地工农政府正式更名为陕甘宁边区政府之后，也就是同年10月成立的，是由当时的中华苏维埃共和国国家银行西北分行改组建立，曹菊如任第一任行长，总行设在延安，并先后在绥德、三边、陇东、关中设有四个分行。

陕甘宁边区银行的基金开业时为10万元，主要是中华苏维埃共和国国家银行西北分行结存的现金和储备的金银首饰等。1941年春，陕甘宁边区政府拨给资金120万元充实银行资本。到当年夏天，连同陕甘宁边区银行的自身积累加上政府的投资，陕甘宁边区银行的资本金总计达到400万元。

陕甘宁边区银行业务工作的重点随着当时的军事、政治、经济形势的变化而有所侧重。陕甘宁边区银行在三个不同时期就有不同的任务。

陕甘宁边区银行成立初期，陕甘宁边区财政经济的基本方针是"休养民力，争取外援"，这也是陕甘宁边区银行的基本方针，是银行工作的出发点。这一时期，陕甘宁边区银行主要是吸收存款，配合中央转拨来的部分八路军军饷经营光华商店，以期达到积累资金的目的。发放贷款、代理金库、汇兑等业务也逐步开展。

1940年以后，形势发生了变化，为了冲破国民党的封锁，在党中央"自力更生、自己动手、生产自给"的方针下，陕甘宁边区银行任务调整为：发行货币，调剂金融，支持财政，投资生产，扶助贸易，稳定物价，代理金库，经理公债，支援战争。

中国共产党当时执行的是抗日民族统一战线政策，陕甘宁边区银行成立初期没有发行货币，边区市场上流通的主要是国民党发行的法币。由于当时国民党政府拨付八路军的军饷多为大面额的法币，市场上缺少与之相辅的小额货币，货币流通不畅。"小面额的严重紧缺，国民党就是拖着不给，或许是因为制作成本比较高。"马林介绍，在这种情况下，陕甘宁边区银行于1938年6月以所属光华商店名义发行光华商店代价券，面额为2分、5分、1角、2角、5角，到1941年发行的最大面额为7角5分。光华商店也就成为这一时期一个引人瞩目的名字。

1941年1月，"皖南事变"发生后，国民党政府停发八路军军饷，并加强对边区的包围封锁，边区财政遇到严重困难。同年1月30日，边区政府发布禁止法币在边区使用的命令，2月18日授权边区银行发行陕甘宁边区银行券（简称边币），并集中边区的法币向国民党统治区购进物资，严惩破坏金融的活动，扩大边币流通。1944年7月1日，中共西北财经办事处决定发行陕甘宁边区贸易公司商业流通券，并规定以商业流通券每元相当边币20元的比价陆续收回边币，商业流通券实际上仍由边区银行发行。

陕甘宁边区银行既是中华苏维埃共和国国家银行的直接继承者，又是中国人民银行的前身之一。因此，可以说，陕甘宁边区银行在中国共产党领导的红色金融事业中肩负着承上启下的重要作用。如今的陕甘宁边区银行旧址是全国重点文物保护单位，1991年陕甘宁边区银行纪念馆正式落成开馆，成为了解我国金融革命史和思想政治教育的重要基地，为弘扬延安精神，传承艰苦创业、和谐向上的陕甘宁边区银行作风发挥了积极作用。

资料来源：根据湖州市人民政府金融工作办公室．可歌可泣的根据地银行［EB/OL］．2021－05－26．湖州市人民政府金融工作办公室网，http：//jrw. huzhou. gov. cn/art/2021/5/26/art_1229503272_58918500. html. 改编而成。

（三）商业银行的发展

各国商业银行的发展基本上遵循着两种传统模式：第一种是英国式融通短期资金模式（又称职能分工型模式），即商业银行以提供短期商业性贷款为主；第二种是德国式综合银行模式（又称全能型模式），即商业银行不仅提供短期的商业周转性贷款，也提供中长期固定资产贷款，并对新兴企业进行投资。

20世纪90年代，国际金融领域出现了不少新情况，直接或间接地对商业银行的经营与业务产生了深远的影响。这些影响主要表现在：银行资本越来越集中，国际银行业出现竞争新格局；国际银行业竞争激化，银行国际化进程加快；金融业务与工具不断创新，金融业务进一步交叉，传统的专业化分工界限有所缩小；金融管制不断放宽，金融自由化的趋势日益明显；国内外融资出现证券化趋势，证券市场蓬勃发展；出现了全球金融一体化的趋势。

目前，我国商业银行处于一个特殊的过渡时期，面临着经济体制的调整和金融体系的改革，支付宝、微信支付等第三方支付软件的出现也给商业银行的发展带来不小的挑战。商业银行内部经营管理的问题也日益暴露出来，需要得到及时的纠正。在金融产品方面，商业银行缺少有效的创新，使其缺少前进的动力。

头脑风暴：

金融科技对商业银行的影响有哪些？未来商业银行的发展方向是什么？

二、商业银行的性质与职能

（一）商业银行的性质

商业银行具有如下性质：

1. 银行是企业。商业银行与一般工商企业一样，是以营利为目的的企业，它也具有从事业务经营所需要的自有资本，依法经营，照章纳税，自负盈亏，以利润为目标。

2. 银行是不同于一般工商企业的特殊企业。其特殊性具体表现为经营对象的差异。工商企业经营的是具有一定使用价值的商品，从事商品生产和流通；而商业银行是以金融资产和金融负债为经营对象，经营的是特殊商品——货币和货币资本。经营内容包括货币收付、借贷以及各种与货币运动有关的或者与之相联系的金融服务。从社会再生产过程看，商业银行的经营，是工商企业经营的条件。同一般工商企业的区别，使商业银行成为一种特殊的企业——金融企业。

3. 银行是不同于中央银行、专业银行和其他金融机构的金融企业。中央银行不对客户办理具体的信贷业务，不以营利为目的。专业银行和其他金融机构只限于办理某一方面或几种特定的金融业务，业务经营具有明显的局限性。而商业银行的业务更综合，功能更全面，经营一切金融"零售"业务和"批发"业务，为客户提供所有的金融服务。随着西方各国金融管制的放松，专业银行的业务经营范围也在不断扩大，但与商业银行相比，仍差距甚远。

（二）商业银行的职能

商业银行的职能是由它的性质所决定的，主要有四个基本职能：

1. 信用中介。信用中介是商业银行最基本、最能反映其经营活动特征的职能。这一职能的实质，是通过银行的负债业务，把社会上的各种闲散货币集中到银行里来，再通过资产业务，把它投向经济各部门；商业银行是作为货币资本的贷出者与借入者的中介人或代表，来实现资本的融通，并从吸收资金的成本与发放贷款利息收入、投资收益的差额中，获取利益收入，形成银行利润。商业银行成为买卖"资本商品"的"大商人"。商业银行通过信用中介的职能实现资本盈余和短缺之间的融通，并不改变货币资本的所有权，改变的只是货币资本的使用权。

2. 支付中介。商业银行除了作为信用中介，融通货币资本以外，还执行着货币经营业的职能。通过存款在账户上的转移，代理客户支付，在存款的基础上，为客户兑付现款等，成为工商企业、团体和个人的货币保管者、出纳者和支付代理人。以商业银行为中心，形成经济过程中无始无终的支付链条和债权债务关系。

3. 信用创造。商业银行在信用中介和支付中介职能的基础上，产生了信用创造职能。商业银行是能够吸收各种存款的银行，用其所吸收的各种存款发放贷款，在支票流通和转账结算的基础上，贷款又转化为存款，在这种存款不提取现金或不完全提现的基础上，就增加了商业银行的资金来源，最后在整个银行体系，形成数倍于原始存款的派生存款，具有了信用创造职能。

4. 金融服务。随着经济的发展，工商企业的业务经营环境日益复杂化，银行间的业务竞争也日益激烈化，银行由于联系面广，信息比较灵通，特别是电子计算机在银行业务中的广泛应用，使其具备了为客户提供信息服务的条件，咨询服务，对企业"决策支援"等服务应运而生，工商企业生产和流通专业化的发展，又要求把许多原来属于企业自身的货币业务转交给银行代为办理，如发放工资，代理支付其他费用等。个人消费也由原来的单纯钱物交易，发展为转账结算。现代化的社会生活，从多方面给商业银行提出了金融服务的要求。在强烈的业务竞争压力下，各商业银行也不断开拓服务领域，通过金融服务业务的发展，进一步促进资产负债业务的扩大，并把资产负债业务与金融服务结合起来，开拓新的业务领域。在现代经济生活中，金融服务已成为商业银行的重要职能。

三、商业银行的组织形式

商业银行的组织形式因各国政治经济情况不同而有所不同。概括起来主要有单一制银行、总分行制银行、持股公司制银行和连锁制银行。

1. 单一制银行。单一制银行又称单元银行制，它指商业银行业务由各个相互的商业银行经营，商业银行不设或不允许设分支机构的一种组织形式。

单一制银行的优点体现在以下几个方面：（1）由于禁止或限制设立分支机构，商业银行业务规模的扩大受到制约，可防止银行业的过度集中和垄断。（2）只限于地区营业，有利于地区经济的发展，同样也利于地方政府协调。（3）管理层次少，具有独立和自主性，业务经营具有较大灵活性。

单一制银行的缺点体现在以下几个方面：（1）银行规模小，经营成本大，难以取得规模经济。（2）组织和运用资金的能力有限，业务相对集中，风险较大。（3）没有设立于各地的分支机构，与经济的外向发展，商品交换范围不断扩大存在矛盾。（4）在电子化时代，业务发展和金融创新受到限制。

2. 总分行制。又称分支银行制，指允许银行在总行之外，在国内外各地普遍设立分支银行的一种组织形式。这种体制按总行管理方式不同还可以分为总行制和总行管理处制。总行制指总行除管理各分支银行外，本身也对外营业，办理业务；总行管理处制指总行作为管理处，只负责管理分支银行，本身不对外办理银行业务。

　　总分行制银行的优点体现在以下几个方面：（1）分支银行遍布各地，有利于迅速发展各种银行业务。（2）其规模可按业务发展的需要而扩张，使银行经营取得较好的规模经济效益。（3）分支机构多，业务范围较大，易于组织资金，实力强，可以相互之间调剂资金，分担风险。（4）可实施高度专业化的分工，以提高工作效率。（5）一定程度地克服地方干预，促进银行业的竞争。（6）由于银行数量少，便于国家管理和控制。

　　总分行制银行的缺点体现在以下几个方面：（1）容易形成金融垄断。（2）层次多，较难管理。（3）经营状况依赖总行，对地方经济缺少关切，且大规模调动资金，不利于地方经济发展。

　　3. 持股公司制。持股公司制银行又称为集团制银行，是指由少数大企业或大财团设立控股公司，再由控股公司控制或收购若干家商业银行。这种股权公司既可以由非银行的大企业组建，也可以由大银行组建。持股公司所拥有的银行在法律上是独立的，保持其自身的董事会，对股东负责，接受管理机构的监督。

　　4. 连锁银行制。连锁制银行是指由某个人或某集团拥有若干银行的股权，以取得对这些银行的控制权的一种组织形式。它和银行控股公司制相似，但它不需设立控股公司。它与银行持股公司制一样，都是为了弥补单一银行制的不足、规避对设立分支的限制而实行的。但连锁银行制与控股公司制相比，由于受个人或某一集团的控制，因而不易获得银行所需要的大量资本，因此许多连锁制银行相继转为银行分支机构或组成持股公司。

任务二　商业银行的业务

➤ 学习情境

小王作为中国银行的新进员工，需要对所在支行的日常业务进行了解。

任务描述：

1. 学生分组讨论：（1）商业银行的主要业务有哪些？（2）商业银行的资金来源有哪些？资金运用又有哪些？

2. 角色演练：每组学生分配角色（客户、大堂经理、柜员、客户经理、信贷主管等）进行某类银行业务的模拟。

　　商业银行的业务可分为负债业务、资产业务和表外业务三大类。商业银行作为信用中介，负债业务是其筹措资金以形成资金来源的业务，资产业务是其运用所积聚的货币资金从事各种信用活动，以取得收益的业务，也是商业银行主要的利润来源。

一、商业银行的负债业务

像所有的企业一样，商业银行的经营也必须有资本金，但是与普通企业不同的是，商业银行的资本金只占全部资产的 10% 左右，它的资金 80%～90% 是从各种各样的客户手中借来的。当家庭和个人有了闲置资金，我们会把它存到商业银行，当企事业单位有闲置和结余资金也会把它存到商业银行，实际上是我们把资金借给银行，商业银行还会向其他银行甚至向中央银行借入资金。另外，商业银行还会发行金融债券，这些都构成商业银行的资金来源，也就是商业银行的负债。那么什么是商业银行最主要的资金来源呢，商业银行如何以最低的成本获得更多的资金呢？

商业银行的负债业务是商业银行通过对外负债方式筹措日常工作所需资金的活动，是商业银行资产业务和外表业务的基础，主要由自有资本、存款和借款构成，其中存款负债占了很大的比重，是银行负债业务的重点。

（一）自有资本

商业银行的自有资本是指其拥有所有权的资本金。主要包括股本、资本公积和盈余公积、未分配利润、补偿性准备资金以及从属负债。

1. 股本。股本又称实收资本，是银行资本中最基本、最重要、最稳定的部分，是银行成立时发行股票所筹集的股份资本。

2. 资本公积和盈余公积。资本公积，也称为资本盈余，是指商业银行溢价发行股票时所得的额外收入以及银行资产在进行重估时产生的增值部分。盈余公积是指在银行税后利润中提取的公积金。国家法律规定商业银行在经营期间必须将每年营利的一定比例用来充实资本金，如美国商业银行法规定，国民银行在营业期间必须将每年营利的 10% 作为盈余公积，直至累计盈余公积与股本数额相等。

3. 未分配利润。未分配利润，又称留存收益，是商业银行税后利润中未分配给股东的部分，也是商业银行增加资本金的重要渠道。

4. 补偿性准备金。补偿性准备金，是指银行为应付意外损失而从收益中预先提留的资金，包括资本准备金和贷款、证券损失准备金。资本准备金用于应付优先股的赎回和股份损失等股票资本的减少；贷款、证券损失准备金则用于应付呆账损失、证券本金拒付或价格下跌所造成的损失。为鼓励商业银行审慎经营，许多国家银行监管者允许银行从税前收益中提取补偿性准备金，因此提取补偿性准备金成为商业银行避税的重要手段。

5. 从属负债。这是商业银行资本中最特殊的部分，是指当商业银行破产清算时，偿还顺序较为靠后的负债。它包括资本性票据和债券。由于这些债务的清偿排在担保债务、存款和其他一般性债务之后，所以具有一定的资本属性。

在商业银行的全部信贷资金来源中，自有资金所占比例小，一般为全部负债业务总额的10%左右，但是自有资金在银行经营活动中发挥着十分重要和不可替代的作用。首先，它是商业银行开业并从事银行业务的前提；其次，它是银行资产风险损失的物质基础，为银行债权人提供保障；最后，它是提高银行竞争力的物质保证。

（二）存款业务

存款是社会公众基于对银行的信任而将资金存入银行并可以随时或按约定时间支取款项的一种信用行为。商业银行存款按期限不同，可划分为活期存款和定期存款。按存款者的不同，可划分为单位存款和个人存款。个人存款即居民储蓄存款，是居民个人存入银行的货币。

1. 活期存款指无须事先通知银行，存款人即可随时存取和转让的一种存款。持有活期存款的存款者可以用各种方式提取存款，如开出支票、本票、汇票，电话转账，使用自动柜员机或其他电传手段等。企业、个人、政府机关、金融机构都能在银行开立活期存款账户。活期存款是一国货币供应的最大部分，也是商业银行的重要资金来源。鉴于活期存款不仅有货币支付手段和流通手段的职能，同时还具有较强的派生能力，因此，商业银行在任何时候都必须把活期存款作为经营重点。但由于该类存款存取频繁，手续复杂，所费成本较高，因此西方国家商业银行一般都不支付利息，有时甚至还要收取一定的手续费。

即问即答：

顾客刘某于2023年2月18日在某银行存入3 000元开立普通存折，5月8日全部支取并销户。则他能获得多少利息？（5月8日挂牌公告的活期储蓄存款年利率为0.35%）

步骤一：利率计算方法。

活期储蓄存款利率按结息日挂牌活期利率计息，每季末月的20日为结息日，存款在存期内遇利率调整，均以结息日挂牌公告的活期储蓄存款利率计付利息，不分段计息。销户时，按清户日挂牌公告的活期储蓄存款利率计付利息。

活期储蓄存单：按实际存期有一天算一天，大小月要调整。

$$日利率（‰）＝年利率（%）÷360$$
$$月利率（‰）＝年利率（%）÷12$$

步骤二：计算利息。

5月8日所获利息＝79×3 000×0.35%÷360＝2.3（元）

---

2. 定期存款是银行与存款人双方在存款时事先约定期限、利率，到期后支取本息的存款。它具有存期最短3个月，最长5年，选择余地大，利息收益较稳

定的特点。定期存款原则上不能提前支取，客户如要提前支取，则会损失一些利息或向银行支付罚息。

商业银行为迎合客户的需求，创新出一些定期存款品种，最基本的是 1961 年由美国花旗银行推出的大额可转让定期存单（CDs），它是一种银行发行的到期之前可转让的定期存款凭证。大额可转让定期存单的推出，迅速在各国商业银行业务中得以推广，它既保持了定期存款高利息的特点，又克服了定期存款不能提前支取或变现性差的缺点，通过市场转让来提高其流动性。

> **头脑风暴：**
>
> 试从利率、期限、支取方式、流动性等方面比较活期存款与定期存款。

3. 储蓄存款指为居民个人积蓄货币资产和获取利息而设定的一种存款。储蓄存款基本上可分为活期和定期两种。活期储蓄存款虽然可以随时支取，但取款凭证——存折不能流通转让，也不能透支。传统的定期储蓄存款的对象一般仅限于个人和非营利性组织，且若要提取，必须提前七天事先通知银行，同时存折不能流通和贴现。目前，美国也允许营利公司开立储蓄存款账户，但存款金额不得超过 15 万美元。除此之外，西方国家一般只允许商业银行的储蓄部门和专门的储蓄机构经营储蓄存款业务，且管理比较严格。

> **头脑风暴：**
>
> 存款是理财的第一步，不同的存法给存款者带来的收益不同。如何根据个人资金需要灵活搭配呢？

（三）借款业务

商业银行可以向中央银行、其他商业银行借款或发行金融债券获取资金来源，以弥补暂时性准备金不足或获取额外的利润。与存款相比，它是一种主动型负债，在时间、规模、用途等方面，有较大的灵活性。

1. 向中央银行借款。商业银行在资金不足时，可向中央银行借入资金以维持资金周转。中央银行作为"最后贷款人"，也有义务向商业银行提供资金支持。向中央银行的借款主要通过再贴现和再贷款两种形式实现。再贴现是指商业银行将客户已贴现但还没有到期的商业票据转让给中央银行，以获取资金融通的方式。再贷款是指商业银行直接向中央银行借入资金，具有临时融通、短期周转的性质。我国中央银行的再贷款有年度性再贷款、季节性再贷款和日拆借性再贷款三种。商业银行向中央银行借款的利率一般低于市场利率，但由于央行贷款受货币政策的牵制，条件较为苛刻。

2. 同业拆借。同业拆借是银行之间及其他金融机构之间的短期资金融通，主要用于临时性头寸的调剂，日常性资金的周转，期限短，有的只有一天或一

夜。它是商业银行为解决短期资金缺口，调节法定存款准备金头寸的重要融资渠道。同业拆借利率低，融资对象、数额和时间较灵活。

3. 回购协议。回购协议是指证券持有人在出售证券的同时，与证券购买商达成协议，约定在一定期限后按协定价格再购回此项证券，从而获得即时可用资金的一种交易方式。

4. 发行金融债券。发行金融债券是指商业银行经批准，通过向社会公众推销债务凭证的方式筹集资金的业务。发行债券时可以灵活规定期限，例如为了一些长期项目投资，可以发行期限较长的债券。

因此，发行金融债券可以使商业银行筹措到稳定且期限灵活的资金，金融债券能够较有效地解决商业银行资金来源不足和期限不匹配的矛盾。但是银行发行金融债券的时候，要考虑发行成本、清偿能力以及资金使用的期限结构等多方面的问题。

除上述四种借款方式外，商业银行的借款还包括出售大额可转让定期存单、发行商业票据、国际货币市场借款等。

> **头脑风暴：**
>
> 　　对于商业银行来说，发行金融债券获得资金和吸收存款有什么区别？哪个更重要？

二、商业银行的资产业务

商业银行的资产业务，是商业银行对通过负债业务所集聚的货币资金加以运用的业务，是其取得收益的主要途径。银行的资金运用一般包括四个方面：现金资产、贷款、证券投资和贴现业务。

（一）现金资产

现金资产通常是指商业银行持有的现金及与现金等同的、可随时用于清算支付的资产，是商业银行流动性需求的第一道防线，具有高流动性和低盈利性的特点。商业银行的现金资产通常包括库存现金、在中央银行的存款、存放同业存款和在途资金四个部分。

1. 库存现金。是满足银行日常经营需要而保存在银行业务库内的现钞和硬币。因为库存现金属于不生利资产，因此，银行一般只保持必需的数额。库存现金太多，影响银行收益；太少，不能应付客户提取现金的需求，甚至造成挤提存款，增加银行风险。

2. 在中央银行的存款。在中央银行的存款由两部分构成，一是法定存款准备金，二是超额准备金，而只有超额准备金才是商业银行的可用资金。法定存款准备金是按照法定准备率向中央银行缴存的存款准备金。规定缴存存款准备金的最初目的，是银行备有足够的资金以应付存款人的提取，避免流动性不足而产生流动性危机，导致银行破产。目前，存款准备金已经演变成为中央银行调节信用的一种政策手段，在正常情况下一般不得动用。缴存法定比率的准备金具有强制性。所谓超额准备金有两种含义：广义的超额准备金是指商业银行吸收的存款中扣除法定存款准备金以后的余额，即商业银行可用资金；狭义的超额准备金是指在存款准备金账户中，超过了法定存款准备金的那部分存款。

3. 存放同业资金。存放同业存款是指商业银行存放在代理行和相关银行的存款。在其他银行保持存款的目的，是便于银行在同业之间开展代理业务和结算收付。由于存放同业的存款属于活期存款的性质，可以随时支用，因此可以视同银行的现金资产。

4. 在途资金。也称托收未达款，是指在本行通过对方银行向外地付款单位或个人收取的票据。在途资金在收妥之前，是一笔占用的资金，又由于通常在途时间较短，收妥后即成为存放同业存款，所以将其视同现金资产。

（二）贷款业务

贷款是商业银行的传统核心业务，也是商业银行最主要的盈利资产，是商业银行实现利润最大化目标的主要手段。贷款亦称放款，是指商业银行作为贷款人按照一定的贷款原则和政策向借款人提供的，由借款人按约定的利率和期限还本付息的货币资金。广义的贷款指贷款、贴现、透支等出贷资金的总称。

1. 按贷款期限分类，商业银行贷款可分为活期贷款、定期贷款和透支贷款。

（1）活期贷款，指在贷款时不确定偿还期限，可以随时由银行发出通知收回贷款，这种贷款比定期贷款灵活主动。

（2）定期贷款，指具有固定偿还期限的贷款，按照偿还期限的长短，又可分为短期贷款、中期贷款和长期贷款。短期贷款指期限在一年以内（含一年）的各项贷款；中期贷款指期限在一年到五年（含五年）的各项贷款；长期贷款指期限在五年（不含五年）以上的各项贷款。

（3）透支贷款，指活期存款户依照合同向银行透支的款项，它在性质上是银行的一种贷款。优点：有利于监控贷款的流动性和资金周转状况，使银行长短期贷款保持适当的比例；有利于银行按资金偿还的长短安排贷款顺序，保证银行信贷资金的安全。

2. 按贷款的保障条件分类，商业银行贷款可分为信用贷款、担保贷款和票据贴现。

（1）信用贷款，指银行完全凭借客户的信誉而无须提供抵押物或第三者保证而发放的贷款，这类贷款从理论上讲风险较大。因此，银行要收取较高的利息，且一般只向银行熟悉的较大公司借款人提供，对借款人的条件要求较高。

（2）担保贷款，指具有一定的财产或信用作还款保证的贷款。根据还款保证的不同，具体可分为抵押贷款、质押贷款和保证贷款。抵押贷款，指按《民法典》第二编"物权"规定的抵押方式以借款人或第三者的财产作为抵押发放的贷款；质押贷款，指按《民法典》第二编"物权"规定的质押方式以借款人或第三者的动产或权利作为质物发放的贷款；保证贷款，指按《民法典》第二编"物权"规定的保证方式以第三人承诺在借款人不能偿还贷款时，按约定承担一般保证责任或者连带责任而发放的贷款。

> **头脑风暴：**
>
> 抵押贷款和质押贷款的区别有哪些？

（3）票据贴现，指银行应客户的要求，以现款或活期存款买进客户持有的未到期的商业票据的方式发放的贷款。票据贴现实行预扣利息，票据到期后，银行可向票据载明的付款人收取票款。如果票据合格，且有信誉良好的承兑人承兑，这种贷款的安全性和流动性都比较好，是贷款的一种特殊方式。

3. 按贷款对象的不同分类，商业银行贷款可分为工商业贷款、农业贷款、不动产贷款和消费贷款。

（1）工商业贷款，指商业银行对工商企业发放的贷款。这种贷款一般在商业银行贷款总额中占的比重最大，是商业银行最主要的贷款，商业银行通常把这种贷款看做是优先项目。工商业贷款适用对象很广泛，包括季节性的短期商品库存贷款，以及对机器、设备、建筑物的基本建设投资的长期贷款等。

（2）农业贷款，指商业银行发放给农业企业、个体农户和农村个体商户的贷款。短期的农业贷款主要用于资助农民的季节性开支，如购买种子、化肥、农药、饲料等。中长期农业贷款主要用于改良土壤、水利设施、购置各种机器设备等。从整个商业银行的贷款规模来看，农业贷款规模很小。农业贷款的主要提供者是专门从事农业贷款的金融机构，包括政府的某些专门机构。

（3）不动产贷款，是以土地、房屋等不动产作为抵押品而发放的贷款。这类贷款主要用于土地开发、住宅公寓、大型设施购置等方面。这类贷款包括对建房承包人的短期贷款，一般在房屋建成或出售后还贷，贷款以建筑项目作抵押。土地开发贷款是用于取得未开发或已稍作开发的土地，然后将土地细分出售，作为建筑用地。土地开发贷款期限一般比较长，属中长期贷款，以不动产作抵押。不动产贷款的特点是期限长（最长可达 30 年）、风险较大，但其收益高。商业银行的不动产贷款中有相当部分是住宅用地的出售，所归还的贷款都要高于其分摊额，这样，在最后一块场地出售之前，银行已全部收回贷款。

（4）消费贷款，是指商业银行发放给个人消费者用于生活消费方面的贷款。大多数消费贷款是用于购买高档耐用消费品，如住房、汽车等，而且这些耐用消费品又成为贷款的抵押品。消费者贷款按用途可分为住宅贷款、汽车贷款、助学贷款、度假旅游贷款等。消费者贷款又可分为直接和间接两种形式。前者是直接发放贷款给消费者；后者是银行以资金融通给工商企业购买赊销合同，支持消费者以分期付款的形式购买消费品。间接消费者贷款的好处在于，可以节省银行的人力和财力，扩大贷款数额；但同时也增大了银行的风险，若消费者无力偿还，

视频：如何选择房贷还款方式

商业企业就要收回已出售的商品，银行贷款也就无法收回。目前，消费者贷款在许多发达国家商业银行贷款中的比重已占到20%~30%，在有些国家，如美国，消费贷款的比重更是达到了40%左右。

4. 按贷款的偿还方式分类，商业银行贷款可分为一次性偿还和分期偿还两种方式。

（1）一次性偿还，是指借款人在贷款到期日一次性还清贷款，其利息可以分期支付，也可以在归还本金时一次性付清。

（2）分期偿还贷款，是指借款人按规定的期限分次偿还本金和支付利息的贷款。

5. 按照贷款的质量和风险程度分类，商业银行贷款可分为正常贷款、关注贷款、次级贷款、可疑贷款和损失贷款五类。

（1）正常贷款，指借款人能够履行借款合同，有充分把握按时足额偿还本息的贷款。这类贷款的借款人财务状况无懈可击，没有任何理由怀疑贷款的本息偿还会发生任何问题。

（2）关注贷款，指贷款的本息偿还仍然正常，但是发生了一些可能会影响贷款偿还的不利因素。如果这些因素继续下去，则有可能影响贷款的偿还，因此，需要对其进行关注，或对其进行监控。

（3）次级贷款，指借款人依靠其正常的经营收入已经无法偿还贷款的本息，而不得不通过重新融资或拆东墙补西墙的办法来归还贷款，表明借款人还款能力出现了明显的问题。

（4）可疑贷款，指借款人无法足额偿还贷款本息，即使执行抵押或担保，也肯定要造成一部分损失。这类贷款具备了次级贷款的所有特征，但是程度更加严重。

（5）损失贷款，指在采取了所有可能的措施和一切必要的法律程序之后，本息仍无法收回，或只能收回极少部分。这类贷款银行已没有意义将其继续保留在资产账面上，应当在履行必要的内部程序之后，立即冲销。

（三）证券投资业务

商业银行证券投资是指商业银行将手中的货币资金用于购买股票、债券等有价证券以获取投资收益的行为。商业银行进行证券投资的目的有三个：

1. 赚取利润。这是商业银行从事证券投资的首要目标。银行的放款业务是通过资金的存贷利差来获取收益。在社会资金紧缺、放款收益较高、风险也较少时，银行往往把资金主要用在放款上。当放款风险较大、效益较低时，银行从资金安全的角度考虑，一般不将资金放款出去，而把资金转移到证券投资上。银行通过证券投资，可使资金得以充分运用，避免资金闲置，又能增加收益。

2. 减少风险。商业银行的证券投资和放款一样，有遭受损失的风险。证券投资的其中一个目标，就是要尽量地减少投资的风险，这是商业银行资产管理的一个重要原则。减少风险的一个基本办法是将资产分散化，而不是将所有资金投

拓展阅读：商业银行贷款的程序

放在一种资产上。商业银行证券投资在分散风险方面有独特的作用。首先它为银行资产分散提供了一种新的途径，银行如果单一把资产集中在放款上，若放款收不回，银行承受的风险很大。而证券投资业务，即使有些放款不能收回，证券投资仍能收回来，从而分散银行的风险。其次，与放款业务相比，证券投资选择面广。放款一般都受银行资产规模、地理区域和客户条件等的限制，而证券可以小额投资，一般不受地区限制，可以购买各国各地乃至其他国家的各种证券。再次，证券投资比较灵活；可根据需要随时买进或卖出，独立性强，因而可以更有效地分散风险。而放款投放出去后，到期才能收回。所以商业银行要把全部资产分散开，一部分用来放款；一部分购买证券。证券的购买亦应按照分散化的原则进行，以减少银行经营的风险。

3. 提高流动性。提高资产的流动性是银行业务经营的基本要求，也是衡量银行业务经营活动是否正常的一个主要标志。在银行资产中，放款和固定资产的流动性都比较差，只有现金的流动性最强，其次是证券。库存现金是用来应付顾客的提存，为银行的第一储备。除此之外，银行还要保持二级储备即银行的短期证券投资。在某些情况下，如在通货膨胀时期，银行存款减少，放款一时不能回收，而借款和取款量却增加，银行的现金不足以应付，就需要出售一部分资产来换取现金。但银行的大部分资产如放款等，一般不具备随时转让的性质，只有短期证券可以迅速变现。因此，证券的投资为提高银行资产流动性提供了一个重要的来源。因此，西方国家的商业银行往往都保持相当部分的短期证券投资，银行短期证券通常占银行购入证券的 25% 左右。

> **头脑风暴：**
>
> 　　根据《商业银行法》，我国商业银行在中国境内不得从事信托业务和股票业务，不得投资非自用房地产，除承销国债、代理发行国债外不得办理证券业务。我国商业银行的证券投资业务规模很小，主要限于政府债券和金融债券。
> 　　为什么我国禁止商业银行投资股票呢？

（四）贴现业务

银行办理贴现业务，指银行承兑汇票的持票人在汇票到期日前，为了取得资金，贴付一定利息将票据权利转让给银行的票据行为，是持票人向银行融通资金的一种方式。办理贴现时，银行向客户收取一定的利息，即是从贴现日起至到期日这段时间的利息，然后以票面余额付款给客户。所扣的利息要根据票面额、贴现率以及未到期日数来计算。公式为：

$$贴现息 = 票面金额 \times 年贴现率 \times 未到期天数/360$$
$$贴现付款额 = 票面金额 - 贴现息$$

> **即问即答：**
>
> 　　假设企业有一张 2022 年 7 月 15 日签发的银行承兑汇票，金额是 100 万元，到期日为 2022 年 12 月 15 日，企业 2022 年 8 月 10 日到银行要求贴现，贴现率为 1.88%。试计算企业申请贴现后所得到的金额。
>
> 　　贴现息 = 金额 × 时间 × 利率 = 100 × 10 000 × 127/360 × 1.88% = 6 632.22（元）
>
> 　　贴现付款额 = 票面金额 − 贴现息 = 100 × 10 000 − 6 632.22 = 993 367.78（元）

三、商业银行的表外业务

　　商业银行的表外业务是指银行从事的按会计准则不计入资产负债表内、不影响资产负债总额，但却能为银行带来额外收益或使银行承受额外风险的业务。这种业务不直接反映在银行的资产负债表内，所以称为表外业务。

拓展阅读：表外业务

　　广义表外业务包括所有不在资产负债表反映的业务，它由中间业务和狭义表外业务构成，狭义的表外业务有一定的风险。

（一）无风险的表外业务

　　1. 支付结算类业务。支付结算是指单位、个人在社会经济活动中使用票据、信用卡和汇兑、托收承付、委托收款等结算方式进行货币给付及资金清算的行为。主要的结算工具有：

　　（1）银行汇票。单位和个人的各种款项均可使用银行汇票，银行汇票可在全国范围内使用，付款期限自出票日起一个月。银行汇票经收款人背书以后可以转让，进入市场流通。

　　（2）商业汇票。商业汇票分银行承兑汇票和商业承兑汇票。银行承兑汇票有银行的信誉作付款保证，其安全性高于以一般企业的商业信用作保证的商业承兑汇票。

　　（3）银行本票。是银行签发的、承诺自己在见票时无条件支付确定的金额给收款人或者持票人的票据。

　　（4）支票。是出票人签发的、委托办理支票存款业务的银行在见票时无条件支付确定的金额给收款人或持票人的票据。

　　（5）汇兑。汇兑又称"汇兑结算"，是指企业（汇款人）委托银行将其款项支付给收款人的结算方式。单位和个人的各种款项的结算，均可使用汇兑结算方式。这种方式便于汇款人向异地的收款人主动付款，适用范围十分广泛。在当前银行业务电子化的情况下，大笔资金都通过电子资金划拨系统处理。

　　（6）委托收款。是指收款人委托银行向付款人收取款项的结算方式。委托收款分邮寄和电报划回两种，由收款人选用。前者是以邮寄方式由收款人开户银行向付款人开户银行转送委托收款凭证、提供收款依据的方式；后者则是以电报方式由收款人开户银行向付款人开户银行转送委托收款凭证，提供收款依据的方式。

（7）信用证。是指开证银行应申请人（买方）的要求并按其指示向受益人开立的载有一定金额的、在一定的期限内凭符合规定的单据付款的书面保证文件。信用证是国际贸易中最主要、最常用的支付方式。

2. 银行卡业务。银行卡是指由商业银行（含邮政金融机构）向社会发行的具有消费信用、转账结算、存取现金等全部或部分功能的信用支付工具，包括借记卡、准贷记卡、贷记卡等。

（1）借记卡（通常称为储蓄卡）是集存款、取款、转账、消费理财于一体的银行卡。既可以通存通取、支付结算、存款，还兼备电话银行、代收代付的功能。消费或提款时资金直接从储蓄账户划出，不能透支，卡内的金额按活期存款计付利息。

（2）准贷记卡是持卡人须先按发卡银行要求交存一定金额的备用金，当备用金账户金额不足支付时，可在发卡银行规定的信用额度内透支的信用卡。准贷记卡中存入的资金是有利息的，利率按照央行规定的活期利率执行。

（3）贷记卡（通常称为信用卡）的最大亮点是透支消费，有一定的申办条件，透支余额的大小由银行根据申请人的个人资信情况而确定。信用卡主要用来消费和提现，除此之外，许多银行针对特定人群推出了个性信用卡，如招商银行的瑞丽联名信用卡，持卡人开通信用卡就可成为瑞丽俱乐部的会员，享受会员优惠。

3. 代理类业务。代理类中间业务是指商业银行接受客户委托，代为办理客户指定的经济事务，并收取一定费用的业务。主要包括代理政策性银行业务、代理中国人民银行业务、代理商业银行业务、代收代付业务、代理证券业务、代理保险业务、其他代理业务等。

拓展阅读：智慧柜员机

（1）代理政策性银行业务，指商业银行接受政策性银行委托，代为办理政策性银行因服务功能和网点设置等方面的限制而无法办理的业务，包括代理贷款项目管理等。

（2）代理中国人民银行业务，指根据政策、法规应由中国人民银行承担，但由于机构设置、专业优势等方面的原因，由中国人民银行指定或委托商业银行承担的业务，主要包括财政性存款代理业务、国库代理业务、发行库代理业务、金银代理业务。

（3）代理商业银行业务，指商业银行之间相互代理的业务，如为委托行办理支票托收等业务。

（4）代收代付业务，是商业银行利用自身的结算便利，接受客户的委托代为办理指定款项收付事宜的业务，例如代理各项公用事业收费、代理行政事业性收费和财政性收费、代发工资、代扣住房按揭消费贷款还款等。

（5）代理证券业务，是指银行接受委托办理的代理发行、兑付、买卖各类有价证券的业务，还包括接受委托代办债券还本付息、代发股票红利、代理证券资金清算等业务。此类有价证券主要包括国债、公司债券、金融债券、股票等。

（6）代理保险业务，是指商业银行接受保险公司委托代其办理的保险业务。商业银行代理保险业务，可以受托代个人或法人投保各险种的保险事宜，也可以作为保险公司的代表，与保险公司签订代理协议，代保险公司承接有关的保险业务。代理保险业务一般包括代售保单业务和代付保险金业务。

（7）其他代理业务，包括代理财政委托业务、代理其他银行银行卡收单业务等。

4. 信托业务。信托业务是指商业银行信托部门接受客户的委托，代替委托单位或个人经营、管理或处理货币资金或其他财产，并从中收取手续费的业务。我国实行分业经营，商业银行不允许从事信托业务。

5. 咨询顾问类业务。咨询顾问类业务是指商业银行依靠自身在信息、人才、信誉等方面的优势，收集和整理有关信息，并通过对这些信息以及银行和客户资金运作的记录和分析，形成系统的资料和方案，提供给客户的服务活动。

（二）有风险的表外业务

有风险的表外业务也即狭义的表外业务，指那些未列入资产负债表，但同表内资产和负债业务关系密切，并在一定条件下会转为表内资产和负债业务的经营活动。通常把这些经营活动称为或有资产和或有负债，它们是有风险的经营活动，应当在会计报表的附注中予以揭示。狭义的表外业务包括：

1. 担保业务。指商业银行为客户债务清偿能力提供担保，承担客户违约风险的业务。包括银行承兑汇票、备用信用证和各类保函。银行承兑汇票是由收款人或付款人（或承兑申请人）签发，并由承兑申请人向开户银行申请，经银行审查同意承兑的商业汇票。备用信用证是开证行应借款人要求，以放款人作为信用证的受益人而开具的一种特殊信用证，以保证在借款人破产或不能及时履行义务的情况下，由开证行向受益人及时支付本利。保函包括投标保函、承包保函、还款担保履约书、借款保函等。

2. 承诺业务。指商业银行在未来某一日期按照事前约定的条件向客户提供约定信用的业务，主要指贷款承诺。贷款承诺可以分为可撤销和不可撤销承诺两种。可撤销承诺附有客户在取得贷款前必须履行的特定条款，在银行承诺期内，客户如没有履行条款，银行可撤销该项承诺，可撤销承诺包括透支额度等。不可撤销承诺是银行不经客户允许不得随意取消的贷款承诺，具有法律约束力，包括备用信用额度、回购协议、票据发行便利等。

3. 金融衍生类业务。金融衍生业务指商业银行为满足客户保值或自身风险管理等方面的需要，利用远期合约、金融期货、互换、期权等各种金融衍生工具进行的资金交易活动。

任务三　商业银行的经营管理

➤ 学习情境

银行业是一个高风险的行业，银行的经营管理也与其他企业有所不同，小王作为中国银行的新进员工，要了解如何进行银行的管理。

任务描述：

学生分组讨论：（1）商业银行的经营必须遵循哪些原则？（2）什么叫商业银行的资本，资本的功能有哪些？（3）如何进行银行资本的管理和风险的管理？

一、商业银行经营管理原则

商业银行以取得最大利润为目标，即商业银行的经营要保证盈利性。同时，银行在经营活动中要保证资金安全，不能发生亏损，即商业银行经营要保证安全性。要保持商业银行经营的持续发展，还要保持资金的流动性，维护银行的清偿能力。只有这样，商业银行才能保证其业务经营的正常进行，保证取得利润。因此，商业银行在经营活动中必须遵循三条原则：安全性、流动性和盈利性。

（一）安全性

安全性原则是指商业银行应当尽量避免各种不确定因素对其资产、负债、利润、信誉等方面造成损失，保证银行的稳健和发展。这是商业银行经营首先要考虑的原则。安全性的反面就是风险性，商业银行的经营就是尽可能地避免和减少风险。

在银行经营活动中，由于确定性和不确定性等种种原因，存在着多种风险，如信用风险、市场风险、政治风险、汇率风险、道德风险等，这些风险直接影响银行资金的安全，会削弱甚至丧失银行的清偿能力，危及银行本身的安全。所以，银行管理者在风险问题上必须严格遵循安全性原则，尽力避免风险、减少风险和分散风险。

（二）流动性

流动性原则是指银行具有随时以适当的价格取得可用资金，随时满足存款人提取存款和满足客户合理的贷款需求的能力。商业银行的流动性包括资产的流动性和负债的流动性。资产的流动性是指银行能在资产价值不受损失的条件下迅速变现；负债的流动性是指银行随时可以适当的价格取得可用资金的能力。

（三）营利性

营利性原则是指商业银行在稳健经营的前提下，尽可能提高银行的盈利能力，力求获取最大的利润，以实现银行的价值最大化。它是商业银行经营管理的基本动力。充足的盈利可以扩充银行资本，扩大经营，增强银行信誉，提高银行的竞争实力。

营利性、安全性、流动性之间是既相互矛盾又相互统一的。营利性和安全性、流动性呈反方向变动，营利性要求越高，往往风险越大，安全性、流动性越低。对于三性的矛盾和统一，银行经营的总方针就是谋求三性尽可能合理地搭配协调。

视频：商业银行的经营原则

拓展阅读：银行的致命"软肋"：挤兑

头脑风暴：

商业银行在追求营利性目标的同时，为什么还必须兼顾安全性和流动性原则，银行就是"保险箱"吗？

二、商业银行资本管理

案例分析：

海南发展银行倒闭案

1995 年 8 月，在国家有关部门的指导下，海南发展银行成立了，海南发展银行在当时的注册资金高达 16 亿元人民币，主要由海南省政府控股，股东阵容包括北方工业总公司以及中国远洋运输集团、北京首都国际机场等 43 个股东，这阵容在当时可谓极其强大。

可是谁能想到，海南发展银行在经历了短短的三年之后就直接宣布破产，而债券也直接交由工商银行来托管。这样的速度在当时可以说是前无古人、后无来者。但我们都知道改革开放本身就是"摸着石头过河"，海南发展银行的失败为我国经济发展积累了重要的经验，以至于今天我们也能够在教材上看到关于海南发展银行的案例资料。

资料来源：LinSiYa. 我国第一家倒闭银行——海南发展银行 银行倒闭了存的钱怎么办 [EB/OL]. 2019 - 04 - 18. 中研网，https：//finance. chinairn. com/News/2019/04/18/141148688. html.

思考：海南发展银行倒闭案给我们什么启示？

（一）商业银行资本的含义

在市场经济中，任何一个自主经营、自负盈亏的经济实体，都必须拥有一定的资本，银行当然也不例外。在银行的各项资金来源中，资本具有铺底的性质，是银行可独立运用的最可靠、最稳定的资金来源，是银行经营的基础。一般来说，商业银行资本是指商业银行自身拥有的或者是能永久支配使用的资金来源。

商业银行的资本不同于一般企业的资本。从数量上看，商业银行的资本在银行资产中，所占比重远低于一般企业资本占总资产的比重。一般企业的资本通常要占其资产总额的 50% 以上，是企业维持生产经营的主要物质条件和支撑力量；而商业银行资本占其资产总额比例一般不超过 10%，所以，不是商业银行资产经营的主要支撑。

（二）商业银行资本的功能

商业银行资本具有营业功能、保护功能和管理功能，以下分别介绍：

1. 营业功能。资本是商业银行成立、正常运转和发展的必要前提和保证。首先，由于银行在开业之前，不能依靠外来资金等途径筹集资金，不能利用客户的资金购置营业设备，所以，银行在开业之前必须有足够的资本，为正式开业准备物质条件。其次，良好的银行声誉是维持公众信心的基础，而充足的资本又是银行声誉赖以树立的基本物质条件。一般公众总是通过资本的多寡来判断某家银行是否可信、可靠，而金融行家则更注重于资本在经营总规模中所占比重的大小。最后，银行资本数量是银行管理当局在审批银行开业资格和对银行进行监管时的重要指标。

2. 保护功能。资本是客户存款免受偶然损失的保障。银行的大部分资金来自存款者，它从存户那里吸收资金，然后贷放或投资于各项盈利事业。因此，银行是利用别人的资金来经营并赚取收入的。银行在经营活动中，不可避免地存在着风险，资产有受损失的可能性。损失一旦发生，首先要用日常的收益抵补，收益不够，则要用资本补偿。如果银行资产的损失不超过收益和资本数量，存款人和债权人的资金就不会受到损害。

3. 管理功能。管理功能是从银行资本是金融监管当局进行金融监管的重要参数，并进一步成为金融监管当局不可缺少的调控手段和调控风险业务的基础这一角度而言的。为了实施对国民经济的宏观调控，限制盲目竞争和不正当竞争，维护金融秩序的稳定，各国金融监管当局都对银行资本制定了具体的规定和要求，如新建银行的最低资本额、新设分支机构的最低资本额以及资本与贷款、投资的比率等，以此控制商业银行的经营行为。且银行资本充足与否，也是获得金融监管当局认可与信任的重要因素。

（三）商业银行资本的管理

《巴塞尔协议》是"巴塞尔委员会"于1988年7月在瑞士巴塞尔通过的"关于统一国际银行的资本计算和资本标准的协议"的简称。该协议第一次建立了一套完整的国际通用的、以加权方式衡量表内与表外风险的资本充足率标准，有效地遏制了与债务危机有关的国际风险。

《巴塞尔协议》首先将银行的资本划分为核心资本和附属资本两类，对各类资本按照各自不同的特点进行明确的界定。其次是风险权重的计算标准，根据资产类别、性质以及债务主体的不同，将银行资产负债表的表内和表外项目划分为0%、20%、50%和100%四个风险档次。最后，确定资本充足率为资本与风险加权资产总额的比例，这个比例不得低于8%，其中核心资本充足率为核心资本与风险加权资产的比例，这个比例不得低于4%。

一家正常经营的银行，为保证资本充足率，随着资产规模的扩大和业务的增加，总是要不断增加资本。要达到资本充足率8%的最低要求，除了增加资本金，还可以采用减少加权风险资产的方法来进行资本的管理。

三、商业银行风险管理

（一）商业银行风险的含义

商业银行风险是指在经营过程中，由于事前无法预料的不确定因素的影响，使商业银行的实际收益与预期收益产生背离，从而导致商业银行蒙受经济损失或获取额外收益的机会和可能性。

（二）商业银行风险的分类

商业银行作为一种经营风险的特殊企业，为了有效识别和管理风险，必须对其所面临的风险进行明确分类。根据巴塞尔《有效银行监管的核心原则》，按风险表现形式分为 8 类：

1. 信用风险。指商业银行的债务人，由于种种原因不能或不愿按照事先签订的合同约定，按期偿还债务而使银行遭受损失的可能性。

2. 市场风险。指由于市场价格（包括金融资产价格和商品价格）波动而导致商业银行表内、表外业务遭受损失的风险。

3. 操作风险。指由于不完善或有问题的内部程序、人为错误、技术缺陷或不利的外部事件所造成损失的风险。最重大的在于内部控制及公司治理机制。

4. 流动性风险。指商业银行无力为负债的减少或资产的增加提供融资而造成损失或破产的风险。

5. 国家风险。指经济主体在与非本国居民进行国际经贸与金融往来时，由于别国经济、政治和社会等方面的变化而遭受损失的风险。

6. 声誉风险。指商业银行所有的利益持有者通过努力、长期信任建立起来的宝贵无形资产。声誉风险是指由于和银行有关的负面消息、不利宣传和留言引起客户流失，以及诉讼或盈利下降等事件在市场上传播，给商业银行的形象带来不利影响而导致这种无形资产损失的风险。

7. 法律风险。指因为无法满足或违反法律要求，导致商业银行不能履行合同、发生争议、诉讼或其他法律纠纷，而可能给商业银行造成经济损失的风险。

8. 战略风险。指商业银行在追求短期商业目的和长期发展目标的系统化管理过程中，不适当的未来发展规划和战略决策可能威胁商业银行未来发展的潜在风险。

（三）商业银行风险管理的方法

制定正确的风险管理策略，对商业银行面临的各种风险实施有效管理，是确保其稳健运行，提高竞争力的主要手段。从具体实施角度看，就是在风险发生之前、发生之时、发生之后，采取一定的策略和措施以减少风险损失、增加风险收益，并降低或消除发生的损失对商业银行正常经营的影响。

1. 风险分散。指通过多样化的投资来分散和降低风险的方法。

2. 风险对冲。指通过投资或购买与标的资产收益波动负相关的某种资产或衍生产品，来冲销标的资产潜在风险损失的一种风险管理策略。

3. 风险转移。指将风险转移给其他经济主体承担的一种风险管理办法。

4. 风险规避。指通过拒绝或退出某一业务或市场，从而避免在该业务或市场上的风险。

5. 风险抑制。指银行在承担风险之后，通过加强对风险的监测，及时发现问题，并采取相应措施，以便在风险事件实际发生之前阻止情况恶化，或者在风险事件发生之后尽可能减少风险造成的损失。

6. 风险补偿。指商业银行在实际风险损失发生以后，通过各种方式对所发生的损失进行弥补，以保证银行的正常经营并不受风险损失的影响。

项目要点

1. 商业银行是以获取利润为经营目标，以经营存贷款为主要业务，具有综合性服务功能的金融企业。商业银行的职能主要有信用中介、支付中介、信用创造、金融服务职能。商业银行的组织结构可以从外部组织形式和内部组织结构两方面来认识。商业银行的外部组织形式是指其在社会经济生活中的存在形式。从全球商业银行的具体情况来看，主要有四种类型：单一银行制、总分行制、持股公司制和连锁银行制。

2. 商业银行的经营范围非常广泛，其主要业务可分为负债业务、资产业务和表外业务三大类。负债业务和资产业务是商业银行的信用业务，表外业务是资产和负债业务的派生业务，是银行经营活动的重要内容，也是极具发展潜力的业务。

3. 商业银行在经营活动中必须遵循三条原则：安全性、流动性和营利性。商业银行的资本是银行可独立运用的最可靠、最稳定的资金来源，是银行经营的基础，因此要保证有充足的资本。制定正确的风险管理策略，对商业银行面临的各种风险实施有效管理，是确保其稳健运行，提高竞争力的主要手段。

同步练习

一、单项选择题

1. （　　）是历史上第一家股份制银行，也是现代银行产生的标志。
   A. 巴尔迪银行　　　B. 麦迪西银行　　　C. 威尼斯银行　　　D. 英格兰银行

2. （　　）指借款人或第三人将其动产移交银行占有，将该动产作为债权的担保而发放的贷款。
   A. 抵押贷款　　　B. 质押贷款　　　C. 保证贷款　　　D. 信用贷款

3. 商业银行现金资产由库存现金、托收中的现金、同业存款和（　　）组成。
   A. 现金性资产　　　B. 存款货币　　　C. 在中央银行存款　　　D. 流通中的现金

4. 我国商业银行目前不可以进行（　　）投资。
   A. 股权　　　B. 公司债券　　　C. 金融债券　　　D. 政府债券

5. 贷款担保属于商业银行的（　　　）。

A. 表外业务　　　　B. 管理业务　　　　C. 资产业务　　　　D. 负债业务

二、多项选择题

1. 现代商业银行在现代经济活动中发挥的功能主要有（　　　）。

A. 信用中介　　　　B. 支付中介　　　　C. 金融服务　　　　D. 信用创造

2. 按商业银行组织形式可将商业银行分为（　　　）。

A. 全能银行　　　　B. 单元银行制　　　C. 总分行制　　　　D. 职能银行

3. 我国商业银行的经营原则有（　　　）。

A. 计划性　　　　　B. 安全性　　　　　C. 流动性　　　　　D. 偿还性

E. 营利性

4. 定期储蓄存款的类型有（　　　）。

A. 整存整取　　　　B. 零存整取　　　　C. 整存零取　　　　D. 存本取息

5. 商业银行证券投资的对象有（　　　）。

A. 政府债券　　　　B. 金融债券　　　　C. 公司债券　　　　D. 公司股票

三、判断题

1. 安全性是商业银行经营的首要原则。　　　　　　　　　　　　　　　（　　）

2. 对于刚工作不久的年轻人，适合存整存零取。　　　　　　　　　　（　　）

3. 存款是商业银行最主要的资金来源。　　　　　　　　　　　　　　（　　）

4. 咨询顾问类业务是商业银行的有风险的表外业务。　　　　　　　　（　　）

5. 商业银行的资本充足率越高越好。　　　　　　　　　　　　　　　（　　）

四、简答题

1. 如何理解商业银行的四大职能？

2. 商业银行的负债业务主要包括哪些？资产业务主要分为哪几类？

3. 如何理解商业银行经营的"三性"？

五、分析应用题

案例分析：巴林银行倒闭案

巴林银行集团的成立时间是 1762 年，可以说是英国伦敦城内声名显赫的商人银行集团，从来都是以稳健经营以及信誉良好著称，甚至英国女王伊丽莎白二世都是其客户，非常信赖该银行。不过这些终结在 1995 年 2 月 27 日，当时英国央行宣布巴林银行因为经营上的失误倒闭。该消息发布之后，造成亚洲、欧洲以及美洲地区金融都出现了震荡，而在东京股市中英镑兑马克的汇率出现了下降，东京股市出现了暴跌，道琼斯指数也出现了下降。

这样一家经营了 200 多年的老牌银行，为什么会破产呢？根据公布的消息是因为其子公司巴林期货新加坡公司交易员尼克里森在金融市场上的判断失误，该人在日经 225 期货合约上曾经被认为是"不可战胜的里森"。在 1994 年下半年，里森认为日本经济走出了衰退，将会在股市中出现大涨的走势，因此买进了看多期货合约以及看涨期权。不过天有不测风云，事情总会走向和预期相反的方向，在 1995 年 1 月 16 日日本关西发生了大地震，股市出现了暴跌走势，里森投资的多头头寸出现了重大损失，亏损 2.1 亿英镑。虽然如此，却还不能够造成巴林银行倒闭，只是打击了里森光荣地位，而里森为了反败为胜，再次进行了补仓，总量达到了十多万手。要想到这是增加具备高杠杆的期货合约，即使日经指数只是跌一点，就能够损失两百多万美元。没有最糟糕只有更糟糕，在里森补仓日经指数之后的 2 月 24 日，日经指数再次出现了暴跌，里森所在巴林期货公司的头寸损失，已经超过了巴林集团资本的储备之和，而在当时没有融资渠道，亏损无法弥补。并且随着日经指数的继续下挫，亏损还继续增加，这时候没有金融机构敢伸手帮助这位昔日深受关注的银行，巴林银行自此倒闭。

资料来源：赢家财富网小编. 巴林银行倒闭是怎么回事［EB/OL］. 2022 – 05 – 13. 探其金融网，http：//www. 00is. com/zixun/877236. html.

思考：巴林银行倒闭的主要原因有哪些？

六、技能实训题

实训项目名称：辩论——毕业后是否从事商业银行客户经理一职。

实训目的：让学生对商业银行的岗位及职责得到进一步认识，为今后专业课程的学习和就业打下初步的认知基础。同时，通过辩论，锻炼学生收集资料、语言表达、分工协作等能力和素质。

实训内容：全班同学分成正反两方，各方收集整理对商业银行客户经理的认识（可从含义、工作理念、职责、职能、工作内容、任职条件、薪资水平、发展路径、需具备的素质等角度思考），在下次课堂上进行40分钟的辩论。

实训要求：严格按辩论的流程进行此活动，未担任辩手的同学要积极参与资料收集和现场提问等。

推荐阅读

1. 《2022 年度中国银行业发展报告》，来源：中国银行业协会。
2. 《城市商业银行发展报告2022》，来源：中国银行业协会。

项目八

非银行金融机构

学习目标

（一）知识目标

1. 了解非银行金融机构的构成；了解保险公司的作用及分类；

2. 了解证券公司的主要业务范围；

3. 了解信托投资公司、消费金融公司、基金管理公司的职能。

（二）技能目标

1. 能够认识和描述我国主要的非银行金融机构及其主要业务；

2. 理解非银行金融机构的业务模式；

3. 了解非银行金融机构的金融产品和服务。

（三）素质目标

1. 培养学生科学的思维方法、信息处理能力，拓宽学生的眼界；

2. 培养学生具备良好的职业道德和职业操守；

3. 培养学生具有良好的金融风险管理能力。

▶▶ 案例导入

上新扩容！保险机构持续发力个人养老金保险产品

新华社北京3月6日电，自个人养老金制度正式落地以来，个人养老金保险产品持续上新。中国银行保险信息技术管理有限公司公布的个人养老金保险产品名单显示，截至3月2日，个人养老金保险产品名单已由首批6家公司7款产品扩容至12家公司20款产品。

2023年以来，个人养老金保险产品继续扩容。从产品类型来看，已涵盖专属商业养老保险、年金保险、两全保险、万能保险等。

根据原中国银保监会2022年发布的《关于保险公司开展个人养老金业务有关事项的通知》，保险公司开展个人养老金业务，可提供年金保险、两全保险，以及原中国银保监会认定的其他产品。保险公司可以通过申请变更保险条款和费率审批或备案的方式，将现有保险产品纳入个人养老金保险产品。对于已经审批的专属商业养老保险产品，保险公司应当向原中国银保监会报送上述说明材料，无须另行申请变更保险条款和费率审批。

原中国银保监会支持保险公司立足自身特色，丰富产品供给，切实满足人民群众多样化养老需求。两全保险、年金保险入选个人养老金保险产品，有助于进一步丰富个人养老金的产品类型，为消费者提供不同类型的保障方案。

据了解，个人养老金缴费完全由参加人个人承担，参加人可根据自身投资偏好，自主选择购买符合规定的储蓄存款、理财产品、商业养老保险、公募基金等金融产品。商业养老保险产品聚焦于养老金的长期储蓄和长期积累，可满足投保人在安全稳健、长期增值、长期领取等方面的综合需求。

个人养老金是由政府政策支持、个人自愿参加、市场化运营的补充养老保险，是多层次养老保险体系的一项重要制度安排。2022 年 11 月，个人养老金制度在 36 个先行城市和地区启动实施。人力资源和社会保障部副部长李忠日前在国务院新闻办公室举行的新闻发布会上介绍，个人养老金制度实施 3 个月以来，参加人数已经达到 2 817 万人。

资料来源：吴咏玲 . 上新扩容！保险机构持续发力个人养老金保险产品［N］. 2023 - 03 - 06. 新华社，http：//www. news. cn/fortune/2023 - 03/06/c_1129416697. htm.

思考：文中提到的这类公司属于银行类金融机构吗？它和银行有什么区别？

知识网络图（见图 8 - 1）

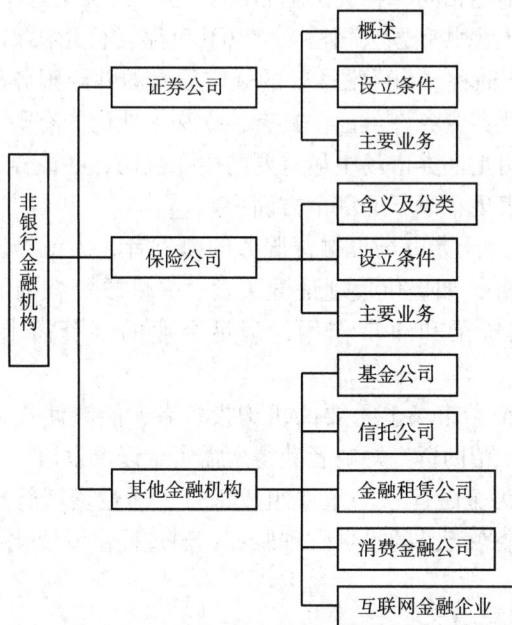

图 8 - 1　非银行金融机构知识网络

任务一　证券公司

➤ 学习情境

小孙工作多年，手里有了点闲钱，准备做投资。因为听说最近股市行情很火爆，好像很容易赚钱，于是他赶紧下载某证券公司 App 并开了个户，跟着别人炒股，前一周跟着大盘走，小心翼翼地操作了一只股票，很快赚了 300 元，小孙心想这东西真好赚，随意动动手就赚了几百元，比辛苦打工强多了。于是不顾家人反对，毅然辞职在家专门炒股，结果在接下来的一个月，因为种种原因，操作失败，把辛辛苦苦积攒下来的 10 万元亏了个精光，关键是小孙到最后也没明白这 10 万元是怎么亏完的。自己亏钱了，听人家说证券公司反倒赚了不少钱，于是跑到证券公司去讨说法，要求证券公司赔钱。

任务描述：

学生分组讨论：（1）什么是证券公司？（2）证券公司有哪些业务？

一、证券公司概述

视频：证券
公司

证券公司是依法设立的在证券市场上经营证券业务的金融机构。各国对证券公司的划分和称呼不尽相同，在美国通常称其为"投资银行"。在我国，证券公司是指依照《中华人民共和国公司法》（以下简称《公司法》）和《中华人民共和国证券法》（以下简称《证券法》）的规定设立的并经国务院证券监督管理机构核准，取得经营证券业务许可证，具有独立法人地位的有限责任公司或者股份有限公司。证券公司是证券市场中最重要的中介机构，在证券市场的运作中发挥着重要作用，主要表现在以下的三个方面：

1. 证券公司作为证券市场投融资服务的提供者，为证券发行人和投资者提供专业化的中介服务，如提供代理证券买卖、提供投资咨询等服务，在发行人和投资者之间起到桥梁和纽带作用，满足企业的筹资需求和投资者的投资需求。

2. 证券公司是证券市场上重要的机构投资者，能够使资金盈余者充分利用多余资金获取收益，帮助资金短缺者获得所需资金以求发展。

3. 证券公司作为金融体系的重要组成部分，通过资产管理等方式，为投资者提供证券及其他金融产品的投资管理服务，通过提供专业化的服务，促进社会资源优化配置。

头脑风暴：

证券公司和商业银行有什么区别？

二、证券公司的设立条件

我国《证券法》规定，设立证券公司应当具备下列条件：（1）有符合法律、行政法规规定的公司章程；（2）主要股东及公司的实际控制人具有良好的财务状况和诚信记录，最近三年无重大违法违规记录；（3）有符合本法规定的公司注册资本；（4）董事、监事、高级管理人员、从业人员符合本法规定的条件；（5）有完善的风险管理与内部控制制度；（6）有合格的经营场所、业务设施和信息技术系统；（7）法律、行政法规和经国务院批准的国务院证券监督管理机构规定的其他条件。

未经国务院证券监督管理机构批准，任何单位和个人不得以证券公司名义开展证券业务活动。

三、证券公司的主要业务

经国务院证券监督管理机构批准，证券公司可以经营以下部分或者全部业务：证券经纪业务、证券投资咨询、与证券交易和证券投资活动相关的财务顾问业务、证券承销与保荐、证券融资融券、证券做市交易、证券自营以及其他证券业务。以下简单介绍常用的业务。

（一）证券经纪业务

开展证券交易营销，接受投资者委托开立账户、处理交易指令、办理清算交收等经营性活动。我国证券公司从事证券经纪业务主要通过证券公司设立的证券营业网点进行，通过证券公司的证券营业部、证券服务部等分支机构接受客户委托买卖证券。

（二）证券投资咨询业务

证券投资咨询业务是指从事证券投资业务的机构及其咨询人员为证券投资人或者客户提供证券投资分析、预测或者建议等直接或者间接有偿咨询服务的业务活动。

根据《证券法》规定，证券投资咨询机构及其从业人员从事证券服务业务不得有下列行为：（1）代理委托人从事证券投资；（2）与委托人约定分享证券投资收益或者分担证券投资损失；（3）买卖本证券投资咨询机构提供服务的证券；（4）法律、行政法规禁止的其他行为。

有前款所列行为之一，给投资者造成损失的，应当依法承担赔偿责任。

（三）证券承销业务

证券承销是指证券公司代理证券发行人发行证券的行为。

拓展阅读：《证券经纪业务管理办法》将施行 强调保护投资者合法权益

拓展阅读：中国证监会行政处罚决定书（易伟）〔2023〕5号

　　证券承销业务可以采取代销和包销两种方式，证券代销是指证券公司代发行人发售证券，在承销期结束后，未售出的证券全部退还给发行人的承销方式。

　　证券包销是指证券公司将发行人的证券按照协议要求全部购入，或者在承销期结束后将售后剩余的证券全部自行购入的承销方式，可分为全额包销和余额包销两种方式，其中全额包销是指证券公司作为承销商先行买断发行人发行的证券，再向投资者进行发售，由证券公司承担全部风险的承销方式；若采取余额包销的方式，证券公司作为承销商要按照预先约定的发行额和发行条件，在约定期限内向投资者发售证券，直到销售截止日，如果投资者实际认购的证券总额低于预定发行总额，未售出的证券由证券公司负责自行认购，并按预定的时间向发行人支付全部发行价款。

头脑风暴：

　　在证券承销业务中，证券公司需要根据不同的证券品种的特点和市场需求设计不同的发行方案，证券公司如何才能在发行方案设计中更加科学和合理？

（四）证券自营业务

　　证券自营业务是证券公司使用自有资金或者合法筹集的资金以自己的名义买卖证券从而获取利润的证券业务。从国际上看，证券公司的自营业务按交易场所分可以为场外（如柜台）自营买卖和场内（交易所）自营买卖。场外自营买卖是指证券公司通过柜台交易等方式，与客户直接洽谈成交的证券交易；场内自营买卖是证券公司通过集中交易场所（证券交易所）买卖证券的行为。我国的证券自营业务一般是指场内自营买卖业务。

　　证券公司开展自营业务，要求治理结构健全，内部管理有效，能够有效控制业务风险。

头脑风暴：

　　请谈谈证券自营业务的优势和风险。

（五）融资融券业务

　　融资融券业务是指证券公司在收取担保物的基础上，向客户出借资金供其买入上市证券或者出借上市证券供其卖出的业务活动。

　　证券公司向客户融资时，应当使用自有资金或者依法筹集的资金；向客户融券时，须使用自有证券或者依法取得处分权的证券。

任务二 保险公司

➢ 学习情境

小王是一名大学生村干部。2022年5月29日小王被平顶山第二人民医院诊断出肝脏形态失常，6月5日确诊为肝癌。随后，小王开始住院治疗，身体上的病痛和巨额的医疗费给小王和他的家庭带来灾难性打击。7月13日小王病重离世。白发人送黑发人，小王的父母失去了唯一的孩子。小王所在单位为其购买了国寿绿洲团体定期寿险。接到报案，中国人寿给予受益人50万元的保险赔偿。

任务描述：

学生分组讨论：（1）你了解保险公司吗，你对保险公司印象如何？（2）说说你知道的保险公司经营的业务。（3）除了文中提到的中国人寿保险公司之外，你还知道哪些保险公司？

在人类历史上，人们的生存和发展经常受到自然灾害和意外事故的威胁，为了寻求防灾避祸的生存之道，人们萌生了对付各种自然灾害和意外事故的保险思想和保险做法。在各类保险中，起源最早、历史最长的是海上保险，它是海上贸易产生和发展的产物。共同海损分摊原则是海上保险的萌芽，在当时的条件下，海上贸易的风险很大，于是当地商人为了减少因风险产生的损失便形成一种习惯，那就是为了货船的安全而抛弃的货物产生的损失由获益的各方共同承担，这种"一人为众，众为一人"的共同海损分摊原则成为海上保险产生的基石。18世纪后，保险业迅速发展，保险种类增加，到了19世纪，保险的对象和范围不断扩大，其业务也由传统的财产损失保险等发展到信用保险等。

一、保险公司的含义及分类

保险公司是指一种经营保险业务的金融机构，其主要业务是向客户提供各种类型的保险产品，以帮助客户在面对各种意外风险和灾害时得到经济上的保障。保险公司主要通过客户支付保险费来获取收益，并在需要赔偿时向客户提供相应的赔付服务。保险公司通常会根据客户的不同需求和风险承受能力，设计和推出各种不同类型的保险产品，包括人身保险、财产保险、健康保险、车险等。同时，保险公司还需要根据不同类型的保险产品进行风险管理和风险控制，以确保公司的经济稳健和长期可持续发展。

保险公司按照不同的分类标准，可以分成以下几种类型：

1. 按险种不同，保险公司可分为人寿保险公司、财产保险公司、再保险公司、老年和伤残保险公司、信用保险公司等，其中最为普遍的是人寿保险公司和财产保险公司。

2. 按组织形式不同，保险公司还可以分为股份制保险公司、互助保险组织及相互保险公司。

3. 按照承保的形式不同，可将保险公司分为原保险公司和再保险公司。原保险是直接保险，是投保人原始风险的第一次转嫁。保险人保障的是直接的风险损失；再保险是风险的第二次转嫁，是一个保险人将其承保业务的部分或全部再向其他保险人投保的保险，再保险公司是经营再保险业务的金融组织机构。

二、保险公司的设立条件

根据《保险法》的规定，我国保险公司设立条件如下：（1）有符合保险法和公司法规定的章程；（2）有符合本法规定的注册资本最低限额（最低限额为人民币2亿元）；（3）有具备任职专业知识和业务工作经验的高级管理人员；（4）有健全的组织机构和管理制度；（5）有符合要求的营业场所和与业务有关的其他设施。

保险监督管理机构审查设立申请时，应当考虑保险业的发展和公平竞争的需要。

三、保险公司的主要业务

我国保险公司的业务主要是财产保险业务和人身保险业务。

（一）财产保险业务

财产保险业务主要是以财产及有关的利益和损失赔偿责任为保险标的的各种保险，包括财产损失保险、责任保险、信用保险等保险业务。

1. 财产损失保险是以各种有形的物质财产、相关的利益以及其责任为保险标的的保险，主要包括的业务种类有企业财产保险、家庭财产保险、运输工具保险、货物运输保险、工程保险、特殊风险保险和农业保险等种类。

2. 责任保险指以被保险人对第三者依法应负的赔偿责任为保险标的的保险，被保险人在保险合同有效期间内因侵权责任给他人造成的损失，应当由保险公司承担的赔付责任，主要有雇主责任险、承运人责任险、公众责任险、产品责任险、职业责任险，以及机动车投保中的第三者责任险等。

3. 信用保险实际上是担保保险，保险标的是被保证人的信用风险，当被保证人的作为或不作为致使权利人遭受经济损失时，保险人负经济赔偿责任，主要包括出口信用保险、投资保险和国内商业信用保险等。

📖 **即问即答：**

"安全生产责任保险"与"雇主责任险、意外伤害险"是同一种保险吗？如果不是，区别是什么？

《安全生产责任保险实施办法》第二条规定，本办法所称安全生产责任保险，是指保险机构对投保的生产经营单位发生的生产安全事故造成的人员伤亡和有关经济损失等予以赔偿，并且为投保的生产经营单位提供生产安全事故预防服务的商业保险。《人身保险公司保险条款和保险费率管理办法》第十二条规定，意外伤害保险是以被保险人因意外事故而导致身故、残疾或者发生保险合同约定的其他事故为给付保险金条件的人身保险。《保险术语》（中华人民共和国国家标准GB/T 36687—2018）规定：雇主责任保险是以被保险人对其所雇佣的员工在受雇期间从事相关工作时因意外事故或患职业病导致伤残、死亡的赔偿责任为保险标的的责任保险。

📖 实践练习：

某家电维修公司员工小王在维修一台空调时，因未按照正确操作方法进行操作，导致空调损坏，客户要求公司赔偿损失。经查证，公司已经购买了职业责任险，因此公司向保险公司提出了理赔申请。

保险公司受理理赔申请后，先进行了现场勘查，确认空调确实是因小王未按操作方法进行操作而导致损坏。随后，保险公司与客户进行协商，最终达成了赔偿协议。保险公司按照职业责任险保单的条款，向客户赔偿了空调损失的费用，并支付了相关的调查费用和律师费用。

思考：通过这个案例你有什么启示？

（二）人身保险业务

人身保险是以人的寿命和身体为保险标的的保险，当被保险人在保险期限内因意外伤害、疾病、衰老等原因，致死亡、伤残、丧失劳动能力或者生存到保险期满等，保险人向被保险人或其受益人给付约定的保险金的保险业务。按保障的对象和保障的范围不同，将人身保险分为人寿保险、人身意外伤害保险、健康保险等保险业务。

视频：受益人的那些事

1. 人寿保险是以被保险人的寿命为保险标的，以人的生存、死亡两种形态为给付保险金条件的保险。当发生保险合同约定的事故或合同约定的条件满足时，保险人对被保险人履行给付保险金责任。

2. 人身意外伤害险是被保险人在保险有效期内，因遭受意外事故，致使身体蒙受伤害而残废或死亡时，保险人按照保险合同的规定给付保险金的一种人身保险，如个人意外伤害保险。

3. 健康保险是指以被保险人需要支出医疗费、护理费、因疾病造成残废以及因疾病或者意外伤害暂时不能工作而减少劳动收入为保险标的的一个险种，如医疗保险。

（三）保险公司的业务流程

1. 保险销售。保险展业是保险公司引导具有同类风险的人购买保险的行为。

保险公司通过其专业人员直接招揽业务称为"直接展业"；保险公司通过保险代理人、保险经纪人展业称为"间接展业"。

2. 承保。保险人通过对风险进行分析，确定是否承保，确定保险费率和承保条件，最终签发保险合同的决策过程。

3. 理赔。保险公司在承保的保险事故发生，保险单受益人提出索赔申请后，根据保险合同的规定，对事故的原因和损失情况进行调查，并且予以赔偿的行为。

➡ 案例分析：

最高人民法院发布第三批老年人权益保护典型案例

近年来，商业保险机构针对老年人医疗、健康等需求推出多种保险产品，为老年人健康养老提供了更多选择的同时，也容易产生纠纷隐患。在此次发布的李某诉某保险公司健康保险合同纠纷一案中，老年人李某向某保险公司投保了老年防癌险，后因确诊癌症向保险公司索赔，该保险公司以老人曾患慢性支气管炎未如实告知为由拒赔。该案判决明确，保险公司承保时未询问相关情况，老年人对此不负有告知义务，不属于投保人故意隐瞒，保险公司应当承担赔付责任。

资料来源：罗萌. 最高人民法院发布第三批老年人权益保护典型案例［EB/OL］. 2023 – 04 – 27. 新华网，http：//www. news. cn/2023 – 04/27/c_1129574399. htm.

思考：弘扬孝亲敬老中华民族传统美德，践行社会主义核心价值观，如何让老人可以更好地规避保险业务纠纷？

任务三   其他非银行金融机构

➤ 学习情境

小李刚从大学毕业一年，是个不折不扣的投资达人，迄今为止，他已经炒过股票、买过基金、投过保险，拿家里的钱买过信托，在网上参与过众筹，在网络平台上买过理财产品，在线下通过支付宝、微信发过红包，曾经还向小额贷款公司借过钱，他参与过的金融活动比一般人要多得多。

任务描述：

学生分组讨论：（1）文中提到了哪些非银行金融机构？（2）说说你知道的非银行金融机构和它所经营的主要业务。

一、基金管理公司

基金管理公司是指依据有关法律、法规设立的对基金的募集、基金份额的申购和赎回、基金财产的投资、收益分配等基金运作活动进行管理的公司。

证券投资基金的依法募集由基金管理人承担。基金管理人由依法设立的基金管理公司担任。担任基金管理人应当经国务院证券监督管理机构核准。基金管理公司的发起人一般是投资银行、投资咨询公司、经纪商行或保险公司。基金公司一般委托外部的基金管理人来管理基金资产，委托其他金融机构托管基金资产。

（一）基金管理公司的设立条件

根据《证券投资基金法》的规定，设立基金管理公司，应当具备下列条件。（1）有符合《证券投资基金法》和《公司法》规定的章程。（2）注册资本不低于 1 亿元人民币，且必须为实缴货币资本。（3）主要股东具有从事证券经营、证券投资咨询、信托资产管理或者其他金融资产管理的较好的经营业绩和良好的社会信誉，最近 3 年没有违法记录，注册资本不低于 3 亿元人民币。（4）取得基金从业资格的人员达到法定人数。（5）有符合要求的营业场所、安全防范设施和基金管理业务有关的其他设施。（6）有完善的内部稽核监控制度和风险控制制度。（7）法律、行政法规规定的和经国务院批准的国务院证券监督管理机构规定的其他条件。

（二）基金管理公司的组织架构

基金管理公司的组织架构可以根据具体的公司规模、业务范围、战略定位等因素而有所不同，但是一般而言，它通常包括以下几个职能部门：（1）投资管理部门：负责制定和执行基金的投资策略，包括证券选择、风险控制、组合管理等。（2）研究部门：负责对宏观经济、行业和公司等方面进行研究分析，为投资决策提供参考。（3）营销和销售部门：负责基金产品的销售和推广工作，包括开发销售渠道、设计营销方案等。（4）风险管理部门：负责监控基金投资组合的风险水平，以及识别和管理可能的风险因素。（5）后勤管理部门：包括财务、人力资源、行政等部门，为公司的日常运营提供支持和服务。

总之，基金管理公司的组织架构应该合理、有效地配备各个职能部门和人员，确保基金的投资管理、营销和风险管理等方面的工作得以顺利开展。

（三）基金管理公司的主要业务

1. 发起设立基金。发起设立基金是指基金管理公司为基金批准成立前所做的一切准备工作，包括基金品种的设计、签署基金成立的有关法律文件、提交申请设立基金的主要文件及申请的审核与批准。

（1）基金管理公司根据市场投资者群体不同的投资需求，结合本身管理基金特长，有重点、有步骤、有选择地推出新的基金品种。

（2）当基金管理公司确定要发起设立的基金品种和发行的总体方案之后，就可以起草并与有关当事人共同签订基金设立的有关法律文件，如基金发起设立协议书、基金契约、基金托管协议书、基金承销或代销协议书等，完成申请前的准备工作。

（3）做好准备工作后，基金管理公司作为基金发起人就应向监管部门提出基金设立申请，监管部门根据国家的法律、法规对基金设立申请进行审核，对符合投资基金设立要求的给予批准。

2. 基金管理业务。基金管理业务是指基金管理公司根据专业的投资知识与经验投资运作基金资产的行为，是基金管理公司最基本的一项业务。作为基金管理人，基金管理公司最主要的职责就是组织投资专业人士，按照基金契约或基金章程的规定制定基金资产投资组合策略，选择投资对象、决定投资时机、数量和价格，运用基金资产进行有价证券的投资。向基金投资者及时披露基金管理运作的有关信息和定期分配投资收益。

3. 受托资产管理业务。受托资产管理业务是指基金管理公司作为受托投资管理人根据有关法律、法规和投资委托人的投资意愿，与委托人签订受托投资管理合同，把委托人委托的资产在证券市场上从事股票、债券等有价证券的组合投资，以实现委托资产收益最大化的行为。

随着机构投资者的不断增加，法律、监管的市场环境的逐渐完善，受托资产管理业务将逐渐成为基金管理公司的核心业务之一。

4. 基金销售业务。基金销售业务是指基金管理公司通过自行设立的网点或电子交易网站把基金单位直接销售给基金投资人的行为。基金管理公司可以直接销售基金单位，也可以委托其他机构代理销售基金单位。

从长远来看，基金管理公司应该选择直销与代销相结合的方式，建立自己的直接销售体系，设立销售分支机构，树立自己的品牌形象，与机构投资者建立良好的业务关系，逐步完善客户服务功能，努力扩大基金销售规模。

实践练习：

请学生们扮演不同职能部门的工作人员，互相合作，模拟基金管理公司的日常运营。例如，让一些学生扮演投资管理部门的投资经理，一些学生扮演营销和销售部门的销售人员，还有一些学生扮演后勤管理部门的财务人员，让他们通过协作完成一次基金产品的设计和推广。

二、信托投资公司

（一）信托的要素

视频：信托的构成要素

信托作为一种经济行为通常是指委托人为了自己或者第三者的利益，将自己的财产或者有关事务委托给自己信任的人或组织代为管理、经营的经济活动；作为一种财产管理制度往往指的是以资金、财产为核心，以信任为基础，以委托和受托为方式的财产管理体制。不管是哪种，信托业务中一般涉及以下几个构成要素：（1）信托行为。信托行为是指当事人在相互信任的基础上，以信托为目的

的法律行为，通过这种信托行为，明确当事人之间的信托关系及权利、义务。
（2）信托主体。即委托人、受托人和受益人。（3）信托目的。即通过信托行为
要达到的目的。（4）信托客体。通常指的是信托关系的标的物，通过信托行为
转移给受托人。

（二）信托投资公司的含义及职能

信托投资公司是依法成立的，主营金融信托业务的非银行金融机构。它的发
展对我国经济发展的作用是信托职能的具体体现，主要体现在以下 3 个方面。

1. 信托投资公司的发展促进了金融体系的发展与完善。社会财富的日益增
长和分散化，造成了社会财富所有者的多元化。随着资金供给者要求投资与服务
的多样化，以及资金需求者获得资金方式的多样化，信托投资公司的出现满足了
这种多样化的投资需求。不但其自身的发展促进了新的金融体系的创立，而且带
动了非银行类金融机构的不断发展和完善。

2. 信托投资公司的发展有利于促进市场经济的发展。信托是一种以信任为
基础的财产管理制度，通过信托活动的开展与信托制度的完善可以大大降低社会
交易成本，提高资源配置效率。

3. 聚集社会闲散资金，有利于市场主体效率的提升和投资需求的满足。信
托作为一项金融业务，也具有筹集资金的作用。信托投资公司利用其经营方式灵
活的优势，根据国家有关规定，吸收信托资金，筹集社会闲散资金，提升市场主
体效率，满足多元化的投资需求。

（三）信托投资公司的主要业务

信托投资公司是经营信托投资业务的金融机构，是一种"受人之托，代人理
财"的非银行金融机构。信托业务按照不同分类标准可以划分为诸多种类，最常
见的分类方法是按照信托业务标的物的不同，将信托业务分为资金信托、实物信
托、债权信托和经济事务信托。

按照《信托投资公司管理办法》的规定，我国信托投资公司业务经营范围
主要包括如下内容：（1）受托经营资金信托业务，即委托人将自己无法或者不
能亲自管理的资金以及国家有关法规限制其亲自管理的资金，委托给信托投资公
司进行管理、运用和处置。（2）受托经营财产信托业务。财产信托业务包括动
产、不动产以及其他财产的信托业务。（3）受托经营法律、行政法规允许从事
的投资基金业务，作为投资基金或者基金管理公司发起人从事投资基金业务。
（4）经营企业资产的重组、购并及项目融资、公司理财、财务顾问等中介业务。
（5）受托经营国务院有关部门批准的国债、政策性银行债券、企业债券等债券
的承销业务。（6）代理财产的管理、运用与处分。（7）代保管业务。（8）信用
见证、资信调查及经济咨询业务。（9）以自有财产为他人提供担保。（10）金融
监管部门批准的其他业务。

■▶ 案例分析:

中铁信托:金融科技赋能企业转型升级

思考:自"资管新规"发布以来,家族信托、标品业务、财富管理正逐步成为信托行业的主要转型方向,强化金融科技、支撑赋能企业升级已然成为行业共识。在行业转型的背景下,中铁信托有限责任公司(以下简称:中铁信托)坚持"稳字当头、稳中求进"的工作总基调,遵循"1236"经营发展方略,围绕"两优一稳"经营主线,聚力企业金融科技提升,赋能信托业务向财富管理、标品业务、家族信托转型,为公司业务转型和管理提升发挥了积极作用。

在财富管理方面,中铁信托坚持以客户为中心,不断升级理财 App 等信息系统,持续优化智能双录、远程签约等用户体验,使客户操作更加便捷,认购流程更加顺畅。同时,针对标品信托产品的特点,全面优化了标品信托产品的线上交易功能,目前公司 99% 的标品信托投资者都选择了线上认购的交易方式。

在标品投资方面,通过受益权管理平台、估值核算系统、资金清算系统等一系列系统的建设和持续优化,赋能公司标品信托业务的精细化运营管理,实现了账户管理、交易、估值、核算、清结算等环节的自动化、规模化处理,并具备快速对接投顾机构的能力。通过投资交易及相关系统的建设和持续优化,助力公司成功构建标品信托业务的投研体系和风控体系,形成了贯穿项目全生命周期的投资价值判断、风险决策及项目管控能力。

在家族信托方面,公司正在系统性构建满足不同类型、涵盖项目管理全生命周期的家族信托一体化系统,该系统将在年内投入使用。投产后,将进一步提高客户需求响应速度,提高产品信息披露、数据对接与运营估值等综合能力和管理效率,更好地满足客户个性化的需求。

在人工智能运用方面,公司不断探索金融科技运用场景,不断将项目管理要求流程化、表单化,并通过手机智能辅助开展相关工作,实现了项目管理从"人找事"向"事找人"的工作模式转变。

资料来源:罗昱、高红霞. 中铁信托:金融科技赋能企业转型升级 [EB/OL]. 2022 - 08 - 09. 人民网, http://sc. people. com. cn/n2/2022/0809/c379469 - 40073602. html.

思考:信托行业在转型过程中还需要注意哪些问题?

三、金融租赁公司

金融租赁又称融资租赁,是指企业需要添置某些技术设备而又缺乏资金时,由出租人代其购进或租进所需设备,然后再将它租给承租人,在一定期限内有偿使用的一种租赁方式。金融租赁是一种以融通资金为目的,以技术设备、办公设备等动产为租赁对象，以经济法人为承租人的新型的金融业务。

目前我国常用的金融租赁业务有以下几种：

（一）直接租赁

这是融资性租赁业务中比较普遍的一种形式。租赁公司根据承租人的要求，自行筹资并购进承租人所需设备，租给承租人使用。租赁期内物件所有权完全归属出租人，租赁期满，承租人有廉价购买其租赁设备的特权。承租人用租入设备所新增利润支付租金。租赁设备的维修、保养及保险由承租人负担。

（二）转租赁

转租赁是租进租出的做法，即出租人从制造商或另一家租赁司租进设备，然后转租给用户。转租赁是租赁公司同时兼有承租人和出租人双重身份的一种租赁形式。这种租赁方式至少涉及三方面关系，两份租赁合同，实际上是一个项目两笔租赁，其租金一般比直接租赁高。中间租赁公司作为承租人向出租公司支付租金，又以出租人身份向用户收取租金。设备的所有者与使用者之间没有直接的经济或法律关系。

（三）回租租赁

回租租赁是当企业急需资金时，将自己拥有的设备按规定卖给租赁公司，再作为承租人向租赁公司租回原设备继续使用，并按期向租赁公司交付租金。回租租赁是一种紧急的融资方式，适合于资产流动性差的企业。作为租赁物体的设备就是企业的在用设备，未做任何转移，其销售只是一种形式。承租人既保持了原有设备的使用权，又能使这些设备所占用的资金转化为企业急需的周转资金，使企业固定资产流动化，提高了资金的利用率。

（四）杠杆租赁

杠杆租赁也称平衡租赁或代偿贷款租赁，它是金融租赁的一种特殊形式。这种形式是设备购置成本的小部分由出租人承担，大部分由银行等金融机构提供贷款补足。其做法是：一家租赁公司先出小部分资金，其余的通过把租赁物作抵押，以转让收取租金的权利作附加担保，联合若干家其他金融机构共同提供一项租赁融资，形成较大的资金规模，以购买大型资金密集型设备，提供给承租人使用。设备出租后，承租人要向贷款人支付租金，以替出租人偿还借款债务。由于这种租赁的出租人自筹资金只占少量，而主要依靠抵押贷款的杠杆作用来获取高于一般租赁的投资报酬，因此称为杠杆租赁。

四、消费金融公司

消费金融公司是指提供小额、短期、高效的信贷服务，以帮助个人和家庭满足日常生活和消费需求的金融公司。消费金融公司通常提供的产品包括信用贷款、现金贷款、分期付款、信用卡、消费分期等。这些产品通常具有快速审批、方便借款、简化申请、高效放款等特点。

消费金融公司的主要业务包括以下几个方面：

1. 小额贷款。消费金融公司通过建立风险评估模型和信用评分模型，为客户提供小额贷款服务。这种小额贷款通常在几千元至几万元之间，可以满足客户短期的现金需求。

2. 分期付款。消费金融公司还可以为客户提供分期付款服务，即将消费者的大额消费按照一定的分期方式进行还款。这种方式既满足了客户的消费需求，又能够降低客户的还款压力。

3. 信用卡服务。消费金融公司也可以提供信用卡服务，为客户提供一定的信用额度，让客户能够在必要的时候方便地进行消费。

4. 现金贷款。消费金融公司还可以提供现金贷款服务，让客户能够在短时间内获得一定的现金流。这种贷款通常需要客户提供个人信息和信用评分，以确定客户的还款能力。

消费金融公司的发展离不开科技的支持。近年来，随着金融科技的迅猛发展，消费金融公司也在不断探索和应用科技手段，如人工智能、区块链、云计算等，来提高风控能力、优化客户体验和提高运营效率。

案例分析：

中银协报告：2021 年底我国消费金融公司贷款余额突破 7 000 亿元

新华社北京 9 月 27 日电（记者李延霞）中国银行业协会近日发布的数据显示，截至 2021 年底，我国消费金融公司数量增至 30 家，贷款余额突破 7 000 亿元，达到 7 106 亿元，同比增长 44.2%。

中国银行业协会发布的《中国消费金融公司发展报告（2022）》显示，截至 2021 年底，我国消费金融公司资产总额达到 7 530 亿元，同比增长 43.5%。贷款余额和资产总额 2020 年和 2021 年两年复合增长率分别为 22.6% 和 22.8%，已接近新冠肺炎疫情前的年均增速。

报告显示，消费金融公司积极承担社会责任，充分满足受新冠肺炎疫情影响困难客户的合理诉求，推出延缓还款、减免息费等一系列帮扶措施。据不完全统计，2021 年，消费金融公司共计为 5.6 万名客户办理延期还款 35.95 亿元；为 24.7 万名逾期客户减免利息 2.98 亿元；为 16.8 万名逾期客户减免费用 1.63 亿元。

资料来源：张樵苏. 中银协报告：2021 年底我国消费金融公司贷款余额突破 7 000 亿元［EB/OL］. 2022 – 09 – 27. 新华网，http://www.news.cn/2022 – 09/27/c_1129036684.htm.

思考：1. 面对新冠肺炎疫情消费金融公司如何应对风险？

2. 你认为消费金融公司应该如何更好地履行社会责任？

五、互联网金融企业

互联网金融公司是以互联网技术和互联网平台为基础，提供金融服务的新型金融机构。互联网金融公司的出现，促进了金融行业的转型和升级，为投融资、支付结算、风险管理等领域带来了创新和变革。

从参与主体看，国内参与互联网金融的主体，基本可分为以下三个大类：一是传统金融机构以互联网为渠道开展金融业务；二是掌握有一定客户和数据的互联网企业向金融领域扩展；三是第三方利用互联网平台介入金融服务业。这些不同参与主体对金融功能的不同实现方式，就构成了互联网金融的生态版图。同时在政策和市场因素双重作用下，互联网金融行业正经历着前所未有的际遇。

思政栏目：

再捐 1 亿元种树治沙：蚂蚁集团持续七年支持内蒙古生态治理

4 月 22 日是"世界地球日"，内蒙古自治区林草局与蚂蚁集团启动战略合作：由蚂蚁集团在三年内再捐资 1 亿元，通过公益项目"蚂蚁森林"支持浑善达克沙地的生态治理。

这 1 亿元将用于当地林草生态的修复保护、沙化土地的治理，为助力科技兴林、林草产业发展和促进农牧民增收注入更多活力。

当天上午，在赤峰市克什克腾旗举行的"蚂蚁森林春种活动"中，蚂蚁集团捐资支持的首批 4 万多棵沙地云杉，由全国关心支持"蚂蚁森林"的百余名各方代表亲手启动种植。这批沙地云杉是由全国 3 400 多万名网友在 2023 年植树节期间，用日常低碳生活积累的"绿色能量"，通过超 1 亿人次的线上"浇水"申请种下。这片"绿色北疆共建林"在"世界地球日"当天，正式成为浑善达克规模化林场的一部分。

浑善达克规模化林场是我国自 2018 年起新建的 3 个规模化林场试点之一，持续在《全国重要生态系统保护和修复重大工程总体规划》下开展干旱、半干旱地区的荒漠化治理，控制风蚀沙化和水土流失，改善当地生物多样性。

据内蒙古林草局统计，2016 年以来蚂蚁集团通过"蚂蚁森林"公益造林项目，已为内蒙古各地的生态治理累计捐资超过 10 亿元，在阿拉善盟、鄂尔多斯市、巴彦淖尔市、呼和浩特市、乌兰察布市、兴安盟、赤峰市、通辽市、锡林郭勒盟 9 个盟市的 35 个旗县区，已种下梭梭、沙柳、花棒、沙棘、红柳、杨柴、柠条、榆树、樟子松、云杉、胡杨等树种超过 2 亿株，总面积超过 200 万亩。

内蒙古自治区林草局副局长马强表示，"蚂蚁森林"公益造林在内蒙古实施七年来，有力践行了"绿水青山就是金山银山"的理念，为内蒙古大地增绿，为当地农牧民增收，充分体现了蚂蚁集团的公益责任担当。"公众广泛参与、企业公益捐赠以及公益组织落实执行"模式下的植树造林活动，已成为内蒙古生态建设的重要组成部分。

内蒙古是我国北方重要的生态安全屏障，也是京津冀地区和华北地区的重要水源地，在国家生态安全中具有重要的战略地位。作为我国荒漠化和沙化土地最为集中、危害最为严重的省区之一，近年来内蒙古自治区在国家一系列重点生态工程的统一规划下，年均完成荒漠化和沙化土地治理面积1 200万亩，占全国同期治理任务的40%以上，年均造林1 000多万亩、种草3 000多万亩，均居全国之首。内蒙古的全民义务植树总量超过20亿株，荒漠化和沙化土地面积连续15年保持"双减少"，国土绿化实现了从量到质的飞跃，取得"整体遏制、局部好转"的历史性巨变。

"与国家数十年如一日的投入和生态建设一线几代人的努力相比，蚂蚁森林'林如其名'，所做的微不足道，但我们相信'此身虽微小，可挡一粒沙'，能在全国生态保护修复的统一规划中，贡献自己的一分力量，这是蚂蚁最大的荣幸"，蚂蚁集团可持续绿色公益部总经理蒋琤表示，2016年至今，蚂蚁森林已在全国种树4亿多棵，约一半种在了内蒙古，从第一棵到2亿多棵，内蒙古是蚂蚁森林的"第二故乡"。

"蚂蚁森林捐出的每一棵树，都属于国家、属于社会。从七年前种下的第一棵树出发，蚂蚁森林一直在自我进化，积极融入更广阔的社会全局"，据蒋琤介绍，"蚂蚁森林生态绿色发展基金会"已于日前通过了民政部门的登记注册。在上海市生态环境局的指导下，该基金会引入蚂蚁集团之外的理事机制进行管理，将与全国各地的政府部门、公益组织开展生态保护修复、生态科普、环境研究等更多样的合作。从"公益项目"到"公益基金会"的升级，这意味着蚂蚁森林进入了一个全新的发展阶段。

在"蚂蚁森林春种活动"现场，内蒙古林草局将写有"人人贡献一点能量，棵棵守候一方绿色"的锦旗，正式授予支持参与"蚂蚁森林"的社会各界代表。这些"蚂蚁森林的朋友们"，包括多年低碳生活"攒能量"申请种下2 000多棵树的"低碳达人"，也有坚守荒漠为全国网友实现绿色心愿的"一线种树人"，既有常年奔波在全国各地"现场数树"的林业部门验收员，也有通过卫星遥感在太空为蚂蚁森林"检查作业"的科学家，还有采访调研社会绿色发展进程的"记录者"。

"蚂蚁森林是绿色发展的一面镜子。通过它，我们看到的不仅仅是一家企业的善举，更应该看到社会各方都在积极推动着绿色环保，用实际行动贡献着自己哪怕微弱的力量"，以蚂蚁森林为采访调研案例的纪录片《碳路森林》即将公映，导演周轶君谈到，历时两年拍摄采访的过程，就是自己对人与自然关系理解的一次"全新旅程"，希望大家看了影片后也会有所触动，并对绿色低碳有新的认知。她希望让更多人看到，还有很多人正在为保护地球而做出努力。

资料来源：新闻中心. 再捐 1 亿元种树治沙：蚂蚁集团持续七年支持内蒙古生态治理 [EB/OL]. 2023 - 04 - 22. 蚂蚁集团官网，https：//www. antgroup. com/news - media/press - releases/1682148979000.

思考题：

1. 互联网金融企业如何承担社会责任？

2. 互联网金融企业在经营中如何应对风险？

3. 你认为互联网金融企业应该如何更好地履行社会责任？

目前，互联网金融公司的主要业务包括以下几个方面：

1. 互联网支付业务。互联网支付是指通过互联网平台实现的支付行为，其主要特点是在线化、快捷化、便利化和安全化。互联网金融公司通过利用互联网技术，提供在线支付、手机支付、第三方支付等多种支付方式，实现支付结算的快速、便捷和安全。互联网支付业务的主要内容包括以下几个方面：

（1）在线支付是指在互联网上购物时，通过银行卡、信用卡等渠道实现支付。互联网金融公司可以通过在线支付平台，提供安全、便捷的在线支付服务，为客户提供一站式的支付解决方案。

（2）手机支付是指通过手机应用实现支付，例如支付宝、微信支付等。互联网金融公司可以通过手机支付平台，为客户提供快捷、安全的手机支付服务，使支付更加便利和高效。

（3）第三方支付是指通过第三方支付平台实现支付，例如支付宝、财付通等。互联网金融公司可以通过第三方支付平台，为客户提供全方位的支付服务，为商家提供多样化的支付解决方案，从而提高支付效率和便捷性。

（4）支付安全。互联网支付的安全问题一直是人们关注的焦点。为了保障支付安全，互联网金融公司通过采用多种技术手段，如安全认证、加密传输、防止欺诈等，保障客户的支付安全和信息安全。

2. 网络小额贷款业务。根据中国银保监会和中国人民银行联合下发的《网络小额贷款业务管理暂行办法（征求意见稿）》，网络小额贷款定义为：第一，网络小额贷款的主体首先是小额贷款公司；第二，在符合国家法律法规的要求下，运用大数据、云计算等科技手段，在互联网平台上积累和获取客户的数据；第三，在线上完成从获客到贷款的审批、审核、发放和回收。

（1）经营规定。经营网络小额贷款业务的小额贷款公司不得吸收或者变相吸收公众存款；不得通过互联网平台或者地方各类交易场所销售、转让本公司除不良信贷资产以外的其他信贷资产；不得发行或者代理销售理财、信托计划等资产管理产品；跨省级行政区域经营网络小额贷款业务的小额贷款公司不得办理线下业务。在单笔联合贷款中，经营网络小额贷款业务的小额贷款公司出资比例不得低于30%。

（2）业务范围。小额贷款公司开展各项贷款、票据贴现，资产转让业务。

（3）网络小额贷款的风险。第一，风险管理建制落后，网络小额贷款的基础制度的缺失，导致小额贷款公司的风控缺乏依据，问题频出，逾期和不良贷款增多。第二，缺乏风控体系和技术建设，大多数小额贷款公司并不注重依靠风控技术或指标来判断风险，没有风控体系。第三，业务操作不规范，多小额贷款公司在"贷前审查、贷中核实、贷后管理"等方面出现漏洞或形同虚设，导致贷款逾期或坏账。第四，员工专业能力差，小额贷款公司很难从学校或者社会上聘用到较高素质的人才。没有高素质、高技术的金融人才，也影响了很多小额贷款公司风控能力的提升。第五，政策风险，行业相关政策的频繁变化，对网络小额贷款提出了多重的挑战。第六，信用风险，无论是个人、中小企业还是个体工商户都受市场供求关系和价格变动的影响，具有不稳定性和难以估测性。而网络小额贷款公司的业务类型多为消费贷款或个人经营贷款，这些贷款普遍都是信用的，没有担保和抵押物，借款人的违约风险相对较高。第七，网络安全风险，网络小额贷款公司本身在网络安全制度建设，硬件配置、技术更新以及人才培养等方面都有所欠缺，这些都可能造成安全风险。第八，融资渠道风险，随着宏观经济持续下行以及小额贷款公司的风险不断暴露，小额贷款公司在银行的融资不断萎缩。由于融资渠道狭窄，导致小额贷款公司后续资金不足、业务发展受限，面临着较大的资金风险。

3. 互联网保险业务。互联网保险是互联网金融公司的重要业务之一，是指通过互联网平台进行保险交易的行为。

（1）互联网保险的基本原理。互联网保险的基本原理是利用互联网平台进行保险销售、保险服务和保险理赔等业务。通过互联网平台，客户可以轻松地进行保险产品购买、理赔申请等操作。

（2）互联网保险的模式。互联网保险业务主要有两种模式：直销模式和代理模式。直销模式是指保险公司直接向客户销售保险产品，没有中间代理人。代理模式是指保险公司通过代理人向客户销售保险产品。

（3）互联网保险的特点。互联网保险业务具有简单、快捷、灵活等特点。客户可以通过互联网平台轻松地购买保险产品，并进行在线理赔、在线保单管理等操作。同时，互联网保险业务也打破了传统保险业务的时间和空间限制，使保险产品更加便捷。

（4）互联网保险的风险。互联网保险业务具有一定的风险，其中最主要的是信息安全风险、法律风险和经营风险。因此，互联网保险公司需要加强风险管理，建立科学的风险管理机制，保证互联网保险业务的安全和稳健发展。

（5）监管政策。互联网保险业务也受到监管政策的严格限制。2015年，原中国保险监督管理委员会发布了《互联网保险业务监管暂行办法》，明确了互联网保险业务的准入条件、风险管理、信息披露等方面的规定，对互联网保险业务进行了监管。

4. 金融信息服务业务。互联网金融公司的金融信息服务业务，是指通过互联网技术和金融业务的深度融合，为投资者、金融机构、企业等提供与金融相关的信息服务，包括经济政策、行业发展、市场走势、风险管理、资产管理等领域的信息服务。金融信息服务是互联网金融的核心业务之一，也是互联网金融公司最具竞争力的业务之一。

（1）资讯服务。互联网金融公司金融信息服务业务的主要形式之一是资讯服务。通过自建或收购媒体平台，互联网金融公司可以提供多样化的金融资讯服务，包括宏观经济、金融市场、股票行情、基金走势、财经新闻等。

（2）数据服务。互联网金融公司还可以提供大数据分析和处理服务，帮助客户挖掘市场机会，提高决策效率。通过采集、整理和分析金融数据，互联网金融公司可以为客户提供更精准、更全面、更深入的市场信息

（3）投研服务。互联网金融公司还可以提供投研服务，通过专业的研究团队，为客户提供股票、基金等投资产品的研究报告和分析。客户可以根据研究报告中的建议，制定自己的投资策略。

（4）资产管理。互联网金融公司可以提供资产管理服务，通过量化交易、基金管理等方式，为客户提供更加专业化的资产配置服务。客户可以根据自己的风险偏好和投资目标，选择适合自己的资产配置方案。

拓展阅读：支付宝公布助力服务业年账单

项目要点

1. 证券公司是指依照《公司法》和《证券法》的规定设立的并经国务院证券监督管理机构审查批准而成立的专门经营证券业务，具有独立法人地位的有限责任公司或者股份有限公司。

2. 证券公司主要业务有证券经纪业务、证券投资咨询业务、证券承销业务、证券自营业务、融资融券业务。

3. 保险公司是指依法成立的、专门经营各种保险业务、分散社会风险的经济组织。我国保险公司的业务范围主要是财产保险业务和人身保险业务。

4. 基金管理公司是指依据有关法律、法规设立的对基金的募集、基金份额的申购和赎回、基金财产的投资、收益分配等基金运作活动进行管理的公司。

5. 基金管理公司的主要业务：发起设立基金、基金管理业务、受托资产管理业务、基金销售业务

6. 信托作为一种经济行为通常是指委托人为了自己或者第三者的利益，将自己的财产或者有关事物委托给自己信任的人或组织代为管理、经营的经济活动；作为一种财产管理制度往往指的是以资金、财产为核心，以信任为基础，以委托和受托为方式的财产管理体制。信托投资公司是依法成立的，主营金融信托业务的非银行金融机构。

7. 金融租赁又称融资租赁，是指企业需要添置某些技术设备而又缺乏资金时，由出租人代其购进或租进所需设备，然后再将它租给承租人，在一定期限内有偿使用的一种租赁方式。金融租赁是一种以融通资金为目的，以技术设备、办公设备等动产为租赁对象，以经济法人为承租人的新型的金融业务。主要有融资租赁、转租赁、回租租赁、杠杆租赁四种业务模式。

8. 消费金融公司的主要业务包括小额贷款、分期付款、信用卡服务、现金贷款。

9. 互联网金融企业是以互联网技术和移动通信技术等现代信息科学技术为基础，以大数据与云计算为核心，实现资金融通的新型金融服务模式的公司。目前在众筹、大数据金融、第三方支付等方面都有较大规模的公司。

同步练习

一、单项选择题

1. 下列不属于非银行金融机构的是（　　　）。

A. 信托投资公司　　　B. 消费金融公司　　　C. 证券公司　　　D. 城市商业银行

2. 信托的本质是（　　　）。

A. 吸收存款、融通资金　　　　　　　B. 规避风险、发放贷款

C. 办理收付、清算结账　　　　　　　D. 受人之托、代人理财

3. 在各类保险中，产生最早的是（　　　）。

A. 人身保险　　　　B. 火灾保险　　　　C. 海上保险　　　　D. 健康保险

4. 下列属于互联网金融企业的是（　　　）。

A. 蚂蚁科技集团　　　B. 中国人民银行　　　C. 企业财务公司　　　D. 国家开发银行

5. 下列说法错误的是（　　　）。

A. 设立保险公司注册资本金需要2亿元人民币以上

B. 设立证券公司注册资本金需要2亿元人民币以上

C. 设立基金管理公司注册资本金需要1亿元人民币以上

D. 信托投资公司不能以自有财产为他人提供担保

二、多项选择题

1. 下列属于非银行金融机构的有（　　　）。

A. 中国农业银行　　　B. 证券公司　　　C. 基金管理公司　　　D. 保险公司

2. 下列属于证券公司主要业务的有（　　　）。

A. 融资融券　　　　　　　　　　　B. 证券经纪业务

C. 证券公司自营业务　　　　　　　　D. 投资咨询业务

3. 人身保险主要分为（　　　）。

A. 人寿保险　　　　B. 人身意外伤害险　　C. 健康保险　　　　D. 财产保险

4. 基金管理公司的主要业务有（　　　）。

A. 发起设立基金　　　　　　　　　B. 基金管理业务

C. 受托资产管理业务　　　　　　　　D. 基金销售业务

5. 金融租赁业务主要有（　　　）。

A. 融资租赁　　　　B. 转租赁　　　　C. 杠杆租赁　　　　D. 回租租赁

三、名词解释

证券公司　　　信托投资公司　　　保险公司　　　基金管理公司　　　金融租赁公司

四、简答题

1. 我国常用的金融租赁业务有哪些？

2. 消费金融公司的业务有哪些？

3. 证券公司的业务包括哪些？

4. 保险公司的业务流程是什么？

五、分析应用题

案例分析：家族信托迎来新时代 客群年轻化行业多元化

2022年11月19日，中国外贸信托正式发布《中国家族信托可持续发展报告》（下称报告）。该报告总结了我国家族信托十年的发展历程，从客群及需求、信托金融服务及行业发展、海外经验等多个维度梳理了家族信托的发展态势，并对未来家族信托的可持续发展提出了趋势展望。

客群年轻化，行业多元化

得益于中国经济高速发展、居民财富不断增长以及金融业创新转型，经过十年发展的中国家族信托正迎来大机遇时代。尤其进入后疫情时代，富裕居民对于"财富安全和传承"的需求不断增加，具备财富传承灵活性、财产隔离安全性、信息保密严格性等优势的家族信托业务也越来越受到欢迎。

2022年是家族信托境内本土化的第十年，其独特价值与未来前景已得到广泛认可。根据上述报告调研观察，随着客户和市场的成熟，家族信托的客群基数不断扩大，呈现年轻化、行业多元化特征，来自新兴行业的人群逐步增长；客户资产配置理念逐步成熟，对产品认可度逐步提升，多元化配置及追加比例亦在逐年提高。

同时，报告对当下和未来一段时间的政策热点与行业趋势进行了探讨。报告认为，越来越多的人群有机会享受到信托的制度优势，未来家族信托可在其中发挥价值，包括应用家族信托的资产隔离、财富传承、信息保密等功能，帮助企业家等财富管理人群在法治框架内实现财富积累机制的可持续性，有助于企业家放下包袱，轻松上阵，持续创新；另外，可将家族信托与公益慈善相结合，发挥家族财富的帮扶带动作用，有利于做优、做大、分好蛋糕，有利于推动社会财富第三次分配。同时，还可依托家庭信托，使得财产隔离、保护、传承的功能覆盖更为广泛的人群，使得越来越多的人群有机会享受到信托的制度优势，助力共同富裕。

值得一提的是，伴随信托业务分类调整的推进，信托行业转型将真正回归本源，包括转型服务信托、做好家族财富管理综合服务以及锻造资产管理能力。其中，家族信托将是信托公司进一步展示专业性、综合性、多元化金融服务能力的重要抓手，发展潜力巨大。

信托机构：构建新业务支撑

进入后资管时代，尤其在国家"双碳""共同富裕"等战略的指引下，众多因素驱动市场形成可持续的财富管理生态，包括个体财富可持续、家庭财富可传承以及社会财富可循环。

对此，报告提出，在明确可持续发展新方向的基础上，未来家族信托的可持续发展可把环境友好、社会效益、公司治理、科技赋能理念分别融入投资类型、服务内容、家族企业、受托资产以及管理工具，打造发展新模式，并在满足财富传承的基础上，践行ESG理念引入新的转型驱动力，兼顾社会公益慈善，回馈社会发展、促进共同富裕。

同时，在专业能力方面，信托机构需要不断精深发展，具备更科学的产品架构设计能力、更前瞻的规划服务能力、更系统的资产配置能力、更高效的运营管理能力、更全面的综合服务能力，构建面向未来、可持续发展的业务支撑。

资料来源：吕成飞. 家族信托迎来新时代 客群年轻化行业多元化 ［EB/OL］. 2022 - 11 - 21. 新浪财经，https：//finance. sina. com. cn/chanjing/cyxw/2022 - 11 - 21-doc-imqqsmrp6928126. shtml.

思考：1. 信托公司的主要业务是什么？
　　　2. 请你谈谈家族信托的意义。

六、技能实训题

学生分别扮演基金管理公司、基金购买人，基金托管人，模拟基金的运作过程。

实训项目名称：模拟基金的运作过程。

实训目的：理解基金公司、基金投资者及基金托管人在基金运作过程中承担的任务。

实训内容：学生分组，同组学生分别找不同的学生扮演基金管理公司、基金购买人，基金托管人来模拟一只基金从设计到募集到运营的整个过程。

实训要求：学生提前了解基金是如何产生、如何募集、如何管理的。

推荐阅读

1. 《2022 支付宝助力实体年度报告》，来源：支付宝平台。
2. 《中国消费金融公司发展报告（2022）》，来源：中国银行业协会。

项目九

中央银行

学习目标

（一）知识目标

1. 了解中央银行的产生和发展历程；

2. 熟悉中央银行的制度形式；

3. 掌握中央银行的性质和职能及主要业务；

4. 理解中央银行的相对独立性。

（二）技能目标

1. 能简述中央银行的主要业务；

2. 能运用所学知识分析我国现行的中央银行政策。

（三）素质目标

1. 通过学习中央银行的产生、发展历程和制度形式，使学生了解"建设现代中央银行制度，是全面建设社会主义现代化国家的必然要求。"

2. 通过学习中央银行的性质和职能及主要业务，使学生了解金融事关经济发展和国家安全，事关人民群众安居乐业。培养学生对国家宏观经济政策的敏感性。

3. 通过学习中央银行的相对独立性，使学生了解我国的现代中央银行，是以人民为中心的中央银行。中国人民银行事业起于为人民服务，兴于为人民服务，必须充分体现人民性，以不断满足人民日益增长的优质金融服务需求为出发点和落脚点。

▶▶ 案例导入

英格兰银行——现代中央银行体制的鼻祖

设立于 1694 年的英格兰银行，虽然晚于瑞典中央银行近 40 年，由于其体系完备、运行稳健，仍然被认为是现代中央银行的鼻祖，其诞生被视为当时最重要的金融革命。

著名史学家奇波拉曾说过："在英国，如果没有金融革命，就没有工业革命"。金融革命和创新成就了英格兰银行，推动了英国的工业革命，也使英国成为当时世界上最强大的"日不落帝国"。

近代的银行制度最早出现在12世纪的意大利。16世纪末在荷兰、意大利等地已经出现了专门从事借贷业务的公共银行。此后，随着航海和贸易，银行制度传播到了欧洲其他地方。

英国最早的银行家主要源自金匠家族。在纸币流通之前，商人们必须携带大量的金银、珠宝，不仅不安全，也很不方便。于是就有一些金匠替人们保管这些金银，并开具票据，这样就方便了商人们的支付。这些票据可以转让，金匠在票据上做了背书。后人把那一时期这一类人叫金匠银行家。后来，金匠银行家发现自己手头会留存大量闲置资金，于是他们便把这些资金借给需要钱的人，同时收取一定的利息。这些金匠银行家便可从中渔利。

追求高额利润是商人的本性。在公共银行出现之前，英国金匠银行家的贷款利率非常高，一般都在10%左右，而政府规定的利率是6%。他们对政府的贷款利率也很高，有时甚至达到20%～30%，是名副其实的高利贷。此外，金匠银行家还通过在质量和成色上投机取巧谋取利益，这也引发了人们对金匠银行家的抱怨。高利贷不仅使很多小工商业主无法承受，连英国政府也无法接受。当时英国正在与荷兰发生战争，国库空虚，英国政府不得不向金匠银行家借高利贷。而就在同一时间，已经拥有银行的荷兰，其王室的借款利息只有3%，这让英国王室羡慕不已。此时，不论英国政府还是民众都希望设立一家公共银行来取代利欲熏心的金匠银行家。

设立英格兰银行的初衷主要是为帮助政府融资，同时从事汇票、本票等普通银行业务。由于其资信良好，其银行券受到民众的普遍欢迎。由于英格兰银行经营稳健，它逐步得到了英国政府的认可，获得很多特许经营权。1833年英国国会通过议案，英格兰银行发行的银行券成为全国唯一法定偿还的货币。1928年，英格兰银行完全获得了英国银行券的垄断发行。1946年，英格兰银行收归国有，成为名副其实的英国中央银行。

英格兰银行的模式获得了巨大成功，不仅解决了政府融资问题，也推动了英国工商业资本的发展，使英国逐渐发展成为全球最强大的"日不落帝国"。英格兰银行被誉为最可靠的银行，其模式被世界各国所效仿。19世纪初，世界迎来设立中央银行的第一波热潮，各国设立了20余家中央银行，而被视为英格兰银行翻版的法兰西银行于1814年成立，与此同时，荷兰银行、日本银行、俄罗斯银行等也相继成立，而尾声则是1913年美联储的诞生。

资料来源：张志前．央行鼻祖．2014－04－18．英大金融，https：//finance.stockstar.com/MG2015041700006156.shtml．有删减。

思考：1. 参考英格兰银行发展的历史沿革，思考中央银行的产生背景。

　　　2. 中央银行的职能变迁。

知识网络图（见图 9 - 1）

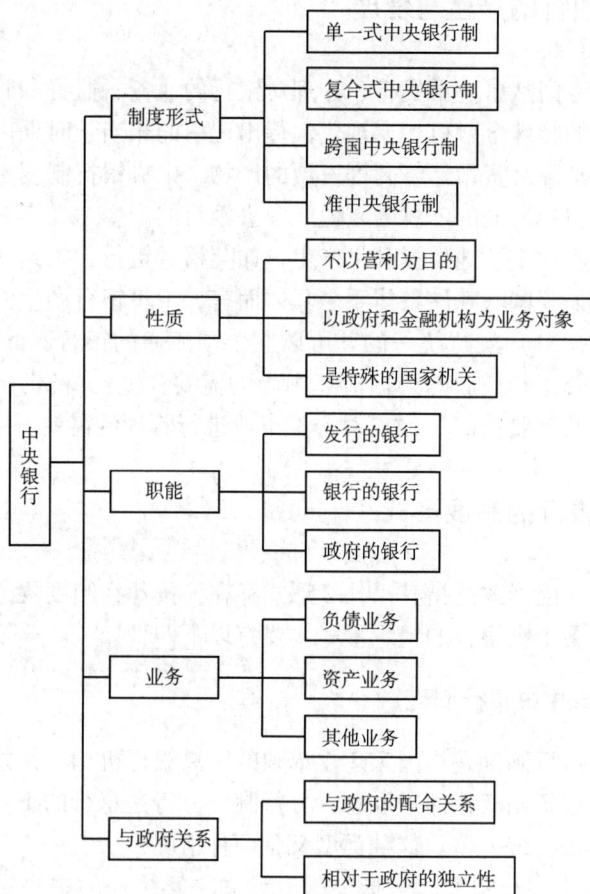

```
                    ┌─────────┐   ┌──────────────┐
                    │ 制度形式 │───│ 单一式中央银行制 │
                    │         │   ├──────────────┤
                    │         │───│ 复合式中央银行制 │
                    │         │   ├──────────────┤
                    │         │───│ 跨国中央银行制  │
                    │         │   ├──────────────┤
                    │         │───│ 准中央银行制   │
                    └─────────┘   └──────────────┘
                    ┌─────────┐   ┌──────────────────┐
                    │  性质   │───│ 不以营利为目的      │
                    │         │   ├──────────────────┤
                    │         │───│ 以政府和金融机构为业务对象│
                    │         │   ├──────────────────┤
                    │         │───│ 是特殊的国家机关     │
                    └─────────┘   └──────────────────┘
  ┌──────┐          ┌─────────┐   ┌──────────────┐
  │ 中央 │          │  职能   │───│ 发行的银行     │
  │ 银行 │──────────│         │   ├──────────────┤
  └──────┘          │         │───│ 银行的银行     │
                    │         │   ├──────────────┤
                    │         │───│ 政府的银行     │
                    └─────────┘   └──────────────┘
                    ┌─────────┐   ┌──────────────┐
                    │  业务   │───│ 负债业务      │
                    │         │   ├──────────────┤
                    │         │───│ 资产业务      │
                    │         │   ├──────────────┤
                    │         │───│ 其他业务      │
                    └─────────┘   └──────────────┘
                    ┌──────────┐  ┌──────────────┐
                    │ 与政府关系 │──│ 与政府的配合关系  │
                    │          │  ├──────────────┤
                    │          │──│ 相对于政府的独立性 │
                    └──────────┘  └──────────────┘
```

图 9 - 1　中央银行知识网络

任务一　认识中央银行

➤ 学习情境

小张是名银行工作人员，也是名古装剧迷，在看了多部电视剧后，小张发现早在 16 世纪末欧洲就出现了中央银行，而当时中国的清朝却完全没有中央银行的影子。香港早在 1997 年就回归祖国，可小张去旅游购物却要用港币，香港有中央银行吗？与大陆的联系怎样呢？

任务描述：

1. 学生分组讨论：（1）古代为什么没有中央银行？（2）中央银行的制度形式有哪些？

2. 资料收集：每组分别从欧洲、美国、德国、新加坡、中国五个中央银行中选其一，通过网上查询资料，分析其产生的背景及制度形式。

一、中央银行的产生与发展

中央银行是专门从事货币发行、办理对银行的业务、监督和管理金融业、执行国家经济政策的特殊金融机构。现代银行出现后的相当长时期内，并没有中央银行。中央银行是商品货币经济高度发展的产物。中央银行制度更是在经济与金融的长期发展过程中形成的。总的来说，中央银行的产生途径有两条：一是从既有的商业银行逐步演变、地位提升中产生，如英格兰银行；二是从目的明确的直接创设中产生，如美国联邦储备体系。具体而言，中央银行产生的客观经济基础有以下四个方面：（1）发行统一的、可以在全国流通的银行券的需要；（2）建立统一、权威、公正和最后的票据清算中心的需要；（3）稳定金融系统，发挥最后贷款人职能的需要；（4）政府对金融事业进行管理的需要。

二、中央银行的制度形式

中央银行的制度形式是指其以什么形式存在，按什么制度规范运转的组织状态。当前世界各国中央银行的组织形式主要有以下四种：

（一）单一式中央银行制度

单一式中央银行制度是指国家建立单独的中央银行机构，使之全面行使中央银行职能的中央银行制度，即采取总、分行制，分行是总行的下一级组织，总行和分行组成中央银行统一体。这种类型又分两种情况：

1. 一元式中央银行制度。是指一国只设立一家统一的中央银行行使中央银行的权力和履行中央银行的全部职责，中央银行机构自身上下是统一的，机构设置一般采取总分行制，逐级垂直隶属。这种组织形式下的中央银行是完整标准意义上的中央银行，目前世界上绝大多数国家的中央银行都实行这种体制，如英国、法国、日本等。

2. 二元式中央银行制度。是指中央银行体系由中央和地方两级相对独立的中央银行机构共同组成。中央级中央银行和地方级中央银行在货币政策方面是统一的，中央级中央银行是最高金融决策机构，地方级中央银行要接受中央级中央银行的监督和指导。但在货币政策的具体实施、金融监管和中央银行有关业务的具体操作方面，地方级中央银行在其辖区内有一定的独立性，与中央级中央银行也不是总分行的关系，而是按法律规定分别行使其职能。这种制度一般与联邦制的国家体制相适应，如目前的美国、德国等。

（二）复合式中央银行制度

复合式中央银行制度是指一个国家没有设专司中央银行职能的银行，而是由一家大银行集中央银行职能和一般存款货币银行经营职能于一身的银行体制。这种复合制度主要存在于过去的苏联和东欧等国。我国在 1983 年以前也一直实行

这种银行制度。

（三）跨国中央银行制度

跨国中央银行制度是指由若干国家联合组建一家中央银行，由这家中央银行在其成员国范围内行使全部或部分中央银行职能的中央银行制度。其主要职能是：发行货币、为成员国政府服务、执行共同的货币政策及其有关成员国政府一直决定授权的事项。其显著特点是跨国界行使中央银行的职能，一般地它与一定的货币联盟相联系。实行跨国中央银行制度的国家主要在非洲和东加勒比海地区。目前，西非货币联盟、中非货币联盟、东加勒比海货币区属于跨国中央银行的组织形式。1998 年 7 月 1 日欧洲中央银行正式成立，1999 年 1 月 1 日欧元正式启动。欧洲中央银行的成立和欧元的正式启动，标志着现代中央银行制度又有了新的内容并进入了一个新的发展阶段。

（四）准中央银行制度

准中央银行制度是指有些国家或地区只设置类似中央银行的机构，或由政府授权某个或几个商业银行，行使部分中央银行职能的体制。新加坡是准中央银行制度的典型代表。新加坡不设中央银行，而由货币局发行货币，金融管理局负责银行管理、收缴存款准备金等业务。中国香港在回归祖国前也曾实行过准中央银行体制。中国香港在过去长期中并无一个统一的金融管理机构，中央银行的职能由政府、同业公会和商业银行分别承担。1993 年 4 月 1 日，中国香港成立了金融管理局，集中了货币政策、金融监管及支付体系管理等中央银行的基本职能。但它又不同于一般中央银行，例如发行钞票职能就是由渣打银行、汇丰银行和中国银行履行的，票据结算所一直由汇丰银行负责管理。

三、中央银行的性质

中央银行的性质是指中央银行自身所具有的特有属性，这是由其在国民经济中的经济地位决定的，并随着中央银行制度的发展而不断变化。中央银行既是政府干预经济的重要金融工具，又是国家机构的组成部分，处于一国金融机构的首脑和领导地位，这就决定了中央银行的三大性质。

（一）中央银行的经营不以营利为目的

获取利润是商业银行业务经营的目标。但中央银行业务经营的目标却不是获取利润，而是制定实施货币政策以确保货币政策目标的实现。例如，适时适度地调节货币供求量以使货币购买力稳定，审时度势地调控金融市场以使融资质、量正常合理。

（二）中央银行以政府和金融机构为业务对象

中央银行的业务对象不是一般的工商企业、家庭个人，而是一国政府、一国金融机构。在对政府业务方面，主要表现为充当政府经济顾问，为政府经济决策提供咨询，代理国库，向政府发放贷款等。在金融机构业务方面，主要有再贷款、再贴现、提供票据清算等。

（三）中央银行是特殊的国家机关

中央银行是国家机构的重要组成部分，是全国金融事业的最高管理机构，代表国家管理金融事业部门，但它又不同于一般的国家行政管理机构：1. 中央银行从事货币信用业务，具有银行属性，实行资产负债管理，有资本、有收益，与完全依靠财政拨付经费的政府机构显然不同。2. 中央银行是社会信用机构的枢纽。它自身是一个信用机构，由此获得创造供给货币的特殊权力，同时它又是信用活动、货币供给的源头。3. 中央银行业务具有较强的技术性和专业性，供给货币有一个特殊的传导过程，这也是其他政府机关业务活动所不能比拟的。4. 中央银行的货币政策目标是稳定币值，这是特殊的社会责任。中央银行具有相对独立的法律地位。

四、中央银行的职能

拓展阅读：中国人民银行召开人民币国际化工作座谈会

视频：中央银行的职能

中央银行作为国家调控宏观经济、管理金融事业的特殊金融机构，它的职能是由其性质决定的。按我国常用的分类方法，主要有以下职能：

（一）中央银行是发行的银行

所谓发行的银行，是指国家赋予中央银行集中与垄断货币发行的特权，是国家唯一的货币发行机构。中央银行掌管货币发行的基本职能主要体现在：（1）中央银行集中和垄断货币发行权是其自身之所以成为中央银行最基本、最重要的标志，也是中央银行发挥其全部职能的基础。（2）中央银行垄断货币发行权是统一货币发行与流通和稳定货币币值的基本保证。（3）货币发行是中央银行的重要资金来源，也为中央银行调节金融活动和全社会货币、信用总量，促进经济增长提供了资金力量。

（二）中央银行是银行的银行

所谓银行的银行，是指中央银行的业务对象不是工商企业和个人，而是商业银行和其他金融机构及特定的政府部门；中央银行与其业务对象的业务往来仍具有固有的办理"存、放、汇"业务的特征；中央银行为商业银行和其他金融机构提供支持、服务，同时也是商业银行和其他金融机构的管理者。具体表现在以下3个方面：

1. 集中存款准备金。为了保证存款机构的清偿能力，中央银行要求存款机构根据其存款种类和金额，按一定比例缴存存款准备金（法定准备金和超额准备金），以便于中央银行了解和掌握各类存款机构的准备金状况，从而组织全国范围内的资金清算。

2. 充当商业银行等金融机构的"最后贷款人"。在商品经济发展过程中，不可避免地会由于经济波动引发金融危机，这不但会影响经济的健康发展，还会对经济造成破坏。为避免此情况发生，中央银行充当最后贷款人，通过再贷款、再贴现等手段，向资金周转困难的商业银行提供流动资金，补充其流动性的不足。

3. 组织、参与和管理全国的资金清算。中央银行对全国范围内的电子资金划拨系统，对商业银行各应收应付款项进行清算，同时对商业银行调拨资金提供划转服务。这不但有利于加快社会资金周转，节约资金成本，而且对于提高资金使用效率也有重大意义。

4. 监督和管理银行业。中央银行代表政府管理全国金融机构，负责制定和执行金融法规和银行业务规章，使金融机构和金融市场的运作有章可循。

（三）中央银行是政府的银行

所谓政府的银行，是指中央银行根据法律授权制定和实施货币政策，对金融业实施监督管理，负有保持货币币值稳定和保障金融业稳健运行的责任；中央银行代表国家政府参加国际金融组织，签订国际金融协议，参与国际金融事务与活动；中央银行为政府代理国库，办理政府所需要的银行业务，提供各种金融服务。具体内容包括经理国库、代理政府债券发行、为政府融通资金、为国家持有和经营管理国际储备、代表政府参加国际金融活动、为政府提供经济金融情报和决策建议。

头脑风暴：

中央银行与商业银行有何不同？

任务二 中央银行的主要业务

➤ 学习情境

中央银行票据发行公告［2023］第 3 号

为丰富香港高信用等级人民币金融产品，完善香港人民币收益率曲线，根据中国人民银行与香港金融管理局签署的《关于使用债务工具中央结算系统发行中国人民银行票据的合作备忘录》，2023 年 5 月 23 日（周二）中国人民银行将通过香港金融管理局债务工具中央结算系统（CMU）债券投标平台，招标发行2023 年第四期和第五期中央银行票据。

第四期中央银行票据期限 3 个月（91 天），为固定利率附息债券，到期还本付息，发行量为人民币100亿元，起息日为2023年5月25日，到期日为2023年8月24日，到期日遇节假日顺延。

第五期中央银行票据期限1年，为固定利率附息债券，每半年付息一次，发行量为人民币150亿元，起息日为2023年5月25日，到期日为2024年5月25日，到期日遇节假日顺延。

以上两期中央银行票据面值均为人民币100元，采用荷兰式招标方式发行，招标标的为利率。

中国人民银行公开市场业务操作室

二〇二三年五月十七日

资料来源：中国人民银行货币政策司［EB/OL］. 2023－05－17, http：//www. pbc. gov. cn/zhengcehuobisi/125207/125213/125431/125472/4885310/index. html.

分组讨论：1. 发行中央银行票据的目的是什么？

2. 发行票据类型有哪些？招标方式是什么？

中央银行资产负债表是指中央银行在履行职能时业务活动所形成的债权债务存量表。中央银行资产负债业务的种类、规模和结构都综合地反映在资产负债表上。一般而言，根据银行资产负债表所反映的资金运动关系，银行业务可以分为负债业务、资产业务和其他业务。

表9-1给出了一个中央银行资产负债表的一般格式。简化的中央银行资产负债表一般由资产项目和负债项目两部分组成（见表9-1）。

表9-1　　　　　　　　　简化的中央银行资产负债表

资产项目	负债和资本项目
贴现及放款	流通中货币
各种证券及财政借款	各项存款
	政府和公共机构存款
	商业银行等金融机构存款
黄金外汇储备	其他负债
其他资产	资本账户
资产项目合计	负债及资本项目合计

在中央银行的资产负债表中，由于自有资本也是其资金运用的来源之一，因此将其列入负债方。但实际上，自有资本不是真正的负债，其作用也不同于一般负债，因此如果把自有资本从负债中分列出来，资产和负债的基本关系可以用以下3个公式表示：

$$资产＝负债＋资本项目$$
$$负债＝资产－资本项目$$
$$自有资本＝资产－负债$$

中央银行可以通过调整自身的资产负债结构来进行宏观金融调控。

一、中央银行的负债业务

中央银行的负债是指金融机构、政府、个人和其他部门持有的对中央银行的债权。中央银行信用体现了国际的相互借贷关系，是债权债务关系的国际化。在国际信用行的负债业务主要包括货币发行业务、存款业务等。

（一）货币发行业务

在现代货币制度下，货币发行是通过中央银行的具体业务形成的。货币发行具有双重含义：一是指货币从中央银行发行库，通过各家银行业务库流向社会；二是指货币从中央银行流出的数量大于从流通中回笼的数量。中央银行发行的货币通过再贴现、再贷款、购买有价证券和收购黄金外汇投入市场，成为流通中货币，成为中央银行对公众的负债。

货币发行是中央银行主要的负债业务，通过这项业务，中央银行既为商品流通和交换提供流通手段和支付手段，也相应筹集了社会资金，满足中央银行履行其各项职能的需要。按性质不同，货币发行可以分为经济发行与财政发行。经济发行指中央银行根据国民经济发展的客观需要增加现金流通量。财政发行是指因弥补国家财政赤字而进行的货币发行。

就中国人民银行而言，由于人民币是我国唯一合法的货币，人民币的发行遵循的是由中国人民银行垄断发行的原则。具体包括以下几个方面：

1. 人民币发行原则。

（1）集中统一发行原则。集中是指人民币的发行权集中于代表国家的中央政府——国务院。统一是指国家授权人民银行统一垄断货币发行。除人民银行外，任何地区、任何单位和个人都无权发行货币或发行变相货币。

（2）计划发行原则。是指货币发行要根据国民经济发展的要求，有计划地发行。具体由人民银行总行提出货币发行计划，报国务院批准后组织实施。

（3）经济发行原则。或称信用发行原则，是财政发行的对称。是指根据国民经济发展情况，按照商品流通的实际需要而进行货币发行。这种发行是在经济增长的基础上增加货币投放，是为了适应和满足商品生产和商品流通对货币的客观需要，不会引起物价波动和通货膨胀。

2. 人民币发行准备。中国人民银行人民币发行准备目前是黄金、外汇及政府债券联合准备制度。由于发行的人民币是在信用关系基础上产生的执行货币职能的价值符号，是一种信用货币，不能兑换贵金属，因此也就不需要使用黄金等贵金属作为发行人民币的准备。

3. 人民币发行程序。具体而言，人民币发行程序主要有以下三个环节：首先，由中国人民银行根据国家经济发展的实际需要，通过编制全国信贷计划和现金计划确定年度货币发行总额，报经国务院批准后执行。其次，核定省、自治区和直辖市货币的投放和回笼计划。最后，由中国人民银行发行库办理现金出入库。中国人民银行设立人民币发行库，在其分支机构设立分支库，负责中国人民银行保管人民币发行基金。人民币发行基金是指由制钞厂解缴、中国人民银行保管的未进入流通领域的人民币。发行基金的调拨应按中国人民银行的规定办理。人民银行的货币发行主要通过普通银行的现金收付业务活动实现。商业银行存取款必须在人民银行开立存款户。人民银行在营业时间内，对商业银行办理现金存取业务。

商业银行向人民银行存取现金，以开户商业银行为单位办理；开户商业银行下属基层处（所）的现金，由开户商业银行调剂后统一向人民银行存取。当商业银行基层行现金不足时，商业银行应填写现金支票，到当地人民银行在其存款账户余额内提取现金，于是人民币从发行库转移到商业银行基层行处的业务库，这意味着这部分人民币进入流通领域。当商业银行基层行处的现金超过其业务库存限额时，商业银行应将超过的部分填制现金交款单，送交人民银行。该部分人民币进入发行库，意味着退出流通领域。

（二）存款业务

存款业务是央行的主要负债之一。中央银行的存款一般可分为商业银行等金融机构的准备金存款、政府存款、非银行金融机构存款、外国存款、特定机构和私人部门存款等。

1. 准备金存款。存款准备金是指央行依据法律赋予的权力，根据宏观货币管理、控制金融体系信贷额度，以及维持金融机构资产流动性的需要，来规定商业银行等金融机构向其缴存存款准备金的比率和结构，并根据货币政策的变动对既定比率和结构进行调整，借以间接调控社会货币供应量的制度。存款准备金由两部分组成：一部分是自有准备，通过以库存现金的方式存在；另一部分是法定存款准备金，即根据法律规定，商业银行按照一定比例转存中央银行的部分，在专业银行存款中超过法定准备金的部分称为超额准备金。

2. 政府存款。中央政府存款一般包括国库持有的货币、活期存款、定期存款和外币存款。我国央行资产负债表中的"政府存款"是指各级财政在人行账户上预算收支的余额。

3. 非银行金融机构存款。并不是所有的国家都将非银行金融机构的存款纳入准备金存款业务。当不纳入准备金业务时，央行将其作为一项单独的存款业务。此时，主要是为了这些机构清算的便利，央行在这类业务上具有很大的被动性，但能够通过利率作些许调节。我国的非银行金融机构不需缴纳法定存款准备金，其在央行的存款主要是为了结算方便。

4. 外国存款。这项存款债权人为外国央行或政府，用于贸易结算和债务清算。其多少由外国存款者决定，本国央行处于被动地位。但由于其数量较小，对本国基础货币投放的影响相对有限。

5. 特定机构和私人部门存款。这项存款是为特定目的而收存的非金融机构存款。主要是向这些机构发放贷款而形成的存款或为扩大央行资金来源而收存。人行的该类存款在1998年以前主要为机关团体部队的财政性存款，1998年准备金制度改革后则只有部队存款。私人部门存款一般不允许央行吸收，即使允许，也只限于特定对象且数量很小。

6. 特种存款。特种存款是指央行根据商业银行及其他金融机构信贷资金营运情况，根据宏观调控和货币政策需要，要求这些金融机构以存款方式向其缴存一定数量的存款，它是央行的一种直接信用控制方式。具有非常规性、对象的特定性、存款期限较短、数量和利率由央行规定且具有一定强制性等特点。

中央银行吸收存款的主要意义有：第一，中央银行吸收商业银行的存款准备金，有利于调节和控制信贷规模和货币供应量；第二，中央银行集中保管存款准备金，充当商业银行的最后贷款人，有利于维护金融企业安全；第三，商业银行和财政把存款存入中央银行有利于资金清算的顺利进行。

二、资产业务

拓展阅读：存款准备金政策与制度

中央银行的资产是指中央银行在一定时点上所拥有的各种债权。中央银行资产业务是指中央银行通过对银行资产的处理，以履行中央银行的职能。主要包括再贴现业务和贷款业务、证券买卖业务、国际储备业务及其他一些资产业务。

（一）贷款业务

中央银行的贷款对象是：商业银行、政府。对商业银行放款一般是短期、采用政府债券或商业票据为担保的抵押贷款。对政府放款包括对政府的正常借款、透支；证券投资性放款，即在二级市场购买公债。其他放款包括中央银行对外国银行和国际性金融机构的贷款以及对国内工商企业少量的直接贷款等。

（二）再贴现业务

中央银行开办贴现窗口，承办商业银行所持的未到期已贴现票据的再贴现业务。中央银行再贴现是解决商业银行短期资金不足的重要手段，同时也是中央银行实施货币政策的重要工具之一。中央银行通过对再贴现价格—再贴现率的调节来影响商业银行介入资本的成本，刺激或抑制资金需求，实现对货币供应量的控制和调节。因此，再贴现率对市场利率影响很大。

（三）证券买卖业务

主要指中央银行的证券买卖。中央银行持有的证券一般都是信用等级比较高的政府证券。中央银行持有证券和从事公开市场业务的目的不是为了盈利，而是通过证券买卖对货币供应量进行调节。

（四）黄金与外汇储备

黄金与外汇储备是稳定币值的重要手段，也是国际支付的重要储备。中央银行承担为国家管理黄金和外汇储备的责任，也是中央银行的重要资金运用。

三、其他业务

除了严格的负债业务和资产业务，中央银行还从事着一些其他业务，如资金清算业务、代理国库业务等。

（一）资金清算业务

作为银行的银行，各商业银行等其他金融机构都在中央银行开立账户，它们之间的资金往来和债权债务关系自然就要中央银行来办理。中央银行的资金清算业务大体分为三类：（1）集中票据交换。一般是由中央银行组织票据交换所，各商业银行持本行应付票据参加交换。（2）清算交换的差额。各商业银行之间应付款的差额，可利用其在中央银行的存款账户划转。（3）组织异地之间的资金转移。

（二）经理国库业务

国库是国家金库的简称，是专门负责办理国家预算资金收纳和支出的机关。国家的全部预算收入都由国库收纳入库，一切预算支出都由国库拨付。作为政府的银行，中央银行负有办理和管理国库业务的重要职责。通过经理国库，确保国家预算资金及时收付、准确核算及库款安全，对于国家财政灵活调度资金、实现财政收支平衡、沟通财政与金融之间的联系、促进财政政策和货币政策的协调配合具有重要意义。

中央银行经理国库，主要有以下几个基本职责：（1）准确、及时地收纳国家各项预算收入。（2）为各级财政机关开立账户，审查并办理同级财政库款的支拨。（3）对各级财政库款和预算收入进行会计财务核算。（4）办理有关退库业务的具体事宜。（5）组织、管理和指导下级国库和国库经收处工作。（6）代理国库券发行与兑付等国家交办的与国库有关的工作。

思政栏目：

人民银行重庆营业管理部：擦亮绿色金融底色 书写创新发展新篇

自"碳达峰碳中和"（以下简称双碳）目标提出以来，走生态优先、绿色低碳发展道路，已经成为社会各界的共同责任。

"绿水青山就是金山银山"。绿色是永续发展的必要条件和人民群众对美好生活追求的重要体现。2020年以来，人民银行重庆营业管理部积极牵头重庆全市绿色金融改革工作。如今，重庆绿色发展取得明显成效，源源不断的"金融活水"注入绿色产业。

点"绿"成金 政策持续提供"绿色动能"

日前，重庆市政府分别与7家银行就支持重庆绿色金融改革创新试验区建设签署战略合作协议。本次签约计划将在"十四五"期间，为重庆市带来超 3 000 亿元的绿色融资支持。1 月，人民银行重庆营业管理部联合重庆市级相关部门出台 3 项绿色金融标准，积极助力重庆市建设绿色金融改革创新试验区。

自 2022 年 8 月获批建设绿色金融改革创新试验区后，作为成渝共建西部金融中心、也是长江上游重要生态屏障的重庆，如何为我国构建绿色金融体系积累有益经验，受到持续关注。重庆在"一带一路"建设以及长江经济带、西部陆海新通道、成渝地区双城经济圈建设、成渝共建西部金融中心中承担着重要使命，在建设绿色金改试验区方面，也具备良好基础和独特优势。此背景下，重庆出台了前述 3 项绿色金融标准，加快建设绿色金融标准体系，助力绿色金融改革创新试验区建设。

"绿色"是高质量发展的"底色"。在重庆之前，国务院先后批准浙江、江西、广东、贵州、新疆、甘肃六省份九地开展绿色金融改革创新试验区建设，为不同区域、不同基础情况、不同经济条件的地区积累了绿色金融实践经验。通过试验区的改革举措，有效解决企业发展绿色产业、实施绿色项目中的融资便利度及资金使用成本问题，不仅服务了地方绿色发展和经济转型升级，还提升了金融机构的绿色金融业务水平，带动全国绿色金融市场快速发展。

在政策方面，重庆开展了货币政策工具支持绿色发展专项行动，推动碳减排支持工具、支持煤炭清洁高效利用再贷款和"绿易贷""绿票通"落地见效。截至 2022 年 12 月末，4 项工具累计投放超 50 亿元。

"重庆未来能走出一条契合绿色发展、体现重庆特点、彰显绿色产业特性的新路子，目前已初见成效。"据人民银行重庆营业管理部介绍，截至 2022 年 12 月末，重庆市绿色贷款余额超 5 200 亿元，是 2019 年初的 2.9 倍，同比增长 36%，高出各项贷款增速 29.3 个百分点；占各项贷款余额的比重为 10.4%，较 2019 年初提升 4.9 个百分点；绿色债券余额超 420 亿元，是 2019 年初的 3.2 倍。

资料来源：郝树静．中国人民银行重庆营业管理部：擦亮绿色金融底色　书写创新发展新篇．沟通交流［Z］．2023 - 04 - 21．重庆日报网—重庆日报．金融，http：//www. pbc. gov. cn/goutongjiaoliu/113456/113475/4860309/index. html. 有删减。

四、中国人民银行的主要业务

2003 年修正的《中国人民银行法》明确规定了中国人民银行的业务，概括如下：

（一）货币发行业务

发行人民币的渠道是：货币由发行库出库到业务库投放到市场，然后由市场

视频：中央银行业务之一反洗钱

回归业务库，最终入库到中国人民银行发行库。中国人民银行负责收回、销毁残缺污损的人民币，而且是全国现金流通管理机关，负责人民币的反假、反洗钱等工作。

（二）经理国库业务

我国实行委托金库制，中国人民银行依照法律、行政法规的规定经理国库。

（三）存款准备金业务

我国从 1984 年开始建立存款准备金制度，中国人民银行即开办准备金存款业务。目前，除了商业银行，政策性银行、金融信托投资公司、租赁公司等金融机构也是中国人民银行准备金存款业务对象。

（四）再贴现及贷款业务

中国人民银行为在本行开立账户的金融机构办理再贴现，对商业银行和农村信用社办理再贷款。由于我国票据业务不发达，再贴现业务规模不大。对商业银行等金融机构的贷款一直是中国人民银行最主要的资产业务。

（五）证券业务

中国人民银行办理的证券业务包括在公开市场上买卖国债和其他政府债券；代理国务院财政部门向金融机构组织发行、兑付国债和其他政府债券。

除了以上五个方面以外，中国人民银行还经营黄金外汇业务、组织全国资金清算、对金融机构进行监督管理、开展金融调研统计等业务。

五、中央银行与政府的关系

中央银行与政府负有相同的使命。在任何经济和社会政治模式中，维持货币、金融、社会经济的稳定发展都是中央银行与政府的共同职责：（1）从货币政策自身的最终目标来看，中央银行的货币政策以稳定物价、充分就业、经济增长和国际收支平衡为四大目标，这同时也是政府各种经济政策的主要目标。（2）从货币政策在整个国民经济政策中的地位和作用看，货币政策的变化对经济全面发生影响，从而各国政府都十分重视货币政策的制定，并把它纳入与财政政策并列的最主要经济政策行列，直接置于政府的控制之下，其职责和权力具有国家政权的性质。

中央银行与政府的关系主要体现在以下几个方面：首先，中央银行是"国家的银行"。它作为一国的最高金融管理机构，代表国家制定和执行金融政策，代为管理国家财政金库以及为国家提供各种金融服务。其次，中央银行的货币政策要与政府的财政政策及其他政策相配合，共同调控一国的宏观经济活动。再次，一些国家的中央银行还对政府提供信贷。但是，中央银行向政府财政贷款以弥补赤字的做法，往往会造成货币供应量的被动增加，影响币值稳定，因此许多国家对中央银行向政府提供融资规定了严格的条件。最后，尽管中央银行与政府关系密切，但中央银行仍然保持相对的独立性。即中央银行能够独立地制定、执行货币政策。这样可以保持中央银行货币政策的连贯性，维护币值稳定，因此，中央银行并不完全受政府控制。

📲 **快问快答：**

中国人民银行有关负责人表示：
对中小银行定向降准支持实体经济发展

问：请问进一步对中小银行定向降准如何支持实体经济？

答：此次定向降准可释放长期资金约 4 000 亿元，平均每家中小银行可获得长期资金约 1 亿元，有效增加中小银行支持实体经济的稳定资金来源，还可降低银行资金成本每年约 60 亿元，通过银行传导有利于促进降低小微、民营企业贷款实际利率，直接支持实体经济。此次定向降准分 4 月 15 日和 5 月 15 日两次实施到位，防止一次性释放过多导致流动性淤积，确保降准中小银行将获得的全部资金以较低利率投向中小微企业。此次降准后，超过 4 000 家的中小存款类金融机构（包括农村信用社、农村商业银行、农村合作银行、村镇银行、财务公司、金融租赁公司和汽车金融公司等）的存款准备金率已降至 6%，从我国历史上以及发展中国家情况看，6% 的存款准备金率是比较低的水平。

问：请问此次定向降准对象为什么选择了中小银行？

答：本次定向降准面向中小银行，包括两类机构，一类是农村信用社、农村商业银行、农村合作银行、村镇银行等农村金融机构，另一类是仅在省级行政区域内经营的城市商业银行。获得定向降准资金的中小银行有近 4 000 家，在银行体系中家数占比为 99%，数量众多、分布广泛，立足当地、扎根基层，是服务中小微企业的重要力量。进一步降低中小银行存款准备金率，将增加中小银行的资金实力，有助于引导其以更优惠的利率向中小微企业发放贷款，扩大涉农、外贸和受疫情影响较严重产业的信贷投放，增强对实体经济恢复和发展的支持力度。

问：央行为什么下调超额准备金利率？

答：超额准备金是存款类金融机构在缴足法定准备金之后，自愿存放在央行的钱，由银行自主支配，可随时用于清算、提取现金等需要。人民银行对超额准备金支付利息，其利率就是超额准备金利率，2008 年从 0.99% 下调至 0.72% 后，一直未做调整。此次央行将超额准备金利率由 0.72% 下调至 0.35%，可推动银行提高资金使用效率，促进银行更好地服务实体经济特别是中小微企业。

资料来源：中国人民银行货币政策司.中国人民银行有关负责人表示：对中小银行定向降准支持实体经济发展 [EB/OL]. 2020 - 04 - 03，http://www.pbc.gov.cn/zhengce-huobisi/125207/125213/125434/125798/4002590/index.html.

项目要点

1. 中央银行的产生需要一个漫长的过程，是代表国家管理金融的政府机关，不以营利为主要目的。中央银行的制度形式包括四种。中央银行是发行的银行、银行的银行和政府的银行。

2. 中央银行的性质和职能是通过业务体现的。主要有负债业务、资产业务和中间业务。中央银行的独立性是其与政府关系的重要内容。

同步练习

一、单项选择题

1. 被认为是历史上最早的中央银行的雏形是（　　）。

A. 瑞典国家银行　　　B. 意大利银行　　　C. 英格兰银行　　　D. 日本银行

2. 下列哪个国家或地区的中央银行采取准中央银行制（　　）。

A. 苏联　　　　　　　B. 美国　　　　　　C. 欧盟　　　　　　D. 香港

3. 中央银行的经营目标是（　　）。

A. 营利　　　　　　　B. 实现对金融的控制　C. 币值稳定　　　　D. 经济发展

4. 中央银行最大的存款来源是（　　）。

A. 商业银行缴纳的存款准备金　　　　　　B. 政府和公共部门的存款

C. 外国存款　　　　　　　　　　　　　　D. 财政金库存款

5. 中央银行最主要的贷款业务是（　　）。

A. 对财政部的放款　　　　　　　　　　　B. 对商业银行的放款

C. 对外国银行的贷款　　　　　　　　　　D. 对国际性金融机构的贷款

二、多项选择题

1. 中央银行产生的客观经济基础有（　　）。

A. 发行银行券的需要　　　　　　　　　　B. 建立票据交换清算中心的需要

C. 发挥最后贷款人的需要　　　　　　　　D. 政府对金融事业进行管理的需要

2. 中央银行的职能有（　　）。

A. 发行的银行　　　B. 银行的银行　　　C. 政府的银行　　　D. 管理金融的银行

3. 中央银行货币发行必须遵循的原则（　　）。

A. 垄断发行　　　　B. 消极原则　　　　C. 积极原则　　　　D. 依附美元

4. 中央银行的负债业务有（　　）。

A. 货币发行业务　　B. 证券买卖业务　　C. 存款业务　　　　D. 资金清算业务

5. 中央银行的存款来源（　　）。

A. 商业银行缴纳的存款准备金　　　　　　B. 政府部门的存款

C. 外国存款　　　　　　　　　　　　　　D. 公共部门的存款

三、分析应用题

中国人民银行、香港证券及期货事务监察委员会、香港金融管理局即将
正式启动香港与内地利率互换市场互联互通合作

为促进内地与香港金融衍生品市场的协同发展，构建高水平金融开放格局，2022 年 7 月 4

日，中国人民银行（以下简称人民银行）、香港证券及期货事务监察委员会（以下简称香港证监会）、香港金融管理局（以下简称香港金管局）发布联合公告，同意中国外汇交易中心（全国银行间同业拆借中心）（以下简称外汇交易中心）、银行间市场清算所股份有限公司（以下简称上海清算所）和香港场外结算有限公司（以下简称场外结算公司）开展香港与内地利率互换市场互联互通合作（以下简称"互换通"），初期先行开通"北向互换通"，香港及其他国家和地区的境外投资者可通过两地基础设施互联互通参与内地银行间金融衍生品市场。自联合公告发布以来，"互换通"的各项准备工作进展顺利，"北向互换通"下的交易将于2023年5月15日启动。为便于"北向互换通"的顺利推出，现就有关事宜说明如下：

一、"北向互换通"的相关交易及结算安排

（一）交易品种

"北向互换通"初期可交易品种为利率互换产品，报价、交易及结算币种为人民币。

（二）投资者

1. 参与"北向互换通"的境内投资者（即互换通报价商）需与外汇交易中心签署报价商协议，并为上海清算所利率互换集中清算业务的清算会员或该类会员的清算客户。

2. 参与"北向互换通"的境外投资者为符合人民银行要求并完成内地银行间债券市场准入备案的境外机构投资者，并经外汇交易中心开通"北向互换通"交易权限。拟申请开通"北向互换通"交易权限的境外投资者需同时申请成为场外结算公司的清算会员或该类会员的清算客户。

（三）交易及结算

1. 交易安排：外汇交易中心与人民银行认可的境外电子交易平台互联提供交易服务。

2. 清算安排：上海清算所和场外结算公司建立中央对手方清算机构互联互通，共同向境内外投资者提供清算、结算服务。

（四）额度管理

1. 交易额度：初期，全部境外投资者通过"北向互换通"开展利率互换交易在轧差后的名义本金净额每日不超过人民币200亿元，后续可根据市场情况适时调整额度。

2. 清算额度：上海清算所与场外结算公司针对双方清算所之间的风险敞口建立"互换通"资源池。初期，上海清算所与场外结算公司之间净头寸对应的"互换通"资源池风险敞口设定上限不超过人民币40亿元，后续可根据市场情况适时调整额度。

二、人民银行、香港证监会和香港金管局已就"互换通"涉及的跨境监管合作原则和具体安排达成共识，并签署了《关于内地—香港债券及衍生品市场相关事宜的谅解备忘录》。备忘录健全了两地监管机构在债券及衍生品市场方面的监管合作安排和联络协商机制，共同维护"互换通"的正常运行、金融市场稳定和公平交易秩序。

三、外汇交易中心、上海清算所和场外结算公司应当依法履行"互换通"下的各项职责，组织市场各方有序开展"北向互换通"业务。清算会员应当遵守相关监管规定及业务规则，加强内部控制，防范和控制风险，做好投资者教育和服务，切实维护投资者合法权益。投资者应当充分了解两地市场法律法规、业务规则和实践操作的差异，评估和控制风险，理性开展相关投资。

市场各方应进一步做好准备工作，确保"北向互换通"顺利启动。有兴趣参与"北向互换通"的投资者可联系外汇交易中心、上海清算所、场外结算公司为参与做准备。

资料来源：中国人民银行、香港证券及期货事务监察委员会、香港金融管理局即将正式启动香港与内地利率互换市场互联互通合作［EB/OL］. 中国人民银行官网—沟通交流栏目，2023-05-05. http://www.pbc.gov.cn/goutongjiaoliu/113456/113469/4870636/index.html。

思考："互换通"实施后对我国金融市场会带来什么影响？

四、技能实训题

实训项目名称：角色扮演——各小组分别选择一个国家的中央银行组织体制，组员分角色扮演各个部门的职责及业务范围。

实训目的：让学生对中央银行的岗位及职责得到进一步认识，为今后专业课程的学习和就业打下初步的认知基础。

实训内容：全班同学分成不同国家，各方收集整理对中央银行职责的认识（可从发展历史、职责、职能、机构设置、政策法规、统计数据与标准等角度思考），在下次课堂上进行40分钟的情景模拟。

实训要求：严格按角色扮演的流程进行此活动，每个同学要积极参与资料收集和现场提问等。

推荐阅读

1. 《2023 年统计数据》，来源：中国人民银行。
2. 《2022 年货币政策执行报告》，来源：中国人民银行。

模块三

宏观均衡

项目十

货币供求与均衡

学习目标

（一）知识目标

1. 掌握货币需求与货币需求量的含义，了解货币需求理论；
2. 掌握货币供给的含义、货币层次的划分、货币供给机制；
3. 理解货币均衡的含义，了解货币均衡的调节机制。

（二）技能目标

1. 能利用所学理论解释居民持有货币的动机；
2. 能描绘货币供给机制；
3. 能计算派生乘数和货币乘数，能解释货币失衡现象。

（三）素质目标

1. 通过货币需求理论的学习，培养学生树立科学的货币需求观；
2. 通过存款派生原理的学习，增强学生逻辑演绎思维；
3. 通过货币供给机制的学习，引导学生增强制度自信和道路自信。

▶▶ 案例导入

央行：2 月货币供应量 M2 同比增长 12.9%

中国人民银行 2023 年 3 月 10 日发布《2023 年 2 月金融统计数据报告》。内容如下：

一、广义货币增长 12.9%

2 月末，广义货币（M2）余额 275.52 万亿元，同比增长 12.9%，增速分别比上月末和上年同期高 0.3 个和 3.7 个百分点。狭义货币（M1）余额 65.79 万亿元，同比增长 5.8%，增速比上月末低 0.9 个百分点，比上年同期高 1.1 个百分点。流通中货币（M0）余额 10.76 万亿元，同比增长 10.6%。当月净回笼现金 6 999 亿元。

二、2 月份人民币贷款增加 1.81 万亿元

2 月末，本外币贷款余额 226.71 万亿元，同比增长 10.8%。月末人民币贷

款余额 221.56 万亿元，同比增长 11.6%，增速分别比上月末和上年同期高 0.3
个和 0.1 个百分点。

2 月份人民币贷款增加 1.81 万亿元，同比多增 5 928 亿元。分部门看，住户贷
款增加 2 081 亿元，其中，短期贷款增加 1 218 亿元，中长期贷款增加 863 亿元；企
（事）业单位贷款增加 1.61 万亿元，其中，短期贷款增加 5 785 亿元，中长期贷款增
加 1.11 万亿元，票据融资减少 989 亿元；非银行业金融机构贷款增加 173 亿元。

2 月末，外币贷款余额 7 406 亿美元，同比下降 22.5%。2 月份外币贷款减
少 67 亿美元，同比多减 316 亿美元。

三、2 月份人民币存款增加 2.81 万亿元

2 月末，本外币存款余额 274.34 万亿元，同比增长 11.8%。月末人民币存
款余额 268.2 万亿元，同比增长 12.4%，增速与上月末持平，比上年同期高 2.6
个百分点。

2 月份人民币存款增加 2.81 万亿元，同比多增 2 705 亿元。其中，住户存款
增加 7 926 亿元；非金融企业存款增加 1.29 万亿元；财政性存款增加 4 558 亿
元；非银行业金融机构存款减少 5 163 亿元。

2 月末，外币存款余额 8 828 亿美元，同比下降 16.2%。2 月份外币存款减
少 50 亿美元，同比多减 347 亿美元。

资料来源：新浪财经，https://k.sina.com.cn/article_1887344341_707e96d502001cmuq.html.

思考：1. 什么是货币供应量？

2. 我国的货币层次是怎么划分的？

知识网络图（见图 10-1）

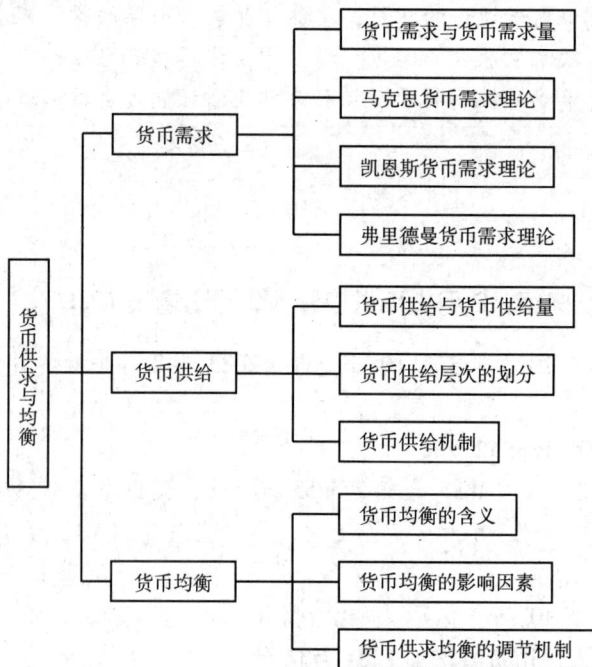

图 10-1　货币供求与均衡知识网络

任务一　货币需求

视频：货币需求理论

➤ 学习情境

居民小张每月支出情况：房租及水电气等居住支出需要 2 000 元，日常食物支出 2 500 元，衣物支出月均 1 500 元，交通支出 800 元，通信费 300 元。

××公司每月经常性支出情况：职工薪酬支出 200 万元，职工社保和公积金支出 80 万元，原材料采购、水电气等费用支出 500 万元，管理费用、销售费用、财务费用等支出 400 万元。

任务描述：

1. 计算：居民小张要维持当前的生活水平需要多少货币？××公司要维持正常经营需要多少货币？

2. 设计货币需求调整方案：若小张的每月收入不足以满足其上述月支出，其可以采取什么方法调整货币需求？若××公司的月收入不足以应付上述公司支出，其可能会采取什么方法调整货币需求？

3. 查阅资料，分析消费者和企业为什么会产生货币需求？

我们需要衣服，是因为衣服能为我们御寒；我们需要食物，是因为食物能为我们充饥；我们需要汽车，是因为汽车能代替我们长途跋涉。因此，职能产生需求，不同物品的特有职能使我们产生了对它们的需求。货币也不例外。

项目一讲述了货币的职能，货币那些特有的职能使我们产生了对它的需求。但货币与其他商品不同，货币是交易媒介，它可以与其他任何商品交换，我们主观心理上对货币的需求可能是无限的。我们即将学习的货币需求是这样的吗？答案是否定的。

那么，什么因素决定我们对货币需求量的多少呢？这是货币需求理论一直探讨的问题。与货币需求相对应的是货币供给。供求均衡是经济学理论的基本论题。谁是货币供给的提供者？货币供给又是怎样被提供出来的呢？怎样才能使货币供给量与货币需求量相一致？这是我们本项目学习的主要问题。

一、货币需求与货币需求量

提到货币需求，人们并不陌生。在现代经济活动中，无论是财政活动、企业生产经营，还是居民个人生活都离不开货币。因此，社会各个部门的经济活动都会形成对货币的需求。到底什么是货币需求，人们有不同的理解。

所谓货币需求，就是社会各部门（政府、企事业单位和个人）愿意并且能够以货币形式持有财富的动机或行为。而货币需求量则是指一定时期内，社会成员需要货币数量的总和。

在当今社会中，几乎每个人心中都有自己的"货币需求"。但是，如果我们随机地找几个人请他们把各自心目中的货币需求讲出来时，我们会发现，每个人的回答都不一样，甚至是大相径庭的。有些人会从个人角度考虑，有些人可能会从企业角度考虑，有些人则是从宏观角度考虑等。这就需要我们从不同的角度对货币需求进行分析。

（一）从方法论角度分析

货币需求有主观货币需求和客观货币需求之分。主观货币需求，是指社会各部门在主观或者动机上希望自己拥有多少货币；客观货币需求，是指在某一经济条件下，社会各部门应该占有多少货币。

（二）从货币需求的性质分析

货币需求可分为名义货币需求和实际货币需求。名义货币需求，是指在不考虑物价变动的情况下引起的货币量需求；而实际货币需求则是指在剔除了物价变动因素后的实际货币需求。两者的区别在于是否剔除了物价变动的影响。

（三）从国民经济整体的角度分析

货币需求可分为宏观货币需求和微观货币需求。宏观货币需求，是指国家在一定时期总体经济运行中对货币的需求；微观货币需求，是指需求主体（政府、企业和个人）所保有货币量，以及需求主体如何配置自己的资产更为有利的需求。

二、马克思关于货币需求量的理论

马克思从货币的功能及对经济的作用入手展开论述。概括起来，主要有以下几点：

1. 商品流通决定货币流通，货币流通的基础和前提是商品流通，货币流通从属或依附于商品流通。货币流通对商品流通也有一定的反作用。它科学地揭示了流通中为什么需要货币，货币流通应遵循什么样的基本规律。

2. 一定时期内，社会对执行流通手段职能的货币需求量取决于三个基本的因素，即商品可供量、商品的价格水平和货币流通速度，用公式可表示为：

执行流通手段职能的货币需要量 = 商品可供量×商品价格水平/货币流通速度

很明显，公式所反映的基本关系是商品的价格决定流通所需的货币量，而不是相反。因为，价格是货币流通的前提，没有价格就谈不上货币的流通。

马克思认为，"商品只有事先观念地转化为货币，即获得价格规定，表现为价格，才能实际地同货币相交换，转化成货币。因此，价格是货币流通的前提，虽然价格的实现表现为货币流通的结果。"

3. 在考察了货币的支付手段职能之后，马克思认为，由于支付手段的实现会引起对货币需求量的增加，在货币周转速度不变的条件下，一定时期到期支付的总额越多，对货币的需求也就越多。也就是说，一定时期的货币需求量是由货币的流通手段量和货币的支付手段共同构成的。"现在我们来考察一定时期内的流通货币总额。假定流通手段和支付手段的流通速度是已知的，这个总额就等于待实现的商品价格总额加上到期支付总额，减去彼此抵销的支付，最后减去同一货币交替地时而充当流通手段，时而充当支付手段的流通次数。"即流通中所需货币量 =（待实现的商品价格总额 - 延期支付总额十到期支付总额 - 彼此抵销支付）÷同名货币的流通速度。

三、凯恩斯的货币需求理论

凯恩斯于 1936 年在《就业利息与货币流通》一书中，系统地提出了他的货币需求理论。其显著的特点是注重对货币需求的各种动机的分析。

凯恩斯认为，人们之所以需要持有货币，是由于流动性偏好这种普遍的心理倾向，所谓流动偏好，是指人们在心理上偏好流动性，愿意持有货币而不愿意持有其他缺乏流动性资产的欲望。这种欲望构成了对货币的需求。

那么人们为什么偏好流动性，为什么愿意持有货币呢？凯恩斯认为，人们的货币需求是出自以下三种动机：交易动机、预防动机和投机动机。

（一）交易动机（transaction motive）

交易动机是指人们为了应付日常的商品交易而需要持有货币的动机。他把交易动机又分为所得动机和业务动机两种。所得动机主要是指个人而言；业务动机主要是指企业而言。基于所得动机与业务动机而产生的货币需求，凯恩斯称之为货币的交易需求。

（二）预防动机（precautionary motive）

预防动机是指人们为了应付不测之需而持有货币的动机。凯恩斯认为，出于交易动机而在手中保存的货币，其支出的时间、金额和用途一般事先可以确定。但是生活中经常会出现一些未曾预料的、不确定的支出，如一个人偶发疾病需要货币支出、偶然性计划外的购物支出等。为此，人们也需要保持一定量的货币在手中，这类货币需求可称为货币的预防需求。

（三）投机动机（speculative motive）

投机动机是指人们根据对市场利率变化的预测，需要持有货币以便满足从中投机获利的动机。因为货币是最灵活的流动性资产，具有周转灵活性，持有它可以根据市场行情的变化随时进行金融投机。出于这种动机而产生的货币需求，称之为货币的投机需求。

凯恩斯认为，交易动机和预防动机产生的货币需求 $L_1(y)$ 取决于收入 y 的水平，是收入 y 的函数，与收入 y 呈正相关关系。即收入 y 的水平越高，货币需求量越大；反之则越小。

而投机动机产生的货币需求 $L_2(r)$ 与利率有关，是利率 r 的函数，但与利率 r 是负相关关系。即利率水平越高，投机性货币需求 $L_2(r)$ 就越少；反之则越大。

由于交易动机而产生的货币需求，加上出于预防动机和投机动机而产生的货币需求，构成了货币总需求。

$$L = L_1(y) + L_2(r)$$

思政栏目：

经济中需要多少货币

中央银行可以有很多办法来调节货币供应量。但货币供应量多少才算合适呢？为此，中央银行就要搞清楚社会上的货币需求是多少。

您可能会问，怎么还会有货币需求一说呢？谁不希望货币越多越好？这里不是说人们希望拥有多少"钱"，而是说，在人们已有的财富中，人们愿意把多少财富转化为货币的形式。举个简单的例子，假如您有100万元的财富，您愿意以什么形式持有它？有多少是股票、债券、房子之类的资产，又有多少是货币（现金和银行存款）？

20世纪30年代，大名鼎鼎的经济学家凯恩斯把人们持有货币的动机划分为交易性动机、预防性动机和投机性动机。

20年后，另一位著名的经济学家弗里德曼为货币需求理论增添了新的智慧。在他眼里，货币不仅仅是一种买卖的交换媒介，还是一种资产，人们总是在比较这些资产未来的收益状况，以便在不同的资产形式间作出选择。

现在，研究人员构建了许多数学模型，预测整个社会需要的货币数量，为相关经济决策提供必要的支持。然而，要准确预测整个社会需要多少货币是一件相当困难的事，许多国家的中央银行一直在为此不断努力。弄清了社会需要多少货币，中央银行也就可以据此调节货币供应量，实现供需的平衡。

资料来源：王婷，甄洪祥. 经济中需要多少货币 [EB/OL]. 2008 – 12 – 17. 新浪财经，http：//finance. sina. com. cn/roll/20081217/07382577679. shtml. 有删减。

四、弗里德曼的货币需求理论

美国经济学家弗里德曼认为货币数量论并不是关于产量、货币收入或物价水平的理论，而是货币需求的理论，即货币需求是由何种因素决定的理论。因此，弗里德曼对货币数量论的重新表述就是从货币需求入手的。

弗里德曼将货币看作是资产的一种形式，用消费者的需求和选择理论来分析人们对货币的需求。消费选择理论认为，一般消费者在选择消费品时，须考虑三个因素：一是效用，人们之所以购买某种商品，是因为它能给消费者带来某种效用，如购买汽车能带来出行的便利，观看电影能带来享受等。二是收入水平，在一定的收入水平约束下，人们只能在众多的商品中选择有限的种类和数量。三是机会成本，受收入的约束，人们购买某种商品就要失去购买其他商品的机会，于是人们就需要在不同的商品中进行比较，最终选择在有限的收入水平下效用最大而机会成本最小的商品。

弗里德曼认为，与消费者对商品的选择一样，人们对货币的需求同样受这三类因素的影响，进而对影响货币需求的这三类因素进行了详细的分析。

1. 影响人们货币需求的第一类因素是预算约束。也就是说，个人所能够持有的货币以其总财富量为限，并以恒久收入作为总财富的代表。恒久收入是指过去、现在和将来的收入的平均数，即长期收入的平均数。弗里德曼注意到在总财富中有人力财富和非人力财富。人力财富是指个人获得收入的能力；非人力财富即物质财富。弗里德曼将非人力财富占总财富的比率作为影响人们货币需求的一个重要变量。

2. 影响货币需求的第二类因素是货币及其他资产的预期收益率，包括货币的预期收益率、债券的预期收益率、股票的预期收益率、预期物价变动率。

3. 影响货币需求的第三类因素是财富持有者的偏好。将货币视同各种资产中的一种，通过对影响货币需求7种因素的分析，提出了货币需求函数公式。货币学派强调货币需求与恒久收入和各种非货币性资产的预期回报率等因素之间存在着函数关系，货币需求函数具有稳定性的特点。

$$M_d = f(P, rb, re. rm, \frac{1}{p^*}, \frac{Dp}{dt}, Y, W, U)$$

其中，Y 是实际恒久性收入；W 指非人力财富占个人财富的比率；rm 为货币预期收益率；rb 为固定收益的证券的利率；re 为非固定收益的证券利率；$1/p^*$ 为预期物价变动率；U 为其他的变量函数。

他强调恒久性收入的波动幅度比现期收入小得多，且货币流通速度也相对稳定，所以货币需求也比较稳定。

弗里德曼认为，货币需求函数具有稳定性，理由是：（1）影响货币供给和货币需求的因素相互独立。（2）在函数式的变量中，有些自身就具有相对的稳定性。（3）货币流通速度是一个稳定的函数。

因此，货币对于总体经济的影响主要来自货币的供应方面。

弗里德曼的货币需求理论与凯恩斯货币需求理论的区别在于：（1）在凯恩斯的货币需求函数中，利率仅限于债券利率，收入为即期的实际收入水平。而在弗里德曼的货币需求函数中，利率则包括各种财富的收益率，收入则是具有高度稳定性的恒久收入，是决定货币需求的主要因素。（2）凯恩斯的货币需求函数是以利率的流动性偏好为基础的，认为利率是决定货币需求的重要因素。而弗里德曼则认为，货币需求的利率弹性较低，即对利率不敏感。（3）凯恩斯认为，货币流通速度与货币需求函数不稳定。而弗里德曼则认为，货币流通速度与货币需求函数高度稳定。

凯恩斯认为，国民收入是由有效需求决定的，货币供给量对国民收入的影响是一个间接作用的过程，即经由利率、投资及投资乘数作用而作用于社会总需求和国民收入。弗里德曼则认为，由于货币流通速度是稳定的，货币流通速度的变动则直接引起名义国民收入和物价水平的变动，所以货币是决定总支出的主要因素。

任务二　货币供给

> ## 学习情境

表 10 - 1 为 2020 年 1 月至 2023 年 3 月中国人民银行调整法定存款准备金率的情况。

表 10 - 1　　2020 年 1 月至 2023 年 3 月中国人民银行法定存款准备金率调整　　单位:%

公布时间	生效时间	大型金融机构			中小金融机构			消息公布次日指数涨跌	
		调整前	调整后	调整幅度	调整前	调整后	调整幅度	上证	深证
2023 年 3 月 17 日	2023 年 3 月 27 日	11.00	10.75	- 0.25	8.00	7.75	- 0.25	- 0.48	- 0.27
2022 年 11 月 25 日	2022 年 12 月 5 日	11.25	11.00	- 0.25	8.25	8.00	- 0.25	- 0.75	- 0.69
2022 年 4 月 15 日	2022 年 4 月 25 日	11.50	11.25	- 0.25	8.50	8.25	- 0.25	- 0.49	0.37
2021 年 12 月 6 日	2021 年 12 月 15 日	12.00	11.50	- 0.50	9.00	8.50	- 0.50	0.16	- 0.38
2021 年 7 月 9 日	2021 年 7 月 15 日	12.50	12.00	- 0.50	9.50	9.00	- 0.50	0.67	2.14
2020 年 4 月 3 日	2020 年 5 月 15 日	12.50	12.00			9.50	- 0.50	2.05	3.15
2020 年 4 月 3 日	2020 年 4 月 15 日	10.75	12.50	1.75	10.50	10.00	- 0.50	2.05	3.15
2020 年 1 月 1 日	2020 年 1 月 6 日	13.00	12.50	- 0.50	11.00	10.50	- 0.50	1.15	1.99

任务描述：

分小组讨论：降低法定存款准备金率对货币供给有什么影响？中央银行连续下调存款准备金率要达到什么目的？

一、货币供给与货币供给量

货币供给是指一定时期内，一国的中央银行和商业银行向经济中投入、创造、扩张或者收缩货币的行为，是银行系统向经济中注入货币的过程。货币供给包括现金货币、存款货币等形式。货币供给过程如图 10 - 2 所示。

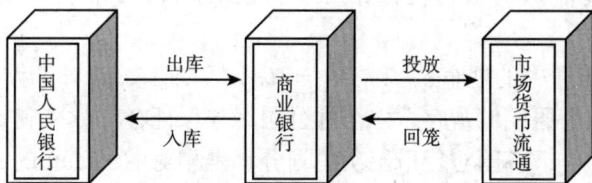

图 10 - 2　银行系统货币供给过程

货币供给量则是指一个国家在一定时点上存在于个人、企业、金融机构、政府部门等的现金和存款货币的数量。从信用货币的角度来说，货币供给量反映的是中央银行和商业银行供给货币所形成的、为社会大众所持有的债务总量。

二、货币供给层次的划分

根据现代金融学的知识，流通中的现金和商业银行存款都可以发挥货币的职能，故现代经济社会在进行货币数量统计时，货币数量包括流通中的现金和商业银行存款之和。流通中的现金可以随时用于支付，充当货币的流通交换媒介和支付职能。因此，毫无疑问，流通中的现金属于货币；存款人基于活期存款也可以通过签发支票或直接转账进行商品交易的支付，所以，活期存款也可以发挥货币支付手段职能，活期存款也属于货币；储户的定期存款虽然不能及时支取或及时用于支付，但储户可以提前支取，待支取后再用于商品交易的支付，从这个角度来看，定期存款也能发挥货币的支付手段职能，只是定期存款需要提前向银行申请支取，会延缓支付时间。也就是说，定期存款的流动性比活期存款稍差。

基于以上的分析，现代金融学在统计货币数量时，根据不同类型货币的流动性划分不同的货币层次。

（一）国际货币基金组织的货币层次划分

国际货币基金组织把货币划分为三个层次：

1. 通货。指流通于银行体系以外的现钞，包括居民、企业或单位持有的现钞，但不包括商业银行的库存现金。由于这部分货币可随时用于购买和支付，因而流动性最强。

2. 货币。由通货加上私人部门的活期存款构成。由于活期存款可以随时签发支票进行购买与支付，所以其流动性仅次于现金。大部分国家将这一层次的货币简称为 M_1，又叫狭义货币。

3. 准货币。主要包括定期存款、储蓄存款、外币存款等。准货币本身虽不能直接用来购买，但在经过一定的程序之后就能转化为现实的购买力，故又称之为"亚货币"或"近似货币"，简写为 QM。大部分国家将这一层次的货币划入广义货币 M_2 中。

（二）中国的货币层次划分

我国从 1984 年开始探讨对货币层次的划分，1994 年第三季度开始正式按季

公布各个层析货币供给量的统计指标。目前我国将货币层次划分为以下三个层次：

（1）M_0 = 流通中的现金；（2）$M_1 = M_0$ + 活期存款；（3）$M_2 = M_1$ + 企业单位定期存款 + 城乡居民储蓄存款 + 证券公司客户保证金存款 + 其他存款。

需要说明的是，各国对货币层次的划分都是相对的、动态的。随着各国金融机构和金融场的发展，金融产品越来越丰富，越来越多的金融工具具有了不同程度的"货币性"，货币的外延也越来越大，统计口径越来越宽，货币层次也会随之调整。

三、货币供给机制

所谓货币供给机制，是指在经济运行过程中，货币通过什么途径、如何进入流通，并形成连续不断的货币运动。货币供给机制主要是在商业银行和中央银行的共同业务活动下进行的。在现代金融体系中，商业银行是唯一能够经营活期存款的金融机构，而活期存款是货币供给量的重要组成部分。而活期存款是可以通过商业银行的存、贷、汇等业务活动创造出来的，要理解货币供给机制首先需要了解商业银行存款派生原理。

（一）原始存款与派生存款

要理解商业银行创造货币的原理，先要理解原始存款与派生存款这一对概念。

1. 原始存款：一般是指商业银行接受客户以现金形式存入的存款以及中央银行对商业银行的资产业务而形成的准备金存款。当中央银行从商业银行手中买入外汇、政府债券、向商业银行提供再贷款等业务活动时，商业银行在中央银行的存款准备金增加，即商业银行的原始存款会增加，商业银行也就可以将多余的准备金提取出来，满足社会公众贷款和提现的需要；反之，当中央银行向商业银行出售外汇、政府债券、收回再贷款资金时，造成商业银行在中央银行的存款准备金减少，即商业银行的原始存款会减少。可见，原始存款是商业银行从事资产业务的基础，也是商业银行扩张信用的源泉。

2. 派生存款：是指由商业银行在发行贷款、办理贴现或投资等业务活动中引申出来的存款，又叫衍生存款。商业银行派生存款的过程，就是吸收原始存款、发放贷款，发放的贷款又形成新的存款，继而又可发放贷款。该过程一直持续下去，不断在各银行存款户之间转移，最终使银行系统的存款总量增加。因此，银行创造派生存款的实质，是以非现金形式为社会提供货币供给量。

（二）商业银行创造存款货币的前提条件

商业银行创造存款货币需要一定的前提条件：

1. 实行部分准备金制度。即中央银行只要求商业银行将其吸收存款的一定比例缴存到中央银行的准备金账户,其余资金商业银行可以自主用于贷款等资产业务。

2. 非现金结算广泛使用。商业银行发放贷款一般不需要以现金形式支付,而是把贷款转入借款人在银行的活期存款账户,而后由企业通过转账支付方式使用贷款。

3. 市场中始终存在贷款需求。

(三) 商业银行创造存款货币的过程

为了简要说明商业银行创造存款货币的过程,我们将上述前提条件更加具体化:

1. 法定存款准备金率为10%;

2. 所有银行都将其超额准备金用于发放贷款或购买证券,而不持有任何超额准备金;

3. 没有现金从银行系统中漏出,即存户不从他们的账户中提取现金,或者提取的现金用于支付后,收款的一方又立即将其存入银行。

例10-1:现假设某存户甲将100万元作为活期存款存入A银行,则A银行增加原始存款100万元,按照10%提取法定存款准备金10万元,剩下90万元全部贷给乙,乙将这90万元用于支付丙的货款,丙再将这90万元存入B银行,B银行增加90万元存款,按照10%提取9万元法定存款准备金,剩下81万元贷给丁,丁又将其支付给戊,戊将这81万元存入银行C,银行C又用来继续贷款,如此循环下去,则存款货币的派生过程如表10-2所示。

表10-2　　　　　　　　　　　存款货币的派生过程　　　　　　　　　　单位:万元

银行名称	存款增加额	法定存款准备金	贷款增加额
A	100	10	90
B	90	9	81
C	81	8.1	72.9
D	72.9	7.29	65.61
…	…	…	…
…	…	…	…
合计	1 000	100	900

从表10-2可以看出,经过商业银行的信用货币创造,最初的100万元原始存款在整个银行体系中总计产生1 000万元存款,创造了900万元派生存款。

📑**实践练习:**

　在例10-1中,如果将法定存款准备金率变成20%,则银行系统能创造多少存款?银行系统吸收的存款总额与法定存款准备金率有什么关系?

如果以 ΔR 表示原始存款的增加额，r_d 表示法定存款准备金率，ΔD 表示包括原始存款在内的经过派生的存款增加总额，则这三者之间的关系可表示为：

$$\Delta D = \Delta R / r_d \qquad (10-1)$$

该公式也可以变成：

$$\frac{1}{r_d} = \frac{\Delta D}{\Delta R} = K \qquad (10-2)$$

K 通常被称为存款派生乘数，表示一笔原始存款经过商业银行的派生后最大可能扩张的倍数。

式（10-2）显示，存款派生乘数是法定存款准备金率的倒数。由此可知，法定存款准备金率是影响商业银行存款派生能力的主要因素。如提高法定存款准备金率，假定从 10% 提高到 20%，则存款派生乘数从 10 倍变成 5 倍，存款总额也从 1 000 万元变成 500 万元；反之若降低法定存款准备金率到 5%，则存款派生乘数由 10 倍变成 20 倍，存款总额也从 1 000 万元变成 2 000 万元。所以，中央银行可以通过提高或降低法定存款准备金率，降低或提高商业银行的存款派生能力，从而达到调节市场中货币供给量的目的。

在例 10-1 中，我们假定商业银行只存在法定存款准备金，没有超额存款准备金。但商业银行在现实的经营中，除了在中央银行有法定存款准备金外，还通常持有超额存款准备金，目的是维护自身安全和稳健经营。超额存款准备金占存款总额的比率就是超额存款准备金率（e），超额存款准备金率对商业银行存款派生能力的影响机理与法定存款准备金率相同，也与存款派生乘数呈反向变动关系。

另外，我们也假定客户不会提取现金，而现实生活中，存款客户通常会或多或少地从银行提取现金，从而使部分现金流出银行系统，出现所谓的现金漏损。这些漏出银行体系的现金（即流通中的现金）与存款总额的比率被称为现金漏损率（c）。这部分现金漏损同样使得商业银行存款派生能力下降，现金漏损率越高，商业银行的派生能力就越低；反之则越高。

因此，加入超额存款准备金率、现金漏损率的影响，存款派生乘数变为：

$$K = \frac{1}{r_d + e + c} \qquad (10-3)$$

📖 **实践练习：**

若已知法定存款准备金率为 6%，商业银行的超额准备金率为 5%，现金漏损率为 4%，则存款派生乘数是多少？若在该条件下，原始存款新增 100 亿元，则将派生多少存款？

（四）货币供给模型

在现代信用货币制度下，一国的货币供给是通过中央银行提供基础货币，在货币乘数的作用下，经过商业银行的信用扩张共同完成的。货币供给模型主要是反映中央银行提供一定量基础货币的条件下，经过商业银行的存款派生，最终会形成多少货币数量。

1. 基础货币，又称强力货币或高能货币，是指流通于银行系统以外的现金与商业银行在中央银行的存款准备金之和，可用公式表示为：

$$B = C + R \qquad (10-4)$$

其中，B 为基础货币；C 为流通中的现金；R 为商业银行在中央银行的存款准备金。

基础货币与原始存款是密切相关的，或者说是对同一事物的两个不同称谓。

C 和 R 都是中央银行的负债，中央银行对这两部分具有直接的控制能力。现金的发行权由中央银行垄断，中央银行对商业银行的准备金存款也有较强的控制能力。例如，中央银行可以通过改变法定存款准备金率来影响商业银行的信贷能力；也可通过改变再贴现率、再贷款条件等办法来改变商业银行的准备金数量；还可以通过公开市场业务操作，对商业银行买进或卖出金融资产来改变商业银行的准备金数量。

2. 货币供给模型。基础货币是原始存款的来源。在此基础上，商业银行通过业务活动创造数倍于原始存款的派生存款，从而引起货币供给量发生大的变动。货币乘数是货币供给量与基础货币的比率，反映基础货币的变动能引起货币供给量的倍数变动关系。

货币供给模型从宏观角度出发，用一个简练的公式反映货币供给的形成机制。

$$Ms = B \times m \qquad (10-5)$$

式中，Ms 为货币供给量；B 为基础货币；m 为货币乘数。该模型表明：基础货币与货币乘数共同决定货币供给量，且货币供给量与基础货币和货币乘数均呈正相关的关系。在其他条件不变情况下，货币乘数扩大，货币供给量增加，反之货币供给量减少；同理，在其他条件不变情况下，基础货币增加，货币供给量也会增加，反之货币供给量减少。

货币供给量主要包括流通的现金（用 C 表示）和存款（用 D 表示）构成；根据式（10-5），可得：

$$m = \frac{Ms}{B} = \frac{C+D}{C+R} \qquad (10-6)$$

将上式的分子分母都除以 D，可得：

$$m = \frac{Ms}{B} = \frac{\dfrac{C}{D}+1}{\dfrac{C}{D}+\dfrac{R}{D}} \qquad (10-7)$$

其中，C/D 为通货—现存款比率，即现金漏损率，主要受居民收入、物价水平、利率、个人消费习惯及支付习惯等因素影响；R/D 为准备金—存款比率，即存款准备金率，包括法定存款准备金和超额准备金与存款的比率。

由式（10 - 7）可知，货币乘数与现金漏损率和存款准备金率密切相关，且货币乘数与现金漏损率和存款准备金率呈反向关系，即在其他条件不变情况下，现金漏损率越大，货币乘数越小，反之则相反；同理，在其他条件不变情况下，存款准备金率越大，货币乘数越小，反之则相反。

实践练习：

若已知社会流通的现金为 8 万亿元，商业银行的存款为 160 万亿元，存款准备金为 12 万亿元，则货币乘数是多少？若在该条件下，中央银行投放基础货币 100 亿元，那么货币供给量会变动多少？若中央银行回笼基础货币 1 000 亿元，则货币供给量会变动多少？

任务三　货币均衡与失衡

➤ 学习情境

货币需求的相关理论表明，货币需求取决于很多因素，从现代经济来看，主要有收入水平、物价水平、金融资产收益率、信用发展状况、金融机构技术和服务水平、社会保障体制等。收入水平增加，居民支出一般也会增加，货币需求会增加；物价水平越高，用于商品和服务交易的货币需求也越大；金融资产收益率越高，居民持有货币的动机下降，从而也会减少货币需求；信用越发达，社会所需的货币量就越少；金融机构技术和服务水平越高，货币流通速度加快，从而使货币需求量减少；社会保障体制越健全，居民后顾之忧越少，对货币的需求也就越少。

货币供给主要是由中央银行和商业银行的活动决定的，中央银行通过一系列业务活动向商业银行和社会提供基础货币，商业银行利用基础货币进行存款派生，使商业银行体系的客户存款成倍数增加，最终使广义货币的数量是基础货币的若干倍。

任务描述：

分组讨论：（1）如果货币失衡，会对经济有什么影响？（2）货币均衡和商品均衡有什么关系？

一、货币均衡与失衡的含义

货币均衡与失衡是用来说明货币供给与货币需求之间关系的一对概念。概括来讲，所谓货币均衡，是指一国在一定时期内货币供给与货币需求基本相适应的货币流通状态。用 Md 表示货币供给，Ms 表示货币需求，则货币均衡可表示为：

$$Md = Ms \qquad\qquad (10-8)$$

货币均衡在经济上表现为市场繁荣，物价稳定，社会再生产过程中物质替换和价值补偿都能正常、顺利地进行。

与此相反，货币失衡是指一国在一定时期内货币供给与货币需求相偏离，两者之间不相适应的货币流通状态。货币失衡有两种表现形式，一种是货币过多；另一种是货币不足。货币过多表现为物价上涨和通货膨胀；货币不足表现为通货紧缩，两者都会带来价格机制的扭曲。在现实经济生活中，绝对的货币均衡是不存在的，货币失衡反而是一种常见的经济现象。由于货币失衡的程度、范围不同，对经济生活的影响也不同。轻微的货币失衡并不一定对经济生活产生破坏作用，但严重的货币失衡则会对经济生活产生消极甚至是破坏性的影响。因此，尽管货币失衡是一种常见的经济现象，但对货币失衡也要保持足够的重视，尽可能地调节货币失衡，达到货币均衡。

二、货币均衡的影响因素

（一）中央银行的市场干预

中央银行是一国经济的宏观调控者，它根据不同的经济状况，通过一系列货币政策工具的操作，增加或减少基础货币的供给，影响或引导市场利率的变化，进而影响货币供给与货币需求，使货币供给与需求朝着均衡的方向发展。

（二）财政收支状况

国家财政收支要保持基本平衡，如果向中央银行借款来弥补财政赤字，则会导致货币投放增加，则难以实现货币均衡。因此，保持财政收支平衡有利于货币均衡。

（三）生产部门结构的合理性

若生产部门比例严重失衡，必然引起商品供求结构不合理，即社会供求失衡，最终会引起货币供求失衡。因此调整生产结构，按照社会需求安排生产，使商品供求实现平衡，才有利于货币均衡。

（四）国际收支平衡状况

国际收支如果不平衡，就可能出现大量顺差或大量逆差，引起汇率波动，直接影响国内市场价格的稳定，使货币供求关系发生变化。

三、货币供求均衡的调节机制

在现代信用货币制度下，货币供求均衡的实现是靠利率机制触动的，中央银行通过利率、信贷和货币供应量的调整，以达到防止或治理货币失衡的目的。货币供求均衡的调节包括两个方面，一是在货币供给不足的情况下进行调节；二是在货币供给过多的情况下进行调节。

在货币供给不足的情况下，中央银行通过多种政策手段来扩大货币供给，刺激经济的健康发展。通常，国家采取扩张性财政政策，中央银行采取扩张性货币政策与之配套。例如，第二次世界大战后，各国采用凯恩斯主义的赤字财政政策，通过财政赤字，扩大货币供给，刺激整个社会的有效需求，以促进经济增长，使货币供求达到新的均衡。

在货币供给过多的情况下，中央银行可以从两个方面调节货币需求，一是通过紧缩货币政策，收紧银根，减少货币供给；二是积极增加商品生产，扩大流通，增加人们的交易需求。

项目要点

1. 货币需求是指社会各部门（政府、企事业单位和个人）愿意并且能够以货币形式持有财富的动机或行为。而货币需求量则是指一定时期内，社会成员需要货币数量的总和。

2. 马克思从货币的功能及对经济的作用入手展开对货币需求的论述，科学地揭示了流通中为什么需要货币，货币流通应遵循什么样的基本规律。马克思的货币需求理论可用公式表示为：

执行流通手段职能的货币需要量 = 商品可供量 × 商品价格水平 ÷ 货币流通速度

3. 凯恩斯认为，人们之所以需要持有货币，是由于流动性偏好这种普遍的心理倾向。所谓流动偏好，是指人们在心理上偏好流动性，愿意持有货币而不愿意持有其他缺乏流动性资产的欲望。这种欲望构成了对货币的需求。人们对货币的需求出自三个动机：交易动机、预防动机和投机动机。其中交易动机和预防动机产生的货币需求取决于收入，是收入的递增函数；投机动机产生的货币需求是利率的减函数。

4. 货币供给是指一定时期内，一国的中央银行和商业银行向经济中投入、创造、扩张或者收缩货币的行为，是银行系统向经济中注入货币的过程。货币供给包括现金货币、存款货币等形式。

5. 货币供给量则是指一个国家在一定时点上存在于个人、企业、金融机构、政府部门等的现金和存款货币的数量。从信用货币的角度来说，货币供给量反映的是中央银行和商业银行供给货币所形成的、为社会大众所持有的债务总量。

6. 目前我国将货币层次划分为以下三个层次：M_0 = 流通中的现金；$M_1 = M_0$ + 活期存款；$M_2 = M_1$ + 企业单位定期存款 + 城乡居民储蓄存款 + 证券公司客户保证金存款 + 其他存款。

7. 原始存款一般是指商业银行接受客户以现金形式存入的存款以及中央银

行对商业银行的资产业务而形成的准备金存款。原始存款是商业银行从事资产业务的基础。

8. 派生存款是指由商业银行在发行贷款、办理贴现或投资等业务活动中引申出来的存款，又叫衍生存款。

9. 商业银行具有存款派生功能，原始存款经过商业银行派生的倍数被称为货币乘数，

派生乘数：

$$K = \frac{1}{r_d + e + c}$$

货币乘数：

$$m = \frac{Ms}{B} = \frac{\dfrac{C}{D} + 1}{\dfrac{C}{D} + \dfrac{R}{D}}$$

10. 货币均衡，是指一国在一定时期内货币供给与货币需求基本相适应的货币流通状态。用 Md 表示货币供给；Ms 表示货币需求，则货币均衡可表示为：

$$Md = Ms$$

与此相反，货币失衡是指一国在一定时期内货币供给与货币需求相偏离，两者之间不相适应的货币流通状态。

同步练习

一、单项选择题

1. 根据马克思的货币需求理论，如果一定时期的商品供应量减少，则货币需求量（　　）。

A. 增加　　　　　B. 减少　　　　　C. 不变　　　　　D. 没有相关联系

2. 划分货币层次的依据是（　　）。

A. 金融资产的流动性　　　　　　B. 金融资产的安全性

C. 金融资产的盈利性　　　　　　D. 金融资产的种类

3. 凯恩斯认为与利率的变动存在负相关的货币需求是（　　）。

A. 交易性货币需求　B. 预防性货币需求　C. 营业性货币需求　D. 投机性货币需求

4. 如果原始存款为100万元，法定存款准备金率为10%，现金漏损率为10%，不考虑超额存款准备金，则派生存款数为（　　）万元。

A. 500　　　　　B. 400　　　　　C. 1 000　　　　　D. 900

5. 货币均衡的自发实现主要是靠（　　）。

A. 价格机制　　　B. 汇率机制　　　C. 利率机制　　　D. 中央银行宏观调控

6. 若已知社会流通的现金为10万亿元，商业银行的存款为200万亿元，存款准备金为12万亿元，则货币乘数为（　　）。

A. 8.3　　　　　B. 9.1　　　　　C. 9.5　　　　　D. 10.4

二、多项选择题

1. 根据凯恩斯的货币需求理论，国民收入提高可以影响的货币需求动机有（　　）。

A. 交易性动机　　B. 投机性动机　　C. 预防性动机　　D. 投资性动机

2. 决定货币乘数大小的因素有（　　）。

A. 物价水平　　　　　　　　　　　B. 法定存款准备金率

C. 利率　　　　　　　　　　　　　D. 提现率

E. 超额准备金率

3. 基础货币包括（　　）。

A. 商业银行的存款准备金　　　　　B. 银行的派生存款

C. 流通于银行体系以外的现金　　　D. 定期存款

4. 商业银行创造派生存款的两个条件有（　　）。

A. 现金结算制度　　B. 非现金结算制度　C. 部分准备金制度　D. 全部准备金制度

5. 影响货币均衡的因素有（　　）。

A. 中央银行的市场干预和有效调控　B. 财政收支状况

C. 生产部门结构的合理性　　　　　D. 国际收支平衡状况

三、名词解释

货币供给　货币需求　货币均衡　原始存款　派生存款　货币乘数　基础货币

四、简答题

1. 根据凯恩斯的货币需求理论，货币需求是由哪些需求构成的，分别受什么因素影响？

2. 我国的货币供应量层次是如何划分的？

五、分析应用题

案例分析：资产泡沫，通货膨胀与本币贬值——各经济体货币超发经验研究

货币超发会有什么后果？第二次世界大战以来，以美国、日本为代表的发达国家，以韩国、中国台湾为代表的亚洲新兴经济体，以及以巴西、阿根廷为代表的拉美国家，都曾经历过货币超发。发达经济体：货币高增引发滞胀，推升通胀和资产价格。20世纪70年代初期，主要发达经济体经济增速整体下行。为了刺激经济企稳，各央行大量增加货币供给，导致货币超发。其后果一是通胀短期大幅飙升；二是房价长期高增。其间黄金和石油等商品价格表现强劲，而股票、债券市场则表现疲软。2008年金融危机后，为刺激经济企稳，美日欧纷纷推出量化宽松的货币政策，货币增速持续高于经济增速，但经济几乎没有增长，而过剩的流动性却滋生了金融市场的大泡沫。2015年年中以来，随着美国加息预期升温、人民币汇率动荡等因素刺激，全球股市开始大幅调整，过剩资金又开始流入商品市场。而因为有20世纪90年代日本地产泡沫破灭和2008年美国次贷危机的前车之鉴，此轮货币宽松并未引发流动性大批量进入房地产市场。

（1）韩国、中国台湾：货币超发催生泡沫，通胀贬值相继而来。20世纪60~70年代，韩国和中国台湾地区依靠投资和出口拉动实现了经济的持续高速增长。由于投资主要依赖于信贷，货币供给保持高增速。但20世纪80年代末韩国、中国台湾经济进入转型期，增长中枢下行。但货币当局仍试图用积极货币政策托底经济，导致 M_2 增速远高于GDP增速。其后果首先是引发了巨大的股市和地产泡沫，三年间韩国、中国台湾股市翻了10倍以上，1988年中国台湾房价接近翻番。而后货币当局收紧，货币泡沫破灭，过剩流动性"脱虚入实"，造成20世纪90年代初的通货膨胀。长期货币超发和通货膨胀带来贬值压力，而外债问题则成为最后一根稻草，最终导致亚洲金融危机期间韩币、台币大幅贬值。

（2）拉美国家：印钞融资货币失控，恶性通胀本币贬值。20世纪80年代，拉美国家经济停滞，财政赤字进一步恶化，发行货币成为主要的政府融资手段。政府毫无节制地通过印钞进行融资，令拉美主要国家在整个20世纪80年代均处在货币供给失速的状态中。而过量货币则引发拉美"超级通胀"，巴西和阿根廷分别在1990和1989年经历了约3 000%的CPI同比增速水平。失控的超级通胀导致资本外流，货币持续贬值。为抗击通胀，拉美国家选择了高估本币的政策。但高估汇率令拉美国家本已脆弱的出口竞争力进一步遭受毁灭性打击，加之遭受国际市场攻击，最终巴西和阿根廷不得不放弃干预，大幅贬值。恶性通胀最终导致房地产市场的美元化，使得房价易受外汇政策的冲击，持续缺乏活力。

总结：货币超发代价重重，改善经济仍靠改革。上述各经济体普遍是在经济低迷时期超发货币，试图刺激经济，但都未能如愿。而超发的货币使得各类资产价格上涨，引发通货膨胀、金融资产价格泡沫，以及本币贬值。其代价则是居民财富缩水、经济进一步受挫，甚至引发金融危机。20 世纪 80 年代美国和英国分别采用减税和国企改革走出衰退，而韩国也依靠国企改革重振经济。但拉美却饮鸩止渴，错失产业结构升级时机，仍陷衰退泥潭。这意味着，货币超发无助于改善经济，只会推升物价或者资产价格，代价重重。改革必然带来阵痛，但却是提升经济体制的华山一条路。长痛还是短痛？这是一个选择题。

思考：1. 货币超发会有什么后果？

　　　2. 确定货币发行规模要考虑因素？

六、技能实训题

实训项目名称： 金融数据的查询和分析。

实训目的： 提高学生的金融数据查阅能力、金融数据的分析能力，培养学生关注金融信息和金融政策的习惯，达到将金融知识前后贯通理解的水平。

实训内容： 查找近十年我国货币供应量各个层次的数据，并分析其变化特点。

实训要求： 登录中国人民银行网站，查找近十年我国货币供应量（M_0、M_1、M_2）的数据，并绘制成图表，简述其变化特点。

推荐阅读

1. 《人民银行 2022 年统计数据——货币统计概览》，来源：中国人民银行网站。

2. 《2023 年 3 月金融数据点评：总量和结构持续改善》，来源：东方财富网。

通货膨胀和通货紧缩

学习目标

（一）知识目标

1. 理解通货膨胀和通货紧缩的含义、类型和测度指标；

2. 掌握通货膨胀与通货紧缩的主要成因；

3. 掌握通货膨胀和通货紧缩的影响和治理措施。

（二）技能目标

1. 能描述通货膨胀和通货紧缩的含义和特点；

2. 能判断某经济现象是否属于通货问题；

3. 能解释通货膨胀和通货紧缩的形成原因；

4. 能联系实际分析通货膨胀和通货紧缩的影响。

（三）素质目标

1. 通过通货膨胀的衡量指标、通货膨胀成因的学习，培养学生科学的思维方法、阅读财经时事的习惯；

2. 通过通货膨胀和通货紧缩影响的学习，培养学生的爱民爱国情怀；

3. 通过通货膨胀和通货紧缩治理的学习，培养学生的制度自信。

▶▶ 案例导入

400 元存款 30 年前可买一套房 如今只抵瓶茅台

汤婆婆的那张 400 元存折。

四川阿婆 33 年前存款 400 元现连本带息仅 835 元，她的教训是堂活生生的理财课。

世行高级副行长、首席经济学家林毅夫一针见血地指出，"穷人把钱存入银行，实际上是补贴富人。"话音未落，最近，成都的汤玉莲婆婆就用活生生的事例解读了林毅夫的话。

1977 年汤婆婆在银行里存了当时可以买下一套房子的 400 元钱, 一忘就是 33 年。33 年后, 这 400 元存款产生了 438.18 元的利益, 扣除中间几年需要征收的利息税 2.36 元, 汤婆婆连本带息仅可取出 835.82 元。此事还在网上引起热议。

在通货膨胀预期再次抬头的今天, 我们能够从汤玉莲婆婆的事例吸取到什么经验呢? 本报记者专访了有关专家为读者进行分析。

1977 年: 400 元可买 400 斤猪肉

汤玉莲婆婆的 400 元在 1977 年确实是一笔 "巨款"。"当时全国人均存款只有 20 元。" 中山大学岭南学院金融系教授王燕鸣告诉记者, "1977 年一个普通工人的工资是 36 元。" 网友京东散人说: "1977 年一个大学生一个月的伙食费 15 元足够了。400 元相当于大学生两年的伙食费。" 也有媒体报道, 当时这 400 元, 足够买一套房子。

记者查询了一下 1978 年的物价情况: 面粉 0.185~0.22 元/斤, 猪肉 0.85~1 元/斤, 北京地铁票价 0.1 元, 水费 0.12 元/吨, 中华香烟 0.55 元/盒, 茅台酒 8 元/瓶……

根据当时的物价水平, 记者计算了一下, 汤婆婆当年可以用这笔钱买 400 斤猪肉, 1 818 斤面粉, 727 盒中华香烟或者 50 瓶茅台酒。但按现在的物价来计算, 835.82 元仅可买 420 斤面粉, 69 斤猪肉, 40 盒中华香烟或者 1 瓶茅台酒。

有媒体用万科的股票来为汤婆婆算了笔更 "狠" 的账, "1991 年万科的配股价是 4.4 元, 如果汤婆婆当时再添 40 元钱, 就可以买 100 股。她若持股 '睡大觉' 至今, 算上万科近 20 年以来所有的配送转和分红, 她持有的股票市值将达到惊人的 152 238 元 (复权价), 投资收益为 345 倍。"

专家: 钱存银行追不上物价

不算不知道, 一算真是吓一跳。可为何在银行存了 33 年的钱只有这么少的利息呢? 回想 20 世纪 90 年代, 银行利率随通货膨胀率浮动, 加上当时的价格补贴, 利率曾一度超过 20%, 是不是银行计算有误呢?

王燕鸣教授告诉记者: "当时银行还没有现在转存、定投等服务, 汤婆婆的本金过了定期时间之后, 其余就都按照活期利率来计算, 所以利息不高。"

"中国的物价从 20 世纪 50 年代直到 80 年代初都是比较平稳的。1987 年价格闯关之后, 物价从计划价格向市场价格改革的过程中出现了大的通货膨胀。"

"在经济高速增长的时期, 钱存在银行里往往赶不上物价上涨。劳动力成本的上升, 资源的价格重估等因素都预示着物价仍会提高, 这个过程是正常的。随着经济的发展, 人民收入和物价都会有提高。" 王燕鸣表示, "一个经济高速增长的社会, 财富的重新分配是一个明显的过程, 所以如何规划自己的财富显得特别重要。"

抵制通胀: 没有一种投资绝对保值

今年以来, 市场上 "蒜你狠" "姜你军" "豆你玩" "糖高宗" "油它去" 逐个来袭。通货膨胀的阴影仿佛又笼罩在市民的头顶了, 让口袋里的钱保值越来越成为市民们必须考虑的问题。

专家认为, 其实没有一种投资是绝对保值的, 1990 年日本房地产泡沫崩溃, 日本房价、地价不断下跌, 一直到今天还没涨回去。今天看起来, 金价似乎不可一世，但 1997 年亚洲金融危机前后，黄金被一些国家、炒家打压，下跌接近 40%。古玩字画同样如此，1990 年以前，日本古玩字画价格飞涨，但是日本经济泡沫破灭以后一落千丈。

王燕鸣教授提醒大家："投资并不仅仅是买这买那。譬如，周围所有人都认为买房保值的时候，房地产市场也就危险了。对于年轻人来说，学习技能就是一种投资，把钱花到教育上了，就有可能改变你在社会财富分配中的位置。"

资料来源：邱敏. 400 元存款 30 年前可买一套房 如今只抵瓶茅台［EB/OL］. 2010 - 11 - 01. 新浪财经，https：//finance. sina. com. cn/money/bank/guangjiao/20101101/10288878394. shtml. 有删减。

思考：1. 通货膨胀是什么？

2. 怎么衡量通货膨胀？

3. 通货膨胀对经济和人民生活有哪些影响？

知识网络图（见图 11 - 1）

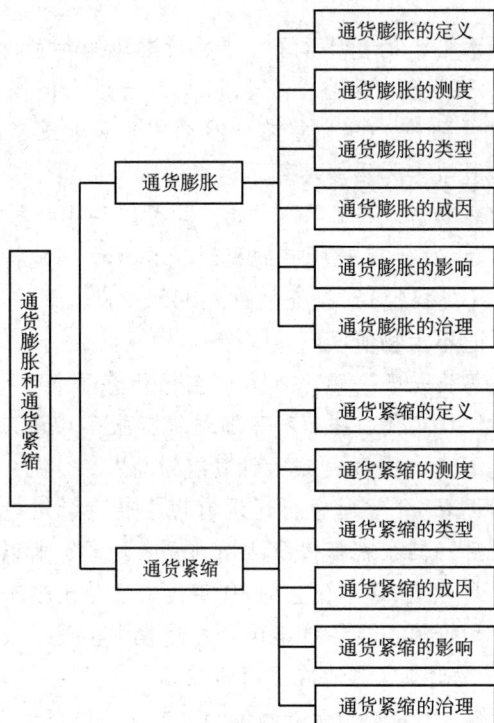

图 11 - 1 通货膨胀和通货紧缩知识网络

任务一 通货膨胀

➤ 学习情境

中国 2012 ~ 2021 年居民消费价格指数见图 11 - 2。

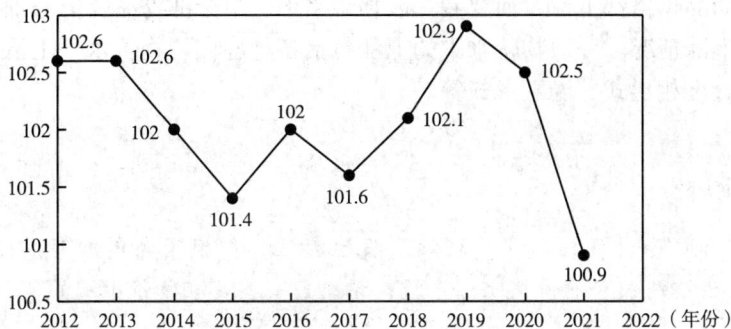

图 11 - 2　2012 ~ 2021 年居民消费价格指数（上年 = 100）

资料来源：国家统计局网站，https：//data. stats. gov. cn/easyquery. htm? cn = C01.

　　章女士是一名公司职员，每月工资从 2012 年至今一直保持在 4 000 元左右。2021 年底，章女士决定向公司要求涨工资。

　　任务描述：

　　1. 搜集 2022 年的居民消费价格指数，把图 11 - 2 补充完整，并根据图 11 - 2 对近 10 年的通货膨胀情况进行历史趋势总结分析。

　　2. 学生分组讨论：（1）通货膨胀和居民消费价格指数之间有什么关系？（2）物价上涨对章女士的生活有什么影响？（3）如果想使自己的生活保持在 2012 年水平（仅考虑通胀因素），那章女士应该要求公司把工资提高到多少，才能弥补因为通货膨胀而带来的货币购买力下降？（4）结合自身实际，谈谈自己对通货膨胀的感受？

一、通货膨胀的定义

　　通货膨胀是指在纸币流通条件下，因货币供应量大于商品生产和流通对货币的实际需求量，从而引起货币贬值、一段时间内一般物价水平持续而普遍地上涨的现象。其内涵包括以下几方面的内容：

（一）通货膨胀是纸币流通条件下的特有现象

　　通货膨胀是一种纸币现象，是纸币发行量超过商品流通所需要的货币数量的结果。凡是实行纸币制度的，都有可能发生通货膨胀。在金属货币流通条件下，由于金属具有贮藏手段的职能，可自动调节流通中的货币量，因此通货膨胀一般不会发生；而在纸币流通条件下，纸币没有价值，可以无限发行，国家又可以强制纸币进入流通。当发行过多的时候，则会出现货币贬值、物价上涨的现象。

（二）通货膨胀是一般物价水平的上涨

　　通货膨胀所指的物价上涨并非某几种商品或某一类商品的价格上涨，也不是

视频：认识通货膨胀

指所有的商品价格都上涨，而要看一般物价水平，即全部物品及劳务加权平均价格水平的上涨情况。一般物价水平的上涨包括各种各样的物价水平上涨形式，有公开形式、变相形式、隐蔽形式等。

头脑风暴：

一瓶 500 毫升的饮料，价格没有发生变化，但换了新包装变成了 400 毫升，你认为这瓶饮料的价格上涨了吗？请举出一些变相物价上涨的例子。

（三）通货膨胀是一般物价水平的持续上涨

通货膨胀所引起的物价上涨是持续性的上涨，不能以短期内市场物价变动来衡量。持续上涨是指一贯的、连续不断的、有较长时期的上涨过程。在经济周期中一般物价水平上涨一阵，又下降一阵，如灾害、季节变化出现的物价波动，不属于通货膨胀。一般来说，通货膨胀往往以年度为单位，用年度的一般物价水平变动率表示通货膨胀的程度。

（四）通货膨胀是一般物价水平的显著上涨

市场上商品价格时时刻刻都在变化，不是一般物价水平稍有波动或上升就是通货膨胀，而是一般物价水平相当幅度或程度的上涨。一般来说物价上涨幅度在 2% 以内都不被当做通货膨胀，有些观点则认为只有物价上涨幅度超过 5% 才叫做通货膨胀。

头脑风暴：

在通货膨胀时期，大米、蔬菜、衣服、汽车、房子，物价上涨幅度都差不多。你认为这种说法对吗？请说明理由。

二、通货膨胀的测度

判断经济生活是否出现通货膨胀，通货膨胀的程度如何，需要借助一定的指标对通货膨胀进行测度。通常，通货膨胀的测度指标主要是各类物价指数。由于统计的口径、方法、选择对象不同，反映物价水平变化的物价指数有多种。被世界各国广泛采用的物价指数主要有以下三种：

（一）消费物价指数（CPI）

消费物价指数，简称 CPI，又称商品零售物价指数，是一种用来测量一定时期内城乡居民所购买的消费商品和服务价格水平变动情况的宏观经济指标。它是度量一组代表性消费商品及服务项目的价格水平随时间而变动的相对数，用来反映居民日常生活成本的变化。其计算公式为：

$$消费物价指数 = （一组固定商品按当期价格计算的价值/$$
$$一组固定商品按基期价格计算的价值）\times 100\%$$

消费价格指数统计调查的是社会产品和服务项目的最终价格，一方面同人民群众的生活密切相关，同时在整个国民经济价格体系中也具有重要的地位。其变动率在一定程度上反映了通货膨胀或紧缩的程度。因此，在社会经济中，CPI 通常作为观察通货膨胀水平的重要指标，也是政府制定物价政策和工资政策的重要依据之一。各国政府都高度重视对这一指标的统计和研究。我国通常是用消费者价格指数来测度通货膨胀率，官方文件中对通货膨胀率的分析，通常以此指数为准。

消费价格指数的优点是消费品的价格变化能及时反映消费品供求关系的变化，直接与居民的日常生活消费紧密相关。而且资料容易收集，公布次数较频繁，能迅速地反映影响社会公众费用的物价趋势。该指标的缺点是只包含消费品，不能用于反映生产的资本品以及进出口商品和劳务的价格变动趋势，不能全面、准确地反映出一般物价总水平的变动情况。

（二）生产者价格指数

生产者价格指数，简称 PPI，又称批发物价指数，根据商品的批发价格编制而成，是反映不同时期批发市场上多种商品价格平均变动程度的经济指标。生产者价格指数反映了工业、企业产品的出厂价格变动趋势和变动程度，是反映某一时期生产领域价格变动情况的重要经济指标。

生产者价格指数包括生产资料和消费品在内的全部商品的批发价格，其优点在于对生产资料价格的变动有较为敏感的反映，可以预先判断最后进入流通的零售商品价格变动可能带来的影响。但统计范围狭窄，没有将各种劳务计算在内，而且只反映了商品在生产与批发环节的价格变动，没有反映商品最终销售价格的变动，因此许多国家没有将生产者价格指数列为测定通货膨胀的代表性指标。我国尚未公开发布批发物价指数资料。

拓展阅读：中国 CPI 是如何计算的

（三）国民生产总值平减指数

国民生产总值平减指数，又称国民生产总值折算价格指数，是按当期价格计算的国民生产总值与按不变价格计算的国民生产总值的比率。其计算公式是：

$$国民生产总值平减指数 = （当期价格计算的国民生产总值/$$
$$基期价格计算的国民生产总值）\times 100\%$$

国民生产总值平减指数是衡量一国经济在不同时期内所生产和提供的最终产品和劳务的价格总水平变化程度的经济指标。它可以反映全部生产资料、消费品和劳务费用价格的变动。该指标的优点是包括的商品和劳务的范围较为广泛，能比较全面地反映一般物价水平的变动情况。但编制该指标需要搜集大量资料，时

效性差，不能迅速地反映物价变动的幅度。而且，该指标往往容易受到价格结构的影响，造成信号失真。

三、通货膨胀的类型

（一）按表现形式划分

依据通货膨胀的表现形式可划分为公开型通货膨胀和隐蔽型通货膨胀。

1. 公开型通货膨胀。公开型通货膨胀也称开放型通货膨胀，是指在市场机制充分运行和政府对物价不加控制的情况下所表现出来的通货膨胀。该类型通货膨胀直接表现为一般物价水平的上涨，通货膨胀率就等于物价上涨率。一般指的通货膨胀就是这种类型。

2. 隐蔽型通货膨胀。隐蔽型通货膨胀又称抑制型通货膨胀，是指在市场上商品的价格受到管制的情况下，通货膨胀状况不能通过市场物价的变动而灵敏反映出来的通货膨胀。这种通货膨胀是以非价格方式表现出来的，往往发生在实行计划经济的国家中。当社会经济中存在着通货膨胀的压力或潜在的价格上升危机时，由于政府实施了严格的价格管制政策，以保持物价稳定，则本来应有的物价水平上涨不再反映在公开的物价指数上，而是通过商品有价无市、普遍排队、黑市猖獗等价格扭曲现象表现出来。但是，一旦政府解除或放松价格管制措施，经济社会就会发生物价上涨的现象。

（二）按物价上涨的程度划分

按照物价总水平上涨的幅度划分，一般又把通货膨胀分为温和式通货膨胀、奔腾式通货膨胀和恶性通货膨胀。

1. 温和式通货膨胀。温和式通货膨胀又称爬行式通货膨胀或适度通货膨胀，是一种缓慢而持续的通货膨胀。通货膨胀率基本保持在 2%～3%，也有学者认为在 2%～5% 之间时都属于温和式通货膨胀。一些经济学家认为，温和式通货膨胀可以刺激经济的增长，而且不会引起社会太大的动乱。如果将物价上涨控制在 1%～2%，至多 5% 以内，则能像润滑油一样刺激经济的发展，这就是所谓的"润滑油政策"。

2. 奔腾式通货膨胀。奔腾式通货膨胀是指较长时期内所发生的物价水平较大幅度的持续上涨现象。在这种通货膨胀发生时，通货膨胀率较高，一般达到两位数以上，甚至高达百分之几十。这类通货膨胀对人们生活有一定的影响，货币购买力下降，人们对货币的信心产生动摇，经济社会产生动荡。这是一种较危险的通货膨胀，但其剧烈程度仍不足以导致货币体系和经济生活的崩溃。

3. 恶性通货膨胀。恶性货膨胀，又称超级通货膨胀，是指物价上升特别猛烈，且呈加速趋势，对经济社会产生破坏作用的通货膨胀。这种通货膨胀一旦发生，通货膨胀率非常高（一般达到三位数以上），而且完全失去控制，其结果是导致社会物价持续飞速上涨，货币购买力急剧下降，人们对货币彻底失去信心。

这时整个社会金融体系处于一片混乱之中，正常的社会经济关系遭到破坏，最后容易导致社会崩溃，政府垮台。

案例分析：

德国恶性通货膨胀

场景一：有位先生走进了咖啡馆，花 8 000 马克买了一杯咖啡，当他喝完这杯咖啡，却发现，原来同样的一杯咖啡，此时已经涨到 10 000 马克。

场景二：一个美国人去德国旅游，他来到银行，想把一张 5 美元的钞票兑换成马克。可银行职员说："我们没有这么多钱，您能不能只换 2 美元？"美国人看看背后的长队，只好同意了。

场景三：另一个美国人，在离开德国之前，给了他的德国导游 1 美元小费。这个德国人居然拿着这 1 美元，成立了一个家族基金，掌管这笔款项。

场景四：有家大工厂发工资了。只见火车拉来了一车的钞票，火车还没停稳，就开始向焦急等候在铁路旁的工人们，大捆大捆地扔钱。

场景五：一个老人想买一盒鸡蛋，却数不清价格标签上的零。卖鸡蛋的小贩却说，你数数有多少个鸡蛋就行了。

这一组令人匪夷所思的"镜头"，绝不是什么虚构的故事，而是 20 世纪20 年代德国恶性通货膨胀的真实写照。

……

当时刚进入 20 世纪，所谓的"恶性通货膨胀"已不再是古代或是工业革命早期那样，物价上涨 200 倍之类的"小儿科"，而是动辄以较几何级数更快的指数模式飙升。因为，比起以往的任何时代，20 世纪的人们普遍使用着便于携带、便于交易、也便于大量印刷的纸币。

1919 年 1 月到 1923 年 12 月，德国的物价指数由 262 上升为 126 160 000 000 000，上升了 4 815 亿倍，被称为"最经典的通货膨胀"。迄今为止，也只有 1946 年的匈牙利和 1949 年的中国可与之相提并论。

当时，德国在战争中丧失了 10% 的人口和将近 1/7 的土地，换来的是每年 1 320 亿金马克的赔款，相当于 1921 年德国商品出口总值的 1/4。德国拿不出这笔钱，法国就联合比利时、波兰，毫不客气地进入了德国经济命脉鲁尔工业区，史称"鲁尔危机"。手忙脚乱的德国政府走投无路，断然采取了千古不变的饮鸩止渴的老办法：大量增发纸币。

真正的灾难由此开始了。随着印刷机的全速开动，1921 年 1 月 31 日，世界金融史上前所未有的恶性通货膨胀，如同张开翅膀的死神，扑向了已经奄奄一息的德国经济。人们尚未来得及摆脱战败的沮丧和羞辱，严峻的生计问题就噩梦般紧逼了上来。

　　那么，这次通货膨胀严重到了什么程度？可以这样打一个比喻：如果一个人在 1922 年初持有 3 亿马克债券，仅仅两年后，这些债券的票面价值就买不到一片口香糖了。据说，有两位教授曾将德国的通货膨胀数字绘成书本大小的直观柱状图，可是限于纸张大小，未能给出 1923 年的数据柱，结果不得不在脚注中加以说明："如果将该年度的数据画出，其长度将达到 200 万英里。"

　　而对所有的企业主来说，薪水必须按天发放。不然，到了月末，本来可以买面包的钱只能买到面包渣了。发工资前，大家通常都要活动一下腿脚，准备好起跑姿势，钱一到手，立刻拿出百米冲刺的速度，冲向市场与杂货店。那些腿脚稍微慢了几步的，往往就难以买到足够的生活必需品，而且会付出更高的价格。

　　农产品和工业品生产都在急剧萎缩，市面上商品奇缺，唯一不缺的就是钱。孩子们把马克当成积木，在街上大捆大捆地用它们堆房子玩耍。1923 年，《每日快报》上刊登过一则轶事：一对老夫妇金婚之喜，市政府发来贺信，通知他们将按照普鲁士风俗得到一笔礼金。第二天，市长带着一众随从隆重而来，庄严地以国家名义赠给他们 1 000 000 000 000 马克——相当于 0.24 美元或者半个便士。更有甚者，就连钞票也先是改成单色油墨印刷，继而又改成单面印刷——因为来不及晾干。而最经典的一幕，莫过于一名女子用马克代替木柴，投入火炉中烧火取暖，因为这样更划算一些。

　　到了这个地步，德国人的日常生活可想而知。无数百姓陷入赤贫，整个德国处在深深的绝望之中……

　　资料来源：比尔李，向咏怡. 解读变幻无常的经济命运：大滞胀 [M]. 北京：北京邮电大学出版社，2014.

　　思考：1. 为什么经济学家把恶性通货膨胀时期的货币描绘为在人们手中迅速传递的"烫手的山芋"？恶性通货膨胀有哪些特点？

　　　　　2. 恶性通货膨胀有什么危害？怎样应对恶性通货膨胀？

（三）按人们对通货膨胀的预期划分

　　按照人们对通货膨胀的预期可划分为：预期型通货膨胀和非预期型通货膨胀。预期型通货膨胀是指通货膨胀过程事先已经被民众合理预料到了，以及由于这种预期而采取各种补偿性行动引发的物价上升运动。在经济生活中，人们预计将要发生通货膨胀，为避免经济损失，在各种交易、合同投资中将未来的通货膨胀预先计算进去。非预期型通货膨胀是事先未被经济主体预料到，不知不觉中出现的通货膨胀。

（四）按通货膨胀的原因可划分

　　按照通货膨胀产生的原因可划分为需求拉动型通货膨胀、成本推进型通货膨胀、供求混合型通货膨胀和结构型通货膨胀四种类型。具体内容在下面通货膨胀成因中进行介绍。

四、通货膨胀的成因

经济学家认为，通货膨胀主要有四种成因：需求拉动型通货膨胀、成本推进型通货膨胀、供求混合型通货膨胀和结构型通货膨胀。

（一）需求拉动型通货膨胀

需求拉动型通货膨胀是指由于总需求的增长而引起的一般物价水平普遍上涨的现象，即太多的货币追逐太少的商品和劳务。

需求拉动的通货膨胀，是从总需求的角度来分析通货膨胀的原因，把通货膨胀归因于对社会资源的需求超过了按现行价格所能得到的供给。由于总需求的过度增长，总供给相对不足，总需求超过总供给的能力，供不应求引起价格上升，从而导致通货膨胀。

对于引起总需求过大的原因又有两种解释：一是凯恩斯主义的解释，强调实际因素对总需求的影响；二是货币主义的解释，强调货币因素对总需求的影响。

（二）成本推进型通货膨胀

成本推进型通货膨胀是指在总需求不变的情况下，由于生产要素价格上涨，致使生产成本上升，从而导致物价总水平持续上涨的现象。

成本推进的通货膨胀，是从总供给的角度分析通货膨胀的原因。它认为引起通货膨胀的原因在于成本的增加，成本的增加意味着只有在高于从前价格的水平时，才能达到与以前相同的产量水平，从而引起通货膨胀。这种通货膨胀理论认为通胀的根源不是在于需求过度，而是在于产品成本（包括原材料、工资、租金、利润、利息等）上升，即不存在需求拉升的条件也能产生物价上涨。

根据成本增加的具体原因，成本推进型通货膨胀又主要分为三种类型：

1. 工资推进型通货膨胀。工资推进型通货膨胀是指由于工资提高使生产成本增加而导致物价水平上涨。员工工资是企业生产成本的重要组成部分，工资的提高会使生产成本增加，从而价格水平上升。引起工资上升的一个很重要原因是在不完全竞争的劳动市场上，工会利用其垄断地位要求提高工资，雇主迫于压力提高了工资之后，就把提高的工资加入成本，提高产品的价格，从而引起通货膨胀。工资的增加往往是从个别部门开始的，但由于各部门之间工资的攀比行为，个别部门工资的增加往往会导致整个社会的工资水平上升，从而引起普遍的通货膨胀。而且，这种通货膨胀一旦开始，还会形成"工资—物价螺旋式上升"。这样工资与物价不断互相推动，形成严重的通货膨胀。

2. 利润推进型通货膨胀。利润推进型通货膨胀又称为价格推动的通货膨胀，是指市场上具有垄断地位的厂商为了增加利润而提高价格，或者是由产业协会统一提高价格所引起的通货膨胀。在不完全竞争市场上，具有垄断地位的厂商控制了产品的销售价格，为了获取更多的利润，他们利用提高产品价格的方式，使得产品价格的上升速度超过产品成本的增长速度，进而从中获利。这种利润增加使物价上升，从而产生通货膨胀。

3. 原材料成本推进型通货膨胀。原材料成本推进型通货膨胀是指在开放的经济中，由于进口的原材料价格上升而引起的通货膨胀。从开放经济的角度看，当一些重要的进口原材料价格提高，就会引起某些以进口为主要投入的企业生产成本上升，从而使这些行业产品的价格也随之上涨。当这些行业的产品价格上涨波及整个经济时，就形成了原材料成本推进型通货膨胀。在这种情况下，一国的通货膨胀通过国际贸易渠道而影响到其他国家。

（三）供求混合型通货膨胀

供求混合型通货膨胀是指由于需求和供给两个因素共同作用引起的物价上涨。供求混合推动的通货膨胀，就是把总需求和总供给结合起来分析通货膨胀的原因，认为通货膨胀的根源不是单一的总需求或总供给，而是这两者共同作用的结果。在现实生活中，单纯的需求拉动型通货膨胀或单纯的成本推进型通货膨胀是难以找到的，大多数通货膨胀的发生总是包含了需求和供给两方面因素的共同作用。成本推进往往以社会需求扩张为先导，需求膨胀直接促使物价水平上涨和产品成本提高，成本提高又转化为下一轮的成本推进，于是就出现了成本推进与需求拉动并存的供求混合型通货膨胀。

（四）结构型通货膨胀

结构型通货膨胀是指由于社会经济结构方面的因素而引起的物价水平的持续上涨。它是从社会各生产部门之间劳动生产率的差异、劳动市场的结构特征和各生产部门之间收入水平的赶超速度等角度来分析由于经济结构的特点而引起通货膨胀的过程。从经济结构的角度看，即使整个社会经济的总需求和总供给处于均衡状态，但由于经济结构方面的因素发生变动，也会引起一般物价水平的上涨，从而导致通货膨胀。在许多发展中国家，经济结构因素是造成该国发生通货膨胀的重要原因。

五、通货膨胀的影响

（一）通货膨胀对生产的影响

通货膨胀初期，会对生产有一定的刺激作用，但这种刺激作用是递减的，随之而来的就是对生产的破坏性影响。

首先，通货膨胀破坏社会生产正常比例。通货膨胀期间，物价上涨是不平衡的，有的商品价格上涨较快，利润率很高，有些商品价格上涨则较慢。大量的资本会流向那些商品价格上涨快的部门，使这些部门的生产扩大。反之，那些价格上涨较慢、国民经济急需发展的部门得不到应有的生产要素，使生产畸形发展。

其次，通货膨胀使生产性投资减少，不利于生产的长期稳定发展。在商品和劳务价格普遍上涨的情况下，能源、原材料的价格上涨尤其迅速。生产成本提高，生产性投资风险加大，

（二）通货膨胀对流通的影响

首先，通货膨胀打破了流通领域原来的平衡，使正常流通受阻。正常的流通秩序是：商品由生产企业制成后，经过必要的批发、零售环节，进入消费领域。在此过程中，生产企业和处于各流通环节的企业均获得正常合理的经营收入与利润，消费者也接受一个合理的价格水平。但是，在通货膨胀的情况下，由于商品均朝着价格最高的方向流动，在利益的驱使下，商品会长期滞留在流通领域，迟迟不能进入消费领域，甚至出现多次转手而商品在原地不动的极不正常现象。

其次，通货膨胀加剧了流通领域的供求矛盾。在通货膨胀情况下，人们抢购惜售，囤积居奇，使本来供需平衡的市场状况变得不平衡。如果原本市场上已经存在供需不平衡的现象，那么通货膨胀就会加剧这种不平衡。市场供需的失衡和矛盾的加剧，反过来又会推动物价水平的不断上涨。

➡️ **案例分析：**

白菜价格高涨多数原因出在流通环节上

据中国乡村之声《三农中国》报道，水果的价格不温不火，但蔬菜的价格确实一路飘红。近日，国家统计局公布的数据显示，白菜价格从 2016 年初的每公斤 2.3 元涨到 4 月的 5.13 元，涨幅接近翻番，如今的白菜，已不再是"白菜价"。白菜"高烧"，老百姓手中的"菜篮子"也越来越重。这高出来的菜价都去哪儿了呢？有人说农民兄弟辛苦不容易，能多赚一点也很好。但是这 5 块多是不是都落在了农民兄弟口袋中了呢？事实却不是这样。

据了解，现在农民兄弟把白菜卖给菜贩的价格一斤从 2 角到 1 元 2 角不等。白菜从农民手中收购之后，还要长途运输，多级批发，才能到达菜市场进行零售。一环一环地，菜价就必然要上涨。有媒体算了一笔账，大白菜从湖北省广华县运到海南的菜市场，一路上价钱要涨 2 倍多。而且，这过程中也不排除个别商人囤积居奇、恶意涨价，最终导致白菜价格疯涨。白菜涨价，多数原因还是出在流通环节上，这中间有正常的运输成本，而且还有人为原因，而要避免不必要的涨价，就要简化流通环节，对于跨省的远途运输，需要管理部门细致地落实之前的措施，确保大家的菜篮子不受影响，对于囤积居奇恶意涨价的行为，该出手时就出手，绝不能让个别不良商家们有侥幸心理。有了明确的规矩，价格机制就可以更加迅速地起到积极的作用。如果产地和销售地离得比较近，可以考虑采取农超对接的方式。超市出面直接从地头收菜，管理部门给予相应的补助，既能降低价格，而且还能让蔬菜更加新鲜，价格更加透明。

资料来源：白菜价格高涨多数原因出在流通环节上［EB/OL］. 2016 - 04 - 11. 中国食品科技网，http：//www. tech - food. com/news/detail/n1274818. htm. 有删减。

思考：通货膨胀对商品流通有什么影响？怎么应对这种影响？

（三）通货膨胀对分配的影响

在通货膨胀时期，人们的名义货币收入与实际货币收入之间会产生差距，只有剔除物价的影响，才能看出人们实际收入的变化。由于社会各阶层人们收入的来源是不同的，因此，在物价总水平上涨时，总是会出现某些社会成员受害，某些社会成员受益的现象。至于谁受害、谁受益以及受害受益程度的大小，主要看通货膨胀使他们得到或失去的收入和财富数量的多少。

首先，通货膨胀不利于固定收入阶层。对于固定收入阶层来说，其收入是固定的货币数额，由于薪金的调整总是慢于物价的上升，因此即使在名义工资不变或略有增长的情况下，实际工资其实也是下降的。相反，那些靠变动收入维持生活的人，则受通货膨胀的影响较小，这些人的货币收入往往会随同物价上涨而增加。

其次，通货膨胀对固定收益类金融资产持有者不利。像各种存款、国债等固定收益类金融资产，随着物价的上涨，其实际价格或购买力就会降低，而例如股票等各种变动收益类证券和实物资产则随着通货膨胀而增大其价值。因此，通货膨胀不利于固定收益类金融资产持有者，有利于变动收益类金融资产和实物资产持有者。

最后，通货膨胀不利于债权人。在债权、债务关系中，那些以一定的利率借得货币的债务人是受益者，而那些以获得一定的利息为报酬的债权人则是受害者。在通常情况下，借贷的债务契约都是根据签约时的通货膨胀率来确定名义利息率，所以当发生了未预期的通货膨胀之后，债务契约无法更改，从而就使实际利息率下降，债务人的债务减轻，债权人的收益减少。

思政栏目：

通货膨胀主要影响三类人

在工资增长缓慢的情况下，通胀预期让我们的财富不断缩水。通货膨胀的存在，主要影响三类人：

A 靠工资挣钱，而工资却没有太大变化的人。很多人每日朝九晚五，卖力工作，偶尔出游，很少娱乐。累了半天，却发现攒不到什么钱。没有充分认识通货膨胀和不知道如何应对。

B "死"存钱的人。这类人守着通货膨胀前的"旧钱"，却需要到"通货膨胀"之后来花，例如上学、看病、买房、养老等。此时，他们发现货币的实际购买力发生了严重的贬值，这正是通货膨胀从中作怪的结果。

C 不善于"借钱"的人。假如两个人去买房，一个付全款；另一个首付20%，借了80%。此时，通货膨胀发生了，房价上涨了100%。付全款的人资产相应增加了100%。而那个首付20%的人呢？资产则增加了100% ÷ 20% = 500%。"会"借钱的人资产增值的速度，是"不会"借钱人资产增值速度的

（四）通货膨胀对消费的影响

通货膨胀降低了居民的消费水平。在通货膨胀条件下，物价上涨，货币贬值，减少了居民的实际收入，使居民的消费水平下降，而消费水平的下降，又限制了下一阶段生产的发展。而且，通货膨胀中高收入阶层与低收入阶层损失不同，会加剧社会成员的矛盾。

六、通货膨胀的治理

通货膨胀对社会经济的持续发展有一定的破坏作用，世界各国都高度重视通货膨胀的治理。综观世界各国治理通货膨胀的实践，主要有以下几种：

（一）紧缩性的宏观经济政策

在通货膨胀时期，由于总需求大于总供给，存在需求过度，因此当经济运行中出现较大的通货膨胀压力时，政府往往采取紧缩性的财政政策和货币政策以抑制过旺的总需求。

1. 紧缩性财政政策。紧缩性财政政策，即政府通过实施具体的财政措施与手段来直接削减政府自身的购买支出与转移支付、限制企业投资支出与居民的消费支出，以抑制总需求，最终达到治理通货膨胀的目的。由于财政政策主要包括政府支出与税收，因此紧缩性财政政策主要是通过削减政府支出和增加财政收入来抑制通货膨胀。

运用财政政策来治理通货膨胀主要是通过以下几种方式：（1）增加税收，包括提高税率、增加税种，使企业利润和个人收入减少，从而使其投资和消费支出减少；（2）削减政府的财政支出，压缩政府公共工程支出和政府购买，以消除财政赤字、平衡预算，从而消除通货膨胀的隐患；（3）减少政府转移支付，减少社会福利费用，从而起到减少居民个人收入、抑制消费增加的作用。

2. 采取紧缩性货币政策。紧缩性货币政策是指中央银行通过实施具体的货币措施或手段来减缓流通中货币供应量的增长速度，以抑制总需求的过度膨胀，进而降低物价上涨的速度，最终达到治理通货膨胀的目的。由于货币政策主要包括中央银行三大货币政策工具和利率政策等，因此，紧缩性货币政策主要从这些政策入手。

运用货币政策来治理通货膨胀主要是通过以下几种方式：（1）提高商业银行的法定存款准备金率，以缩小货币扩张乘数，削弱商业银行创造派生存款的能力，减少货币供应量及增长速度。（2）提高再贴现率，增加商业银行的借款成本，减少商业银行向中央银行的借款数量，进而影响市场利率水平，以控制信贷规模以及投资需求和消费需求。（3）通过开展公开市场业务卖出政府债券，以相应地减少经济体系中的货币存量。（4）直接提高利息率。一方面通过提高贷款利率可导致企业利息负担加重，利润减少，从而抑制企业贷款需求，以减少投资，减少货币供应量。另一方面通过提高存款利率，鼓励居民增加储蓄，把消费基金转变为生产基金，减少通货膨胀压力。

（二）收入政策

收入政策指政府为抑制通货膨胀而制定的限制工资和物价上涨的经济政策，其目的在于控制通货膨胀的同时又不至于引起失业的增加。收入政策的理论基础是成本推进型的通货膨胀，即由于工资上涨造成企业成本增加，迫使企业提高产品价格，从而引起物价上涨。

这种抑制性的收入政策主要有以下几种形式：

1. 确定工资—物价指导线。工资—物价指导线是政府当局规定的一定年份内允许工资—物价增长的目标数值线。企业和工会自愿执行政府公布的工资—物价指导线，自愿限制工资和物价的增长率。政府只能劝说，不能直接干预，强制性弱。

2. 工资、物价管制。在通货膨胀比较严重的时期，政府颁布法令，强行规定工资、物价的上涨幅度，甚至将工资和物价冻结在某一水平。

3. 运用税收手段。政府以税收作为惩罚的手段来限制工资和物价的上涨，即对过多增加工资的企业按工资超额增长比率征收特别税等方法来抑制收入增长速度。

收入政策最大的弊端是进行价格管制限制乃至破坏了价格机制调节经济的作用。此外，实施收入政策必须同时实行控制总需求的政策配合，否则极易引起滞胀。

（三）收入指数化政策

收入指数化政策又称指数联动政策，是指将工资、利息等各种名义收入部分地或全部地与物价指数相联系，使各种收入自动随物价指数的升降而升降。收入指数化政策只能减轻通货膨胀给收入阶层带来的损失，但不能消除通货膨胀。

（四）币制改革

当通货膨胀持续加剧，达到恶性状态时，政府可以采用币制改革的方法来解救。政府下令废除旧币，发行新币，变更钞票面值，对货币流通秩序采取一系列强硬的保障性措施等。其目的是增强社会公众对本位币的信心，从而消除货币流通混乱的局面，使货币能够重新发挥正常的作用。历史上，许多国家都曾实行过这种改革，但这种措施对社会震动较大，需谨慎从事。

任务二 通货紧缩

➤ 学习情境

从 1978 年改革开放至今，我国发生了三次通货紧缩。第一次是 1998 年、1999 年，CPI 出现负增长，分别为 -0.8%、-1.4%。2000 年，通货紧缩得到控制，历时两年。第二次是 2002 年，CPI 再次出现负增长，为 -0.8%，当年的物价总水平连续下跌了 10 个月，从这一点来讲，可以认为当时出现了通货紧缩。2003 年 CPI 指数恢复正增长，结束了这次非典型的通货紧缩，历时约一年。第三次是在 2009 年，CPI 物价指数从当年 2 月开始持续下滑，出现连续 9 个月负增长，该次通缩历时近一年（见图 11 - 3）。

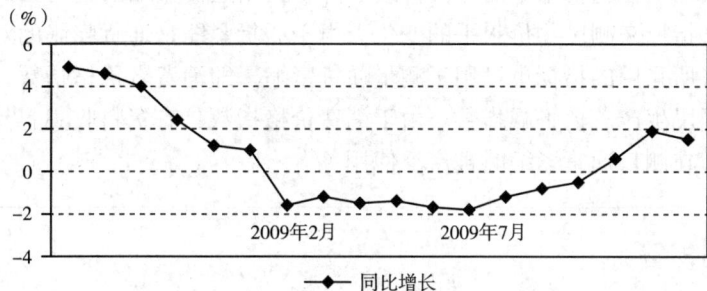

图 11 - 3 2008 年 8 月至 2010 年 1 月 CPI 变化幅度

张先生在广东经营一家玩具厂，产品主要出口美国。他经历了这三次通货紧缩，每次通货紧缩对他和他的玩具厂都有一定的影响，但影响又有不同。

任务描述：

1. 收集这三次通货紧缩的资料，分析其背景、成因，特点以及政府的应对方法等。

2. 学生分组讨论：（1）历次通货紧缩对张先生和他的玩具厂有什么的影响？影响有什么不同？（2）结合自身实际，谈谈自己对通货紧缩的感受。

一、通货紧缩的定义

对于通货紧缩的含义，学术界一直争论不休，在国内外还没有统一的认识。从争论的情况来看，大体可以归纳为以下三种：一种观点认为，通货紧缩是经济衰退的货币表现，因而必须具备三个基本特征：一是物价的普遍持续下降；二是货币供给量的连续下降；三是有效需求不足，经济全面衰退。这种观点被称为"三要素论"。另一种观点认为，通货紧缩是一种货币现象，表现为价格的持续下跌和货币供给量的连续下降，即所谓的"双要素论"。第三种观点认为，通货紧缩就是物价的全面持续下降，被称为"单要素论"。

从上面的介绍可以看出，尽管对通货紧缩的定义仍有争论，但对于物价的全面持续下降这一点却是共同的。

目前，大多数人认为，通货紧缩相对于通货膨胀而言，是一种货币现象，根据定义通货膨胀的办法，可以将通货紧缩表述为，因货币供应量小于商品生产和流通对货币的实际需求量，从而引起货币升值、一段时间内一般物价水平持续而普遍地下跌的现象。

物价水平的持续下降是判断通货紧缩是否发生的主要标志。在经济实践中，判断某个时期的物价下跌是否通货紧缩，一看通货膨胀率是否由正转变为负；二看物价的持续下降是否超过了一定的时限。有的国家以一年为界；有的国家以半年为界。

二、通货紧缩的测度

通货紧缩是指物价水平的全面持续下降，判断通货紧缩的程度必须解决的问题是用什么指标来测度物价水平的变化。由于通货紧缩是通货膨胀的对立面，测量通货膨胀所采用的指标也可用于测量通货紧缩，即消费者价格指数、生产者价格指数和国民生产总值平减指数。由于消费价格指数具有资料收集容易、反应灵敏等特点，在测量通货紧缩时被广泛使用。

> 📱 **即问即答**：
>
> 某国 2020 年的消费价格指数是 100%，2021 年的消费价格指数是 95%，那么我们通常会说该国的通货紧缩率为 5%，还是说该国的通货膨胀率为 −5% 呢？

三、通货紧缩的类型

按照不同的标准，通货紧缩可以划分为不同的类型。

（一）相对通货紧缩和绝对通货紧缩

相对通货紧缩是指物价水平在零值以上，并在适合一国经济发展和充分就业的物价水平区间以下。在这种状态下，物价水平虽然还是正增长，但已经低于该国正常经济发展和充分就业所需要的物价水平，因此已经使该国经济失去了正常发展所需的动态平衡。这种情形已经开始损害经济的正常发展，虽然是轻微的，但如果不加重视，可能对经济发展的损害会加重。

绝对通货紧缩是指物价水平在零值以下，即物价出现负增长。这种状态的出现，极易造成经济衰退和萧条。按严重程度不同，又可以分为轻度通货紧缩、中度通货紧缩和严重通货紧缩。一般来说，物价出现负增长，但幅度不大，时间不超过两年的称为轻度通货紧缩。物价下降幅度较大，时间超过两年的称为中度通货紧缩。物价下降幅度超过两位数，持续时间超过两年甚至更长的情况称为严重通货紧缩。20世纪30年代世界性的经济大萧条所对应的通货紧缩，就属此类。

（二）需求不足型通货紧缩和供给过剩型通货紧缩

需求不足型通货紧缩，是指由于总需求不足，使得正常的供给显得相对过剩而出现的通货紧缩。由于引起总需求不足的原因可能是消费抑制、投资抑制、国外需求抑制、政府购买抑制等，因此，依据造成需求不足的主要原因，可以把需求不足型的通货紧缩细分为消费抑制型通货紧缩、投资抑制型通货紧缩和国外需求减少型通货紧缩。

供给过剩型通货紧缩，是指由于技术进步和生产效率的提高，在一定时期产品绝对数量的过剩而引起的通货紧缩。这种产品的绝对过剩发生在经济发展的某一阶段，如一些传统的生产、生活用品，在产业结构调整严重滞后的情况下，可能会出现绝对的过剩。

（三）显性通货紧缩和隐性通货紧缩

显性通货紧缩直接表现为一般物价水平的下跌，我们通常指的通货紧缩就是这种类型。

隐性通货紧缩指的是当采取非市场的手段硬性维持价格的稳定时，就会出现实际产生了通货紧缩，但价格可能并没有降低下来的状况。

四、通货紧缩的成因

通货紧缩的成因多种多样，根据近代世界各国发生通货紧缩的情况分析，大体有以下几个方面的原因：

（一）紧缩性的货币政策

在经济扩张时期，货币供应量过度膨胀。如果一国政府采取紧缩性的货币政策，降低货币供应量和信贷规模，就会使商品市场和货币市场出现失衡，出现流通中的货币量不能满足商品流通的需要量，从而产生物价的持续下跌。美国20世纪30年代的通货紧缩就是典型的货币政策引起的通货紧缩。

（二）生产能力过剩

社会总供给大于社会总需求是导致一国出现通货紧缩的主要原因。当一国经济经过一段时间的快速发展后，生产能力大大提高，产能开始出现过剩时，就会出现产品库存严重挤压，产品供大于求的现象，并出现物价的持续下跌。此外，较低的融资成本和上扬资产价格，使资本形成的成本趋于下降，导致过量的资本设备投资，也会加剧生产能力的进一步过剩，形成通货紧缩的压力。

（三）投资和消费的预期变化

当人们对未来经济发展前景失去信心，就会开始缩减开支，减少消费和投资，引起有效需求不足，物价下降。当人们预期实际利率进一步下降，经济形势继续不佳时，投资和消费需求会进一步减少，使物价下跌，形成通货紧缩。

如果人们预期将来收入会减少，支出将增加，那么人们就会"少花钱，多储蓄"，引起有效需求不足，物价下降，从而出现体制变化性的通货紧缩。

（四）技术进步和劳动生产率的提高

由于技术进步以及新技术在生产上的广泛应用，会大幅度地提高劳动生产率，降低生产成本。按照产品价格"成本加成"的计算法则，商品价格出现下跌，从而出现成本压低型的通货紧缩。

（五）政府削减开支

如果政府打算紧缩财政预算，降低财政赤字，则使政府购买和政府转移支付减少，社会总需求减少，可能导致商品和劳务市场出现供求失衡，进而出现通货紧缩。

（六）金融体系效率的降低

金融体系效率的降低表现为银行业的不良资产增加以及金融机构不能满足企业贷款的需要。如果在经济过热时，银行信贷盲目扩张，造成大量坏账，形成大量不良资产，金融机构便不愿意向企业发放贷款或片面提高贷款利率，加上企业和居民不良预期形成的不想贷、不愿贷行为，必然导致信贷萎缩，减少社会总需求，导致通货紧缩。

五、通货紧缩的影响

一般来说，适度的通货紧缩，有助于调整经济结构和挤去经济中的"泡沫"，也会促进企业加强技术投入和技术创新，改进产品和服务质量，对经济发展有积极作用的一面。但过度的通货紧缩，会导致物价总水平长时间、大范围地下降，限制了社会需求的有效增长，最终导致经济增长乏力，经济增长率下降，对经济的长远发展不利。长期以来，通货紧缩的危害往往被人们轻视，并认为它远远小于通货膨胀对经济的威胁。然而，过度的通货紧缩与通货膨胀一样，同样是极具破坏力的，会对经济发展造成严重危害。

（一）通货紧缩对生产的影响

物价的持续、普遍下跌使得企业产品价格下跌，企业利润减少甚至亏损，这将严重打击生产者的积极性，使生产者减少生产甚至停产，结果社会的经济增长受到抑制。

（二）通货紧缩对消费的影响

通货紧缩的条件下，货币的购买力增强，即同等数量的货币可以购买到更多数量的商品。因此，消费者会推迟购买，这将促使人民更多地增加储蓄、削减消费。同时，物价下跌引起的企业利润减少和生产积极性降低，将使失业率上升，此时劳动力市场供过于求的状况将使工人的工资降低，个人财富减少。即使工资不降低，失业人数的增多也使社会居民总体的收入减少，导致社会个体的财富缩水。这样，在工资收入及家庭资产下降的预期下，消费者就会抑制个人消费支出，使消费总量趋于下降。

（三）通货紧缩对投资的影响

一方面，物价的持续、普遍下跌使实际利率升高，由此导致资金成本较高；另一方面，虽然物价下降后，原材料成本下降，但生产的产品价格也在下降，而且工人工资通常具有刚性，在通货紧缩时期，工资下降幅度有限，企业部门产品库存积压严重，企业的盈利随之下降，甚至发生亏损，企业扩大投资生产的意愿下降，社会总投资下降。

（四）通货紧缩对收入再分配的影响

与通货膨胀相反，物价的持续、普遍下跌使实际利率升高，这将有利于债权人而损害债务人的利益。通货紧缩使货币越来越昂贵，这实际上加重了债务人的债务负担，使借款人无力偿还借款。社会上的债务人大多是生产者和投资者，债务负担的加重无疑会影响他们的生产与投资活动，为维持生计，企业只有选择筹集更多的债务来进行周转，这样企业的债务总量势必增加，其债务负担更加沉重，由此企业在财富再分配的过程中将处于更加恶劣的位置。如此循环往复，这种财富的分配效应不断得到加强。

除以上几点外，通货紧缩还有可能增加银行的坏账、可能使银行在金融投资上发生重大损失，从而引发银行危机。甚至，通货紧缩还会由于需求的持续下降使进口萎缩而输出到国外，引起全球性的通货紧缩。

六、通货紧缩的治理

面对通货紧缩，各国都会结合本国的实际经济环境、政治环境等选择相应的治理对策。总体来看，治理通货紧缩的手段主要有以下几点：

（一）实行扩张性的货币政策

中央银行采取有效措施扩大商业银行和非银行金融机构的信贷规模，增加货币供应量，以刺激经济发展。中央银行可以充分利用自己掌握的货币政策工具，影响和引导商业银行及社会公众的预期和行为。在通货紧缩时期，一般要降低中央银行的再贴现率和法定存款准备金率，从金融市场上买进政府债券，同时采用一切可能的方法，鼓励商业银行扩张信用，从而增加货币供给。

（二）实行扩张性的财政政策

实行扩张性的财政政策，不仅要扩大财政支出，还要优化财政收支结构，既要刺激消费和投资需求，又要增加有效供给。政府通过增加公共支出，调整政府收支结构，可以发挥财政支出在社会总支出中的作用，使财政支出带动企业和私人部门的投资，以增加社会总需求。同时，政府通过削减企业和居民的税收，减轻企业负担和增加居民收入来刺激内需。

财政政策与货币政策的配合运用，是治理通货紧缩和通货膨胀的主要政策措施，但由于货币政策具有滞后性的特点，而且在通货紧缩时期，利率弹性较小，因此财政政策的效果一般比货币政策更直接有效。

（三）改善供给结构，增加有效供给

通货紧缩表现为总供给水平大于总需求水平，导致物价总水平下降。除总需求不足的原因外，供给方面的原因主要就在于供给结构不合理，产业结构和产品结构与需求结构的不相适应而形成供给的相对过剩。对由于某些行业的产品或某个层次的商品生产绝对过剩引发的通货紧缩，要在供给方面进行调整，减少过剩部门或行业的产量，鼓励新兴部门或行业发展，以使供给结构与消费结构相适应，从而增加有效供给，消除结构性通货紧缩。

案例分析：

日央行"下猛药"抗击通缩 首次征收负利率

英国广播公司网站 1 月 29 日报道称，日本的央行——日本银行 1 月 29 日在金融政策会议上，决定把民间各银行今后储蓄在央行的存款利率从现在的 0.1% 下调到 −0.1%，今后还可能进一步下调。

这是日本央行首次推出负利率政策，也是效仿欧洲央行实施的 −0.3% 利率政策。但日本内外金融市场联想到日本前经济财政政策担当大臣兼经济再生担当大臣甘利明 28 日的辞职，对首相安倍晋三推行了 3 年的"安倍经济学"可能造成冲击时，日本央行实施负利率政策引起广泛关注和议论。

日本《读卖新闻》1 月 30 日报道称，日本银行 1 月 29 日召开金融政策会议，以 5∶4 的多数票赞成通过了实施追加金融宽松政策的决定。决定自 2 月 16 日生效，民间金融机构存在日本银行的资金达到一定量以上，要对账户收取手续费，即实施所谓的"负利率政策"。日本银行这项决定的目的是，在原油价格持续低迷、新兴经济体经济前景不明和国际金融市场陷入混乱的情况下，显示央行坚决摆脱通货紧缩的决心。这也是日本银行首次实施负利率政策。

　　日本《读卖新闻》1月30日报道称，日本银行1月29日决定实施负利率政策的"奇招"，进一步放宽了金融政策。市场对黑田东彦行长抛出的第三个"黑田魔术"反应强烈，股价上下波动。日本银行的金融政策会议上，持反对意见的人也不在少数，日本银行的政策措施能否达到摆脱通货紧缩的目标，还是个未知数。

　　原油价格下跌超出预想，世界金融市场年初以来陷入混乱，当此关头如不打出宽松政策这张牌，就有可能被理解为不作为，进而对日本银行要摆脱通货紧缩的决心产生怀疑，那将导致日元进一步升值。

　　鉴于欧洲央行已暗示要实施追加的金融宽松政策，日本银行已无退路。因此，之前还一再否定可能实施负利率政策说法的黑田行长断然决定实施负利率。

　　在实施负利率政策方面，欧洲已走在了前面。但欧洲中央银行称，在实施负利率政策后，银行对企业的贷款余额基本上与原来持平，效果有限。

　　美国《华尔街日报》网站1月29日报道称，日本央行1月29日出乎市场意料地首次设定了负利率，这一似乎有些孤注一掷的举措意在避免经济重新陷入停滞。在过去20年的大部分时间里，日本经济都处于停滞状态。

　　这一意外举措显示出日本央行下决心抗击可能使日本重新陷入通缩的全球不利因素。通缩指的是价格下跌、经济走软的破坏性周期。

　　不过，这也显示出日本央行的政策选项所剩无几。日本央行已经在每年购买80万亿日元（约6740亿美元）资产，掌握着日本庞大债市的近1/3，同时使日本债务与GDP之比达到230%，高于其他任何一个主要经济体。

　　资料来源：参考消息网，http：//www.cankaoxiaoxi.com/world/20160131/1067562.shtml.

　　思考：日本采用了哪些措施来应对通货紧缩？

项目要点

　　1. 通货膨胀是指在纸币流通条件下，因货币供应量大于商品生产和流通对货币的实际需求量，从而引起货币贬值、一段时间内一般物价水平持续而普遍地上涨的现象。

　　2. 消费物价指数，简称CPI，又称商品零售物价指数，是一种用来测量一定时期内城乡居民所购买的消费商品和服务价格水平变动情况的宏观经济指标。

　　3. 按照通货膨胀的表现形式可划分为：公开型通货膨胀和隐蔽型通货膨胀；按照物价总水平上涨的幅度划分可分为温和式通货膨胀、奔腾式通货膨胀和恶性通货膨胀；按照人们对通货膨胀的预期可划分为：预期型通货膨胀和非预期型通货膨胀；按照通货膨胀产生的原因可划分为：需求拉动型通货膨胀、成本推进型通货膨胀、供求混合型通货膨胀和结构型通货膨胀。

4. 治理通货膨胀的政策主要有：紧缩性的宏观经济政策；收入政策；收入指数化政策；币制改革。

5. 通货紧缩是指因货币供应量小于商品生产和流通对货币的实际需求量，从而引起货币升值、一段时间内一般物价水平持续而普遍地下跌的现象。

6. 治理通货紧缩的手段主要有：实行扩张性的货币政策；实行扩张性的财政政策；改善供给结构，增加有效供给。

同步练习

一、单项选择题

1. 通货膨胀时期债务人将（　　）。

A. 增加收益 　　　　　　　　　　　　B. 损失严重

C. 不受影响 　　　　　　　　　　　　D. 短期损失长期收益更大

2. 我国目前主要是以（　　）反映通货膨胀的程度。

A. 居民消费价格指数 　　　　　　　　B. GDP 平减指数

C. 批发物价指数 　　　　　　　　　　D. GNP 平减指数

3. 对于需求拉升型通货膨胀，调节和控制（　　）是个关键。

A. 社会总需求　　　B. 收入分配　　　C. 财政收支　　　D. 经济结构

4. 通货膨胀对策中，通过公开市场业务出售政府债券属于（　　）。

A. 控制需求　　　　B. 改善供给　　　C. 收入指数化政策　　D. 紧缩性财政政策

5. 下列（　　）不属于通货紧缩有害的方面。

A. 储蓄增加的同时个人消费相应减少

B. 实际利率上升，债务人负担加重

C. 实际利率上升，投资吸引力下降

D. 促进企业为占领市场份额而运用降价促销战略

二、多项选择题

1. 有关通货膨胀描述正确的有（　　）。

A. 在纸币流通条件下的经济现象 　　　B. 货币流通量超过货币需要量

C. 物价普遍上涨 　　　　　　　　　　D. 货币贬值

2. 由于供给因素形成的通货膨胀可以归结为三个原因（　　）。

A. 工资推进　　　B. 价格推进　　　C. 利润推进　　　D. 原材料推进

3. 治理通货膨胀的可采取紧缩的货币政策，主要手段包括（　　）。

A. 通过公开市场购买政府债券 　　　　B. 提高再贴现率

C. 通过公开市场出售政府债券 　　　　D. 提高法定准备金率

4. 按形成原因可将通货膨胀分为（　　）。

A. 需求拉升型通货膨胀 　　　　　　　B. 体制型通货膨胀

C. 成本推动型通货膨胀 　　　　　　　D. 结构型通货膨胀

E. 供求混合推进型通货膨胀

5. 隐蔽型通货膨胀的形成条件包括（　　）。

A. 市场价格发挥调节作用 　　　　　　B. 严格的价格管制

C. 单一的行政管理体制 　　　　　　　D. 价格双轨制

三、名词解释

通货膨胀　　需求拉升型通货膨胀　　居民消费价格指数　　通货紧缩

四、简答题

1. 通货膨胀有哪些分类方式？各种分类方式是如何分类的？

2. 通货膨胀的成因有哪些？

3. 对于通货膨胀，可以采取哪些常用的货币政策进行治理？

4. 通货紧缩的治理政策有哪些？

五、分析应用题

英媒：英国央行将把利率提高至 5.75%，专家称通货膨胀已失去控制

英国央行将不得不将利率上调至 2007 年 7 月以来的最高水平，即金融危机前夕，这表明市场认为英国的通胀问题是发达国家中最严重的。

金融市场现在认为借贷成本可能会跃升至 5.75% 的高位，比目前的 4.5% 高出一个多百分点。

由于一连串强劲的数据表明尽管英国央行已经连续 12 次提高借贷成本，但英国经济运行异常火爆，因此预期的利率路径在上个月急剧上升。

上个月，英国国家统计局表示，4 月通货膨胀率从 10.1% 降至 8.7%，这是英国央行和纽约市预计的放缓速度。这也是 G7 中最高的比率。

更令人担忧的是，核心通货膨胀率从 6.2% 攀升至 6.8%。这表明价格上涨是由国内因素推动的，而不是由 Covid-19 限制结束和俄罗斯入侵乌克兰后需求激增导致的能源价格飙升。本土通货膨胀驱动因素比外部冲击更难控制。

英国统计局今天上午表示，截至 4 月，不包括奖金的工资在 2022 年 4 月增长了 7.2%，高于 3 月 6.8% 的增幅。它也超过了市政府和银行的预测。

仅在私营部门，工资就增长了 7.6%，而在公共部门，工人的工资涨幅为 5.6%，是 2003 年以来的最大增幅。

虽然 4 月的涨幅主要是由于最低工资上涨 9.7%，但上涨的很大一部分原因是工人们要求加薪以抵消侵蚀他们生活水平的通货膨胀。

英格兰银行和政府官员担心工人们会继续要求高工资增长以抑制通货膨胀，从而增加企业成本。这反过来又会给企业带来提高价格的压力，从而形成一个通货膨胀反馈循环，在经济学中被称为"工资—价格"螺旋。

考虑到消费者价格指数，实际收入自 2021 年 11 月以来每个月都在下降，这是有记录以来持续时间最长的下降之一。

资料来源：全国商报联合会. 英媒：英国央行将把利率提高至 5.75%，专家称通胀已失去控制 ［EB/OL］. 2023-06-15. 新浪看点，http：//k. sina. com. cn/article_2618523441_9c137 f31001015b5k. html. 有删减。

思考：1. 为什么说英国的通货膨胀很严重？

　　　2. 英国的通货膨胀发生的原因可能有哪些？有什么危害？

　　　3. 英国政府是如何治理的？

六、技能实训题

实训项目名称：金融数据的查询和分析。

实训目的：提高学生的金融数据查阅能力、金融数据的分析能力，培养学生关注金融信息和金融政策的习惯。

实训内容：查阅近二十年来我国的 CPI、PPI 指标及 M2 增速、GDP 增长率指标，分析这些指标之间的变化关系。

实训要求： 登录中国人民银行网站、国家统计局网站或东方财富网，查找近十年我国 CPI、PPI 指标及 M2 增速、GDP 增长率的数据，并绘制成图表，简述其变化特点。

推荐阅读

1. 《2023 年 3 月份 70 个大中城市商品住宅销售价格变动情况》，来源：国家统计局网站。

2. 《2023 年 3 月物价数据点评：通胀为何低迷》，来源：东方财富网。

项目十二

货币政策

学习目标

（一）知识目标

1. 掌握货币政策的含义和构成要素，一般性货币政策工具及作用机理；

2. 理解货币政策最终目标及相互之间的关系，货币政策传导机制；

3. 了解货币政策的中介目标及选取标准、选择性和其他货币政策工具、货币政策产生的效果和时滞。

（二）技能目标

1. 能读懂我国的货币政策报告，并初步判断我国的货币政策趋势；

2. 能分析存款准备金率、再贴现政策、公开市场业务等货币政策工具的变动对经济的影响。

（三）素质目标

通过对货币政策的目标、工具和传导机制的学习，让学生了解我国货币政策的制定、实施是如何影响我国经济发展的，培养学生勤于思考的习惯，经济的发展离不开党和国家，树立民族自豪感与自信心。

▶▶ 案例导入

央行降低金融机构存款准备金率释放长期资金约 5 000 亿元

为保持流动性合理充裕，促进综合融资成本稳中有降，落实稳经济一揽子政策措施，巩固经济回稳向上基础，中国人民银行决定于 2022 年 12 月 5 日降低金融机构存款准备金率 0.25 个百分点（不含已执行 5% 存款准备金率的金融机构）。本次下调后，金融机构加权平均存款准备金率约为 7.8%。

中国人民银行有关负责人表示，此次降准的目的，一是保持流动性合理充裕，保持货币信贷总量合理增长，落实稳经济一揽子政策措施，加大对实体经济的支持力度，支持经济质的有效提升和量的合理增长；二是优化金融机构资金结构，增加金融机构长期稳定资金来源，增强金融机构资金配置能力，支持受疫情严重影响行业和中小微企业；三是此次降准降低金融机构资金成本每年约 56 亿元，通过金融机构传导可促进降低实体经济综合融资成本。

据悉，此次降准为全面降准，除已执行 5% 存款准备金率的部分法人金融机构外，对其他金融机构普遍下调存款准备金率 0.25 个百分点，共计释放长期资金约 5 000 亿元。

上述负责人表示，中国人民银行将坚决贯彻落实党的二十大精神，加大稳健货币政策实施力度，着力支持实体经济，不搞"大水漫灌"，兼顾内外平衡，更好发挥货币政策工具的总量和结构双重功能，保持流动性合理充裕，保持货币供应量和社会融资规模增速同名义经济增速基本匹配，支持重点领域和薄弱环节融资，推动经济实现质的有效提升和量的合理增长。

资料来源：姚进，孙挺，王晴垣. 央行降低金融机构存款准备金率释放长期资金约 5 000 亿元 [N]. 2022 – 11 – 26. 人民网—《人民日报》，http：//sn. people. com. cn/n2/2022/1126/c347857 – 40210619. html.

思考：1. 中央银行采用了什么措施来调节市场流动性？还有哪些货币政策工具？

2. 货币政策实施的目标有哪些？

3. 讨论央行货币政策的实施如何影响股市，甚至宏观经济、企业和个人的行为？

知识网络图（见图 12 – 1）

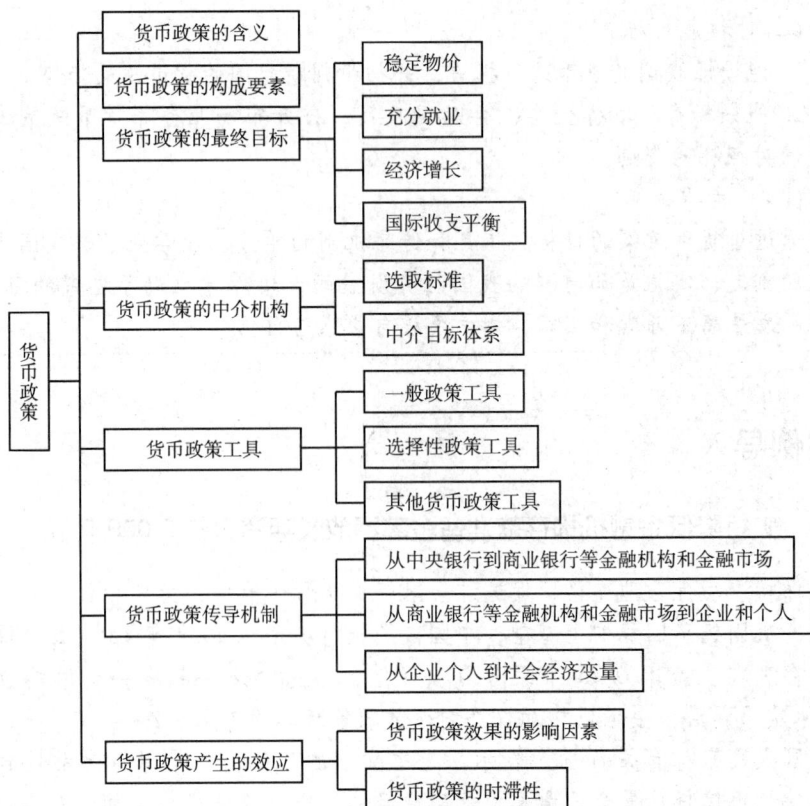

图 12 – 1　货币政策知识网络

任务一　货币政策含义和目标

➤ 学习情境

2022 年第四季度，人民银行深入学习贯彻党的二十大精神，按照党中央、国务院决策部署，落实好稳经济一揽子政策和接续措施，保持流动性合理充裕，平滑好年末等关键时点的流动性供给，引导货币信贷平稳增长，加大金融支持实体经济特别是重点领域和薄弱环节的力度，推动综合融资成本稳中有降，坚持市场在汇率形成中起决定性作用，有效巩固经济回稳向上的基础。

12 月 19～30 日，人民银行通过 7 天期和 14 天期逆回购累计投放跨年资金 1.73 万亿元；12 月份，人民币贬值压力骤减，央行抓住时机降准，稳增长成为主要目标。12 月 5 日，全面下调金融机构人民币存款准备金率各 0.25 个百分点（不含已执行 5% 存款准备金率的金融机构）；第四季度，通过政策工具分别向相关金融机构发放再贷款资金 1 200 亿元、3 亿元、139 亿元、809 亿元；第四季度，在香港发行 3 期共 300 亿元人民币央行票据。

资料来源：货币政策司. 2022 年第四季度中国货币政策执行报告［R］. 2023 – 02 – 24. 中国人民银行网站，http：//www. pbc. gov. cn/zhengcehuobisi/125207/125227/125957/4584071/4804390/index. html.

任务描述：

学生分组讨论：（1）什么是货币政策？央行 2022 年第四季度的操作反映了什么货币政策目标？（2）除此之外还有哪些货币政策目标，它们之间的关系是如何？

一、货币政策及其构成要素

（一）货币政策含义

货币政策，就是指中央银行为实现其特定的经济目标，运用政策工具调节和控制货币供应量，进而影响宏观经济的方针和措施的总称。货币政策的作用过程，是货币政策各种措施的实施，通过经济体系内的各种经济变量，影响到整个社会经济活动。一个完整的货币政策体系包括货币政策目标、货币政策工具和货币政策传导机制三大部分。

1. 货币政策是一项宏观经济政策。货币政策在现代经济活动中有着极强的影响力和极其广泛的作用范围。它涉及的是整个国民经济运行中的货币供应量、信贷量、利率、汇率及金融市场等问题。

2. 货币政策是调节社会总需求政策。货币政策正是通过货币供给来调节社会总需求中的投资需求、消费需求等，并间接地影响社会总供给的变动，从而促进社会总需求和总供给的平衡。

3. 货币政策是间接调节的经济政策。货币政策主要运用经济手段，利用市场机制作用，通过调节货币供应量及其他变量来影响商业银行和其他金融机构的货币信用规模，进而影响各经济活动主体的行为，从而实现对社会总需求的调节。

4. 货币政策是短期调节和长期调节相结合的政策。货币政策目标是稳定币值、经济增长、充分就业和国际收支平衡，是一种长期性的政策目标。但是，货币政策的各项具体措施具有短期性、时效性的特点。所以，货币政策不能笼统地说成是一种长期性经济政策，应该是目标的长期性与措施短期性的动态结合，短期措施服从长期政策目标的政策系统。

（二）货币政策的构成要素

1. 货币政策工具。货币政策工具是中央银行为实现货币政策目标而使用的各种手段和方法。包括法定存款准备金制度、再贴现政策、公开市场业务等。

2. 货币政策中介目标。货币政策中介目标是指中央银行为实现货币政策最终目标而设置的便于观察和调整的指标。包括超额准备金、基础货币、利率、货币供应量等。

3. 货币政策目标。中央银行制定和实施某项货币政策所要达到的特定的经济目的，这种目标实际上指货币政策的"最终目标"。包括稳定物价、充分就业、经济增长、国际收支平衡。

它们三者之间的关系是货币政策工具作用于货币政策中介目标，通过货币政策中介目标去实现货币政策目标。由于货币政策中介目标的确定在很大程度上取决于货币政策目标，货币政策工具的取舍在很大程度上依存于货币政策中介目标，因而货币政策的三要素之间存在一种逆向制约关系（见图 12 – 2）。

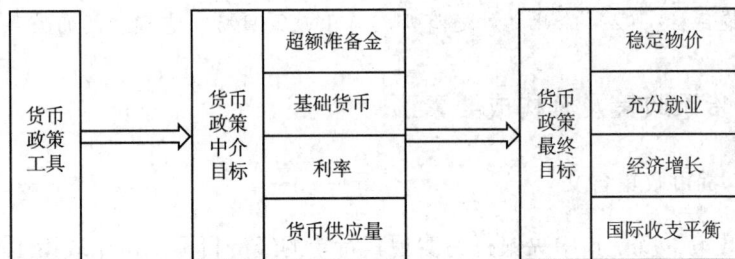

图 12 – 2　货币政策构成要素关系

二、货币政策的最终目标及相互之间关系

实践练习：

稳定物价是否就是让物价固定在一定水平上？

（一）稳定物价

稳定物价是使一般物价水平相对稳定，在短期内不发生显著的、剧烈的波

动。需要指出，这里所指的物价不是个别和部分商品和劳务的价格水平，而是一般商品和劳务的价格水平。稳定物价也不是说物价静止不变，而是相对稳定，即物价控制在一个合理范围内，防止出现通货膨胀或通货紧缩。

> **头脑风暴：**
>
> 充分就业是否是一个国家所有人都有工作？为什么？

（二）充分就业

充分就业是指有劳动能力并愿意参加工作者，都能在较合理的条件下找到适当的工作。一般情况下，充分就业是通过失业率来衡量的。所谓失业，应把摩擦性失业和自愿失业排除在外，其真正指的是非自愿失业。摩擦性失业是指短期内因劳动力供求失调难以避免而造成的失业；自愿性失业是指劳动者不愿意接受现行的工资水平而造成的失业；而非自愿性失业是指劳动者愿意接受现行的工资条件和工作条件，仍然找不到工作。因此，充分就业并不等于社会劳动力百分之百就业，失业率为零。

（三）经济增长

经济增长是指一定时期内一国所生产的商品和劳务总量的增加，通常用国内生产总值（GDP）的增长率或人均国内生产总值的增长率来衡量。一国的经济增长既是提高社会生活水平的物质保障，也是一国具有经济实力和国际竞争力的重要因素，同时还是保障国家安全的必要条件。因此，经济增长也是中央银行的货币政策目标之一。

（四）国际收支平衡

国际收支是指一定时期内一国居民与非居民之间所发生的全部经济交易的货币价值。基于此国际收支平衡，是指一国对其他国家的全部货币收入和货币支出保持基本平衡，略有顺差或逆差也可以视为国际收支平衡。国际收支是否平衡，会影响到国内货币供应量，进而影响一国经济金融运行。一国出现大量的、长期的国际收支顺差，往往使大量的外汇储备闲置，央行不得不购买大量外汇，这样则势必造成一国货币供应量的大量增加，从而引发或加剧国内通货膨胀。相反，将会引发通货紧缩，甚至导致严重的货币金融危机。

> **案例分析：**
>
> #### 美联储上调联邦基金利率 25 个基点
>
> 新华社华盛顿 2023 年 3 月 22 日电 美国联邦储备委员会 22 日结束为期两天的货币政策会议，宣布将联邦基金利率目标区间上调 25 个基点到 4.75% 至

5%之间，利率升至 2007 年 9 月以来最高水平。

美联储在当天发表的声明中说，近期指标显示支出和生产温和增长，就业加速增长，但通货膨胀仍居高不下。为支持就业最大化和 2%的长期通胀目标，美联储决定将联邦基金利率目标区间上调到 4.75%至 5%之间。美联储将密切监测新信息并评估其对货币政策的影响，预计"一些额外的政策收紧可能是适当的"。

美联储说，近期的事态发展可能导致家庭和企业信贷条件收紧，并对经济活动、就业和通胀造成压力。美联储尚不确定这些影响的程度。未来美联储仍将高度关注通胀风险，坚定致力于将通胀率恢复到 2%的目标。如果出现可能阻碍目标实现的风险，美联储将准备适当调整货币政策立场。

美联储当天还发布最新一期经济前景预期，预计 2023 和 2024 年两年美国经济分别增长 0.4%和 1.2%，较 2022 年 12 月预测分别下调 0.1 个和 0.4 个百分点。美联储预计 2023 年美国失业率为 4.5%，较此前预测下调 0.1 个百分点，2024 年失业率将升至 4.6%。

物价方面，美联储预计 2023 年通胀率升至 3.3%，剔除食品和能源价格后的核心通胀率为 3.6%，远高于 2%的通胀目标。预计 2024 年通胀率将放缓至 2.5%。

根据经济前景预期，绝大多数联邦公开市场委员会成员认为，2023 年联邦基金利率可能高于 5%。其中，10 名成员预计年内利率将升到 5%至 5.25%之间。多数成员预计，美联储将在 2024 年降息。14 名成员预计 2024 年利率水平将低于 4.75%。

资料来源：邱丽芳. 美联储上调联邦基金利率 25 个基点［EB/OL］. 2023－03－23. 新华网，http://www.news.cn/world/2023－03/23/c_1129456030.htm.

思考：根据案例分析，美联储当前的首要货币政策目标是什么？为什么？

📖 **实践练习：**

稳定物价、充分就业、经济增长和国际收支平衡作为货币政策最终目标，能否同时实现？为什么？

（五）货币政策目标相互之间的关系

货币政策四大最终目标之间的关系比较复杂，既有统一性，又有矛盾性，很难同时实现。

1. 稳定物价和充分就业。稳定物价与充分就业两个目标之间经常发生冲突。它们之间的矛盾关系可用菲利普斯曲线来说明，即通货膨胀率与失业率之间存在着此消彼长的替换关系。当失业率较高时，需要采取扩张性货币政策，刺激经济增长，增加就业；但刺激经济可能引起货币供给增加，进而社会需求上升，导致物价上涨，会出现通货膨胀现象，物价出现不稳。

2. 稳定物价和经济增长。稳定物价和经济增长是货币政策目标的核心内容，但在短期内这两个目标往往存在着冲突。在经济衰退时期采取扩张性货币政策，以刺激需求，促进经济增长，但这常常会造成流通中货币超过货币需求量，导致物价上涨。可见，在短期内物价稳定与经济增长之间有一定的矛盾，但是从长期看，物价稳定是经济增长的基础，经济增长又稳定物价，两者在根本上是统一的。

3. 稳定物价和国际收支平衡。在经济全球化的背景下，一国的经济状况与其他国家通常都有紧密的联系。当一国出现通货膨胀时，由于本国物价水平上涨而使得外国商品价格相对低廉，导致国内商品出口减少而进口增加，结果可能造成国际收支逆差。相反，当本国物价稳定而外国发生了通货膨胀，则导致本国出口增加、进口减少，国际收支会发生大量顺差。因此，只有在世界各国都维持大致相同的物价稳定程度，并且贸易状况不发生大的变动的条件下，稳定物价和国际收支平衡的目标才能同时实现，否则，二者随时有可能产生矛盾和冲突。

4. 充分就业和经济增长。经济增长与充分就业两个目标间具有一致性。中央银行通过增加货币供给量，使利率水平降低，刺激企业增加投资，扩张生产规模，生产规模的扩大伴随就业的增加，进而带来产出的增加和经济的增长。因此，通常经济增长能够创造更多的就业机会。但在某些情况下，两者也会不一致。如新技术带来的经济增长不一定带来就业机会，反而，可能使就业机会减少。

5. 经济增长和国际收支平衡。当经济增长较快时，国家经济实力也相应增长，出口增加，这当然有利于国际收支的平衡。但是经济的较快增长又总是对各种生产要素产生较大的需求，这往往又会增加进口，从而引起国际收支逆差的出现。当逆差很大时，国家就得限制进口，压缩国内投资，这又会妨碍国内的经济增长，甚至会引起衰退。

📑 案例分析：

100 年全球滞胀史：央行选择与政策得失

随着全球范围内大宗商品价格普遍上涨以及主要经济体经济修复动能趋弱，全球主要经济体步入滞胀的风险正在上升。滞胀过程中政策应当如何应对？本文中我们将回顾美欧日百年历史，探寻滞胀的原因、发展与政策得失。

美国历史上滞胀主要包括三段时间：两次世界大战后期；20 世纪 70 年代；以及 1989～1990 年。第一次世界大战后滞胀期，美国紧货币宽信用宽财政组合通胀治理难度大，治理通胀期间经济下滑幅度为各国之首。第二次世界大战后，宽信用宽财政及时退出，通胀治理难度较低，滞胀后期货币政策才缓慢收紧，滞胀后经济复苏。20 世纪 70 年代，沃克尔任内紧货币紧信用宽财政的政策组合对滞胀调控效果较好，但经济衰退幅度较大；伯恩斯紧货币、温和紧信用的政策组合下，通胀中枢逐步抬升，对通胀调控效果较差。1989～1990 年美联储紧货币紧信用对通胀治理效果较好，但对经济伤害较大，通胀回落后衰退延续了两个季度左右。

欧洲历史上滞胀主要包括 20 世纪 70 年代和 80 年代末期。以英国和德国为例，20 世纪 70 年代英国采取紧货币为主温和紧信用的政策组合，而德国采取紧信用为主温和紧货币的政策组合，德国通胀治理效果较好，两国滞胀期间经济均下滑幅度较大。1989～1990 年，英国 1990 年紧货币紧信用成功控制通胀，经济在滞胀后转向衰退。德国在前期供给侧改革后制造业实力大大提升，1989～1990 年经济未陷入滞胀。东西德统一后 1991～1993 年德国经济转向紧货币宽信用，对滞胀治理效果较差，滞胀持续了 3 年左右。

日本历史上滞胀发生在 20 世纪 70 年代。第一次石油危机期间，日本在滞胀后期转向紧货币紧信用，通胀治理效果较好，由于经济内生动能较强，危机后日本经济快速复苏。石油危机后，日本大力推动产业升级和降低能耗，在第二次石油危机中日本提前开始紧货币紧信用，避免了经济步入滞胀。

从海外各国滞胀历史，我们可以得到以下启示：（1）滞胀期间几乎所有国家货币政策均保持偏紧。（2）成功摆脱滞胀的核心因素在于该国产品是否有国际竞争力。1979 年日本和 1989 年德国均是通过前期产业升级，使得在全球滞胀环境下本国市场份额明显提升，避免了经济走入滞胀，其中 1979 年第二次石油危机期间的日本，在 1974～1979 年实现了产业升级；1989 年的德国是通过 1982～1989 年供给侧结构性改革推动产能过剩行业出清，以及新兴行业发展。（3）反之，如果产品缺少国际竞争力，无论宽信用还是紧信用，均难以有效治理滞胀。在紧货币宽信用组合下，通胀调控难度较大，滞胀治理效果差，滞胀持续时间长。紧货币紧信用情况下，经济则通常面临断崖式下跌风险。（4）从海外滞胀历史来看，紧货币宽信用难以有效治理滞胀，紧货币紧信用可能造成经济断崖式下跌，因此这两个政策组合都不适合中国。考虑到我国产业转型升级尚未完全完成，且当前仍处于"类滞胀"环境，CPI 并不高，因此稳货币稳信用以及加快产业升级可能是较好的政策组合。

资料来源：池光胜，黄海澜. 100 年全球滞胀史：央行选择与政策得失 [EB/OL]. 2021 - 11 - 03. 新浪财经网，http://stock. finance. sina. com. cn/stock/go. php/vReport_Show/kind/search/rptid/689250374337/index. phtml.

思考：1. 什么是滞胀？它的特点是什么？

2. 滞胀反映了哪几种货币政策目标？并试着讨论它们之间的关系？

三、货币政策的中介目标

货币政策中介目标是指中央银行为实现货币政策最终目标而设置的便于观察和调整的指标。中央银行本身并不能直接控制和实现诸如稳定、增长这些货币政策最终目标，它只能借助于货币政策工具，并通过对中介目标的调节和影响实现最终目标。

（一）中介目标选取标准

通常，中介目标的选取应符合以下几个标准：

1. 可测性。可测性是指中央银行能够迅速收集金融变量的有关数据资料，以便进行观察、分析和监测。

2. 可控性。可控性是指中央银行通过各种货币政策工具的运用，能够有效地控制和调节金融变量的变动状况和变动趋势。

3. 相关性。中央银行选择的中介目标既要与其政策工具密切相关，又要与货币政策最终目标紧紧相连。

4. 抗干扰性。货币政策实施过程中往往会受到外来因素的干扰，所以应选择抗干扰能力强的中介目标，才能使货币政策达到预期的效果。

（二）中介目标体系

中介目标要同时符合选取标准是比较困难的。因此，一般由超额准备金、基础货币、利率和货币供应量等金融变量，组成一个中介目标体系。主要包括两类：一类是近期指标，主要有超额准备金和基础货币。另一类是远期指标，常用的有利率和货币供应量指标。

1. 超额准备金。超额准备金是商业银行为了满足央行法定准备金变动的需要，存放在中央银行的超过法定存款准备金的部分，反映在中央银行的资产负债表上。超额准备金的变化，可以较好地反映商业银行等金融机构的资金松紧程度。例如，当超额准备金过多时，往往说明金融机构资金宽松，从而证明货币供应量偏多，中央银行应采取紧缩措施。作为中介指标，超额准备金可测性、相关性较好，但不易被中央银行直接控制，其可控性稍弱。

2. 基础货币。基础货币，由流通中的现金和存款准备金组成，它构成了货币供应量倍数伸缩的基础。一般认为，基础货币是比较理想的中介目标，具有以下特点：（1）可测性强。基础货币直接反映在中央银行的资产负债表上，中央银行可随时准确地获得基础货币的数量。（2）可控性强。中央银行可以通过再贴现、公开市场操作等方式直接调控基础货币的数量。（3）相关性强。基础货币通过货币乘数作用，形成数倍于基础货币的货币供给量，所以调控基础货币就可以直接实现对货币供给量的调节。

3. 利率。20 世纪 70 年代以前，西方货币政策多以利率为中介目标。这是因为：（1）可测性强。中央银行在任何时候都能观察到市场利率的水平及结构，利率变化数据资料易于收集。（2）相关性强。中央银行能够通过利率影响投资和消费支出，从而调节总需求。（3）可控性强。中央银行可直接控制对金融机构融资的利率。而通过公开市场业务或再贴现政策，也能调节市场利率的走向。利率作为中介目标也有一定的局限性。例如，中央银行能够调控的是名义利率而非实际利率。利率的变动受政治、政策、经济及心理等非政策因素的影响。

4. 货币供应量。将货币供应量作为中介目标，主要是因为：（1）相关性强。货币供应量的变动直接影响经济活动。货币供应量增加，表示货币政策宽松；反之则表示货币政策紧缩。（2）抗干扰强。中央银行不会发生政策性影响与非政策性影响的混淆，可以避免因此而发出的错误信号。（3）可控性强。中央银行易于控制货币供应量。（4）可测性强。货币供应量反映在中央银行、商业银行及其他金融机构的资产负债表内，可以很方便地进行测算和分析。但货币供应量作为中介目标也有缺陷。例如，商业银行等金融机构和公众也会影响货币供应量。货币供应量的层次不断变化，其可测性难度加大。

任务二　货币政策工具

➤ 学习情境

2022 年，两次下调金融机构人民币存款准备金率，支持实体经济发展，促进综合融资成本稳中有降。4 月 25 日和 12 月 5 日，两次全面下调金融机构人民币存款准备金率各 0.25 个百分点（不含已执行 5% 存款准备金率的金融机构）。为加大对小微企业和"三农"的支持力度，4 月全面降准的同时，对没有跨省经营的城商行和存款准备金率高于 5% 的农商行，再额外多降 0.25 个百分点。2022年两次人民币降准释放长期流动性约 1.03 万亿元。

任务描述：

学生分组讨论：（1）央行采取何种货币政策工具？（2）这种货币政策工具作用机理是怎样的？（3）除此之外还有哪些货币政策工具，如何作用于宏观经济？

货币政策工具是中央银行为实现货币政策目标而使用的各种手段和方法。货币政策工具可分为一般性政策工具、选择性政策工具和其他货币政策工具三类。

一、一般性政策工具

一般性货币政策工具是指对货币供应总量或信用总量进行调节和控制的政策工具，包括法定存款准备金政策、再贴现政策和公开市场业务。亦称之为货币政策"三大法宝"。

（一）法定存款准备金政策

法定存款准备金政策，是指中央银行在国家法律所给予的权利范围内，通过规定和调整存款准备金比率，控制金融机构的信用创造能力，间接地调节社会货币供应量的政策工具，影响国民经济活动的政策手段。

1. 法定存款准备金政策的作用机理。法定存款准备金政策的作用机理：中央银行通过调节法定存款准备金率，影响商业存款派生能力和信贷规模，从而达到调节货币供应量的目的。当中央银行提高法定存款准备金率时，会使货币乘数变小，限制了商业银行的信用扩张能力，最终起到收缩货币供应量和信贷量的效果。同时，法定存款准备金率的提高，使商业银行上缴的存款准备金增加，超额准备金减少，从而使银行的可贷资金减少，信贷规模收缩，货币供应量减少。反之，中央银行要增加货币供应量，则降低法定存款准备金率。

📖 **实践练习：**

降准对房地产行业（从购房者和开发商角度）有哪些影响？

---

2. 法定存款准备金政策的优缺点。法定存款准备金政策对货币供给量的影响强而有力，效果明显、作用迅速。而且由于中央银行拥有绝对的控制权，因此，被认为是最有力的货币政策工具。但是，它也有明显的局限性：第一，对经济的震动太大，不宜轻易采用作为中央银行日常调控的工具。第二，对各类银行和不同种类存款的影响不一致，如提高法定存款准备金，可能使超额存款准备金低的银行立即陷入流动性困境。

（二）再贴现政策

再贴现政策，是指中央银行通过制定或调整再贴现利率，来干预和影响市场利率以及货币市场的供应和需求，从而调节市场货币供应量的一种货币政策。再贴现是指商业银行等金融机构为了取得资金，将已贴现的未到期票据再以贴现方式向中央银行进行转让的票据行为。再贴现政策一般包括两方面的内容：一是调整再贴现率；二是规定向中央银行申请再贴现的资格。

1. 再贴现政策作用机理。再贴现政策作用机理：中央银行通过再贴现率影响商业银行的资金成本和超额准备，进而影响其信贷规模，改变商业银行的投资或贷款意向，从而影响货币供应量。当中央银行调高再贴现率后，使商业银行再贴现的资金成本上升，迫使商业银行减少再贴现额度，相应减少超额准备金，缩减信贷规模，以达到减少货币供给量的目的。同时，商业银行的融资成本上升会使市场利率相应提高，公众的借款需求会减少，社会信用总规模和货币供应量紧缩。反之，中央银行要增加货币供应量，则降低再贴现率。最后，再贴现政策的运用还具有一定的告示效果。中央银行调高再贴现率，实际上是为整个经济社会提供了有关货币政策的信息，反映中央银行紧缩的货币政策意图，进而影响商业银行的贷款利率。

2. 再贴现政策的效果和局限性。再贴现政策是中央银行履行"最后贷款人"职责的手段之一，在一定程度上反映中央银行的政策意图，作用较为温和，既可以调节货币供应量又调节信贷结构的政策意向。然而，再贴现政策也存在明显的局限性：第一，中央银行缺乏主动性。如果再贴现利率过高，商业银行就不会去中央银行再贴现，而通过其他渠道获得资金，中央银行不能强迫商业银行一定要到中央银行申请再贴现。第二，影响力有限。当商业银行过度依赖再贴现融资，中央银行对再贴现利率的调整会受到制约，削弱中央银行控制货币供应量的能力。当商业银行对再贴现融资依赖程度低时，再贴现政策将难以发挥作用。第

拓展阅读：央行年内第二次全面降准！对楼市、股市影响多大？

三，再贴现率是市场利率的重要参照，再贴现率的频繁调整会导致市场利率的经常性波动，使商业银行和企业无所适从。

（三）公开市场业务

公开市场业务是指中央银行在金融市场上公开买卖有价有价证券（特别是政府短期债券），以投放或回笼基础货币来控制货币供应量，实现货币政策目标的一种手段。目前，公开市场业务已成为越来越多国家的中央银行最主要的货币政策工具。

1. 公开市场业务作用机理。再贴现政策作用机理：中央银行在金融市场上买进有价证券是扩张性的货币政策，通过买进有价证券，引起基础货币的投放，从而扩大商业银行的信贷规模，并通过货币乘数使货币供应量成倍扩张，并使市场利率下降。反之，中央银行在公开市场上卖出有价证券是紧缩性的货币政策，通过卖出证券，中央银行将回笼一定量的基础货币，使货币供应量成倍缩减，并使市场利率上升。

> 📖 **实践练习：**
>
> 当一国经济过热时，央行应该采取哪些货币政策工具来调节宏观经济？

2. 公开市场业务的优缺点。公开市场业务具有以下优点：第一，中央银行处于主动的地位，买进或卖出有价证券的规模和时间完全由中央银行自主决定。第二，公开市场业务可以达到适时适量地按任何规模扩张和收缩信用，调节货币供应量，克服了存款准备金政策工具过于猛烈的缺点。第三，公开市场业务可根据经济形势的变化和政策目标的调整而随时进行逆向操作。例如，当中央银行发现由于过多地买进有价证券而引起货币供应量的过快增长时，可通过反向操作（即卖出相应的有价证券）及时矫正。

但是，公开市场业务也具有局限性：第一，开展公开市场业务需要发达的金融市场，特别是国债市场，如果金融市场不够发达，则公开市场业务的效力难以实现。第二，各种干扰因素较多，如经济周期、资本的流动、国际收支不平衡等，会部分抵销央行买卖有价证券的效果。第三，政策效果滞缓，需要有其他政策工具的配合。

二、选择性货币政策工具

选择性政策工具，是指中央银行针对某些特殊的信贷或某些特殊的经济领域而采用的工具，是针对某些个别部门、个别企业或某些特定用途的信贷所采用的货币政策工具。它是一般性货币政策工具的必要补充。

（一）消费者信用控制

消费者信用控制是指中央银行对消费者购买耐用消费品，实施信用规模和期

限等的限制性措施。主要包括规定分期付款中首次付款的最低金额、分期付款的最长期限，以及适用分期付款的耐用消费品的种类等。

（二）证券市场信用控制

证券市场信用控制是指中央银行对有关有价证券交易的各种贷款进行限制，目的是限制对证券市场的信贷数量，稳定证券市场的价格。主要包括规定一定比例的证券保证金比率等。

（三）不动产信用控制

不动产信用控制是指中央银行对金融机构在房地产方面放款的限制措施，目的在于抑制房地产投机。主要包括规定商业银行不动产贷款单笔最大限额、贷款的最长期限、首付的最低限额等。

（四）优惠利率

优惠利率是指中央银行对国家拟重点发展的某些部门、行业和产品规定较低的利率，以鼓励其发展，从而促进国民经济产业结构和产品结构的调整。

（五）预缴进口保证金

预缴进口保证金是指中央银行要求进口商预缴相当于进口商品总值一定比例的保证金，以抑制进口的过快增长。多为国际收支出现赤字的国家采用。

三、其他货币政策工具

除了一般性货币政策工具和选择性货币政策工具外，中央银行还可根据宏观经济的具体情况运用其他货币政策工具，包括直接信用工具和间接信用指导。

（一）直接信用工具

直接信用工具是指中央银行以行政命令或其他方式，直接对金融机构尤其是商业银行的信用活动所进行的控制。

1. 信贷配额。信贷配额是指中央银行根据金融市场的资金供求状况及客观经济形势的需要，对商业银行信贷资金实施配给。在大多数发展中国家，由于资金严重供不应求，信贷配给是一种较为常用的直接信用控制手段。

2. 流动性比率。流动性比率是中央银行为了限制商业银行扩张信用，规定流动性资产对存款的比重。一般说来，流动性比率与收益率成反比。为保持中央银行规定的流动性比率，商业银行必须缩减长期贷款、扩大短期贷款及增加易于变现的资产等。

3. 直接干预。直接干预是中央银行直接对商业银行的信贷业务、放款范围等加以干预，以及对银行吸取存款的范围加以干预等。

4. 利率最高限额。利率最高限额是通过规定利率的上限或下限，防止金融机构为谋求高利而进行风险存贷款或过度竞争，是最常见的直接信用控制。

（二）间接信用指导

间接信用指导，是指中央银行采用的非强制性的影响商业银行信用活动的各种措施的总称。

1. 道义劝告。道义劝告是指中央银行凭借在金融体系中的特殊地位和威望，通过对商业银行和其他金融机构发布通告或与金融机构负责人进行面谈等方式，来影响其放款的数量和方向，从而达到控制信用的目的。尽管道义劝告没有法律上的约束力，但是，由于中央银行的特殊地位和影响，道义劝告往往是有效的。

2. 窗口指导。窗口指导是指中央银行根据产业行情、物价趋势和金融市场动向，提出商业银行的贷款重点投向和贷款变动数量等，以指导的方式要求商业银行执行。虽然窗口指导不具有法律约束力，但是中央银行可以采取相应的措施制裁不接受指导者，因此能够收到政策效果。

任务三　货币政策传导机制

➤ 学习情境

2022年4月25日，人民银行下调金融机构存款准备金率0.25个百分点（不含已执行5%存款准备金率的金融机构）；9月30日，人民银行印发《关于下调首套个人住房公积金贷款利率的通知》，决定自2022年10月1日起下调首套个人住房公积金贷款利率0.15个百分点，5年以下（含5年）和5年以上利率分别调整为2.6%和3.1%；12月15日，人民银行开展了中期借贷便利（MLF）操作，操作金额为6500亿元，利率为2.75；12月19～30日，人民银行通过7天期和14天期逆回购累计投放跨年资金1.73万亿元。

任务描述：

学生分组讨论：（1）以上哪些措施属于货币政策手段？（2）如果属于货币政策，分别是什么货币政策工具？这种货币政策工具如何作用于社会经济变量，影响金融机构、企业和个人的行为，实现货币政策目标？（3）画出货币政策传导流程。

一、货币政策传导机制

（一）货币政策传导机制的含义

货币政策最终目标、中介目标、政策工具之间存在着相互依存的密切相关关系。货币政策传导机制是指中央银行确定货币政策之后，从选择货币政策工具进行操作开始，到实现最终目标之间，所经过的各种中间环节相互之间的有机联系及因果关系总和。也就是说，从货币政策工具运用到最终目标的达到有一个过程，在这个过程中，货币政策工具将首先对中介目标产生影响，然后，通过这些中介目标来影响实际的经济活动，从而达到货币政策的最终目标。

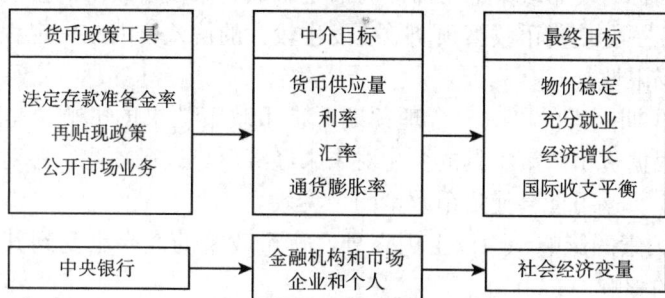

```
┌──────────────┐      ┌──────────────┐      ┌──────────────┐
│  货币政策工具  │      │   中介目标    │      │   最终目标    │
│              │      │              │      │              │
│ 法定存款准备金率│ ──→  │  货币供应量   │ ──→  │   物价稳定    │
│   再贴现政策   │      │    利率      │      │   充分就业    │
│  公开市场业务  │      │    汇率      │      │   经济增长    │
│              │      │  通货膨胀率   │      │  国际收支平衡  │
└──────────────┘      └──────────────┘      └──────────────┘

┌──────────────┐      ┌──────────────┐      ┌──────────────┐
│   中央银行    │ ──→  │ 金融机构和市场 │ ──→  │  社会经济变量  │
│              │      │  企业和个人   │      │              │
└──────────────┘      └──────────────┘      └──────────────┘
```

图 12 - 3　货币政策传导机制

（二）货币政策传导基本环节

从货币政策的传导过程来看，通常是由中央银行开始，作用于商业银行等金融机构和金融市场，商业银行等金融机构和金融市场作用于企业、个人，企业和个人的行为再影响到社会经济变量。

1. 从中央银行到商业银行等金融机构和金融市场。在这一环节中，中央银行根据货币政策的需要和最终目标，选择各种货币政策工具，直接或间接地调节商业银行等金融机构的超额准备金，不同程度地改变金融市场的融资条件，以控制各金融机构的贷款能力和金融市场的资金融通。例如中央银行为实行紧缩的货币政策，采用法定存款准备金率提高的方式，法定存款准备金率的提高使商业银行上缴的存款准备金增加，超额准备金减少，从而使银行的可贷资金减少。

2. 从商业银行等金融机构和金融市场到企业和个人。在这一环节中，商业银行等金融机构和金融市场根据中央银行的货币政策调整各自的行为，从而对企业、个人的消费和投资等经济行为产生影响。如上例，中央银行提高法定存款准备金率，使银行的可贷资金减少，信贷规模收缩，企业和个人贷款难度增加，其投资和消费也不得不减少。

3. 从企业和个人到社会各经济变量。在这一环节中，随着投资和消费的变动，影响社会需求，从而引发物价、就业、国际收支的变化，最终实现货币政策。如上例，中央银行提高法定存款准备金率，使企业和个人的消费和投资减少，消费和投资的减少会引起物价下降、就业减少、国际收支失衡，进而影响经济增长，最终实现中央银行紧缩的货币政策目标。

二、货币政策产生的效应

货币政策效应是中央银行推行一定的货币政策之后最终实际取得的效果，即货币政策的有效性。

拓展阅读：货币政策传导效率明显提升

（一）影响货币政策效果的因素

1. 货币政策的时滞。货币政策从制定到最终目标的实现，必须经过一段时间，这段时间称为货币政策的时滞。时滞是影响货币政策效果的重要因素。由于时滞的存在往往会使货币政策预期效应发生较大的偏差，因此一定程度上导致了货币政策的局限性。

2. 合理预期因素的影响。合理预期对货币政策效果的影响，是指社会经济单位和个人根据货币政策工具的变化对未来经济形势进行预测，并对经济形势的变化作出反应。这可能会使货币政策归于无效。

3. 其他因素的影响。除以上因素外，货币政策的效果也受到其他外来因素或体制因素的影响。

（二）货币政策时滞

货币政策时滞指货币政策从研究、制定到实施后发挥实际效果的全部时间过程。货币政策时滞一般分为内部时滞和外部时滞。

1. 内部时滞。内部时滞，是指中央银行从认识到制定、实施货币政策的必要性，到研究政策措施和采取实际行动所经过的时间。它又可分为两个阶段：第一，认知时滞，即从需要采取货币政策行动的经济形势出现到中央银行认识到必须采取行动所需要的时间。第二，决策时滞，即从中央银行认识到需要采取行动到实际采取行动所需经历的时间过程。内部时滞的长短取决于中央银行对经济形势发展变化的预见能力，反应的灵敏度，制定政策的效率和行动的决心与速度等。

2. 外部时滞。外部时滞，又称"影响时滞"，是指从中央银行采取货币政策措施到对经济活动产生影响、取得效果所需经历的时间过程，也是货币政策从宏观传导到微观，再反映到宏观的时间，一般时间较长。对于中央银行来说，很难控制外部时滞，所以研究货币政策的外部时滞更加重要。

货币政策的时滞长短是衡量货币政策有效性的重要指标。时滞短，货币政策所产生的作用可以尽快有所表现，中央银行也可以立即根据货币政策的初期表现及时作出适当的调整，从而更好实现货币政策目标；反之，时滞长，容易受其他因素的影响，那么，货币政策就失去其有效性，不能起到熨平经济波动的作用，反而还会加大经济周期的波动，使国民经济更加不稳定。西方学者研究表明，在市场经济国家里，货币政策的外部时滞一般在半年到一年半。

思政专栏：

建设现代中央银行制度

党的二十大报告提出"建设现代中央银行制度"，为做好中央银行工作指明了方向。我们要全面贯彻习近平新时代中国特色社会主义思想，以加强党中央集中统一领导为引领，坚持金融工作的政治性、人民性和专业性，夯实现代中央银行制度，走中国特色金融发展之路，服务和保障社会主义现代化强国建设。

建设现代中央银行制度，是全面建设社会主义现代化国家的必然要求：一是走中国特色金融发展之路的必然要求。中国特色金融发展之路的内涵是，坚持党中央对金融工作的集中统一领导，坚持以人民为中心的金融价值取向，坚持金融服务实体经济的根本要求，坚持把防控风险作为金融工作的永恒主题，坚持市场化法治化的改革方向。中央银行自身的现代化建设，既是中国特色金融发展之路的重要组成部分，也是推动整个金融系统走好中国特色金融发展之路的重要条件。二是服务经济高质量发展的必然要求。我国经济迈向高质量发展阶段，面临需求收缩、供给冲击、预期转弱等短期压力，以及人口老龄化、区域经济分化、潜在增长率下降等中长期挑战。中央银行要支持经济发展方式转变和经济结构优化，稳妥应对经济发展中的各种挑战，这也对中央银行自身的制度建设提出了更高要求。三是统筹金融发展和安全的必然要求。在百年变局和世纪疫情交织叠加的历史阶段，我国经济金融运行面临更加复杂严峻的环境，外部冲击风险明显增多，国内经济金融的一些风险隐患可能"水落石出"。中央银行要在政治上、业务上、作风上、廉政上达到更高标准、落实更严要求，有效应对各种风险和挑战。四是推进国家治理体系和治理能力现代化的必然要求。金融制度是经济社会发展中重要的基础性制度，而中央银行发行的货币又是金融的根基和血脉，因此现代中央银行制度是现代化国家治理体系的重要组成部分，要按照推进国家治理体系和治理能力现代化的要求，进一步推进现代中央银行制度建设。

建设现代中央银行制度的举措之一：完善货币政策体系，维护币值稳定和经济增长。

高杠杆是宏观金融脆弱性的总根源，中央银行要管好货币总闸门。2008年国际金融危机发生以来，特别是新冠肺炎疫情发生以来，在党中央的坚强领导下，我国保持政策定力，是少数实施正常货币政策的主要经济体之一。我们没有实施量化宽松、负利率等非常规货币政策，利率水平在全世界居中，在主要发展中国家中较低，人民币汇率也在合理均衡水平上保持基本稳定，物价走势整体可控，有力促进了我国经济稳定增长。

实施正常的货币政策。简单地说，正常的货币政策是指主要通过利率的调整可以有效调节货币政策的情况。与其相对应的是在零利率或负利率情况下的非常规货币政策。正常的货币政策不仅有利于促进居民储蓄和收入合理增长，也有利于提高人民币资产的全球竞争力，利用好国内国际两个市场、两种资源。未来，我国经济潜在增速有望维持在合理区间，有条件尽量长时间保持正常的货币政策，保持正的利率，保持正常的、斜率向上的收益率曲线形态。

健全货币政策调控机制。健全基础货币投放机制和货币供应调控机制，强化流动性、资本和利率约束的长效机制。发挥货币政策的总量和结构双重功能，精准加大对国民经济重点领域和薄弱环节的支持力度。建立市场化利率形成和传导机制，均衡利率由资金市场供求关系决定，中央银行确定政策利率要符合经济规律。完善以市场供求为基础、参考一篮子货币进行调节、有管理的浮动汇率制度，有效管理和引导市场预期。

资料来源：易纲．建设现代中央银行制度（认真学习宣传贯彻党的二十大精神）[N]．2022－12－13．人民网－人民日报，http：//finance．people．com．cn/n1/2022/1213/c1004－32586542．html．有删减。

<h2 style="text-align:center">项目要点</h2>

1. 货币政策是指中央银行为实现其特定的经济目标，运用政策工具调节和控制货币供应量，进而影响宏观经济的方针和措施的总称。它的构成要素：（1）货币政策工具；（2）货币政策中介目标；（3）货币政策最终目标。

2. 货币政策最终目标有：（1）稳定物价；（2）充分就业；（3）经济增长；（4）国际收支平衡。货币政策四大最终目标之间的关系比较复杂，既有统一性，又有矛盾性，很难同时实现。

3. 货币政策中介目标有：（1）超额准备金；（2）基础货币；（3）利率；（4）货币供应量。

4. 货币政策工具有一般性政策工具、选择性政策工具和其他货币政策工具三类。其中，一般性货币政策工具是指对货币供应总量或信用总量进行调节和控制的政策工具，包括法定存款准备金政策、再贴现政策和公开市场业务。亦称之为货币政策"三大法宝"。

5. 货币政策传导机制是指中央银行确定货币政策之后，从选择货币政策工具进行操作开始，到实现最终目标之间，所经过的各种中间环节相互之间的有机联系及因果关系总和。通常是由中央银行开始，作用于商业银行等金融机构和金融市场，商业银行等金融机构和金融市场作用于企业、个人，企业和个人的行为再影响到社会经济变量。

6. 货币政策效应是中央银行推行一定的货币政策之后最终实际取得的效果，即货币政策的有效性。影响货币政策效果的因素有：（1）货币政策的时滞，一般分为内部时滞和外部时滞；（2）合理预期因素的影响；（3）其他因素的影响。

同步练习

一、单项选择题

1. 现代市场经济条件下，最具有灵活性的货币政策工具是（　　）。

A. 法定存款准备率　B. 再贴现率　　　C. 公开市场业务　　D. 道义劝说

2. 下列货币政策操作中，引起货币供应量增加的是（　　）。

A. 提高法定存款准备率　　　　　　B. 提高再贴现率

C. 降低再贴现率　　　　　　　　　D. 中央银行卖出债券

3. 中央银行降低法定存款准备金率时，商业银行（　　）。

A. 可贷资金量减少　　　　　　　　B. 可贷资金量增加

C. 可贷资金量不受影响　　　　　　D. 可贷资金量不确定

4. 一般来说，中央银行提高再贴现率时，会使商业银行（　　）。

A. 提高贷款利率　　　　　　　　　B. 降低贷款利率

C. 贷款利率升降不确定　　　　　　D. 贷款利率不受影响

5. 作为货币政策目标的稳定物价是指（　　）。

A. 个别商品价格固定不变　　　　　B. 商品相对价格稳定

C. 一般物价水平固定不变　　　　　D. 一般物价水平相对稳定

二、多项选择题

1. 当经济发生衰退时，可采取的宏观调控措施有（　　）。

A. 增加税收　　　　　　　　　　　B. 减少税收

C. 中央银行购进有价证券　　　　　D. 扩大政府公共支出

E. 降低利率

2. 以下，属于"紧缩"货币政策的有（　　）。

A. 提高利率　　　　B. 降低利率　　　C. 放松信贷　　　D. 收紧信贷

E. 增加货币供应量

3. 公开市场操作具有很多的优点。下列关于公开市场操作的优点描述正确的有（　　）。

A. 最有弹性　　　　　　　　　　　B. 中央银行处于主动地位

C. 可以灵活准确地达到预定目标　　D. 公开市场操作要求金融市场发达

三、判断题

1. 一国货币政策的最终目标主要包括稳定物价、促进经济增长、充分就业和国际收支平衡。（　　）

2. 在经济紧缩时期，保持物价稳定和充分就业是货币政策的首要目标。（　　）

3. 货币政策的中介目标是货币供应量、基础货币、利率、超额准备金。（　　）

4. 中央银行进行公开市场操作不仅可以调节货币供应量，还可以影响利率。当中央银行在公开市场上买入政府债券时，一方面会使货币供应量增加；另一方面，会使市场利率下降。（　　）

5. 最具有强制性的货币政策工具是法定存款准备率。（　　）

四、简答题

1. 简述货币政策目标之间的关系？

2. 试比较分析三大货币政策之间的优缺点？

3. 试着说一说法定存款准备金政策的作用机制。

五、分析应用题

案例分析：美联储宣布加息 25 个基点 未来货币政策走向成焦点

美国联邦储备委员会 2023 年 5 月 3 日宣布，将联邦基金利率目标区间上调 25 个基点到 5%～5.25% 的水平。这是自去年 3 月以来美联储连续第 10 次加息。

美联储在为期两天的货币政策例会后发表声明，继续强调"美国银行体系健全且富有弹性"以及美联储"高度关注通货膨胀风险"。不过，此次声明删除了"一些额外的政策收紧可能是合适的"和"形成足够限制性的货币政策立场"措辞，令外界猜测这可能是暂停加息的信号。

声明称，2023 年第一季度美国经济活动温和增长，近几个月就业增长强劲，失业率保持在低位，通胀率仍然很高。美国银行体系健全且富有弹性。家庭和企业的信贷条件收紧可能会对经济活动、就业和通胀造成压力，相关影响的程度仍然不确定。美联储仍然高度关注通胀风险。

声明称，为支持实现充分就业和 2% 较长期通胀率的目标，美联储决定将联邦基金利率目标区间上调到 5%～5.25% 之间，并将密切关注即将到来的数据信息并评估其对货币政策的影响。在确定额外的可能适合的政策收紧程度时，美联储将考虑货币政策的累积收紧、货币政策对经济活动的影响以及经济和金融的发展状况。美联储将继续按计划缩减资产负债表规模。

美联储主席鲍威尔在货币政策例会后的记者会上强调，稳定物价是美联储的责任，"要实现通胀率降至 2% 的目标，还有很长的路要走"。被问及此次声明删除了部分措辞是否意味着本轮加息周期将结束，鲍威尔表示，这将是一个持续的评估过程，但"我们离加息结束比离加息开始近"。他透露，美联储官员在会上已经谈到暂停加息的话题，但绝大多数官员对此次加息 25 个基点的支持非常强烈。他指出，未来货币政策还需逐次在未来会上决定。

关于美国银行业危机，鲍威尔说，货币政策工具和金融稳定工具并不冲突，美联储已使用金融稳定工具来支持银行。美联储副主席巴尔发布的硅谷银行倒闭调查报告非常有说服力，此前区域性银行遇到的问题现在已得到解决，"我们将继续密切关注银行体系中发生的事情"。

美国股市三大指数在鲍威尔讲话时剧烈波动并最终收跌。截至当天收盘，道琼斯工业平均指数下跌 270.29 点，或 0.8%，收于 33 414.24 点；纳斯达克综合指数下跌 55.18 点，或 0.46%，收于 12 025.33 点；标准普尔 500 种股票指数下跌 28.83 点，或 0.7%，收于 4 090.75 点。

《华尔街日报》说，虽然美联储的声明似乎发出了暂停加息的信号，但鲍威尔在记者会上表示，官员们尚未作出决定。有分析师指出，如果未来数据表明美国通胀压力并未足够快地消退，美联储这是提前留出了再次加息的空间。此外，鲍威尔就银行业问题的作答未能有效安抚市场情绪。投资者无法受到鼓舞，这导致美股在接近收盘时完全回吐了早些时候的涨幅并收跌。

资料来源：王帆，王祎. 美联储宣布加息 25 个基点 未来货币政策走向成焦点［EB/OL］. 2023－05－04. 中国新闻网，http：//www. chinanews. com. cn/gj/2023/05－04/10001266. shtml.

思考：1. 美联储为什么要连续 10 次加息？

2. 连续加息对全球经济和我国经济带来了哪些影响？

六、技能实训题

实训项目名称：谈一谈我国近三年货币政策。

实训目的：锻炼学生收集资料、整理资料的能力，能深入分析货币政策的目标、实施背景和实施效果，提高分析现实问题的能力。

实训内容：搜集、阅读、调查我国近三年货币政策及货币政策工具的变动情况，分析货币政策的目标、实施背景和实施效果。

实训要求：可独立也可分组进行搜集、阅读和观看，但每个同学都要撰写体会，或将体会以视频、音频形式进行拍摄。

推荐阅读

1. 《2022 年中国货币政策大事记》，来源：中国人民银行。
2. 2022 年货币政策执行报告，来源：中国人民银行。
3. 《主要国家和地区中央银行货币政策委员会制度》，来源：中国人民银行。

项目十三

金融风险与金融监管

（一）知识目标

1. 掌握金融风险的概念、类型和影响；

2. 理解金融监管的含义、方法及内容；

3. 熟悉我国的金融监管体系和机构介绍。

（二）技能目标

1. 能分析各种金融活动所面临的金融风险及影响；

2. 能描述我国各个金融监管机构的职能；

3. 能分析我国目前的金融监管问题。

（三）素质目标

1. 通过学习金融风险的概念、类型和影响，培养学生科学的思维方法，分析问题和解决问题的能力。

2. 通过学习金融监管体系和机构介绍，使学生理解党的二十大精神，"深化金融体制改革，建设现代中央银行制度，加强和完善现代金融监管，强化金融稳定保障体系，依法将各类金融活动全部纳入监管，守住不发生系统性风险底线"。

▶▶ 案例导入

欧洲加紧防范"硅谷银行式"危机

美国硅谷银行破产引发的银行业危机给全球带来恐慌。业内人士表示，尽管目前硅谷银行对欧洲银行业的外溢影响有限，但可能会对资本流动供给和相关货币政策产生较大影响。欧盟峰会将于 2023 年 3 月 23～24 日举行，防范相关金融风险预计将成为重要议题。

欧洲欲加大防范措施力度

对于即将举行的欧盟峰会，德国总理朔尔茨说，他将在会议上呼吁欧盟加强银行业和金融业的整合。据彭博社报道，朔尔茨日前在德国联邦议院发表讲话时说，"一个有竞争力的欧盟，当然需要建立完善的资本市场和银行业联盟。现在的任务是加强这个单一市场。"市场人士认为，美国硅谷银行破产引发了欧洲银行业恐慌，欧洲决策者们将加强风险防范措施。

据英国《金融时报》报道，欧盟高层政策制定者表示，美国银行业危机为欧盟抓紧应对破产银行规则的计划增添了紧迫性。官员们正推动在今年春季提交相关提案。欧元集团主席多诺霍在评价瑞士信贷银行受到硅谷银行冲击时表示，欧洲继续在银行业联盟方面取得进展十分重要，"我们谁也无法绝对确定下一个风险会来自哪里。"他表示，应对这种风险的"最佳解药"是加快加强欧盟处理破产银行规则的工作。

欧盟一直在制定银行危机管理立法草案，以确保对陷入困境的银行给予更一致的处理，降低动用公共资金的风险。这项立法原本预计在3月早些时候通过，但一直被推迟。官员们表示，硅谷银行破产后，他们现在希望看到这份报告尽快提交。由于各成员国在欧元区共同存款保险计划等议题上出现分歧，欧元集团去年搁置了一项广泛的计划，即银行业联盟项目，而是决定将重点放在改善破产银行制度的较小目标上。多诺霍表示，他正在向欧盟机构和财政部部长们证明，"现在是时候着手这项工作了"。欧盟委员会副主席东布罗夫斯基斯表示，他预计欧盟关于危机管理和存款保险的立法提案将"很快"取得进展。

瑞士信贷银行被瑞银集团成功收购后，英国央行表示该国金融系统资金充足，运行稳健和安全，以安抚国内业者和消费者。英国央行表示，英国的银行决议框架有明确的法定命令，股东和债权人将在决议或破产情况下承担损失。此前，为避免硅谷银行倒闭对英国金融系统造成冲击，在英国财政部、英国央行的推动下，汇丰银行以1英镑收购硅谷银行英国分行。

此外，英国央行3月19日宣布，英国央行与美国、加拿大、日本、瑞士和欧元区的中央银行共同采取协调行动，增加金融系统的流动性。上一次这6家央行采取此类联合行动是在2020年新冠肺炎疫情肆虐时。

欧洲央行加息步伐或受影响

受美国硅谷银行破产影响，在滞胀风险愈发严峻的背景下，市场预计欧洲央行紧缩力度可能下降。欧洲央行行长拉加德本周在欧洲议会的经济与货币委员会上表示，硅谷银行倒闭引发了瑞士信贷银行被瑞银集团收购，她欢迎这种及时的救助。拉加德还表示，尽管欧洲央行可能协助银行业应对危机，但这并不影响欧洲央行继续抑制通胀的工作，调控利率仍是应对通胀最主要的工具。

欧洲央行加息和银行业冲击都会抑制放贷，并让经济活动降温。市场目前已经普遍下调对欧洲央行今年存款利率峰值的预测，两周前还认为是4%，现在已降至3.1%。拉加德指出，欧元区银行具有韧性，其他机构对瑞士信贷银行的风险敞口并不太大。拉加德同时警告，银行必须为经济增长放缓、融资成本上升和贷款规模下降做好准备。"金融机构应该保持当前的韧性水平，并确保它们能承受更不利的环境"。

各界担忧外溢风险难消

硅谷银行引发的外溢效应直接打击了瑞信，并在资本市场层面冲击了欧洲银行业。瑞银集团收购瑞士信贷银行暂时平息了市场恐慌，但专家认为，瑞士信贷银行的收购价格仅为其上周五市值的约40%，投资者信心难以恢复。此外，瑞士金融当局将瑞士信贷银行票面价值约160亿瑞士法郎（约合173亿美元）的额外一级资本债券（AT1）注销，引发市场对这类债券的抛售恐慌，进而加大银行业融资难度。

目前，欧洲AT1债券市场规模约为2 500亿欧元。专家认为，为应对银行危机而注销AT1债券的操作虽有合理性，但让债券持有人先于股东蒙受全部损失的做法不符合国际惯例，此举令许多投资者感到意外。德国经济研究所所长马塞尔·弗拉茨舍尔表示，瑞士信贷银行的案例表明，即使是具有系统重要性的大型银行也可能陷入危机，这让投资者和存款人产生恐慌。花旗集团分析师表示，瑞银集团收购瑞士信贷银行，缓解了危机蔓延至其他机构的担忧，但从中长期看，救助行动将导致银行再融资成本上升。

曾在多个国际投行任职的三亚国际资产交易中心执行总裁杨冀川表示，近来，美国硅谷银行引发银行接连倒闭并对欧洲银行业冲击显著。"这使我想到2008年的金融危机，次贷危机引发了政府救助，监管新规随之而出，迫使大型投行业务转型，传统意义上的投行某种程度上不复存在。"

资料来源：闫磊. 欧洲加紧防范"硅谷银行式"危机［N］. 2023 - 03 - 23. 经济参考报，http：//www. jjckb. cn/2023 - 03/23/c_1310704879. htm.

思考：1. 本次银行业危机的成因是什么？

2. 欧洲各国采取了哪些措施？对我国有何启示？

知识网络图（见图 13 - 1）

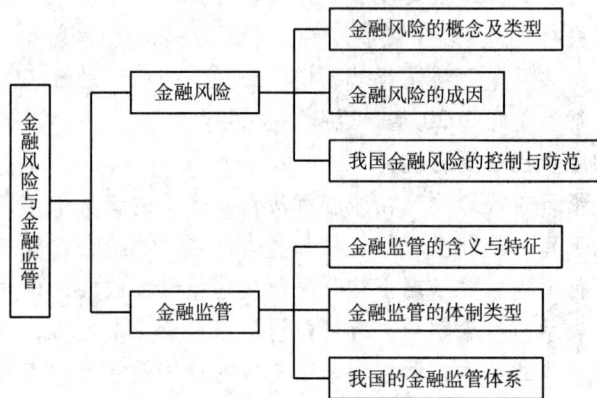

图 13 - 1　金融风险与金融监管知识网络

任务一　金融风险

视频：金融
风险

➤ 学习情境

小张是一个资深股民，在现今股市低迷的时期，小张很烦恼手里 20 万元的流动资金该投向哪里？继续投入股市，感觉收益甚微；投入房地产，又想再等房价降到最低点；选择创业，又担心起步资金不足，市场不好做！小张到底应该如何选择投资渠道呢？

任务描述：

1. 学生分组讨论：（1）小张投资股市、房地产、创业分别面临哪些风险？（2）替小张再想出一些投资渠道，并分析其面临的风险。

2. 情景模拟：每组选定一种投资渠道，模拟可能遇到的各种风险。

一、金融风险的概念及类型

金融风险是指任何有可能导致企业或机构财务损失的不确定性，如金融市场风险、金融产品风险、金融机构风险等。一家金融机构发生的风险所带来的后果，往往超过对其自身的影响。金融机构在具体的金融交易活动中出现的风险，有可能对该金融机构的生存构成威胁；具体的一家金融机构因经营不善而出现危机，有可能对整个金融体系的稳健运行构成威胁；一旦发生系统风险，金融体系运转失灵，必然会导致全社会经济秩序的混乱，甚至引发严重的政治危机。

（一）按风险的性质划分，可分为信用风险、市场风险、流动性风险、经营风险和法律风险五种类型

1. 信用风险又称违约风险，是指交易对手未能履行约定契约中的义务而造成经济损失的风险，即受信人不能履行还本付息的责任而使授信人的预期收益与实际收益发生偏离的可能性，它是金融风险的主要类型。在过去的数年中，利用新的金融工具管理信用风险的信用衍生工具发展迅速。适当利用信用衍生工具可以减少投资者的信用风险。业内人士估计，信用衍生市场发展不过数年，在 1995 年全球就有了 200 亿美元的交易量。

2. 市场风险，是指由于市场供求关系，利率、汇率、证券价格等发生变动而给金融企业带来经济损失的风险。

3. 流动性风险，是指金融资产便于在市场上出售变现而不至于有太多损失的能力以及金融机构方便地筹措到所需资金而不至于花费太多成本的能力。流动性风险指经济主体虽然有清偿能力，但无法及时获得充足资金或无法以合理成本及时获得充足资金以应对资产增长或支付到期债务的风险。

4. 经营风险是指公司的决策人员和管理人员在经营管理中出现失误而导致公司盈利水平变化，从而产生投资者预期收益下降的风险，或由于汇率的变动而导致未来收益下降和成本增加。

5. 因为无法满足或违反法律要求，导致经济主体不能履行合同发生争议、诉讼或其他法律纠纷，而可能给经济主体造成经济损失的风险，即为法律风险。

（二）按金融风险管理的标准，可将金融风险划分为可管理风险和不可管理风险两种类型

可管理风险又称非系统风险，是可以预测及控制的风险。如信用风险、经营风险等。不可管理风险又称系统风险，指不可预测和控制的风险，如市场风险、货币风险、政策风险等。当然，随着科技、认知能力和管理水平的进步，原来不可管理的风险会变成可管理的风险。

（三）按照金融风险涉及的范围划分，包括微观金融风险和宏观金融风险

微观金融风险是指参与经济活动的主体，因客观环境变化、决策失误或其他原因使其资产、信誉遭受损失的可能性。宏观金融风险则是所有微观金融风险的总和。

二、金融风险的成因

金融行业所经营的商品是一种特殊的虚拟商品，如银行存款、债券、股票、期货和保险等，它们的共同特征就是以信用为基础。但信任有不确定的一面，这就决定了经营该商品的金融行业自始至终要冒较高损失和失败的风险。导致金融风险的因素既有政治因素，又有体制因素；既有外部因素，又有内部因素，是多种因素作用的结果。

（一）政策失误与政府干预不当

金融风险的防范与化解同政府财政的关系越来越密切。尽管要求政府减少干预的自由市场经济思想在过去几十年间的影响较大，但随着金融自由化和金融资本规模的日趋扩张，金融部门的"外部性"也越来越明显，一家金融机构的破产会涉及大量产业企业与家庭的利益损失，因而不管是国有的还是非国有的金融机构，这种"外部性"的扩展已使其成为一个名副其实的"准公共部门"，金融产品的经营也就成为一种"准公共产品"的营运。如此情况下，就不能不与政府财政有关。事实上，当今世界范围内的金融动荡，没有哪一个不是由政府财政作为最后危机的解决者的，至于解决的效果如何，能否制止危机的进一步蔓延，则要视各国财政实力而言。1980 年以来，全球已有 120 个国家发生了严重的金融问题，这些国家为解决这些问题所直接耗费的资金高达 2 500 亿美元。这说明，没有强大坚实的财政基础，就不可能有稳健可靠的金融市场，也就没有切实地化

解金融风险的能力。政府对经济干预不当，特别是政策决策失误，也会导致经济秩序混乱。

（二）金融监管体制不健全

除了金融制度与金融市场所客观存在的不确定性外，随着以自由化、国际化、一体化以及证券化为特征的全球性金融变革趋势向各个国家的蔓延，普遍引起了不同程度的反应，也使各国的经济体制、法律制度与监管能力在对这种趋势的反应中变得日益突出与重要。但由于一些国家和地区在市场经济体制不完善甚至尚未建立的基础上，就片面地以金融自由化与金融市场的国际化来带动经济发展，使高度市场化的金融制度与市场化程度较低的实体经济之间出现了较大的摩擦与冲突，这种体制因素所导致的不协调与不确定性的增大，就使得以信用风险、政策风险、管理风险与犯罪风险为主要内容的一类金融风险，成为金融动荡与金融危机的潜在隐患。

（三）金融机构内部管理落后

从金融机构角度来说，防范和化解金融风险的根本性措施，是实施科学的管理和有效的内部控制。目前，我国金融业管理落后，内部控制机制不完善，是防范和控制金融风险的最大问题。

（四）企业风险转嫁

金融机构资产质量在很大程度上取决于借款者的生产经营状况和经济效益。在我国，由于国有企业改革不到位、产权制度不完善、组织结构不合理、投资行为不当、企业债券权的软约束以及银企关系尚未理顺，银行难以监控企业，无法对欠债企业实施惩罚，致使国有企业的亏损转嫁给银行，加大了银行的信用风险。

（五）国际金融风险的传导

随着经济全球化程度的加深，金融国际化不断发展，由此使各国国内金融与国际金融相互融合、相互依赖、相互作用，资本流动迅速、量大且频繁，这进一步加大了金融风险。

三、我国金融风险的控制和防范

（一）加快企业与商业银行体制改革，理顺银企关系，活化银行资产

1998 年财政部发行了 2 700 亿元特别国债，用于补充国有商业银行资本金，使其资本充足率达到国际标准，增强抵抗风险的能力。但最根本的还是应当加快商业银行体制改革，按《商业银行法》规定，落实分业经营、资产负债比例管理、强化约束机制等改革措施；在对银行信贷资产按风险标准分类并予以有效管

拓展阅读：小心比特币疯狂背后的风险

理，加大对不良资产存量进行重组与清理的同时，还应积极推进以制度创新为主要内容的国有企业改革，理顺银企关系。经过改革至少能够解除目前困扰银企关系的信息约束问题，使银行与产业企业真正成为市场上具有竞争意识的企业实体，从资产营运效益出发，银行努力寻找值得贷款的企业，企业也可自由选择能够给予贷款的银行，在这种基于效益基础上相互寻求对象的过程中使信息畅通，以求信贷资源配置效率的提高。

思政栏目：

新冠疫情下的经济影响：分析与展望

国家统计局 2022 年 5 月 16 日发布的数据显示，4 月规模以上工业增加值、社会消费品零售总额等主要经济指标有所波动。据悉，为应对经济下行压力加大，我国将加大宏观政策调节，加快落实已经确定的政策，加紧谋划、适时实施增量政策，控住疫情，稳住经济。业内人士表示，复工复产有序推进，扩大内需、助企纾困、保供稳价、保障民生等一系列政策措施正在显效，5 月经济运行有望得到改善。展望全年，稳定宏观经济大盘、实现发展预期目标仍有较多有利条件。

"今年以来，受国际环境更趋复杂严峻和国内疫情冲击明显的超预期影响，经济新的下行压力进一步加大。"数据显示，4 月，全国规模以上工业增加值同比下降 2.9%，社会消费品零售总额同比下降 11.1%；1~4 月，全国固定资产投资（不含农户）同比增长 6.8%，比 1~3 月回落 2.5 个百分点。从全国看，主要生产需求指标总量规模依然可观，4 月，社会消费品零售总额达到 2.9 万亿元，进出口总额 3.2 万亿元，钢材产量 1.1 亿吨，原煤产量达到 3.6 亿吨。从累计看，全国主要指标仍然保持增长。1~4 月规模以上工业增加值同比增长 4%，固定资产投资和进出口总额分别增长 6.8% 和 7.9%。

此外，转型升级态势未变，新动能继续成长壮大。4 月规模以上高技术制造业增加值同比增长 4%，好于全部工业。1~4 月，高技术产业投资同比增长 22%，好于全部投资。4 月，新能源汽车、移动通信基站设备、太阳能电池产量同比分别增长 42.2%、21.6%、20.8%。

今年以来，宏观调控政策调节力度加大。新的组合式税费支持政策有效实施，金融支持实体经济力度加大，对于缓解企业困难、稳定经济发挥了积极作用。吉林、上海等地的疫情已经得到有效控制，复工复产有序推进，扩大内需、助企纾困、保供稳价、保障民生等一系列政策措施正在显效，5 月经济运行有望得到改善。

全国疫情已经呈现好转迹象，目前上海、吉林等受疫情冲击严重地区开工率已明显提高，物流畅通速度加快，企业逐步走出疫情影响，工业生产触底反弹的动能正在集聚。总的看，疫情扰动不会改变我国经济平稳运行趋势，也不会改变我国经济韧性足、潜力大、空间广的特点，在各项政策支持下，国民经济将会加快恢复，实现企稳回升。

资料来源：班娟娟. 短期承压长期向好　经济企稳可期［N］. 2022－05－17. 经济参考报，http：//www.jjckb.cn/2022－05/17/c_1310595312.htm. 有删减。

（二）加大对非银行金融机构的监管

对于问题较多的信托投资公司，在清理的基础上坚决与各级政府部门脱钩，杜绝经营资金的财政化；基于目前国际社会对中国金融机构问题关注较多，国际金融动荡尚未平息，为了避免引起过大的波动及对信心的消极影响，对信托投资公司的清理应慎重，主要应按金融信托的应有原则积极进行改组，尽量实行平衡过渡。对于证券经营机构，应尽快建立健全有关证券业财务会计制度，完善有关会计账户体系结构，充分发挥商业银行对证券投资清算资金的监督作用。

（三）提高银行信贷政策与资本市场政策对非国有经济的支持力度，优化金融资源的配置效率

一是商业银行的信贷投放应以收益与风险的衡量为主要标准，扩大对发展前景较好的非国有企业的信贷支持，建议随着各家银行"中小企业信贷部"的成立，真正将以个体私营经济为主体的非国有经济的信贷支持列入各行的年度贷款计划中，作为中央银行起引导作用的"指导性贷款规模"中也应明确列出对非国有经济的信贷支持意见。二是向非国有经济开放证券融资市场，特别是对于进入基础产业、高科技、制造业的非国有企业，允许并引导其根据现代股份制企业改制上市，进行股权融资，通过资本市场获得持续发展的资本。与此同时，对于符合条件的非国有企业，也应允许其按一定程序与要求发行债券融资，经过市场自律组织的审查，也可上市交易，以改善企业资本结构。

头脑风暴：

这些监管措施需要哪些部门的配合，如何形成一套完整的监管体系？

（四）在继续推进对外开放的过程中，加强金融管理，增强风险防范能力

当今世界已不可避免地朝着全球化方向迈进，继续坚定不移地贯彻对外开放政策是我国顺应历史潮流的要求，也是确保我国经济持续稳步发展的关键。我国对外开放实践，外资流入已不同于当初纯粹工业资本的引进，我们看到，越来越多的以银行、保险、基金、证券等为内容的金融资本开始流入中国，这无论对保持海外工商资本持续投资我国并保障其稳定性，还是对加快我国金融体制改革，

都是必要的。但是，金融资本相比工商业资本的流入，附带着更大的风险因素。因此，今后在继续吸引科技含量高的工业资本流入的同时，应当视经济现实需要，加快金融监管标准与体制的建设，在总量控制的原则下，积极稳妥地吸引金融资本的流入，并重点从外汇管理制度与行业、企业准入的程度上予以严格监控。

（五）积极推进财政改革，增强财政实力，为金融市场的稳健运行与风险化解能力的提高奠定坚实可靠的基础

就当前来说，应根据经济发展情况，积极推进已经确定的以"费改税"为重点的新一轮财税改革，并加强财政管理，提高效率，将现行税制范围内应收的税收及时足额地收缴国库；通过编制"国有资本预算"，加强对国有资本营运的监控，确保国有企业改制过程中国有资产的保值增值，特别是当涉及国有资产变现时，能够保证政府财政的应有收入；在节约的原则下，调整财政公共投资方向，重点转向非营利性公共工程项目投资，等等。以此促进财政机制的完善与财力的充盈，使其成为防范与化解金融风险的坚强后盾。

（六）促进我国证券市场的健康运行与发展

在推进国有企业股份制改造的过程中，优化股权结构，通过市场逐步明晰产权，借此为我国证券市场的健康运行与发展，奠定可靠合理的制度基础，减少由过分投机行为所带来的潜在风险。

（七）健全金融立法，强化金融执法与监管力度

金融经营活动应在严格明确的法律法规制度界定下进行。为此，应当针对我国已开始运行的证券、期货、信托业加快相关法律的立法进度；对于已有法律法规，在健全监管体系的同时，强化执法力度，严厉打击金融犯罪行为，确保健康的金融秩序。

◀ **案例分析：**

1997 年亚洲金融危机提供经验 东盟于银行动荡中"气定神闲"

1997 年亚洲金融危机来之不易的教训，正帮助亚洲地区免受美国和欧洲正在经历的银行业压力的影响，这是本周在巴厘岛举行的东盟财长和央行行长会议得出的结论。尽管利率大幅上升，但亚洲地区的贷款机构依然强劲而健康，这让他们感到振奋。印尼财长 Sri Mulyani Indrawati 表示，亚洲当局已经从 1997 年的金融动荡甚至 2008 年的全球金融危机中吸取了教训。那次危机席卷了东南亚市场，导致东南亚国家的货币暴跌。Indrawati 是东盟会议的联合主席。

Indrawati 指出，对银行、非银行机构和资本市场的审慎监管是严格的，

以确保充足的资本和流动性。在预期各种风险（如再融资困难、汇率剧烈波动和经济增长突然放缓）的情况下，也会进行强有力的压力测试。

菲律宾央行行长 FelipeMedalla 表示，在菲律宾，银行和企业集团现在的掌门人是 1997 年在菲律宾经历了东南亚危机的人，他们还记得当所谓的"热钱"逃离菲律宾时，流动性是如何迅速枯竭的。Medalla 称："有储备是好的，因为在困难时期没有很多钱可用。这是亚洲在 1997 年学到的东西。"他补充说，菲律宾的银行长期以来一直在减持债券，并为剩余债务的损失拨备。

这给了菲律宾央行继续提高关键利率以遏制通胀飙升的空间，不像发达经济体的央行现在必须在收紧货币政策与稳定金融体系之间平衡。

尽管东南亚局势相对平静，但建立缓冲区的工作仍在继续。在东盟本周的议程上，有一项是扩大在贸易、投资和其他金融交易中使用本币结算，以减少对美元的需求。

资料来源：史文瑞.97 年亚洲金融危机提供经验 东盟于银行动荡中"气定神闲"[EB/OL]. 2023 – 04 – 01. 智通财经，http://usstock.jrj.com.cn/2023/04/01013237447545.shtml.

思考：1. 亚洲金融危机带来哪些启发？
2. 中国采取了哪些措施应对此次危机？

任务二　金融监管

➢ 学习情境

小黄是一名在校大学生，在 P2P 网贷盛行时期，校园内随处可见校园贷、人人贷等信息轰炸，诱惑学生超前消费，负债买 iPhone、笔记本电脑等。可最近网上又传来不一样的声音，说某某学生因校园网贷跳楼自杀，或被同学骗等，闹得人心惶惶。小黄很困惑，到底校园网贷合不合理？应该由谁来监管呢？

任务描述：

1. 学生分组讨论：（1）校园网贷应不应该存在？（2）如何加强校园网贷的监管？

2. 情景模拟：每组选定一种校园网贷方式模拟交易和监管过程，分析在交易过程中可能面临的金融风险。（例如，一个组员扮演小黄，一个组员扮演网贷公司工作人员，其余组员扮演监管机构工作人员）。

一、金融监管的含义与特征

金融监管是对金融业的监督与管理，是金融监督与金融管理的复合称谓。金融监督是指金融监管当局对金融机构实施全面的、经常性的检查和督促，并以此

促使金融机构依法稳健地经营、安全可靠和健康地发展。金融管理是指金融监管当局依法对金融机构及其经营活动的领导、组织、协调和控制等一系列活动。金融监管的内容主要有以下三个方面：市场准入的监管、市场运作过程的监管、市场退出的监管。

金融监管具有三个基本特征：

（一）法制性

金融监管属于国家的法定制度，金融监管制度都是通过立法程序确定的，是一国金融体制的有机组成部分。金融监管既非单纯的检查监督或处罚，也非纯技术性的调查和评价。而是金融监管当局在法定权限下的具体执法行为和管理行为，具有权威性、严肃性和相对确定性等特点。

（二）系统性

金融监管是一个庞大的系统工程，它是由监管的依据（金融法律法规体系、监管体制）、监管主体、基本运作机制、监管客体（银行和各类金融机构）、监管的目标以及为实现目标而确定的监管内容和采取的手段方法等几大部分组成，各部分之间存在有机联系，缺一不可，共同形成一个完整的系统。

（三）社会性

有效的金融监管应该是一种社会性监督，需要社会各界的协调配合，即不仅要有监管者与被监管者的纵向监管和被监管者的自律性监管，还要有行业公会等组织的同业横向监管、社会各部门及公众舆论的社会性监督，从而形成一个相互联系、相互补充、相互制约的大监管体系及其良好的社会监管环境。

金融监管的目的包括：（1）维持金融业健康运行的秩序，最大限度地减少银行业的风险，保障存款人和投资者的利益，促进银行业和经济的健康发展。（2）确保公平而有效地发放贷款的需要，由此避免资金的乱拨乱划，防止欺诈活动或者不恰当的风险转嫁。（3）金融监管还可以在一定程度上避免贷款发放过度集中于某一行业。（4）银行倒闭不仅需要付出巨大代价，而且会波及国民经济的其他领域。金融监管可以确保金融服务达到一定水平从而提高社会福利。（5）中央银行通过货币储备和资产分配来向国民经济的其他领域传递货币政策。金融监管可以保证实现银行在执行货币政策时的传导机制。（6）金融监管可以提供交易账户，向金融市场传递违约风险信息。

二、金融监管的体制类型

金融监管体制按照不同的依据可以划分为不同的类型，其中按照监管机构的组织体系划分，金融监管体制可以分为集中监管体制、分业监管体制、不完全集中监管体制。

1. 集中监管体制，是指只设一个统一的金融监管机构，对金融机构、金融市场以及金融业务进行全面的监管。代表国家有英国、日本、韩国、澳大利亚、比利时、奥地利、意大利、荷兰、加拿大、新西兰、瑞典、瑞士等。

2. 分业监管体制，是指由多个金融监管机构共同承担监管责任，一般银行业由中央银行负责监管；证券业由证券监督管理委员会负责监管；保险业由保险监督管理委员会负责监管，各监管机构既分工负责，又协调配合，共同组成一个国家的金融监管组织体制。代表国家有美国、法国、新加坡、芬兰、西班牙、土耳其、挪威、中国等。

3. 不完全集中监管体制，是指不完全集中统一的监管体制，可以分为"牵头式"和"双峰式"两类监管体制。（1）"牵头式"监管体制，是指在分业监管机构之上设置一个牵头监管机构，负责不同监管机构之间的协调工作。巴西是典型的"牵头式"监管体制。（2）"双峰式"监管体制，是指依据金融监管目标设置两头监管机构。一类机构专门对金融机构和金融市场进行审慎监管，以控制金融业的系统风险。另一类机构专门对金融机构进行合规性管理和保护消费者利益的管理。

三、我国的金融监管体系

2004 年以来，中国金融分业监管的体制得到进一步巩固与完善，监管协调与国际合作也有了新的发展。在全球金融危机之后，加强宏观审慎监管的尝试和其他改革探索也在逐步推进。这一阶段的中国金融监管改革与发展，与迎接金融全球化、金融创新、综合化经营以及金融危机的挑战密切相关。在此阶段内，"一行三会"分业监管体制在以下几方面得到进一步的发展和完善：一是法律体系进一步完善，对《证券法》《公司法》等多部法律进行了修订；二是加强监管执法和丰富监管内容，对现场检查、行政许可、行政处罚、行政复议等行为进行了规范，并加强了对金融创新和部分跨金融领域经营的监管；三是金融监管机构之间加强了协调配合，监管机构之间建立起联席会议制度。四是审慎性监管和功能性监管已被提到监管当局的监管改革议事日程上。

为有效防范系统性金融风险，进一步加强金融监管协调，2017 年召开的第五次全国金融工作会议提出成立"国务院金融稳定发展委员会"，作为维护国家金融安全的常设执行机构，统筹协调金融监管政策间、部门间及其与其他相关政策的配合。同时，按照国务院机构改革方案的要求，将银监会与保监会进行合并，这是统筹协调银行和保险领域监管的最有效和最直接的方法，也在一定程度上适应金融业发展的新需要。除此之外，保留证监会的相对独立也有进一步鼓励和支持直接融资市场发展之意。在新的"一行两会"框架下，中国人民银行的"货币政策和宏观审慎政策双支柱调控框架"将更加清晰，更多地担负起宏观审慎管理、金融控股公司和系统重要性机构、金融基础设施建设、基础法律法规体系及全口径统计分析等工作。各地相继成立的地方金融监管局也将承担起对"7＋4"类机构以及一些新兴金融业态的监管工作。

2018 年 3 月，十三届全国人大一次会议表决通过了关于国务院机构改革方案

视频：存款保险条例

的决定，设立中国银行保险监督管理委员会。2018 年 4 月 8 日上午，中国银行保险监督管理委员会正式挂牌，中国银行业监督管理委员会和中国保险监督管理委员会成为历史。其中，银保监会主要职责：依照法律法规统一监督管理银行业和保险业，维护银行业和保险业合法、稳健运行，防范和化解金融风险，保护金融消费者合法权益，维护金融稳定。

2023 年 3 月，党中央、国务院印发了《党和国家机构改革方案》。建立以中央金融管理部门地方派出机构为主的地方金融监管体制，统筹优化中央金融管理部门地方派出机构设置和力量配备。地方政府设立的金融监管机构专司监管职责，不再加挂金融工作局、金融办公室等牌子。5 月 18 日，国家金融监督管理总局正式揭牌。这意味着，运行了 5 年的银保监会正式退出历史舞台。至此，我国金融监管体系从"一行两会"迈入"一行一总局一会"新格局。

⇄ 案例分析：

农业银行化州支行开展打击"套路贷""校园贷"宣传活动

为提高社会公众对"套路贷""校园贷"危害性的认识，进一步普及金融知识，增强自我保护意识，引导公众自觉远离和抵制"套路贷""校园贷"。9 月 2 日，农行化州支行到同庆镇开展了扫黑除恶，打击"套路贷""校园贷"等普法宣传活动。活动以悬挂横幅、发放传单和现场讲解等方式，向社会公众宣传了"套路贷""校园贷"的本质及种类、作案方式、手段和危害。使广大群众充分认识到"套路贷""校园贷"是以借贷为名的，骗取人钱财的违法犯罪活动，纷纷表示要增强警惕性，提高识别、抵制"套路贷"的风险防范意识。据统计，现场解答和接受群众咨询 100 多人次，发放宣传资料 300 多份。

资料来源：中国人民银行广州分行，2020 - 12 - 28，http://guangzhou.pbc.gov.cn/guangzhou/129140/4153598/index.html

思考：如何加强对校园网贷的监管？

项目要点

1. 金融风险是指任何有可能导致企业或机构财务损失的不确定性，如金融市场风险、金融产品风险、金融机构风险等。按风险的性质划分，可分为信用风险、市场风险、流动性风险、经营风险和法律风险五种类型。

2. 导致金融风险的因素既有政治因素，又有体制因素；既有外部因素，又有内部因素，是多种因素作用的结果。金融监管是对金融业的监督与管理，是金融监督与金融管理的复合称谓。金融监管的内容主要有以下三个方面：市场准入的监管、市场运作过程的监管、市场退出的监管。

3.《党和国家机构改革方案》中提出建立以中央金融管理部门地方派出机构为主的地方金融监管体制，统筹优化中央金融管理部门地方派出机构设置和力量配备。地方政府设立的金融监管机构专司监管职责，不再加挂金融工作局、金融办公室等牌子。

同步练习

一、单项选择题

1.（　　）是指债务人没有能力或不愿意偿付债务而使金融资产受损的风险，又称为违约风险。

A. 信用风险　　　　B. 流动性风险　　　　C. 市场风险　　　　D. 资本风险

2.（　　）是指经济主体虽然有清偿能力，但无法及时获得充足资金或无法以合理成本及时获得充足资金以应对资产增长或支付到期债务的风险。

A. 信用风险　　　　B. 流动性风险　　　　C. 市场风险　　　　D. 资本风险

3. 2017 年召开的第五次全国金融工作会议提出成立（　　），作为维护国家金融安全的常设执行机构。

A. 国务院金融稳定发展委员会　　　　B. 一行三会

C. 银保监会　　　　D. 证监会

4.（　　）是指只设一个统一的金融监管机构，对金融机构、金融市场以及金融业务进行全面的监管。

A. 分业监管体制　　　　B. 集中监管体制

C. 不完全集中监管体制　　　　D. 不完全分业监管体制

5.（　　）是指由多个金融监管机构共同承担监管责任，一般银行业由中央银行负责监管；证券业由证券监督管理委员会负责监管；保险业由保险监督管理委员会负责监管，各监管机构既分工负责，又协调配合，共同组成一个国家的金融监管组织体制。

A. 分业监管体制　　　　B. 集中监管体制

C. 不完全集中监管体制　　　　D. 不完全分业监管体制

二、多项选择题

1. 在市场经济条件下，金融监管具有（　　）等基本特征。

A. 法制性　　　　B. 社会性

C. 系统性　　　　D. 客观性

E. 时效性

2. 按监管机构的监管范围划分，金融监管体制有（　　）。

A. 集中监管体制　　　　B. 分业监管体制

C. 单一监管体制　　　　D. 多元监管体制

E. 不完全集中监管体制

3. 按风险的性质划分，金融风险可分为（　　）五种类型。

A. 信用风险　　　　B. 市场风险

C. 流动性风险　　　　D. 经营风险

E. 法律风险

三、简答题

1. 金融风险的成因。

2. 金融风险的防范与控制措施。

3. 简述我国的金融监管体系。

四、分析应用题

案例：三家银行接连倒闭，美国银行业危机何时休？

美国又一家银行倒下了。因资金链断裂，美国第一共和银行近日被关闭、接管，这是继2023年3月硅谷银行、签名银行接连"爆雷"后，出现危机的第三家美国区域性银行。

事实上，众多的美国区域性中小银行都面临着与已经倒闭的三家银行相同的生存挑战。据美媒报道，研究显示，美国近190家银行面临倒闭的风险。报道称，旧金山的西太平洋合众银行近期市值也出现大幅度缩水的情况，正考虑出售。当地时间5月4日早盘交易期间，其股价暴跌50%以上，美国民众担心该银行会成为两个月里第四家倒闭的美国银行。

国际评级机构穆迪已下调了包括夏威夷银行等10余家美国区域性银行的评级。穆迪表示，银行管理资产和负债面临的压力日益明显，一些银行的存款是否具备高稳定性存疑。美国银行业的危机会如何演化？摩根大通CEO杰米·戴蒙在给股东的年度信中表示，由硅谷银行倒闭引发的银行业危机尚未结束，其影响会持续数年之久。虽然银行系统是强大和健全的，但最近围绕金融系统的动荡，是经济走向衰退的"另一根稻草"。美国潘兴广场资本管理公司创始人比尔·阿克曼则直言："银行业是一场信心游戏。按照这种速度，没有一家区域性银行能在坏消息或坏数据中幸存下来。随着股价不可避免地暴跌，存款不断被提取，下一家脆弱的银行也开始摇摇欲坠。"

"美国银行业危机证实了我们在此前景展望中的不祥预感，也因此需作出风险平衡调整。"保德信固定收益首席全球经济学家兼全球宏观经济研究主管达利普·辛格（Daleep Singh）说。在他看来，相比其他行业，银行业都更能放大经济周期的影响，银行业的脆弱性或导致2023年美国GDP增速下降一个百分点，同时也限制了政策制定者集中抗击通胀时的能力，尤其是考虑到银行业当下面临的挑战已远不止流动性。达利普·辛格指出，在当前情况下，在管理宏观经济与维护金融稳定的政策之间保持平衡的战略预计将受到考验，而现有的流动性注入工具可能不足以保护业务模式有缺陷的银行免受进一步挤兑的风险。

据美国全国经济研究所近期发表的一份论文称，这场始于硅谷银行倒闭、现在又导致第一共和银行崩塌的银行业危机，可能要比最初看上去要严重得多。研究人员得出结论，即眼下正处于他们所称的"系统性银行危机事件"的开始阶段。"硅谷银行遭遇的短期问题是流动性挤兑，长期问题是资产负债倒挂、期限错配，而且很遗憾的是全美的银行都有这个问题。"鹏扬基金首席经济学家陈洪斌说。他认为，最严重的问题还是整个欧美银行资产负债的倒挂和期限错配，造成长期的流动性挤兑问题，这种倒挂情况还在持续，加之美国经济也在下滑，会导致大家对未来经济的信心不足以及整个金融系统的收缩。

中国社科院金融研究所副所长张明也认为，这次银行业动荡的源头是美联储加息。美国通胀短期内快速下行的可能性不大，即使未来美联储不再加息，短期内也很难降息。换言之，作为金融动荡的源头，美国货币政策依然会偏紧，而当前美国大银行的确问题不大，但美国中小银行的危机可能并未结束。张明指出，美国中小银行当前面临资产端与负债端的双重压力。从负债端而言，随着基准利率的上升，当前美国货币市场基金的回报率水涨船高。对美国人而言，把存款取出来去买货币市场基金的动力很强。

从资产端而言，此轮美联储加息非常陡峭，加上疫情后美国办公模式的变化，美国目前商业地产面临的下跌压力很大，而美国中小银行持有商业地产贷款的70%~80%。"负债端存款在流失，资产端不良在上升。美国中小银行危机是不是真的结束了，真不好讲。"张明说。

资料来源：夏宾. 三家银行接连倒闭，美国银行业危机何时休［EB/OL］. 2023-05-06. 中国青年网，https：//www.360kuai.com/pc/detail？url=http%3A%2F%2Fzm.news.so.com%

2F1ee2956761e2d370550918dd19a856a2&check = e1e1f0ac9df7688b&sign = 360 _57c3bbd1&uid = 8b0c8028094bf95b0c3d9aa23b6ba219.

思考：美国银行业的危机会如何演化？对我国的启示是什么？

五、技能实训题

实训项目名称： 辩论——P2P业务是否合法。

实训目的： 让学生对P2P业务的合法性和潜在风险得到进一步认识，为今后专业课程的学习和就业打下初步的认知基础。

实训内容： 全班同学分成正反两方，各方收集整理对P2P业务的认识（可从潜在风险、我国目前金融监管机构设置、业务内容等角度思考），在下次课堂上进行40分钟的辩论。

实训要求： 严格按辩论的流程进行此活动，未担任辩手的同学要积极参与资料收集和现场提问等。

推荐阅读

1. 《金融网络安全知识手册》，来源：中国人民银行。
2. 《中国金融年鉴》，来源：中国人民银行。

参 考 文 献

[1] 郭福春. 金融基础 [M]. 北京：高等教育出版社，2022.

[2] 韩宗英. 金融基础知识（第 3 版）[M]. 北京：人民邮电出版社，2020.

[3] 朱战平. 金融基础知识（第九版）[M]. 北京：中国财经经济出版社，2021.

[4] 罗丹程. 国际金融学 [M]. 北京：北京大学出版社，2021.

[5] 刘园. 国际金融学 [M]. 北京：机械工业出版社，2023.

[6] 王月溪，贺铟璇. 国际金融学 [M]. 大连：东北财经大学出版社，2021.

[7] 裴平等. 国际金融学 [M]. 南京：南京大学出版社，2022.

[8] 徐荣贞. 国际金融概论 [M]. 北京：中国金融出版社会，2022.

[9] 张桥云. 商业银行经营管理 [M]. 北京：机械工业出版社，2021.

[10] 唐士奇. 商业银行经营管理原理与实务（第三版）[M]. 北京：中国人民大学出版社，2022.

[11] 宋清华. 商业银行经营管理（第二版修订版）[M]. 北京：中国金融出版社，2021.

[12] 程皓. 商业银行经营管理 [M]. 北京：科学出版社，2022.

[13] 殷平生. 商业银行经营管理理论与实务（第二版）[M]. 西安：西安电子科技大学出版社，2021.

[14] 王云云，李剑，洪燕. 金融基础知识（第 3 版）[M]. 北京：中国财政经济出版社，2022.

[15] 黄达. 金融学（第五版）[M]. 北京：中国人民大学出版社，2020.

[16] 张若为. 金融学 [M]. 成都：西南财经大学出版社，2022.

[17] 贾玉革.《金融理论与实务》 [M]. 北京：中国财政经济出版社，2019.

[18] 李玉双，戴夏晶，张学峰. 金融学案例 [M]. 北京：经济科学出版社，2022.

[19] 张卉妍图说. 金融学 [M]. 北京：中国华侨出版社，2022.

[20] 姜法芹，袁凯，贾宪军. 金融学 [M]. 北京：机械工业出版社，2022.

[21] 滑冬玲，孔繁成. 金融学 [M]. 北京：机械工业出版社，2022.

［22］陈柱，斯琴塔娜．金融学案例与分析［M］．北京：中国商务出版社出版，2021．

［23］赫尔穆特．弗里希．通货膨胀理论［M］．北京：商务印书馆出版社，2019．

［24］陈志武．金融通识课：金融其实很简单［M］．长沙：湖南文艺出版社，2018．

［25］樊哲理．金钱史诗千古吟（上）［J］．中国金融，2022（01）：97－98．

［26］于东智．香港的货币制度：过去、现在与未来［J］．清华金融评论，2022（09）：63－67．

［27］娄飞鹏．提升银行数字化服务能力［N］．经济日报，2023－05－06（005）．

［28］朱民，巩冰．2023全球经济：通胀高位新常态［J］．国际金融研究，2023（03）：3－12．